医疗纠纷预防与处理的理论与实务研究

主　编：陈玉玲
副主编：高　翔

东南大学出版社
·南京·

图书在版编目(CIP)数据

医疗纠纷预防与处理的理论与实务研究/陈玉玲主编. —南京：东南大学出版社，2017.5（2019.3 重印）
ISBN 978-7-5641-7067-7

Ⅰ. ①医… Ⅱ. ①陈… Ⅲ. ①医疗纠纷—预防—研究—中国②医疗纠纷—处理—研究—中国 Ⅳ. ①D922.164

中国版本图书馆 CIP 数据核字(2017)第 046965 号

医疗纠纷预防与处理的理论与实务研究

出版发行：东南大学出版社
社　　址：南京四牌楼 2 号　邮编：210096
出 版 人：江建中
网　　址：http://www.seupress.com
经　　销：全国各地新华书店
印　　刷：虎彩印艺股份有限公司
开　　本：787mm×1092mm　1/16
印　　张：22.25
字　　数：556 千字
版　　次：2017 年 5 月第 1 版
印　　次：2019 年 3 月第 2 次印刷
书　　号：ISBN 978-7-5641-7067-7
定　　价：78.00 元

《东南法学文存》

总　　序

东南大学法学院承三江、中央之学脉，恢复法科教育已逾廿载。本年，正值复建学院十岁，气象初成。立院之本，在育人诲诲，不厌其倦；求道之志，在为学旦旦，不厌其精。院龄尚短，但朝气蓬勃；资历虽浅，贵求是创新。

办学之路艰，偏隅之处更甚。幸东南法学学人多年来孜孜以求，不懈励进，东南大学法学院已发展为法学学术研究重镇。学院立基宪法与行政法、刑事法学等传统法学学科领域上深厚理论、实践优势，笃志交叉学科办学、科研之积淀，于工程法、交通法以及医事法等特色领域辟径拓新，为我国法科教育和法学研究事业贡献良多。大学之所谓，实汇大师矣。学院一贯注重优秀学人的吸纳培养，以“双江双杰”为代表的高端人才优势尤为突出。多人次入选国家百千万人才工程、教育部新世纪优秀人才支持计划、江苏省“333 高层次人才培养工程”、江苏省教育厅“青蓝人才工程”、东南大学“校优青计划”等。有名士，更聚英才。东南大学法学院教学科研队伍的年轻化、国际化建设成效显著，先后引进多位专业领域内知名学者，同时吸引了一大批海内外知名高校优秀博士毕业生。中青年教师已逐渐成为学院教学、科研工作的中坚力量，人才梯队的层次构筑更加合理化，这为学术人才长期储备、学术研究可持续奠定了坚实基础。

秉人才适其才、尽其用的科研组织管理理念，响应国家关于推动高校智库建设的指导方针，东南大学法学院致力于科研活动的平台化建设。在传统法学学科教研室组织构架的基础上，发挥自身交叉学科研究的优良传统，不囿传统学科分野，聚焦问题，有的放矢。先后创建“反腐败法治研究中心”“交通法治与发展研究中心”“中国法治发展评估研究中心”等国内具有较大影响力的专业化学术研究平台。通过各个学术研究平台，更加科学高效地整合配置院内科研力量，引导多元化的科研团队建设，初步形成各学科教研室与各专门研究平台的多维度、立体化管理，实现科研人才在既有传统学科类别的基本框架下，充分挖掘个人研究的兴趣专长，在更加多样的科研团队间相互自由流动，更加有力地促进了学院内研究者之间的交流与沟通。为各个研究者开拓研究视野，创新研究思路，实现学术研究资源、信息的共享，不同观点、思想的碰撞，提供了更多的机会与便利，营造出法学院浓厚的学术氛围以及良性竞争的学术环境。

立足自身法学学术研究的深厚基础，以交叉学科、特色领域研究为着眼点，法学院一直致力于积极推动相关领域的学术交流、研讨活动。广邀海内外博学有志之士，共议善治良法之题。先后举办“海峡两岸工程法治”“城市停车治理论坛”“法治发展量化评估研讨会”“刑事法治指数的指标构建与修订研讨会”“员额制与司法改革实证研讨会”“医疗纠纷预防与处理法律机制研究”等一系列法学学术或实践议题研讨活动，为国内外相关领域研究打造优质的学术交流平台，获得积极的社会反响和良好的学术声誉。

当然，孤芳自赏必固步自封。兴办论坛研讨，绝非单纯搭台唱戏。热闹止于一时，深思方存长久。东南大学法学院希冀借此文存，将共同参与学术探究诸君的所思所言，付梓文牍。一来，为不吝赐言的海内外专家学者记录下观点交锋、思想碰撞之盛况，力图重现那一场场精彩绝伦的学术盛宴。二来，记录亦为传播。结集成书，将精彩涂墨于文卷，便于重复研读，反复思虑，为没能即时参与的研究者提供可资借鉴的材料，为今后更加深入细致的探讨研究提供有益的帮助，为进一步开展交流讨论提供论题论理的文献基础。最后，也是满足东南大学法学院的一点小小私心，记录下学院学术研究走过的道路，厘清本院法学学术上论理学养发展变迁的脉络。不为流芳，但求自我审视，自我检讨，自我激励。

一言可蔽之：治学明德，止于至善。

是为序。

东南大学法学院

2016 年 5 月

序

每个人可以一辈子不走进法庭对簿公堂，却有可能多次与医院医护人员发生关联，生病治疗、出生、死亡都发生在医院，不断上涨的医药费触动人们的神经，医疗纠纷成为社会关注热点由来已久。这不仅是因为我国分级诊疗制度未能有效推行、医疗资源分布不均、无法满足日益增长的医疗需求，更是因为医患信任缺失、普遍存在的防御性医疗消极地影响医疗生态的健康发展。为此，2014 年 5 月 25 日东南大学法学院与东南司法鉴定所联合举办“海峡两岸医事法学研讨会暨转型时期医事法理论与实务专题国际研讨会”，分为医患权利保护与纠纷法律解决机制研究、医疗损害民事责任问题研究、医疗行为刑事责任问题研究、医疗鉴定法律问题研究四个专题，收到投稿论文 31 篇。2016 年 4 月 23 日东南大学法学院、医事法学研究中心举办“医疗纠纷预防与处理法律机制研讨会”，围绕 2015 年 10 月 30 日国务院发布、国家卫计委起草的《医疗纠纷预防与处理条例(送审稿)》进行研究，分为医疗纠纷预防与处理法律机制的现状、创新与存在问题、医疗纠纷民事处理理论与实践问题、医疗纠纷刑事处理理论与实践问题专题，收到投稿论文 35 篇。参会代表有来自日本以及我国台湾的知名医事法学专家学者，有来自域内的法学专家教授、法官、律师、警官以及卫计委多年从事医疗卫生法律研究与管理的学者型官员，很多参会代表都是具有医学与法学交叉背景的复合型人才，研讨会上代表们进行医事法学理论的深入论证，为医疗法律制度完善建言献策。

我们分类整理研讨会论文，选取其中的 33 篇编辑为《医疗纠纷预防与处理的理论与实务研究》一书，涉及内容广泛。关于医事法基本理论议题，研究从解剖诊疗行为的基本概念到探讨互联网环境下诊疗行为的规制立法；分析医疗纠纷发生的法律原因与社会原因，研究医疗改革背景下解决医疗纠纷的对策和趋势；从探讨患者权利保护延展到论证政府在防治医疗纠纷中的责任。关于医疗纠纷民事处理理论与实践议题，研究从循证医学证据作为判断医疗过错标准的适用、病历真实性的司法认定、举证责任分配的公平性重构、医疗过失认定中法官自由心证等多角度深入论证医疗纠纷处理中的难点和重点问题。大量医疗纠纷判决书的实证研究数据表明，法官审理案件时，对医学专业鉴定意见的高度依赖是不争的现实，多篇论文对医疗损害纠纷案件中的鉴定体制、鉴定制度的司法完善提出建议，对诉讼外医患纠纷解决机制中鉴定的必要性予以论证。有关诉讼外解决医疗纠纷机制议题，多篇论文从调解中的心理学策略与技巧运用、法官中立地位在医疗纠纷调解中的合力、博弈与愈疗中的作用、医疗纠纷中的道歉与关怀小组作用等视角深入研究诉讼外医疗纠纷调解机制的实现路径。关于医疗损害社会化分担机制议题，多篇论文研究强制医疗责任保险的理论基础、公益信托制度引入医疗损害社会化分担机制的初步建构制度，以及处理医疗社会保险与其他分担医疗损害的平行来源关系的原则和方法等。医疗纠纷的解决不仅需要侵权法的介入，还需要行业规制和伦理准则加以调整，有论文提出新西兰健康及残障事务专员法律制度可作为解决医患纠纷之借鉴，更有论文阐述日本医事法学的最新成果，他山之石可以攻玉。

时维仲夏，江雨霏霏之时，六朝松旁榴园内言辞飞扬，九龙湖畔思想火花碰撞，记录与会专家学者代表的思想与观点，付诸出版，意在与读者分享会议成果，供高等院校、医疗机构、法院、司法鉴定机构、卫生行政主管机关的医事法学研究和实践者共商，助推医事法学发展和医疗法律制度完善。

成功举办两次会议离不开法学院领导的支持、医事法学研究中心的全体老师的共同努力，以及法学院孟红书记、张宁办公室主任、其他老师和同学的鼎力帮助，于此致谢。

陈玉玲

2016 年 5 月 29 日

目　录

医事法学基础理论

1. 医疗行为之特性 …………………………………… 林聿腾　郑逸哲/003
2. 正解医患关系之随笔 ……………………………………… 王　岳/010
3. 医疗纠纷
——趋势、起因与对策 ……………………………………… 刘长秋/015
4. 对辅助生殖医疗的医事法式接近 ………………… 岩志和一郎　张忆红[译]/024
5. 医疗事故与损害救济 ………………………………… 石川宽俊　高　翔[译]/034
6. 医患纠纷解决之道
——新西兰的健康及残障事务专员法律制度 ……………………… 赵西巨/041
7. 关于国务院法制办《医疗纠纷预防与处理条例》(送审稿)征求意见的几点建议
………………………………………………………………………… 胡晓翔/064
8. 法律视角下医疗纠纷的成因与对策 ………………………… 刘长秋　刘　锋/068
9. 互联网医疗与我国医事立法的断裂与弥合 ……………………… 刘炫麟/075
10. 医疗行业适用竞争法规范之探讨 ………………………………… 颜廷栋/084
11. 论我国医疗纠纷防治中的政府责任 ……………………… 王海容　程文玉/095

医疗侵权损害赔偿

12. 医疗损害责任纠纷审理要素 ……………………………………… 李子木/103
13. 医疗纠纷中病历真实性司法认定问题探析 ………………………… 张　广/112
14. 循证医学证据在处理诊疗过失案件中的适用 ……………………… 陈玉玲/122
15. 再访我国《侵权责任法》第 59 条：情景化、类型化与限缩性适用……… 赵西巨/134
16. 医疗损害纠纷中医疗过失认定问题研究
——以我国医疗水准论的完善为视角 ……………………… 张志历　陈远景/164

17. 医疗损害后果发生途径与医疗过错之考量 …………………………… 邱云亮/175
18. 试论药害中产品责任与侵权责任的连接与竞合
——以日本易瑞沙药害案为视角 …………………………………… 刘明全/183

医疗诉讼法与专业鉴定

19. 鉴定于诉讼外医患纠纷解决机制之必要性探讨 ……………………… 杨哲铭/197
20.《侵权责任法》实施后医疗损害鉴定乱象及制度设计研究 ………… 王金宝/208
21. 论医疗鉴定制度的司法完善 ……………………… 赵 波 郑雪倩 刘剑平/221
22. 医疗损害鉴定制度重构的若干问题 ……………………… 顾加栋 姜柏生/225
23. 医疗纠纷诉讼中举证责任分配制度的公平性重构
——兼谈法官自由心证在证明标准中适用的限度 …………………… 张天明/230
24. 试论医疗损害责任认定中的心证 ……………………… 贡永红 安媛媛 洪 霞/238
25. 医疗损害赔偿案件的法律适用 ………………………………………… 王 松/242

医疗纠纷预防处理机制与医疗损害风险分担

26. 台湾医疗纠纷之医事审议制度与改革建议 ……………………………… 葛 谨/255
27. 医患纠纷的裁决
——专业化合议庭的构建 ……………………………… 李菊萍 吴续辉/266
28. 医疗纠纷处理之法制与实务
——台中经验 ……………………………………………………………… 林义龙/276
29. 医疗纠纷预防与解决的日本法经验 ……………………………………… 高 翔/286
30. 我国医疗责任保险模式论 ………………………………………………… 陈玉玲/297
31. 医疗责任公益信托制度构建
——兼论《医疗纠纷预防与处理条例》创新之医疗风险分担机制 …… 杜珍媛/317
32. 合力、博弈与愈疗：医患纠纷的非讼解决
——以厦门医调委人民监督员身份所进行的中立观察 ………… 黄鸣鹤/323
33. 域外道歉制度对我国医疗纠纷解决的启示及立法构建 ……………… 晏 英/331

医事法学基础理论

医疗行为之特性

林聿腾　郑逸哲*

第一节　医疗行为之定义

医疗行为囿于其本身的诸多特性，在医疗施行过程中，具体的活动内容及行为各异，同时医学本身随时间推移而进步迅速，是以要明确掌握确实的医疗内涵确有其困难，但在探讨医疗法律责任之前，确立医疗行为的定义与分类，实有其重要意义及必要性。

医疗行为在法律上的定义，无法由医疗相关法律中明确寻得，惟台湾卫生主管部门于1976年4月6日以"卫署"医字第10788号函就医疗行为定义为"凡以治疗、矫正或预防人体疾病、伤害、残缺或保健目的，所为之诊察及治疗，或基于诊疗、诊断结果而以治疗为目的所为之处分，或用药等行为或一部之总称，谓为医疗行为"〔1〕。此"行政"函示系以医政管理角度规范医疗行为，其医疗行为之定义相当于"医师法"第28条之"医疗业务"且基于医政管理现实考量而将部分民俗疗法排除在外。〔2〕另于1992年8月11日台湾卫生主管部门又以"卫署"医字第8156514号函谓："医疗行为系为指凡以治疗、矫正或预防人体疾病、伤害、残缺为目的，所为的诊察、诊断及治疗；或基于诊察、诊断结果，以治疗为目的，所为的处方、用药、施术或处置等行为的全部或一部之总称。"依此，医疗目的包含了治疗、矫正、预防；医治行为包含诊察、诊断、治疗等行为；而用药行为有处方、用药等行为。

至于学界，对医疗行为之定义，有从医疗活动实施之阶段将之定义为"包括疾病、伤害之诊断、治疗，治后情况之判定，以及疗养指导等具有综合性的行为内涵之法律事实"〔3〕，其内涵为包括诊断、治疗及愈后疗养等三阶段之综合行为。另有学者引述日本学者见解，将医疗行为从广义解为："有关疾病之诊断治疗、预防、畸型之矫正、助产、堕胎及各种基于治疗目的及增进医学技术之实验行为。〔4〕"事实上，整形美容、结扎、人工生殖、保健养生及医学实验行为等非属于传统诊断治疗之医疗行为者，亦涵盖于医疗行为之中，是应从广义医疗行为而定义，即除以传统上病痛、伤害之诊疗为目的之医疗行为外，尚应包括其他因社会多元化所伴随而生之医疗需求行为在内，以符合社会现实之需要。换言之，除传统上基于病痛、伤害之诊疗目的而实施之行为外，凡是该行为对于身体权或健康权存在损害的可能性、需医学专

* 林聿腾：恩主公医院胸腔外科医师/东吴大学法学硕士；郑逸哲：台北大学法律学系教授。

〔1〕 黄丁全：《医事法》，元照出版有限公司，2000年，第119页。

〔2〕 台湾卫生主管部门1993年11月19日"卫署"医字第82075656号函。

〔3〕 朱柏松：《消费者保护法论》，翰芦图书出版有限公司，1998年，第240页。

〔4〕 黄丁全：《医事法》，元照出版有限公司，2000年，第119页。

业技能且无违公序良俗之一切医学行为均应属之。

第二节　医疗行为之特性

法律上的“医疗行为”包括疾病、伤害之诊断、治疗、治疗后情况之判定，以及疗养指导等具有综合性的行为内涵的事实，涵括了藏有潜在危险，通常具有尝试本质及范围之不确定性，和无法与一般事实行为同视等特性。[1] 就民法而言，医疗给付行为与一般契约下的给付行为有许多相异之处，医疗行为因个案的差异性，在人体器官组织的各种处置充满了不可预测性，进而影响医疗行为结果的不确定性，因此在医疗行为上产生的并发症或药物副作用，并非一定有医疗行为上不当处置之存在，是以较相近似于委任契约，是以医疗行为为给付内容。在实务上，于台湾台中地方法院 90 年度“重诉字第 1045 号判决”亦指出，委任契约系以债务人之给付行为为给付内容，而非给付效果，此为目前实务及学说一致之看法。然亦有学说认为亦有承揽契约之成立[2]，是医疗行为仅于当事人间有特别之约定时，始得认定原属委任性质之行为，为承揽契约。换言之，医生为病患医疗，若已尽医疗之能力，病患虽仍未复原，仍可取得报酬，除非医生与病患间有“包医”之约定时，始可认为系承揽契约，此时则若非病患复原，否则不能取得报酬，是在特定条件下，亦可成立承揽契约。另在刑法上，医疗行为罕见不就病患身体现状加以改变，而至少具有伤害构成要件该当性，而其正当性与适法性的基础，刑法学说常以现行“刑法”第 22 条“业务上之正当行为，不罚”作为阻却违法事由论述依据，或透过医疗处置前的“同意”取得“得被害人承诺”此一超法规阻却违法事由而阻却违法[3]，惟若再回溯医疗行为的本质时，其出发点与传统的事实行为又有相异之处。因此就医疗行为之特性从法律上加以讨论：

一、风险性

医疗行为对人体具有一定程度之危险，施以医疗行为，目的在于以风险程度较低之医疗行为，去治愈危害人体之疾病、伤害或达成其他有益之目的。[4] 质言之，系以形式具有伤害构成要件该当性的行为而改变身体之状态，以求疾病之改善，去达成对人体生命、健康或其他有益目的之更高利益、价值之目标。在改变身体状态之伤害行为时，正是伤害身体之法益，若透过此法益之牺牲，相对得到更大利益时，病人自然享受其利益，惟若牺牲之法益大于所得之利益时，医疗纠纷自然跟随而来。

正因为对身体法益牺牲之转换的过程中，其对病人产生之风险高低各不同，虽医师得以医疗专业知识及经验法则预先做可能产生之风险的预防，惟此医疗行为本质上仍为本于发生几率而为臆测，并非绝对之结果，随着病情的进展，病患可能面临的风险亦随时变动，此等

---

〔1〕 朱柏松：《适用消保论断医师责任》，《台大法学论丛》1998 年第 27 卷第 4 期，第 16－17 页。

〔2〕 朱柏松：《消费者保护法论》，第 247－250 页。

〔3〕 王皇玉：《论医疗行为与业务上之正当行为》，《台大法学论丛》2007 年第 36 卷第 2 期，第 41－91 页。

〔4〕 刘文瑢：《医事法要义》，合记图书出版社，1999 年，第 179 页。

风险变动的结果，实亦为医疗本质上的风险性。

从医学上来看此风险性，出现在患者身上的风险并非医师单方面即足以造成其相对之伤害，实际上，此风险性之升高伴随了患者本身主要疾病造成的各种身体机能改变，以及身体并发的其他各种疾病，例如高血压、糖尿病、末期肾病变等各式问题。是以在讨论法律上的伤害时，除将医疗行为本身所造成的风险作为讨论主轴之时，患者本身身体条件造成的相关影响，自也应纳入相当的考虑范围。然而，此等相互影响，无法直接界定其影响范围之大小，是以若要在个案中将其依个案本身条件精确量化，几乎没有可能。因此只能透过实证医学的临床数据，以多数的可能性，转换为共通的经验法则，进而取最接近条件之数据而适用于个案。简言之，在考量医疗风险性之时，除从医疗行为方面纳入考量之外，亦须同时纳入病患本身之风险，综合考量，才能客观地判断医疗行为风险性带来的影响。

二、不确定性

医学上相较于其他自然科学而言，仍属于非常原始的科学，其所知相较于未知仍相对稀少，加上身体各项机能的变化无穷，事实上医学只是一种经验的科学，对于每一位病患而言，经验中仍含有不同变化之可能性。因此，医疗行为之实施结果，本质上含有相当程度之不确定性，每次的治疗皆有“尝试”之性质在内。

我国大陆的《医疗事故处理条例》第 33 条的立法理由有云：“现代医学科学虽然有了很大的发展，但由于目前对人体的特异性和复杂性，以及许多疾病的发生原理尚未完全认识，对某些治疗措施的结果也并不能完全预测，因而有时尽管医护人员在诊疗护理过程中竭尽全力，但由于种种原因仍然不能使病员痊愈。”正说明了医疗本身造成的不确定性，非医疗人员所能完全掌控，易造成病患方期待上的落差，因而产生纠纷。

在考量所谓医疗的不确定性时，必须先考量其本身即为一种几率的科学，亦即问题不只有一种答案。换句话说，其为多种选项，在面对医疗问题之时，可能的选项从数种到数十种都有可能，此时医疗人员自当依照其知识背景及经验，选出可能性最高的选项以为当下之判断，然此选择只代表当下所得之答案，并非最后正确答案，亦即当下的诊断并不等于最后确定的诊断。基于不确定性，医疗的诊断时常处于变动，例如，医疗人员在初次接触病患时，会就当下所得之主观及客观资讯，做出臆断（Impression）或初步诊断（Initial diagnosis），随后再经由更进一步的检查，搜集更多的证据，再逐步修正至最后诊断（Final diagnosis），在这个建立诊断的过程中，医疗人员的工作是在不确定中剔除相对不可能性，寻找可能性最高之选择。准此，可推得在每一次新诊断建立之时，皆以当下所掌握之资料判断之，而其诊断亦有其时效性，即当有新事证建立时致原诊断成立之可能性相对下降，则新诊断从而建立以取代原诊断，如此周而复始至已无更新证据支持不同诊断时，方可认为最后诊断之确立。从这里可以推得，在得到最后诊断前的各次臆断，相较于最后诊断可能得到所谓的“误诊”之称谓，也就是说不符合最后所谓的“正确”诊断，当然这个“误诊”实际上是为事后诸葛亮，只要符合下诊断当时所有的证据，就不应有任何的苛责，因为当下做出此臆断时，正符合其最高几率之判定。

在治疗上，虽然就各种疾病有建立其治疗指引，同时亦有教科书或各式科学论文提出各式治疗原则，然不确定性在此处依然存在其困难。在疾病被诊断后，伴随而来的是治疗，虽然有如此多的治疗指引等给予医疗人员作为临床上治疗的参考，然而要厘清的部分是，这些的治疗指引及原则，为透过实证医学所得之数据综合判断后，甚至加入各地不同条件而形成的，将此原则套用至个体时，基于各病患身体条件无一相同的情形下，就可能发生例外之状况，也就是不确定性的情形，也因此才会产生所谓预期以外的结果，若结果不如人意，自有纠纷之产生。

回到法律面，当医疗结果不如预期时，由于其本质上不确定性之影响，除事实部分需专业审查人士提供意见，其后续法律上之因果关系更加不易判断，这部分着实为造成在事实审查上之一大阻碍。然若转换角度，从义务层面来看，医师对医疗行为并不负担医疗行为达预期成果实现之责，而是要求医师在医疗行为实施过程中，应恪守专业人员应尽之注意义务；再从医疗契约之角度观察，医疗行为给付义务本质上为“手段债务”，并非“结果债务”，因此若医疗人员已恪尽注意义务，提供符合债务本旨之医疗，囿于不确定性之本质，则即使结果不如预期，也不应认为医疗行为本身有过失之成立。

三、专业性

医疗行为本身即具有内在的风险性及个案之专属性，是以医疗的实施攸关病患身体、健康及生命之安危，非具有专门医疗知识与资格者不得为之，是以制定各项别法，如“医师法”“护理师法”等相关法规，对医疗人员的专业资格及业务范围加以适当的限制与规范。例如未取得合法医师资格者，擅自执行医疗业务，由“医师法”第 28 条规定可见〔1〕，法律限制非医师人员行使医疗行为，违反者科以处罚之规定，乃法律强行排除非专业人员实施医疗行为的符合规定性，此即着眼于医疗行为的专业性。

此外，医学本身即为一高度专门之科学，其除个人经验累积，整体系统分析外，近年随医疗给付工精细化及医学教育之改革，医学专科依分工亦有愈趋繁细之趋势，使各专科在各医院中逐渐独立，成为目前医疗系统之常态。台湾卫生行政部门于 1988 年 6 月 29 日颁布专科医师分科及甄审办法，使专科医师制度正式成为法定制度。然就专业性而言，专科医师制度并未完全排除非专科医师执行专科相关医疗业务的权利，相反的，除法律或“函释命令”另有规定外〔2〕，专科医师之业务范围对于非该专科之其他医师并无排他性。例如台湾的健康保险局健保医字第 84019682 号函谓家庭医学科专科医师如执行涉及眼科业务，得施行“全

---

〔1〕“医师法”第 28 条：未取得合法医师资格，擅自执行医疗业务者，处六个月以上五年以下有期徒刑，得并科新台币三十万元以上一百五十万元以下罚金，其所使用之药械没收之。但合于下列情形之一者，不罚：一、在主管机关认可之医疗机构，于医师指导下实习之医学院、校学生或毕业生。二、在医疗机构于医师指示下之护理人员、助产人员或其他医事人员。三、合于第十一条第一项但书规定。四、临时施行急救。

〔2〕如台湾 2012 年 12 月 17 日修正之“脑死判定准则”第 10 条：“进行脑死判定之医师，应符合下列各款之一之条件：一、病人为足月出生（满三十七周孕期）未满三岁者：具脑死判定资格之儿科专科医师。二、前款以外之病人：（一）神经科或神经外科专科医师。（二）具脑死判定资格之麻醉科、内科、外科、急诊医学科或儿科专科医师。前项所称脑死判定资格，系指完成脑死判定训练课程，并取得证书者。本准则修正前，已领有台湾小儿神经医学会所发仍于有效期限内之小儿神经学专科医师证书者，具脑死判定之资格。”

民健康保险医疗费用支付标准”所定非限由眼科专科医师施行之诊疗项目，即家庭医学科专科医师得执行眼科业务，惟其诊疗项目仅限于施行全民健康保险医疗费用支付标准所定非限由眼科专科医师施行之范围，始得申请支付健保医疗费用。可见通过医师考试及格者，即得从事眼科治疗业务，不以眼科专科医师为限。

对病患而言，在接受医疗行为之前倘无医疗人员为其详细之说明或协助，对于医疗行为的内容及性质常有认知上之困难，由于此不对等的资讯掌控落差，就非专业人士之病患而言，其在缔约磋商过程的谈判能力显然极度欠缺，故除非医疗人员能善尽告知义务或说明义务，使其医疗给付内容病患可理解或辨识的程度，否则由于医疗之专业性必然会产生认知障碍。

医疗行为既以高度专业的医学知识为基础，其行为之内涵对于医病双方自存在巨大落差，如遇到医疗行为结果不符合预期，在事后的监督审查亦会造成相当之障碍。由于医疗行为之实施过程，唯一可得客观的纪录仅有病历而已，而病历为记录医疗行为之专业文书，当然具有法律效力。然而，病患虽就医疗法有取得病历之权利〔1〕，然要就取得的病历内容进行检视医疗行为之过失，仍然有巨大之鸿沟，此即形成审查之障碍，若非借由专业人士之辅助，无论病方或相关第三人皆不易透过此病历来搜集医师过失之证据。因此在医疗法中有医事审议委员会一章，于其下设立鉴定小组，希望能接办医疗纠纷鉴定之工作，然医病双方对此鉴定结果，仍未能完全信服。此说明医疗行为的高度专业性，实非医疗人员以外之非专业人士所得以了解的。

四、裁量性

医疗人员在医疗行为的执行上，就某些程度或范围而言，应享有临床判断的余地，此即医疗事务的裁量性，然此合理范围为何，却难有统一或明确的界定，可谓是医病关系的灰色地带。〔2〕除可能导致医法各界在论断医病关系时之困难外，医师的临床裁量权之模糊界线，会导致医疗效能之不彰，如裁量范围漫无限制，则病人身体，健康或生命，易受任意处置；反之，对裁量权限制过严，则医师医疗处置权限局促而受限，亦引起医学之萎缩〔3〕。由此可见对医师临床裁量权本质的正确认识与合理判定，将是论断医病关系的重要环节。

目前未见有直接对医师临床裁量权作定义性之叙述，然通说认为，基于医疗之高度专业性及不确定性，和对疾病治疗的多样性选择之下，为谋求病患医疗上最大之利益，应当赋予医师对医疗行为于一定范围内享有必要的临床判断选择权利，此谓之裁量权。〔4〕亦即医师在此裁量范围内，就医疗相关事务之所必要，应具有选择或决定的自主判断空间，且此自主空间属医师直接权利内容，于此范围内，即难谓有过失之可能。

---

〔1〕“医疗法”第71条：“医疗机构应依其诊治之病人要求，提供病历复制本，必要时提供中文病历摘要，不得无故拖延或拒绝；其所需费用，由病人负担。”

〔2〕黄丁全：《医事法》，第525页。

〔3〕孙森焱：《论医师为诊疗行为应负之义务》，收录于《郑玉波先生七秩华诞祝贺论文集——民商法理论之研究》，1988年，第182页。

〔4〕黄丁全：《医事法》，第524页。

至于医师裁量权之范围如何界定，多有不同看法，有以科学合理性为判断基础者[1]；有以不违反医疗常识，且经医界公认合理之方法者为是[2]；有以医疗伦理规范，同时辅以告知同意为调节者[3]；另有在以满足债务本旨的前提下，医疗人员就给付内容为细节性、技术性、方便性之片面决定为之者[4]。

在实务上，可见台湾高等法院92年度重上字第111号民事判决，略以"惟查并非每一项手术之诱导麻醉，皆使用短效肌肉松弛剂，仍须视病人状况及手术种类决定，不能认为每一项手术麻醉诱导，选择短效肌肉松弛剂较为适宜，而乙某某于术前照会问诊时，并未发现甲某某有发声异常或呼吸不顺，无法判定使用长效之肌肉松弛剂是否适宜，且麻醉诱导期间决定使用长效肌肉松弛剂，系属麻醉医师乙某某之裁量权范围，非如甲某某及丙某某所主张麻醉诱导时本应选用短效肌肉松弛剂，而乙某某竟选用中长效之肌肉松弛剂，具有过失可言。"此处点出医师之裁量权，仍须就病患之情况及医疗行为之种类而做选择，非为一定之习惯性所得约束，是就此种裁量权而生之医疗行为自不具有过失可言。

现实医界及法界对医疗裁量权于医疗行为之重要性皆渐有认知，惟对裁量权之范围仍多感模糊未定，在医学上而言，临床裁量权必不得违背医疗的上位概念——不伤害原则(Do no harm)，其次当得尝试以医疗水准，医疗常规或治疗准则等作为界定边界之参考。但是否妥适，仍有待进一步研究。

五、拦截性

从医疗行为介入的目的来看，其消极目的为阻止病患身体及健康机能之恶化外，积极目的甚至为改善身体之机能，恢复原有之健康。当医疗行为不能成功阻止疾病对病患身体造成之影响时，病患的健康自当随疾病进程而进行下去，幸运者，身体度过此一灾厄，恢复健康，不幸者，甚至进行向死亡之结果。无论结果为何，医疗行为的目的皆是为了停止疾病进程向不良结果一方持续进行，而进行介入性的行为，且不论其介入后得到的结果是否为正向，皆无损于其欲拦截疾病进程的目的性。

医疗行为的启动并非一开始的因果进程，而是因为病患身体的损害或生命濒临灭失，小至病毒感染，大至严重伤害濒临死亡，有了这个因果进程后，为了避免身体机能的损坏或生命的灭失，才以医疗行为介入，避免不良结局发生。亦即医疗行为这个因果进程的启动，非原生的因果进程，而是为了拦截原来对身体有害的因果进程，是以"医疗行为"的"拦截"是否成功，乃以其所欲防止出现的"结果"为准，而非以先前已先行启动的另一"因果进程"所致的"结果"为准，例如医师对住院病患突发性的呼吸衰竭做紧急心肺复苏，如果病患生命获救，但不幸因脑部缺氧造成植物人，但乙的急救行为所欲拦截者，乃防止"死亡结果"出现。医疗

---

〔1〕 黄丁全：《医事法》，第524页。

〔2〕 邱聪智：《医疗过失与侵权行为》，《民法研究》，五南图书出版有限公司，2000年增订版，第430页。

〔3〕 孙森焱：《论医师为诊疗行为应负之义务》，收录于《郑玉波先生七秩华诞祝贺论文集——民商法理论之研究》，1988年1月，第182页。

〔4〕 吴志正：《解读医病关系Ⅰ》，元照出版有限公司，2006年，第103页。

行为所衍生的意外结果，并不等于过失结果。[1]

第三节 结　论

由于医疗行为的诸多特性，致使在医疗过失的事件中要将医疗行为转化为法律上的事实行为而进一步讨论时，易产生事实认定、关系厘清及因果相关性的问题，从风险性上来看，基于个体差异性，难以细量各自风险而进一步量化双方责任比例，是在医疗纠纷原因的论断上，更不易取得令双方信服的结果，此时实证医学数据得为相对客观量化之辅助，惟在引用数据之同时，务须注意其在医学上有其可相比拟之范围，否则徒增医病双方引用文献之论战而已。从医疗的不确定性中，可以了解到所谓的诊断，必须以当时的资料及证据而为之，若是落入前后诊断不一的即为“误诊”的错误观念时，将造成过度的防卫医疗，实非病人之福。

基于医疗的专业性而进一步赋予医疗人员的裁量权，扩张了医方与患方的认知鸿沟，虽有告知义务的规定，但真有医疗纠纷时，如非透过医疗专业人员辅助，无论患方或第三方在事实的认定上容易产生遗漏、缺失，甚至是误解，如此，造成更进一步探讨法律关系时，其间之因果关系无以依附于稳定之事实上，将造成判定过失归属之困难。是进一步将医疗行为特性，逐步转为法律上判断之参考，有其可能性及必要性。

必须强调的一点，多数医疗行为的本质上和其他伤害相关法律行为有极大的不同点，其目的即为拦截病患本身因病程前进所造成的损害，细究出发点，实为以病患得利为出发点的行为，因此在讨论医疗纠纷相关问题时，回溯行为本身的意义以为判断的依据，应有其必要。

[1] 郑逸哲：《医疗行为属拦截另一因果进程的行为》，《月旦法学》2010 年第 184 期。

正解医患关系之随笔

王 岳*

在哈尔滨杀医血案宣判后，温岭杀医血案也宣判了……医患关系到底怎么了？长久以来，医生以“视病如亲”的心态悬壶济世，而患者也常以“华佗再世”“仁心仁术”的感恩心情回报，医患关系极为融洽。然而，随着政府将医疗行业推向市场，此种医患关系已经日趋淡薄，更有甚者，医患双方反目成仇、对薄公堂。为什么医患双方由原来的协力共同体变成了今日的冤家对头。

医患关系有没有因为我们的关注而好转

问问现在临床上的医务人员，最令其头痛的莫过于医患关系。医院的管理者也很头痛，因为这些年真是没少强调医患关系，大会讲、小会讲，几乎逢会必讲。结果呢？在过去的2012年里，最让医务人员难过的一个词已经不再是“医闹”，而是演变成了“伤医”。政府也头痛，医疗纠纷已经成为重要的一类上访题材。而伴随着政府这些年对医疗行业投入的加大，医保覆盖面积的提高，似乎医患关系非但没有好转，反而日趋紧张。这些年行业内的共识是，医患关系不好的原因就是卫生政策与体制问题。而我认为，卫生政策与体制固然存在问题，但是如果医务人员不能意识到自身的问题，即使我们“全民免费医疗”，医患关系也不会彻底好的。

这些年，一些医院对医患纠纷往往只是简单地“对症下药”，一罚了事。甚至于为了减少眼前的纠纷，而以“消极保护”思想扭曲“医道”。前不久，我在一家三级医院发现，《手术同意书》已经被改名为《手术志愿书》。再仔细看看患者签字栏，几乎都以“要求”二字开头，“要求切除双侧卵巢”“要求输血小板”……这让我不由得想起某位著名医学专家此前在中国南方国际心血管病学术会议上义愤填膺地跑题：“今天，我们的医生已经不会给患者看病了，因为他们的脑子里面为了减少纠纷只记得两句话：‘可查可不查的一定要查，可救可不救的一定别救。’”话音刚落，下面居然掌声一片。医生们为什么会鼓掌？我估计是因为他们觉得这样说很解气。尤其是，在医患纠纷频发的当下，如此“看病”似乎可以对医生起到一种“消极保护”的作用。但是，很快地，你会发现《志愿书》和“要求”并不能减轻一丝医务人员对患者应尽的法律责任，反而会令医患关系变得对立、疏远，甚至冷漠；你会发现这种“消极保护”将会造成滥开检查、推诿急危患者的现象屡禁不止，并最终导致医患双方两败俱伤。试想，当你

* 王岳：中国医科大学医学学士，武汉大学法学博士，北京大学医学人文研究院医学伦理与法律研究中心副主任，副教授，主要研究方向为卫生政策与卫生法学（医事法学）。电子邮箱：wangyues@vip.sina.com。

年近九旬，一身疾病的时候，在这种可怕的“消极保护”思想之下，你将很难找到愿意接收你的医院，已经成为“易碎品”的你，稍有闪失万一说不清楚死在医院里，医生、护士会想：那可会发生纠纷哦，所以建议您还是到其他医院试试吧。试问，长此以往，医务人员真的能感受到身为医生的尊严和幸福吗？我们又真的可以重构和谐的医患关系吗？

这些年，行业内的不正之风为何屡禁不止，我想也和卫生行政部门的指导思想有关。由于政府补偿机制不到位，所以政府对医院有愧，便在行政管理上睁一眼闭一眼，加之管办不分，导致政府行政威慑力很难震慑公立医院和医生。于是，“对不起患者”的事情屡见不鲜，愈演愈烈……面对患者需求不断提高的医疗行业，非但不是迅速转变医疗服务模式与观念，反而却遵循了一种“丛林逻辑”——“你对不起我，就别怪我对不起他”。医务人员将一些困难和问题转嫁给了患者。医院的楼越来越高，设备越来越好，可是医务人员和患者的关系却越来越差，医务人员与患者之间维系关系的“信任”受到了致命的伤害。在这种逻辑下，“商业利益”倒成了医疗行业的“朋友”。更有甚者，滥用药物，已经突破了人不得“图财害命”之道德底线，更遑论医生之道德底线。我想这可能才是今天医生越发感觉职业幸福感下降，缺少基本尊严感的关键吧。

事实上，最让医务人员无法理解和伤怀的已经不是一起起伤医或杀医的事件，而是在悲剧之后，医务人员不仅没有得到公众、网友的同情与声援，却得到了一大堆“活该”“大快人心”的跟帖。试问，如果换作是一位清洁工、一位警察、一位教师在工作岗位上被伤害被致死，网友们也会做出这样的反应吗？法律可以将一两个偶尔举起凶器的患者绳之于法，可是当公众中的多数对医务人员极度不满意时，甚至“同仇敌忾”时，试问我们该怎么办？

改革三十余载患者最大的变化是什么

很多年前，一位美国学者在国内某知名医学院讲学过程中，给中国的医学博士生们提出一个问题：“从医学角度请回答，人是由什么组成的？”学生们不约而同地答曰：“细胞。”美国学者紧接着又提出一个问题：“那么从医学角度请回答，狗是由什么组成的？”学生们又不约而同地回答：“细胞。”安静了片刻后，课堂里一片笑声。

这就是中国医学教育基于生物医学模式培养出来的医学博士生们。在医科大学里，我们用培养科学家的方式培养医学生，从高数、物理到解剖、组培；在医院里，我们又用考核科学家的指标考核医生，从英文水平到SCI论文的发表。最后的结果是什么？这些年医生掌握的知识比以前的老大夫们多多了，可以选择的技术手段也多多了，但是医患之间的交流和沟通却越来越少，医患关系日趋紧张，医生越来越感受不到职业的幸福感和认同感。如果问我改革开放三十年来，医学界最大的改变是什么？我会毫不犹豫地告诉你：“人。”人的什么改变了呢？是“细胞”吗？绝不是！改革开放三十年的历史在整个人类演化进程中是可以忽略不计的，而这些年的改革开放，中国人、中国患者发生最大的改变不是他们的生物属性，而是他们的社会属性。如果用“细胞”代表人的生物属性，那么“权利”便可以代表人的社会属性。这就是美国学者发问的真实动机，他在用一个简短的问答证明中国医学教育的最大问题所在。他也在预言,基于生物医学模式培养出来的医务人员无论如何早起晚睡,也无法满足今天患者的需求,医务人员一定会倍感力不从心……

该“治病救人”还是该“帮助患者”

随着中国社会的发展,越来越多的问题开始暴露于医院这一社会终端,社会给医疗行业提出了许多新问题。实际上,如果当医务人员把“治病救人、救死扶伤”作为行医的唯一目的,你会发现你的工作如同一场赌博,要么成功,要么失败,而最终一定以失败作为结局。因为几乎所有的患者最终都要死在医院里。更为可怕的是,如果当医务人员把“治病救人、救死扶伤”作为行医的唯一目的,你会发现你的工作结果是你自己不可操控的,不可决定的,哪怕是再轻微的疾病,你都不能够对患者做出治疗结果的承诺,因为那是你不能确保的。但是,如果医生可以换个角度看问题,把“帮助患者”作为行医的目的,作为医学之新目标,我们将永远成功,而没有失败。实际上,“帮助患者”本身也包括了“治病救人”。更为重要的是,在“帮助患者”的过程中医务人员一定会获得比“治病救人”更大的成就感和幸福感。哪怕你面对一个胰腺癌晚期的患者,如果你从“帮助患者”的角度出发,你不再要么成功,要么失败,而是永远成功,没有失败,因为你会发现你可以减轻他的痛苦,你可以提高他的生活质量,你可以帮助他战胜对“死亡”的恐惧,你甚至可以满足他临终前的最后一个小小的心愿……

医务人员的敌与友

我曾经告诫医生朋友们,医疗纠纷永远没有赢家,而我们首先应该做好的是我们自己。试问我们的职业道德底线是否被突破了?我们的职业价值观是否动摇了?医务人员在自己的职业生涯中必须时刻提醒自己:我们的敌人不是疾病和死亡。现代医学之父奥斯勒将医生最大的敌人概括为——“傲慢”“冷漠”和“贪婪”。

医务人员平时最不喜欢什么职业的患者?他们会异口同声地告诉你:“老师、律师、记者、公务员和同行。”没错,正是这五类“学习型患者”经常惹医务人员生气,因为他们不仅有强烈的求知欲望,更有极强的求知能力,而且他们经常挑战医生的权威。患者可以在诊室外用手机搜索医学专业知识,互联网已经使得医务人员对专业知识垄断的年代结束了,而医务人员仍然习惯于“父权式医患关系”(我为你好,你听我的,不要问那么多问题,按我说的做就是了)。而“父权式医患关系”实际上已经结束了,唯有“朋友式医患关系”(基于共同参与的学习与讨论)可以令“学习型患者”满意。法律上“知情同意”制度完全没有保护医务人员的作用,而今天绝大多数的临床医生却还在将其理解为“免责”“保护医生”或“走个程序”“负担”,少有医务人员将“知情同意”上升到教育病人的高度去看待和重视,这也正是为什么这些年我们让病人签字越来越多,而纠纷也越来越多的主要原因。展望国际上医学的发展方向,面对“学习型患者”,国外医务人员选择的是“主动改变”:运用多媒体课件、VCR录像、APP应用软件,在大幅度降低工作量的同时又提高了教育患者的效果。而国内医务人员却还在抱怨和责备患者要求越来越高，越来越难伺候。我们不应该抱怨和责备，因为抱怨和责备又有什么用呢？随着社会的发展，你将发现有越来越多的患者开始加入到学习型患者的队伍中……

由于种种原因，医生这一职业非常容易对病人表现出“冷漠”。而病人则是非常非常需要你的帮助、安慰和关怀。强烈的期望与残酷的现实，使得病人见到医生往往都非常失望，他们会将不满积蓄、积蓄、再积蓄，最后一次性地爆发出来。所以医生必须克服“冷漠”，而要以“爱心”来面对病人，看着你的病人，做到“感同身受”，体谅他的痛苦和不便，伸出你温暖的手触摸他、安慰他。可能医生护士一句安慰的话，就会使病人精神上减少痛苦，增强与病魔抗争的勇气。医生应该将自己定位为病人“博学且值得信赖的朋友”。如果医生可以抱着交朋友的心态去工作，“冷漠”的敌人也自然会远离你。而你自己也会渐渐在与朋友的交往中感受到做医生的职业幸福感。正所谓：帮助别人，快乐自己。

中国工程院院士钟南山曾经在出席广东科协论坛时指出：“在市场机制的刺激下，医务人员的人文精神开始沦落。”是的，在市场机制刺激下，连公立医院和我们的医生也都“一切向钱看了”，这并不奇怪。但是这些年的“大处方”和“过度医疗”的现象却并未见明显好转，甚至于个别医生的“贪婪”已经将“不伤害”的行医底线突破。在经济利益的诱惑下，医务人员成为新产品、新技术的代言人、推销者，而将患者的安全放在一边。可用可不用的药用了，可做可不做的手术做了，而这都将患者置于一种不必要的风险之中。

媒体是医院的朋友还是医院的敌人

“媒体是医院最好的朋友。”听到这句话，估计很多中国卫生行业的管理者都会一头雾水。何出此言？这些年，如果你问问我们中国卫生行业的管理者，就会发现他们几乎都视媒体和记者为洪水猛兽，为什么呢？这些年在央视《今日说法》栏目做嘉宾的过程中，频频遇到让我尴尬的问题：有的医院将无名氏患者放置在其他医院门口，有的医院将欠费仅百余元的重病残疾患儿强行送回家里，有的医院则将交通肇事的受伤流浪女遗弃在树林中，有的医院将无人认领的死胎尸体丢弃在河中……当然，所有的当事人又似乎有道不完的委屈与无奈，似乎让我不得不认为他们也是受害人……我曾经问过很多的医院管理者，遇到这种问题该怎么办，他们的答案几乎都是千篇一律的。在吸取电视上一个个鲜活案例教训后，他们首先会想到的是政府，当然碰壁之后便会想到继续治疗，但可以考虑“保守治疗”。

改革开放30余载，中国社会最大变化乃“市民”力量之崛起。这些年，在政府力量之外产生了一股不可小觑的社会力量，我们卫生行业领导干部的思维模式必须跟上社会发展的变化，真正做到与时俱进。医疗行业必须拆除思想深处的行业之墙、医院之墙，将“帮助患者”作为超越“救死扶伤”的新行业目标，才可能自己想出解决各类困难与问题的方法。我们的管理者必须明白媒体是当今中国医疗卫生行业沟通政府与社会力量的有效途径，我们的医疗机构中有许多需要帮助的弱者，而社会上更有许多希望帮助别人的好心人，我想陈光标君之数量绝非少数，关键在于我们是否充分有效地发挥了我们的朋友——媒体和记者们的积极作用。医院绝不缺少故事，绝不缺少需要辅助的对象，而实际上更多的帮助只需要几千元的小额捐赠即可以发挥重大的作用。中国的医疗机构之所以总觉得慈善离他们很远，就是因为我们还在思想深处把医院当企业办，而非公益慈善机构。实际上，慈善就该在医院处处可见，我们的医疗机构应当有专门的部门、专人负责这些工作，绝不能就把医院的职能简单限定于“治病救人”。20 张床配一个保安，一定不如 20 张床配一个社工（志愿者）！医院必须行动起来，可以和媒体开设定期的慈善专栏、大爱栏目；可以聘请当地的知名企业家成为医院的理（董）事会成员；可以设立专门的社工部向社会招募志愿者和爱心人士；可以向所有社会上的慈善组织、草根组织、爱心个人敞开大门，与其合作开展类似筹款、画家义卖等等项目；可以设立慈善感恩墙，将帮助别人的人和受帮助者的名字都镌刻在医院的建筑物和围墙上；可以设立小额辅助基金，允许医务人员对特别困难的患者免收、减收医疗费用；可以通过院内的规章制度将患者剩余药品给特别贫困患者使用等等。

这些年我们处理不好医患关系，其主要原因就是卫生行业在价值观和思维模式方面出了问题。我们总喜欢将医患对立起来去想解决问题的方法，结果毫无建树。因为如果价值观和思维模式不改变，想出来的所谓方法也是没有用的。而医患绝不可对立，因为如果患者的问题解决不好，医生是很难有一个好的职业环境的。所以卫生行业在做任何决策时应当真正从患者的最大利益出发，以患者为中心，将患者的疾苦、困难放在第一位……

医疗纠纷

——趋势、起因与对策

刘长秋*

医疗纠纷是近年来在我国频繁发生而为社会广泛关注的一个社会热点问题，是我们构建和谐社会，实现中华民族伟大的复兴梦过程中必须直面的一个重要挑战。而2013年则是医疗纠纷尤其是带有医闹性质的医疗纠纷集中爆发的一年。震惊全国的"温岭杀医案"就在其中。

"温岭杀医案"发生后，医院数百名医护人员自发组织抗议，聚集在医院广场内，悼念遇袭身亡的王云杰，并抗议"医闹暴力"，活动在网上得到全国上百家医院的声援。2013年10月28日，中国医师协会、中华医学会、中国医院协会、中国卫生法学会联合发表声明，呼吁全医疗行业、全社会动员起来，对"医疗暴力零容忍"。为了维护正常的诊疗秩序，保障广大人民群众的生命健康安全，12月21日，国家卫生计生委等11个部门联合印发了《关于维护医疗秩序打击涉医违法犯罪专项行动方案》，共同启动了为期1年的专项行动，严厉打击医闹行为。

一、趋 势 何 在

实际上，"温岭杀医案"只是2013年医患关系日益恶化、医疗纠纷不断激化的一个缩影。近年来，伴随着我国经济飞速发展以及社会进步所带来的人们就医观念、权利意识以及对自身生命健康关注程度等发生的巨大变化，人们对医疗服务的要求已越来越高。而医疗改革的深入，则使现行医疗体制存在的问题越来越突出，加上社会因素、舆论导向等原因，医疗纠纷呈逐年上升的趋势。除"温岭杀医案"之外，上海、北京、广州、哈尔滨、合肥等全国很多城市近年来都发生过性质恶劣的伤医、杀医事件。医疗纠纷已经成为举国关注的社会问题，成为考验我国社会应变能力和政府社会管理能力的一块"试金石"。当前，日益增多的医疗纠纷已成为各级医疗机构普遍面临的一个重要且棘手的问题，不仅妨害了医疗机构正常的诊疗秩序，而且直接恶化了医生的执业环境，使得医患矛盾日益加剧，成为社会各种矛盾的集中反映。从实践中来看，我国医疗纠纷呈现出以下几个方面的发展态势：

第一，越来越复杂。医疗纠纷的发生往往有着复杂的原因，既有可能是医疗机构方面的原因，也可能有来自患者及其家属方面的问题；既有社会环境方面的诱发因素，也存在医疗体制缺陷方面的原因。不仅如此，医疗纠纷发生的领域及范围也具有比较大的复杂性。以

---

* 刘长秋：上海社会科学院法学研究所研究员，上海市法学会生命法研究会副会长。

前，医疗纠纷大都发生在各个医院的外科及妇产科等容易出现技术操作事故的科室。但最近几年，医疗纠纷在医院各个科室都有发生，且非由于技术操作问题而仅因医患双方沟通不力所引发的纠纷正越来越多，呈现出明显的发散性趋势。

第二，与利益相关。在我国，医疗纠纷的发生与医患双方对医疗服务内容或质量的理解存在偏差有着直接关系，但在我国医疗改革日益将医疗机构推向市场，从而极大地增加了人们的医疗服务费用和成本负担的情势下，医疗纠纷已经越来越多的和利益直接挂钩在了一起。这些纠纷的发生和解决无论或大或小，都直接关涉医患双方的切身利益。近年来，发生在我国医疗实践中的纠纷绝大多数都围绕经济赔偿或补偿展开，而伴随着人们医疗成本的日益提高，医疗纠纷与利益关联的密切性正越来越突出。

第三，影响越来越广泛。以前，医疗纠纷一般都能够被控制在医患双方之间，纠纷的社会影响通常只及于比较有限的范围之内，且经医患双方协商后一般能得到相对合理而满意的解决。而最近几年，由于患者及其家属的期望值与医院相差较远，难以达成协议。很多患者及其家属为了获得更高的经济补偿或更有利的解决方式，往往有意扩大医疗纠纷的社会影响，把自己与医疗机构的纠纷故意散播到报纸、网络、电视等媒体上，以争取社会舆论的关注和支持，令自己在医疗纠纷解决的过程中获得有利地位。不少患者家属在发生医疗纠纷时，甚至还会寻找职业“医闹”来帮忙，以此获得的关注更多。这使得医疗纠纷的影响已经超越了医患关系领域，成为一个复杂的社会问题。而伴随着医患关系的日益尖锐，医疗纠纷的这一趋势仍有可能会加强。

第四，耗时费神。医疗纠纷由于涉及医学这一复杂科学，具有相对较强的专业性，其认定和处理都具有很大的难度，往往需要耗费很长的时间和精力。一般而言，通过鉴定解决医疗纠纷的平均时间约 4 个月，而通过诉讼来解决则需通常 6 个月到 2 年。漫长的纠纷处理过程，不仅牵扯了医疗机构大量人力、物力，令其难以专心抓医疗技术和医疗质量，分散了医疗机构救助病患的精力，同时也增加了患者及其家属经济、精力及心理方面的负担。“温岭杀医案”就是很明显的体现，患者前后找医院 40 多次，极大地增加了医患双方的成本和精力。不仅如此，纠纷认定和处理的耗时费神也加剧了医疗纠纷处理的难度，使得部分医疗纠纷在处理过程中逐渐发酵，形成影响社会安全与稳定的社会公共事件。

第五，医患对抗越发加剧。医疗纠纷往往涉及人们最为关切的生命健康，直接影响着人们的生活幸福，加之当前医疗纠纷多由利益冲突引发，双方当事人情绪比较容易失控，行为方式通常较为激烈。在相对强势的医疗机构面前，很多患者为了引起官方重视而选择信访、闹访等非理性的方式，甚至采取伤医、杀医等偏激做法，使得医患双方的矛盾充满对抗性。而少数患者及其家属为了达到其目的，迫使医疗机构接受其要求，甚至动辄采取围堵医院大门、聚众堵塞交通、在医院设灵堂等激烈方式。更有甚者，由于部分医疗机构不注重纠纷的法律解决，存在“拿钱买平安”的错误思路，经常在纠纷发生后寄希望于给患者及其家属高额的赔偿来暂时化解危机，导致医疗纠纷成为很多人眼中的“肥肉”。一些社会不法分子或黑社会经常会涉入其中，帮患者家属向医院进行暴力索赔，以从中牟利。而为了应对日益严峻的医患矛盾，各地医疗机构采取了各种防范措施，如在上海，一些医院甚至邀请了警校专业的老师向医院职工培训如何自卫的方法；也有些医院甚至邀请世界跆拳道联盟黑带四段高手，前来传授防身绝招；还有些医院则采取加强安保力量等方式。而在沈阳，一些医院则专门向被打医务人员发放委屈奖。医疗纠纷中医患双方对抗的激烈性可见一斑。

二、因 起 何 处

近年来，伴随着人们对生命健康问题的日益重视以及我国医疗卫生体制改革的推进等诸多因素的影响，医疗纠纷在我国呈现出了越来越尖锐化的发展趋势。尽管各地医疗卫生管理部门乃至法律界采取了一系列有针对性的措施，但医疗纠纷在各地的发生依旧有增无减，而医患之间的关系也越来越降至冰点，杀医、伤医事件层出不穷，医疗行业已经俨然成为一个高风险行业，成为一个很多家长都不愿让自己的孩子将来去从事的行业。那么，究竟是什么原因导致如今的医患关系如此紧张和激化呢？患方与医方各有着不同的解读，而作为社会精英的专家也有着自己的看法。这些都从不同侧面诠释了医疗纠纷在我国发生和激化的原因。

（一）医疗纠纷的医方原因

1. 医务人员医德修养不足

现代医学教育强调知识的传授和诊疗技能的培养，而相对忽视人文精神的培育。这直接导致不少医务人员对我国医学人文传统和西方现代医学中的仁爱精神都比较陌生，医德修养比较成问题，缺少对患者的尊重与基本的人文关怀。一些医务人员缺乏职业精神与职业道德修养，将患者作为谋取自身利益的工具，为了完成单位的创收任务而对患者进行过度医疗，真病假治、小病大治、快病慢治等情况时有发生；还有的医务人员为了自己的利益甚至完全不顾及患者的身体健康，或者变相向患者及其家属索要红包，或者通过医托来争夺患者，或者接受有关药品生产销售企业的贿赂，向患者推荐一些对于疾病治疗无关痛痒的药物或医疗器械，想尽办法从本就因患病而陷入困境的患者捞取钱财。2013 年 9 月央视曝光“天津多家医院抢夺婴儿‘第一口奶’的事件”就是很好的注脚。该事件中，奶企以向医院人员贿赂的方式，在家长不知情的情况下，让医院给初生婴儿喂自家品牌的奶粉，让孩子产生对某个奶粉的依赖，达到长期牟利的目的。诸如此类的事件无疑是医务人员医德修养不足的最好诠释，其发生在客观上增加了医疗机构与患者及其家属之间的隔膜，诱发了医疗纠纷的发生。

2. 医务人员不尊重法律

在法治已经成为当代社会主旋律的宏观背景下，法律已经成为保障医疗执业活动规范进行以保障患者并同时也是医务人员自身合法权益的重要指针。然而，由于我国医学教育对医疗卫生法制教育的缺乏，很多医务人员平时根本就没有学习并遵守法律的意识，不重视依法执业、依规诊疗，违背法律与操作规程执业的行为多有发生。如违反诊疗法定医疗制度和原则，拿错药，输错血，将纱布留在接受手术的患者体内，手术前故意隐瞒或弱化手术的风险等等。这些也都成为医疗纠纷在我国的发生与激化的重要诱因。

3. 医务人员缺乏沟通技巧

对大多数医务人员和医疗机构而言，医疗纠纷被认为是一种麻烦，而医疗纠纷的投诉者则通常被视为麻烦的制造者，人人避而远之。不少医务人员缺乏换位思考的习惯，在纠纷发生后难以站在患者的立场上更全面和理性的考虑问题，而一味地认为医疗纠纷的发生完全是患者无理取闹或小题大做，不注意与患者及其家属进行交流和沟通。加之目前我国医疗卫生资源还相对较为紧张，患者众多但医疗机构与医务人员却相对难以满足实际需求，导致广大医务工作者大都超负荷工作，不堪重负，很多医务人员不善于甚至自认为患者及其家属对医学一无所知而干脆不屑于与其进行沟通。这成为医患双方互不信任，医疗纠纷不断发生并激化的重要原因。实际上，医疗实践中很多纠纷所涉及的问题原本并不至于发展成为医疗纠纷，其之所以发展为纠纷完全是由于医务人员不善于沟通或沟通不当造成的。以"温岭杀医案"为例，该案中犯罪嫌疑人连恩青的妹妹就认为，哥哥最大的纠结就在于"鼻子难受，但所有的检查结果都是好的，没有人回答他的疑惑。"哥哥之所以变得多疑和暴躁和医生的态度直接相关。"哥哥说，医生不管他说身体难受，只是强调检查结果没问题，后来去找的次数多了，医生嫌他烦了。"而参与过诊治的医生蔡朝阳也曾在这件事上有过反思。他认为，如果当初自己不纠缠于鼻子问题，转而关注连恩青的心理疾病，悲剧或可避免。

4. 医疗机构错误的宣传

近年来，伴随着我国医疗卫生体制改革的日渐深入，医疗机构被越来越多地推向了市场，实行自负盈亏。在此背景下，不少医疗机构为了实现利益最大化，争夺病员，经常以虚假广告的方式对本单位的医疗技术水平以及医疗服务质量进行夸大式宣传，以骗取病人及其家属的信任。诸如"只需 X 个疗程即可治愈""治愈率达到 95%"等之类的夸张或虚假宣传随处可见。这在令这些机构更适应市场规则，吸引病员以增加其经济收益的同时，也对广大患者及其家属形成了误导，使很多人错误地认为我国医疗机构的服务水平已经发展到了可以治疗各种疑难杂症的程度，从而对医疗机构及医务人员产生了过高的期望。而当患者真正接受诊治，发觉实际医疗技术与医疗质量与有关宣传及其自身期望存在较大差距时，往往会形成巨大的心理落差，对医生和医疗机构产生不信任、厌烦甚至是恼恨。这也成为医疗纠纷产生及激化的一个重要诱因。

5. 医方片面追求经济效益

耶鲁大学法学院教授伯特在其《照料陌生人：医患关系的法治》一书中认为，医生面对无助的患者时，潜意识中其实存在着两面，一面是真心关怀，另一面却想着法子怎样伤害和蒙蔽病人。而一旦医生释放自己潜意识中想法子伤害和蒙蔽病人的一面时，医生也就逐渐失去了其真心关心病人的意识，而将自己推向了患者的对立面。当前，伴随着我国医疗体制改革的日渐深入，医疗机构的公益性已经逐渐淡化，而经济效益成为各级医疗机构生存、发展和壮大的首要目标。为此，很多医疗机构都为各个科室和医生制定了具体的经济指标，并以此对科室和医生进行考核，作为奖励和惩处各个科室及医务人员的基本依据，以便最大限度地刺激各个科室及医务人员进行创收。出于自身经济利益等方面的考虑，很多医生不得不采取小病大治、做不必要的检查、开大处方等坑蒙患者的过度诊疗措施，使患者医疗费用激增，增加了患者及其家属对医疗机构及医务人员的不满情绪。

（二）医疗纠纷的患方原因

1. 患者权利意识觉醒

当代社会是一个以权利为本位的法治社会。法治社会带来了人们权利意识的觉醒，使得民众的维权意识逐渐增强。伴随着人们权利意识的觉醒与强化，医患关系已经由传统上的由医生主导的父权主义模式发展到如今强调医患双方平等且相对更关注患者权利的信托主义模式。在新的医患关系模式下，患者对医生的希望和要求更加严格和苛刻，对于自己的权利越来越斤斤计较。在此背景下，一旦患者身体和权益在医疗过程中受到侵害的治疗时，就会采取相应的方式来维护自身的权益。而部分医务人员则往往只注重对疾病的治疗，而忽视对患者权利的呵护，这必然会导致部分患者心理需求和情感需求不能得到满足，从而引致医疗纠纷的发生。

2. 患者低落情绪的爆发

生病对于任何人而言都是非常不幸的事情，一旦患病，患者及其家属的情绪往往会比较低落，思考和处理问题往往会失去应有的理性，容易冲动，尤其是容易对医务人员这一正在与其发生经济利益纠葛的人群更易产生不满，容易将不良情绪发泄到医务人员身上。在此背景下，一旦医务人员不注意自身的沟通技巧和掩饰因疲劳而引发的厌烦情绪，就很容易引发与患者及其家属之间沟通上的问题，导致双方产生矛盾或冲突，从而导致医疗纠纷的发生。“温岭杀医案”“哈尔滨杀医案”等恶性医疗纠纷中都存在这方面问题。

3. 患方对医生严重不信任

由于医患关系的日渐恶化，当前的医患双方存在着严重的不信任，尤其是患者对医生的不信任。这直接导致一些患者及其家属对医务人员诊疗行为的不配合甚至是误解。对某些小病，医生不开药或少开药，不建议个别患者手术等，原本属于合理化的诊疗建议，但却经常被误解为不尽心施治，容易引致患者及其家属的反感；而开药或多开药，建议小病手术又有违医生的职业伦理，致使医生无所适从。这也成为医疗纠纷的诱发因素。

4. 医闹势力的介入

近年来，伴随着我国医疗卫生体制改革日渐推进所引发的一系列负面问题的出现，加之部分医院在处理医疗纠纷时过于纵容个别患方的不正当要求，医闹在一些城市开始出现。而医疗机构所采取的“大闹大赔、小闹小赔、不闹不赔”不正确处理模式则令很多人摸清了医疗机构在医患纠纷中的无奈。在此背景下，一些唯利是图的人把医疗纠纷作为一种商机去运作和经营，从而诞生了一些借医疗纠纷之路来生财的职业医闹者，他们多是一些社会闲散人员或黑恶势力。为了在医疗纠纷中获取利润参与其中，他们在医院前面摆花圈、挂横幅、放棺材，甚至殴打医务人员，聚众闹事，要求医院给予巨额赔偿。这类现象的出现严重影响了医院的正常工作秩序和社会形象，成为医疗纠纷激化的发酵粉。

（三）医疗纠纷的体制与社会原因

第一，医疗体制问题是医疗纠纷发生和激化的最根本原因。医患冲突频发，根源在于我国的医疗体制。自我国医疗改革将医院逐步推向市场以来，我国对医疗财政投入越来越少。

1986年卫生总费用315亿元，国家财政拨款122亿元，约占39%，但到2003年，这一比例下降至16%。最近几年，中国卫生总费用占GDP的比重一直维持在5%左右，远远低于9.7%的全球平均水平，更不用说跟美国16%—18%的比例相提并论。在新医改政策推行之下，政府财政投入日益缩减，医院像企业一样自负盈亏。要维持正常运行，资金漏洞必须从患者医疗费中抽取，备受诟病的以药养医制度就此出现。患者和医生都要为此买单，患者承担高昂费用，医生超负荷工作。医院为了谋求自身的生存发展，普遍采取"以药养医""以检养医"的政策，随之而来的是患者医疗费用不断上升。虽然目前绝大多数城乡居民已经参加了不同形式的医疗保险，全民医保体系初步形成，但是保障范围和可报销比例仍然相对较低，患者负担的医疗费用部分仍然较高，相当部分超出了患者的承受能力。在"看病难、看病贵"的窘境下，患者对医疗机构及医务人员产生不信任感，经济利益的驱使容易使医患双方产生医疗纠纷。此外，政府财政投入不足还会导致医疗资源分布严重失衡。统计显示，城市基本上占据了全国80%的医疗资源，其中30%又集中在大型公立医院。县级以下公共卫生机构仅1/3能正常运转，1/3处于瓦解边缘，1/3已瘫痪。这样，公立医院人满为患，人均就诊时间以分钟计，加重了公立医院医务人员的负担，并减少了其与患者进行必要沟通和交流的时间，为医疗纠纷的发生埋下了伏笔。

第二，公众"伤不起，死不起"的不理性观念是不容忽视的一个原因。近年来，伴随着我国对医学事业的日益重视，医学技术获得了突飞猛进式的发展，很多以往被认为是绝症的疾病一一被攻克，极大地增进了人们的福祉，延长了人们生命。然而另一方面，众多疑难杂症的攻克也使人们产生了技术依赖症，令很多人对医学产生了过高的期望值甚至是不切实际的幻想甚或妄想。加之个别医疗机构不合时宜的虚假宣传，很多人错误地认为，人类医学已经到了一种近乎万能的境地，人类的生命已经有条件被尽可能地延长，患者只要进了医院就如同进了保险箱，没有看不好的病，也没有救不活的命。而一旦医疗失败。出现不良后果就无法接受，片面地认为医方有过错，或者在医务人员身上找原因、在服务上找借口。换言之，医学技术的进步已经使很多人产生了"伤不起""死不起"的虚妄观念，对医生和医疗机构产生了很多不切实际的苛求。实际上，医学是一门发展具有自身发展规律且复杂的自然科学，相对于不断出现的各种新型疾病及其救治需求而言，人类医学的进步始终是供不应求的。医学发展只是给人类生命的延长和健康的恢复提供了可能，它只是人类生命和健康的保护伞，但这把保护伞能否真正保护人们的生命健康，还要看疾病这一"风雨"爆发的程度。非典、艾滋以及禽流感的出现及所引发的一系列问题显然就是最好的注脚。而医学万能主义的错误思潮则使很多人完全忘记或忽视了医学发展的特点与局限，给医疗机构及医务人员带来了极高的执业压力。就此而言，医学万能主义的错误风潮，对于日益显化的医患矛盾起到了推波助澜的作用。

三、路在何方

十八大报告指出，要提高人民的健康水平。但在医疗纠纷频发，医患矛盾日益紧张和突出的背景下，实现提高人民健康水平的宏伟目标无疑正在受到严峻挑战。为此，十八届三中全会通过的《中共中央关于全面深化改革若干重大问题的决定》指出：要创新有效预防和化解社会矛盾体制。这里显然也包含了对预防和化解医患矛盾以应对医疗纠纷的要求。然而，近年来，尽管我国在应对医疗纠纷方面花了很大的力气，但医疗纠纷非但未减少，反而呈现出越来越严重的倾向。这不禁让人有了雾里看花的感觉。当前，伴随着人们对医疗服务水平要求的越发提高，日益频繁的医疗纠纷已经越来越成为影响我国社会稳定的定时炸弹，急需采取更有效的对策予以应对。

（一）深化医药卫生体制改革

医疗纠纷不断且逐年呈恶化趋势，其根本原因在于我国现行不合理的医药卫生体制，在于现行医药卫生体制完全漠视了医疗卫生事业的公益性质而将医疗机构与医生完全推向市场，从而使医疗机构与医生成为了逐利的工具。这令医患双方失去了起码的信任，使传统上一直都建立在相互基础上的医患关系发展成为一种防御式、对抗式的医患关系。而一旦医患双方相互之间失去了应有的信任而代之以猜忌与对抗，则医疗纠纷就会不可避免地发生乃至激化。因此，革除现行医药卫生体制的弊端无疑是应对医疗纠纷的治本之道。基于此，需要在重新审视医疗机构定位的基础上，深化医药卫生体制改革。突出医疗卫生服务的公益性，改变目前医药卫生事业发展过度依赖市场的现状；加大政府对医药卫生事业的投入，减轻广大人民群众就医的压力。加快公立医院改革，落实政府责任，避免将医疗机构过分推向市场。充分利用信息化手段，促进优质医疗资源纵向流动，使广大人民群众在基层医疗机构也有机会享受优质医疗资源。取消以药补医，理顺医药价格，建立科学补偿机制；改革医保支付方式，健全全民医保体系，改变目前广大人民群众“看病难，看病贵”的现状。加快健全重特大疾病医疗保险和救助制度。减少甚至避免因病致贫的现象。这些都是革除现行医药卫生体制弊病，优化医药卫生资源，扩大医药卫生供给，保障广大人民群众享有基本医疗服务，以缓和医患紧张关系，应对医疗纠纷的客观要求。

（二）强化对医务人员执业技能的培训

医疗纠纷的发生有着多方面的原因，而医德匮乏、不精法律、医患沟通不利等医务人员执业技能方面的短板显然是其中最为直接的原因。为此，应当强化对医务人员执业技能方面的培训。在目前医学院校人文社会科学方面的课程相对比较薄弱，而多数师生也都不重视的情况下，应当加强医学伦理、医学法律以及医患纠纷防范和处置等方面的课程，增强医学院校师生对这些技能培训的认识。尤其是要关注和重视医学院校师生医患沟通能力的培养。在西方，看医生是“consult a doctor”，直接翻译过来，就是找医生咨询或是找医生商量的意思。既然是咨询或商量，那就必然存在一种双向性，需要双方沟通，即患者把问题抛给医生，医生根据自己的专业知识提出建议，患者再提出疑问，医生再解答，最后共同达成一个患者能接受，而医生则能够在专业上也说得过去的方案。这种医患关系已经被医疗制度发达的国家视为医生执业的标准模式，也就是说看病不是医生简单地告诉病人要吃什么药或做什么手术，而是双方在充分沟通之后，共同做出判断。这是避免或减少医疗纠纷发生的内在需求。实际上，在当前人们对医疗服务质量要求越来越高的情势下，对于医务人员来说，医疗服务质量的提高已不仅仅是单纯的医疗技术水平的提高，更重要的是要提高医患沟通能力。为此，医生要对患者详细说明病情，并就应做的检查和治疗提供充分的信息，患者在充分理解后作出承诺，在没有受到医疗强制的自由立场下，选择检查和治疗方法，医师应根据此同意进行医疗行为。建立在患者自主权之上的充分的说明和沟通，是减少患者对医师产生误解，增进医患双方互信，防止医师同患者发生争端，并促使患者提供更多病情方面的信息，有利于医师实施更佳的医疗措施，从而防范医疗纠纷的重要保障。

（三）强化医疗监管

医疗纠纷的发生，源于医患双方的失信，尤其是患者对医生及医疗机构的不信任。而部分医疗机构过分的、尤其是欺诈性的自我宣传以及个别医生不规范和不道德的行医行为无疑加剧了医患双方的不信任，使医患双方的冲突雪上加霜。为此，加强卫生主管部门对医疗的监管，严厉审查医疗广告，禁止并惩处违规医疗宣传以及不规范的尤其是严重违反职业伦理道德与行为规范的医务人员，显然也是维护医疗机构乃至我国医学发展的健康良好形象，防范医患双方互不信任，修复日益恶化的医患关系的客观需要。对医疗机构与医务人员而言，应当牢记自身治病救人的职责与使命，严格遵守《医疗机构管理条例》《执业医师法》《护理管理条例》以及《处方管理办法》等医疗卫生法律法规及规章的规定，尽职尽责，规范行医，而不应当过于关注和追求经济利益。

（四）加强社会伦理法治建设的进度以及医学常识的宣传和普及

体制的不合理是诱发医疗纠纷不断发生的根源，医疗机构及个别医务人员自身的问题是引发医疗纠纷的现实原因，而整个社会伦理法治建设的薄弱也是诱发医疗纠纷的不可忽视的原因。社会伦理法治建设的薄弱不仅使得个别医务人员不讲职业精神，医德匮乏，唯利是图也为个别患者及其家属滥用权利提供了空间。不仅如此，社会伦理法治建设的薄弱也使得国家及各个行业未能及时建立健全增进人与人之间互信的机制与制度，反而在各种失德、失信现象面前毫无作为甚至不少时候成了社会伦理道德失范的帮凶。基于此，应当大力加强国家在社会伦理及法治方面的建设，构建社会主义核心价值体系并完善社会主义法律体系，强化执法建设，通过伦理道德规则与法律制度以及有理必申、有法必依的伦理法律实施机制，惩恶扬善，保障社会正义与公平，唤醒社会的正义感，增强各行业也包括医疗行业从业人员的职业荣誉感与责任感，为增进社会互信尤其是医患双方互信，缓解医患冲突建构制度保障。不仅如此，通过加强社会伦理法治建设，可以使患者及其家属依法维权，堵塞权利滥用的漏洞。此外，社会伦理法治建设的强化还可以为我国医药卫生体制改革提供伦理与法治保障，使我国医药卫生体制改革的成果能够及时反映在社会伦理道德建设之中，并能够为法律所保障，从而革除医患关系紧张在我国发生的根源。

此外，医疗纠纷的发生与我国对医学常识普及的不力也有着直接关系。从医疗临床上来看，多数患者都缺乏基本的医学常识，对于医务人员所给予的合理化的、完全是有利于患者及其家属的建议和意见不领情，反而经常误解。实际上，很多疾病其实不需要吃药打针，更不需要手术，但由于一些患者及其家属缺乏医学常识，又不信任医生，当医生给出这些疾病正确的治疗建议时，不少人都会产生误解，认为医务人员捣糨糊，不尽力施治。这成为引发医疗纠纷的一个重要原因。为此，需要广泛的宣传和教育，加强对普通人民群众基本医学常识的普及，减少和避免基于医学无知而引致的医疗纠纷。

（五）改革医疗纠纷处理机制

医疗纠纷贵在防范，但再完美的防范机制也不可能完全避免医疗纠纷的发生。因此，要应对医疗纠纷，除了建立必要的防范措施之外，还要建立完善的处理机制。当前，以医闹为特征的医疗纠纷频繁发生，其影响日益恶劣。这与我国现行医疗纠纷处理机制不合理有着直接关系，原因在于，在解决医疗纠纷的机构和组织中，没有一个独立于医患双方之外的医疗鉴定机构和维护患方权益的组织。为此，需要建立一个中立的、值得医患双方信任的第三方机构，本着公平、公正的态度来处理医疗纠纷。建立这样一个机构，不仅可以使医患双方都认可和接受最终的处理结果，还可以提高纠纷处理的效率，减少纠纷处理的成本，减少医闹性质的纠纷发生。

对辅助生殖医疗的医事法式接近

岩志和一郎　张忆红*

一、引　　言

生殖医疗的发展，对于希望拥有自己的子女，但任其自然却难以实现的人来说是巨大的福音。譬如在我国（日本），2012 年实施的体外受精为 241 161 人次，因此而出生的婴儿有 28 945 名，占婴儿出生总数的 2.7%。[1] 然而，尽管已如此普及，在自然怀孕、分娩的过程中，有关对人为性介入的评价；由此造成和其他医疗行为所不同的子女出生这样重大结果的评价；以及从和家族制度、亲子观之间的协调性之视角来进行法律性和伦理性评价等等，即围绕究竟在什么样的范围内可以接受辅助生殖医疗之见解存在着严重的分歧。如此状态下，在我国，和根据制定法规范（《人类辅助生殖技术规范》《人类精子库基本标准和技术规范》等）来管理的中国不同，即不存在关于辅助生殖医疗的法律行为规范，也不存在评价规范，主要按照日本妇产科学会和生殖医学会这样的医学专家机构的自主性规定来进行操作。

本稿将就我国上述辅助生殖医疗之现状，主要从医事法之观点加以接近，拟通过以下几个方面进行探讨。

① 辅助生殖医疗和治疗行为性

② 拥有子女的权利和辅助生殖医疗的极限

③ 辅助生殖医疗合同及说明与承诺义务

④ 辅助生殖医疗实施机构与胚胎・精子・卵子保护机构

⑤ 个人隐私保护和资料保全以及子女的出生知情权

二、辅助生殖医疗和治疗行为性

辅助生殖医疗，一般称之为不孕治疗。在这个被称为不孕治疗的医疗中，有通过对因女性黄体功能不全等排卵困难因素造成的不孕而使用排卵诱发剂促使其排卵、对因输卵管闭塞或狭窄等卵管因素造成的不孕而实施卵管镜下卵管整形术、对因精路闭塞型的男性不孕者施输精管整形术、从而实现自然妊娠分娩的；也有对于因精子或卵子的问题或生殖器摘除

---

* 岩志和一郎：早稻田大学法学研究科教授；张忆红：译者，东南大学法学院教授。

〔1〕 厚生劳働省“不妊治疗をめぐる现状”（http://www.mhlw.go.jp/stf/shingi/2r985200000314vv-att/2r985200000314yg.pdf）。齐藤英和：《わが国における生殖补助医疗（ART）の现状》，《母子保健情报》2012 年第 66 号，第 13 页。

等原因造成不能生育的，通过采用人工授精（AI）、体外受精·胚胎移植（IVF－ET）、显微镜授精（卵细胞质内精子注入法 ICSI）、配偶精子卵管内移植（GIFT）等辅助生殖技术（assisted reproductive technology、简称 ART）获得子女的医疗方法。

在这里，前者，即通过治疗造成不孕原因的疾病或器官障碍，而实现自然生育的，正是不孕治疗故无大碍。与此相比，后者，譬如，因丈夫的精子、妻子的卵子或子宫问题导致无法生育的夫妇，借助他人提供的精子或卵子，甚至利用代理母亲的子宫得到子女；或者再进一步发展到，独身女性、或女性同性恋情侣通过接受提供的精子，男性同性恋情侣通过接受提供的卵子，利用代理母亲得到子女时，对于谁是患者？不孕的根本原因本身是否真正得到解决？等等，不可能毫无疑问〔1〕。

但是，不能把是否可将在不孕治疗之称呼下实施的所有方法定义为治疗的问题，和能否将辅助生殖技术作为医疗技术来实施的问题混为一谈。譬如美容整形术，虽然不是为了维持或改善被施术者的生命或健康状态而进行的，但属于医师根据医学专业知识或技术行使的正当业务行为，即只要是医疗行为便被社会所认可。与此相同，使用辅助生殖医疗技术得到子女的，只要是在社会认可的范围内，并且是在明确地确立了医学性适应症和禁忌症的前提下进行的，也可以作为医疗被认可。

三、拥有子女的权利和辅助生殖医疗的极限

（一）拥有子女的权利的出发点

生殖是作为生物种的人的基本营生。各类国际人权宣言，将已到结婚年龄的男女“结婚并建立家庭”明确规定为基本人权（国际人权规约 B 规约 23 条 2 项、欧洲人权条约 12 条等），并且把家族形成，即拥有自己的子女完全定位为所有公民可以平等享受的自由。不言而喻，这里所指的拥有子女的权利，第一当然应该是以通过自然生殖而得到子女为前提，不过利用辅助生殖医疗得到子女也应放在该权利的出发点上。如果医疗技术的研究开发和发展是对人类有意义的，那么享受该成果的机会也应该是平等的。不过，如果只试图对生殖过程做人为性介入，那么其范围将有可能受到，来自和人的尊严之间的关系；和出生子女及接受施术当事人安全之间的关系；以及和社会性亲子观及家族观之间的关系等种种方面产生的制约。

（二）生命保护和辅助生殖医疗的极限

如前所述，在辅助生殖医疗当中，有通过治疗造成不孕原因的疾病或器官障碍从而实现自然生育的，和利用人工授精、GIFT、或体外受精·胚胎移植等技术得到子女之分。关于前

〔1〕 岩志和一郎：《人工的生殖补助技术利用の法的规制をめぐって》，《学术の动向 SCJフォーラム》第 4 卷第 4 号，第 21 页。另外还有“虽然生殖辅助医疗对于用其他治疗方法无法怀孕的人来说是选择余地的扩大，但另一方面却越出了狭义的治疗概念，使和治疗的区别显得暧昧起来”之见解（日本学术会议“代理懐胎を中心とする生殖补助医疗の课题—社会的合意に向けて—”，2008 年，第 39 页）。

者,出于生命保护的观点不会遭到非难。但对后者,特别是体外受精·胚胎移植,有人认为是"将人类生命的诞生和命运置于科学技术支配之下"[1]对其进行了严厉的批判。尽管如此,现在许多国家在目的上作出一定限制后,基本上认可体外胚胎的制作和利用。

之所以胚胎的制作和利用能够得到认可是因为,首先,有以通过体外受精·胚胎移植得到子女为目的的情况存在。像这样只是通过维持制作好了的胚胎的生命,从而达到让子女出生之目的的医疗技术利用容易得到社会认可。人的生命通过受精而产生,因而从受精之时开始便享有宪法规定的人的尊严不可侵犯。在先进的国家中,即使是在对胚胎使用采取最严格管理的德国[2],也允许以用来自该女性的卵子使其怀孕为目的的人工授精和胚胎制作。(《胚胎保护法》1 条 1 项 2 号[3])

但另一方面,在利用该技术的过程中,由于被移植的胚胎不一定都能顺利着床·怀胎,所以一般事先制作数个胚胎以作备用。当移植了的胚胎顺利着床·怀胎时,这些备用的胚胎便不被使用残存下来。这样的胚胎,即剩余胚胎,虽然可以通过冷冻保存,但是如果为了得到子女去保存已经失去了实际意义的话,那么最终不得不废弃。体外受精·胚胎移植如果是以得到子女为目的的那么符合社会恰当性,但如果是事先就预定废弃部分胚胎依然制作的话,其手法将有可能遭到非难[4]。上述例举的德国,禁止在一个月经周期内将超过 3 个的胚胎移植于女性体内,或在一个月经周期内将超过应移植数量的胚胎移植于女性体内(《胚胎保护法》1 条 1 项 3 号、5 号)的规定,就是完全出于应尽可能不留剩余胚胎的强烈认识所致。

基于存在这样的问题,对于胚胎的制作和利用,在我国也进行了慎重的研讨。2004 年在综合科学技术会议上通过了《关于人类胚胎使用的基本意见》2004 年 7 月 23 日。(以下简记为《基本意见》)。目前,基本上是参照根据"基本意见"制定的各种指导方针进行操作。

《基本意见》首先,就胚胎(人类受精胚)的性质作如下规定。即,即使胚胎不必与"人"同等对待,也应定位为可能成长成"人"的"人的生命的萌芽"。为了维持"人的尊严"这个社会的基本价值观,理应受到特别的尊重。正因如此,无论目的如何,不允许损害胚胎是基本原则。但是,另一方面,为了满足作为基本人权的有关人的健康和福利的幸福追求愿望,即使是存在损伤人类受精胚的操作行为,也不得不作为例外加以认可。其前提条件有以下三点:① 不使用人类受精胚胎便无法得到生命科学和医学的恩惠,以及对这种期待是建立在合理的科学基础上的;② 在和人有直接关系的情况下,对人的安全性能采取周到防范措施的;

---

[1] 最强有力的批判者天主教会指出,"这样的支配关系,违背了父母和子女共同拥有的尊严和平等"(教皇庁教理省"生命のはじまりに関する教书",カトリック中央协议会,1987 年,第 44 页)。

[2] ドイツ连邦议会审议会答申"人间の尊厳と遗伝子情报—现代医疗の法と伦理(上)"(松田纯监訳,知泉书馆,2004),第 18 - 23 页。

[3] 相关条文是:"出于用来自该女性的卵子使其怀孕以外的目的,用人工的方法使卵细胞受精的",处以 3 年以下自由刑或罚款。

[4] 天主教会根据这一点,认为体外受孕和人工流产有密切联系而加以批判。

③ 这样的恩惠以及对此的期待是符合社会恰当性的。欲作为例外得到认可的，必须完全具备以上三个条件。

根据《基本意见》，以生殖为目的的利用属于例外。即使是以生殖为目的，由于体外受精・胚胎移植也有可能出现胚胎废弃的情况，辅助生殖医疗其结果还是有可能损伤胚胎。不过从采用顾全母体负担的辅助生殖医疗，因其具备充分的科学合理性和社会恰当性，故剩余胚胎的发生尚能得到容忍。

企图将这种剩余胚胎移植给希望利用剩余胚胎得到子女的女性的行为（胚胎提供。有时称之为"受精卵养子"），虽然站在避免废弃剩余胚胎的立场上来看是有意义的，但日本妇产科学会的会告《关于利用胚胎提供进行辅助生殖医疗的意见》（2004 年）和中国一样，以儿童福利为优先以及亲子关系不明确为由，不予认可。〔1〕

那么是否可以认可以生殖以外目的使用剩余胚胎做胚胎研究或其他用途？关于这一点，虽然会出现以废弃胚胎为前提的问题，但在我国，除用于辅助生殖医疗外，为树立人类胚胎性干细胞（ES 细胞）的研究也被认可。〔2〕然而，虽说是剩余胚胎，因其是以破坏胚胎为前提的研究，其利用适用于《关于制作人类受精胚胎辅助生殖医疗研究的伦理指针》（2009 年）的严格限制。

与此不同，许多国家，对于一开始就以非生殖为目的胚胎制作采取慎重态度。像德国那样完全不认可的国家也有，但在我国，以生殖辅助医疗研究为目的的，其制作被认可。〔3〕然而，用于研究性胚胎制作，因其一开始就打算废弃，所以其研究实施，将根据《关于制作人类受精胚胎辅助生殖医疗研究的伦理指针》（简记为《指针》）的规定，必须把制作控制在为了实施研究所必需且最小限度范围内等等，受到严格限制（同《指针》第 3 章第 1）。

（三）辅助生殖医疗和医学的极限

如上所述，辅助生殖医疗技术的利用定位为不孕治疗。因此，从医学的观点来看，医疗行为必须确定适应症和禁忌症。而且不仅对即将出生的子女，对直接接受治疗以致怀孕・分娩的女性也应该是安全的。〔4〕辅助生殖医疗技术已得到高度发展，大多数技术都已确立适应症和禁忌症，可以说安全性水平也比较高。但是，譬如，用于男性不孕治疗的方法有：人工授精、GIFT、体外受精・胚胎移植等等，各类技术之间存在着不少适应症重叠现象，像卵管内配偶精子移植、受精卵卵管移植（ZIFT）、卵细胞质内精子注入法（ICSI）之类，对卵子

---

〔1〕关于这一点，2003 年厚生科学审议会生殖补助医疗部会的报告认为，应当给予认可。

〔2〕以虽然不必等到重新制作胚胎后再来树立 ES 细胞，但对于作为 ES 细胞研究成果的被期待的再生医疗的实现等恩惠的期待，具有充分的科学合理性，又有社会恰当性为理由。（《基本意见》3（1）ウ）

〔3〕其理由是，辅助生殖医疗研究迄今为提高体外受精的成功率等等，以及促进辅助生殖医疗技术的进步作出了贡献，并考虑今后在辅助生殖医疗技术持续发展以及确保辅助生殖医疗安全方面的必要性，以及对于该成果今后的期待也具有充分的科学合理性，同时具有社会恰当性。（《基本意见》3（2）ア）

〔4〕在中国，人类辅助生殖技术规范明确规定各种技术的适应症，德国则以联邦医师会标准加以明示。而在日本，虽然目前日本妇产科学会的会告只提示了个别技术的适应症，但普遍认为将来应就生殖医疗技术做一个全面的指导方针，把适应症和禁忌症也明确规定进去。

和母体侵袭程度较高的也有。如果顾及到生殖这种事情的性质和被施术者的安全，当各类技术之间的适应症出现重叠时，就应该按照从更自然的方法开始到人为方法，或者是从侵袭程度较低的方法开始到侵袭程度较高的方法这样的顺序进行。〔1〕

(四) 儿童福利和辅助生殖医疗的极限

辅助生殖医疗和其他医疗所不同的特征是，会出现子女出生这样的结果。通过组合辅助生殖医疗方法，可以使精子、卵子的由来和怀孕·分娩之间形成断裂状态，容易导致所生子女的亲子关系发生混乱。因此，在使用这些技术时，对于是否应该限定于已婚夫妻之间?〔2〕以及第三者的精子提供或卵子的提供是否应该认可?〔3〕还有代理母亲可否认允?〔4〕独身女性和性转换者〔5〕的利用是否也应准许？等等，都应该进行慎重的探讨和研究。依据不同社会的亲子观和家族观其能允许的范围也是不同的。但无论怎样设定范围，所生子女对自己的出生毫无责任是无辜的，将子女的最佳利益作为首位来考虑的亲子关系法应该加以建立和完善。

---

〔1〕 日本妇产科学会通过会告《关于体外受精·胚胎移植的意见》(2006)也公示了体外受精·胚胎移植的基本方针，对显微授精，还通过单独的会告《关于显微授精的意见》(2006)规定"本法以男性不孕和受精障碍等原因，被判断通过本法以外的治疗方法无妊娠可能性或可能性很低的夫妇为对象"，提示了适应症并规范了一般体外受精和显微镜受精实施的先后顺序。日本生殖医学会伦理委员会的《关于用第三者配子进行生殖医疗的建议》还提示了精子提供、卵子提供的适应症，同时规范，首先做人工授精，在不能成功的情况下再进行体外受精·胚胎移植这样的实施顺序。

〔2〕 虽然 1983 年 10 月日本妇产科学会公布的《关于〈体外受精·胚胎移植〉的意见》只允许法律婚姻关系的夫妇接受体外受精·胚胎移植，但 2014 年 1 月举行的理事会决定，允许事实婚姻关系配偶间的体外受精和胚胎移植。

〔3〕 日本妇产科学会通过 2006 年修改的《关于〈体外受精·胚胎移植〉的意见》中明确表示，不排除第三者的精子·卵子提供。

〔4〕 在代理怀孕里，有代理母亲提供卵子型(基因型代孕)，和用委托夫妇的精子和卵子制作的胚胎使代理母亲怀胎分娩型(妊娠型代孕)，但日本妇产科学会根据 2003 年的《关于代理怀胎的意见》对这两种类型都加以禁止。然而，学会会员中冒着被除名的风险实施代理怀孕的医师也有，加之海外也有通过代理母亲得到子女的实例，该禁止未必能有效地发挥效力。针对这种情况，2008 年，日本学术会议辅助生殖医疗的应有状态研讨委员会，在报告书《以代理怀孕为中心的辅助生殖医疗——寻求社会性协定》中指出"根据法律，代理怀孕原则上应该禁止"的同时，发表了"可以考虑代理怀孕的试行性实施(临床实验)。但这种实施，应该在公立机关的管理下，依法进行"之见解。

〔5〕 是否可以认可对根据《关于对待性同一性障碍者的性别的特例法律》改变性别，结为夫妇的男女(女性在户口上将性别改为男性后和其他女性结婚的情况)进行施术？由于是法律上的夫妇这一点在形式上达到了要件标准，有可能被认可实施。实际上关于像这样的夫妇的妻子接受精子提供而出生的子女，最高法院同意适用第 772 条的推定，判决其为改变了性别的丈夫的亲生子(最高裁 2013 年 12 月 10 日决定，裁判所时报 1593 号，第 4 页)。

四、辅助生殖医疗的当事人以及说明与承诺义务

(一) 当事者

不孕治疗的过程是从不孕咨询开始，经诊察、病因检查，再根据该检查结果作出诊断，然后进行相应的辅助生殖医疗技术实施。这样的过程和一般伤病的治疗过程并无差别，如果从法律的角度来看，可以认为他们之间的关系是，根据希望得到诊疗的人和医师或医疗机构之间建立的合同（诊疗合同）开始的进行性关系。但是，和一般病伤受诊者（患者）始终是一人的情况相比，不孕治疗则大有不同。在我国，如前所述，辅助生殖医疗技术的被施术者仅限于夫妻（包括姘居夫妻）。即使是一开始出于不孕的烦恼来咨询或希望接受诊察的只有丈夫或妻子，但最后决定利用人工授精或体外受精・胚胎移植得到子女时，夫妻双方的同意为技术实施的基本要件。这不仅仅是因为需要检查和采取精子或卵子，从所生子女的法律亲子关系的安定性来看也是必要的。

像这样接受不孕治疗的一方（患者）是夫妻的情况，对不孕治疗法律上的当事人关系应如何定位？虽然把夫妻定位为要约者、医师或医疗机构则为承诺者，两者以不孕治疗为目的缔结总和性合同（不孕治疗合同）是一种设想，那么在这种情况下，当医疗过程中发生医疗损害时，夫妻均有可能作为债权人要求医方赔偿。但是，在医疗过程中，譬如有从妻子采取卵子时将其卵巢损伤的情况，此时不仅妻子，连丈夫也可能作为不孕治疗合同的当事人之一成为原告追究医方的债务不履行责任，这样的构成可以吗？想必是个很大的疑问。

即使是夫妻双方同意并共同要约了的不孕治疗，诸如检查、排卵诱发等药物使用、对闭塞性无精子症和卵管闭塞等症状施行手术、采取精子和卵子、人工授精、体外受精和显微镜受精、胚胎移植等等，症状不同医疗过程中所需的行为也各式各样，且夫妻各自施术的内容也迥然不同。不孕治疗并非属于为了拯救患者的生命或使其恢复健康的必要治疗，而是为了想得到子女的人试图通过医学知识和技术实现其愿望的医疗。加之，在医疗过程中从合适的医疗方法中究竟选择哪种方法？是否继续治疗？还是另选方法继续治疗等等的判断，也主要取决于希望治疗的一方。不孕原因各种各样，其治疗方法也大不相同。从这一点可以看到，说是不孕治疗，实际上是针对多种症例的多种治疗方法的总称，把像这样范围广且内容多的治疗总括起来纳入为一个合同是很不恰当的。毋宁，在不孕治疗过程中，每次遇到选择一项治疗方法的问题时，接受医师的说明，在此基础上缔结以实施该治疗方法为目的的合同，当事人按照合同做出抉择的想法更为妥当。

(二) 说明与承诺义务

不孕治疗面对各种治疗方法，一般采用从辅助自然生殖方法开始，如果不行才按照人工授精、体外受精・胚胎移植、显微授精・胚胎移植这样的顺序依次阶段性进行。在前面已经提到，更换治疗方法时，最好是每次缔结新的合同。不孕治疗并非是患者维持生命和恢复健康的必须治疗，仅仅是为了满足夫妻得到子女的愿望进行的治疗，正因如此，实施该辅助生殖医疗时，通过医师的说明可以得到丰富的判断材料，而且只有在被实施者希望被实施的情

况下才有可能进行[1]。作为说明的内容,从实施组成部分辅助生殖医疗技术开始,至该技术的适应症和禁忌症、内容、危险性和给身体带来的负担、成功率、遗传问题等医学事项;有关所生子女的法律亲子关系的说明,还包括有关精子、卵子、剩余胚胎的保存和管理事项。上述说明可以让医师进行,不过有关法律亲子关系和与遗传相关的事项等等,也可以由医方的特别专家(通常指协调员)说明。与此相反,由于辅助生殖医疗的实施必须要有夫妻双方的同意,故听取说明的一方,除被实施者本人外还应有其配偶参加。只是如前所述,即使是夫妻共同听取说明、决定实施,在合同上也只有被实施者可以成为当事人[2]。

五、辅助生殖医疗实施机构与胚胎·精子·卵子保护机构

(一) 实施登录施设

辅助生殖医疗不仅给接受医疗者带来很大的身体和精神上的负担,对所生子女也带来重大影响。因此,该实施,应在设施·设备、工作人员等根据医学要求已达到一定标准,条件具备的医疗机构进行。中国的人类辅助生殖技术规范之所以在这方面有详细规定,那是因为强烈地认识到了这方面的问题。

在我国,日本妇产科学会很早就开始根据学会公告《关于〈体外受精·胚胎移植的临床实施〉的〈注册报告制〉》(1986年)等等,推行实施机构注册制[3]。2006年,鉴于辅助生殖医疗的发展和普及,以及注册机构数量的增大,又重新建立了以所有辅助生殖医疗为对象的实施机构注册制,同时制定了作为关于辅助生殖医疗实施机构应尽的义务;设施·设备·工作人员的标准;以及注册、安全管理注意事项的必备要件规范的会告《关于辅助生殖医疗实施医疗机构注册和报告意见》,其后,2010年又作了一次修改至今。

根据该会告,负有日本妇产科学会注册义务欲实施辅助生殖医疗的所有医疗机构,承当去日本妇产科学会注册的义务,① 采卵及采卵时必要的麻醉;② 媒精;③ 卵细胞质内精子注入、及类似显微受精手法;④ 卵子及受精卵的培养;⑤ 卵子、受精卵·胚胎冻结和冻结物保管;⑥ 被冻结的卵子、受精卵·胚胎的解冻;⑦ 胚胎移植,只能在注册机构进行。实施注册机构必须配置①采卵室·胚胎移植室、②培养室·冻结保存设备,同时尽可能配置采精室和辅导室。至于工作人员,① 实施负责人;② 实施医师(和实施负责人同一人亦可);③ 护

---

〔1〕 涉及美容整形术的有这方面的判例,这类判例有,京都地判昭和五十一年十月十一日判时848号93页;广岛地判平成六年三月三日判时1530号第89页等。

〔2〕 中村惠:《生殖医療とインフォームド・コンセント》,《インフォームドコンセントと医事法》(甲斐克则编,医事法讲座第2卷)(信山社,2010年)第112页。

〔3〕 根据"显微授精の临床实施に関する登录申请"(1992年)、"非配偶者间人工授精に関する登录申请"(1997年)、"ヒト精子·卵子·受精卵を取り扱う研究に関する登录申请"(2002年)等。

士；④ 制作胚胎不可缺少的技术人员[1]；同时列举了不孕治疗说明助理、不孕烦恼和不孕治疗后的妊娠·分娩护理等协助护理患者(夫妇)的协调员，对生殖医学·遗传学基础知识、辅助生殖医疗基础知识及心理学·社会学有较深造诣，且具有临床辅导经验，可从侧面帮助不孕患者夫妇的生活顾问等工作人员。并要求实施研究人类精子·卵子·受精卵的机构，以及实施非配偶者间人工授孕(AID)的机构，在本医疗机构内设置伦理委员会，以及在所有实施医疗机构内设置有关生殖医疗安全管理的委员会。

规定实施注册机构，① 对凡在本医疗机构做过妊娠检查准备分娩的孕妇，应把握其从妊娠到分娩的全过程；② 本医疗机构不接待分娩时，应和接待分娩的医疗机构保持适当的联系，接受并掌握有关妊娠到分娩过程的报告；③ 应向日本妇产科学会提交本医疗机构ART 实施的结果报告；以及，④ 有关怀孕并得子症例的不孕治疗记录的保存期间为 20 年以上。

(二) 胚胎·精子·卵子保护机构

根据日本妇产科学会的会告《关于人类胚胎以及卵子的冷冻保存和移植的意见》(2010 年修改)规定，在实施注册机构制作胚胎、或为制作胚胎采集精子和卵子时，胚胎和卵子的冷冻保存，应根据构成胚胎的配子的提供者即夫妇或卵子的提供者即该女性的委托，在该实施注册机构里进行。胚胎冷冻保存期限为，被实施夫妇婚姻存续期间且不超过摘取卵子女性的生育年龄，卵子冷冻期限也不超过摘取卵子女性的生育年龄。[2] 实施注册机构必须具备安全确切地保存和识别胚胎及卵子的设备条件，小心谨慎地进行操作。

并且，关于卵子的冷冻保存，日本生殖医学会 2013 年发布了卵子冷冻保存方针，同时制定了《关于进行未受精卵子及卵巢组织冷冻·保存机构的必备条件》，从而提升了实施机构的必备条件。[3] 按其规定，实施机构必须作为日本妇产科学会的“辅助生殖医疗实施医疗机构”进行注册，并达到上面提到的《关于辅助生殖医疗实施医疗机构注册和报告意见》所要求的标准，且有过去 3 年内每年如期履行报告义务的实际成绩。另外还必须，① 当实施时应有该机构的伦理委员会等等的事先同意；② 对于因癌症治疗希望冷冻·保存未受精卵子及卵巢组织的委托人，应和治疗原疾患的主治医师共同提供可以继续密切协商·助言·指导的环境；③ 为了向委托人提供恰当的知情同意和咨导的机会，至少要有一名专职的生殖

---

[1] 关于实施负责人，要求是日本妇产科学会认定的妇产科专科医师，专科医师资格取得后从事不孕治疗 2 年以上，在日本妇产科学会规定的体外受精·胚胎移植注册机构(涉及辅助生殖医疗的注册机构)工作 1 年以上，或者进修 1 年以上，掌握体外受精·胚胎移植技术的专职医师；另外，关于从事胚胎工作的技术员，要求是精通、配子、受精卵、项目操作，以及培养室、采精室、移植室等设施、器具准备、保存等所有辅助生殖医疗实际操作，并具有高度伦理观的技术员(医师或胚胎培养士)。

[2] 按照 2013 年日本生殖医学会制定的《适应社会的未受精卵子或卵巢组织冷冻·保存指导方针》规定，冷冻·保存对象为成年女性，采取未受精卵子等时的年龄不超过 40 岁，同时使用冷冻保存中的未受精卵子等的年龄不超过 45 岁。

[3] 这样的加重，是出于未受精卵子及卵巢组织冷冻·保存，虽然属于近年来技术性进步迅速发展领域的技术，但因至今很难称之为积累了丰富经验并进行了充分改良的技术，所以希望能慎重运用并共有今后的经验。

医疗专科医师；④ 不仅仅要构建安全・确切的保存设备和管理体制，还应通过相当长时期地保存有关委托人及被冷冻的未受精卵子的详细记录，强化将来委托人及出生儿要求出示记录时的对应措施；⑤ 健全有关委托人是否还有继续保存冷冻・保存中未受精卵子和卵巢组织的意思的定期确认体制。

像这样，有关胚胎和卵子的冷冻保存对医疗机构的要件有严格的规定，但对于精子的冷冻保存却没有特别的要件规定。

六、个人隐私保护和资料保全以及子女的出生知情权

在我国，精子提供向来是匿名提供（日本妇产科学会《关于非配偶之间人工授精的意见》），卵子提供也认为原则上应该匿名进行（日本生殖医学会《关于用第三者偶子进行生殖医疗的建议》），这是为了保护提供者的个人隐私。只是卵子提供时，由于现实中很难找到匿名接受给身体带来很大负担的卵子摘取，所以需要姐妹等家族之间的提供认可。不过在这种情况下，需要做好防范姐妹对提供者施加压力事态发生的预防措施。〔1〕

然而，对于和这种保护提供者隐私权有密切关系的子女出生知情权的保护尚存在较大问题。如联合国的儿童权利宪章所规定的那样，儿童"拥有尽可能知道其父母并由其父母养育的权利"（《宪章》条 1 项），因知道自己出生对于子女自己的存在证明的确立具有重要意义，所以，当精子・卵子的提供是在匿名的情况下进行时，应该顾及子女出生后的知情权。除了需要完善子女申请信息公开的程序外，还应为了便于申请信息开示长期保存提供者的信息记录。〔2〕 在收取提供的精子和卵子时，毋庸赘言应向提供者就医疗问题进行说明，而且还应就子女出生后的身份关系，以及和子女的出生知情权之间的关系等有关提供的意义和结果进行说明，并得到其承诺。

七、结束语 ——对于辅助生殖医疗公权介入的应有姿态

（一）公权介入的必要性

拥有子女之事，纯属于个人高度的私人行为领域，因此，以国家为代表的公权力对其介入时应该慎重。且，辅助生殖医疗是日益发展的医疗领域范围，新技术的临床运用也应该由医学专家负责实施。但另一方面，该医疗是让子女，这个完全独立于希望利用该技术的一方或医方的判断，无辜第三者出生的医疗，因此对于胚胎或精子、卵子的利用，当需要考虑人的

---

〔1〕 压力问题在精子提供情况下也有可能发生，其中令人担忧的是，因拘泥于血统，导致妻子被强求使用丈夫近亲者的精子的事态发生。

〔2〕 在我国（日本）提出了，有关提供者的信息中，希望得到公开的信息包括姓名、住所等可以确定提供者的内容，子女满 15 岁可申请要求公开。同时，有关提供者信息以及出生的子女信息的保存期限为 80 年之提案。

尊严、生命保护这样的社会基本价值观协调时，对于儿童福利的确保、辅助生殖医疗的安全实施，乃至防止精子·卵子·胚胎滥用这样的核心部分，在一定范围内通过公权进行统一管理并加以限制是有必要的。

（二）有关辅助生殖医疗的公权管理机制

在我国，关于为了辅助生殖医疗的胚胎制作和利用，以及包括精子、卵子的保存和管理等等，基本上是参照妇产科学会和生殖医学会的学会公告及指导方针。然而，由于非学会会员在该机制以外利用辅助生殖医疗技术，进行精子和卵子的买卖或中介（营利性精子·卵子银行等）时，无法有效排除或控制。所以在各种立法提案中，有很多要求构建公权管理机制的意见。

这个公权管理机制可以考虑如下三种情况：① 包括以研究为目的的胚胎制作和利用的情况；② 限定于辅助生殖医疗的情况；还有在辅助生殖医疗中，③ 限定利用提供精子、卵子、胚胎的情况。若要实现恰当实施辅助生殖医疗，如前所述那样，所生子女福利的确保、辅助生殖医疗技术实施质量的保障，乃至防止精子·卵子·胚胎滥用这3点缺一不可。从这个观点来看，需要设置将这3点作为业务范围的公立管理运营机构，对实施进行统一管理。公立管理运营机构的业务包括，保存提供者和已出生子女的个人信息；收集医疗机构提供的有关辅助生殖医疗的医疗业绩等报告；管理和掌握精子·卵子·胚胎的提供数目及希望提供的数目；信息资料整理核对业务（被提供的精子、卵子、胚胎的分配）等协调业务，以及子女出生后的咨询业务。假如从负有保障辅助生殖医疗技术实施质量的责任来看，还应加上对实施机构和保存机构进行监督指导的业务。

（三）规定公权的准则

为了实现公权管理，必须通过法令制定有关辅助生殖医疗的行为规范；公权管理机制的组织规范；以及有关子女身份关系的评价规范。然而，即使是通过法令规定，以硬性规定应限制到什么程度？而一些细节性的东西被指针之类的软性规定遗漏时其约束力怎样保持等等，需要慎重讨论。

笔者认为，关于硬性规定可设计为，① 禁止以营利为目的的精子·卵子·胚胎的授受及授受中介；② 禁止为了代理怀孕的施术及施术中介；③ 禁止无正当理由泄露在行使通过被提供的精子·卵子·胚胎进行辅助生殖医疗业务时了解到的他人秘密；④ 和子女的身份关系等人的尊严及儿童福利直接相关事项。与此不同，其他的有关包括精子·卵子·胚胎提供的辅助生殖医疗内容的事项，应综合国民幸福追求权和公共福利的理念，以及，在保障限制的实效性的同时确保限制落实的灵活性的观点，将其归纳到依法制定的指针、医学会的自治性管理指针等等，这样分别规定较为妥当。

医疗事故与损害救济

石川宽俊　高　翔*

一、医疗与医疗事故

通过医疗，人类可以从疾病及伤害中重获健康，起死回生，充分享受自由与生活。日本的医疗，通过国民皆保险与自由执业医的制度，使得无论任何人均可接受无差别水准的医疗服务。根据2013年的统计显示，无论是新生儿死亡率的1‰或是婴幼儿死亡率的2‰，均为世界最低；而在平均寿命一项，男性以79.94岁位居世界第5位，女性则以86.41岁位居世界第1位。日本的平均寿命急速增长的原因，可以认为是尝试促进健康维护的国民医疗之成果。〔1〕

在日本，每天平均726万人的门诊患者、134.1万人的住院患者出入日本全国8 565所医院和10万家诊所，医师21.2万人、护士89万人以及其他20多种的医疗职业，总计196.8万人承担着与医疗相关的工作。虽然医疗费达到年间38.4兆元（日元），位居世界第2位，但与GDP之比为9.5%并不算高。医院的病床数约为120万，与其他国家相比虽然存在住院时间较长的特征，但因易于接受诊疗而使门诊诊疗的比例相对较高。〔2〕

医疗，是通过给人体带来侵袭的检查设备及医疗器材、医药品的使用，探求疾病及伤害的原因，并将其清除，从而引出自然治愈力之尝试。因此，对患者预想的健康恢复之结果，无法期待的情况时有发生，也存在产生意料之外的伤害及并发症的情形。伴随医疗而产生的不良事件（Adverse Event）称之为医疗事故，其可以被定义为：① 具有患者未曾预料的伤害（injury）及并发症（complication），② 产生暂时性的或永久性的残障（disability），③ 能够认可与医疗而非疾病的进程之间具有的因果关系（causation）之情形。违反应当阻止、改善疾病进程之义务，而致疾病及病情发展的情形下，虽然也存在被追究医疗过错责任的例子，但此种情形并不称为医疗中的“不良事件”。

二、究竟有多少事故的发生

在伴随不可避免的对于人体的侵袭的医疗现场，完全消灭对患者的由于意料之外的伤

* 石川宽俊：日本関西学院大学法科大学院教授；高翔：译者，东南大学法学院副教授，法学博士，研究方向为民法、医事法。

〔1〕 参照厚生劳动省2012年版简易生命表。

〔2〕 根据厚生劳动省大臣秘书处统计数据《平成二十二年我国的保健统计》。

害及并发症而引起的残障(disability)是不可能的。如同道路交通的发展而带来的机动车事故及化学工厂的工伤事故无法避免一样,先进的工业社会所蕴含的危险物质中派生出的医疗事故也在持续不断地发生。

对于究竟有多少医疗事故正在发生之数据调查,即使是医疗机构及其监管部门直到最近也并未着手进行。根据日本 2004 年改正医疗法施行规则,2012 年被赋予报告义务的全国 273 家具有特定功能的医院等(病床数约 14 万)的“医疗事故信息采集等业务”中,向公益财团法人日本医疗功能评价机构报告的医疗事故有 2 535 件。[1] 其中死亡的为 180 件(7.10%)、较高残障遗留可能性的为 298 件(11.76%)、较低或无残障遗留可能性的为 2 057 件(81.14%)。这一报告,将调查对象的范围限定于相对规模较大的核心医院,由于日本全国的医院的病床数量达 120 万,如果将这一报告按照 12%的规模计算,可以推定 2012 年日本的医院的事故数量为 21 125 件,其中患者死亡的为 1 500 件、残障的为 2 466 件。这一估算如果按照病床进行换算,在日本一年间每 1 000 张病床就有 17.6 人的事故发生,出现受害者 1.25 人死亡、2.06 人残障的结果。

根据厚生劳动科学研究[2]对日本全国 18 所医院在平成十四年度(2002 年)的出院患者的医疗记录各 250 册进行随机抽选调查的回顾性(retrospective)调查显示,经调查的 4 389 (人)册的医疗记录中,发生不良事件的有 297 件(6.8%),其中被认为加速死亡且避免可能性较高的事件有 7 件(0.16%)。医疗事故(不良事件)的概率达到住院患者总数的 6.8%这一数字,与依据随机抽出的医疗记录而进行的概率调查的国际比较基本类似。作为资料虽略显陈旧——1984 年对美国纽约州的 3 万住院患者进行的大规模调查[3],在分析 3.7%的不良事件之后得出报告,其中能够防止的不良事件为 58%,属于过失的不良事件为 27.6%;同样,在对美国的犹他州及科罗拉多州的调查中显示,不良事件中的大约 30%是由于过失造成的。[4]

如果认为不良事件不包括疾病的自然过程,那么从由于医师的过失而导致的对疾病的放任及治疗懈怠的所谓“过失的医疗事故”,即医疗过错这一概念出发,有超过 3%—10%的医疗事故正在发生。

三、医疗事故是否抵达了司法救济之境地

即使存在医疗事故,也并非直接转化为纠纷成为社会性问题。通过附件的资料我们来观察法院的最近关于医疗损害赔偿的民事案件的动向。过去 10 年中一审法院处理的① 新

[1] 公益财团法人日本医疗功能评价机构“医疗事故情报收集等业务”2012 年报告。

[2] 厚生劳动科学研究 2005 年度回顾研究报告书(主任研究员堺秀人)。

[3] Brennan, et al. Incidence of adverse events and negligence in hospitalized patients: Results of the Harvard Medical Practice Study Ⅰ. N Engl J Med, 1991; 324, 370 - 376.

[4] Utah&Colorado Study(1988).

受理的医疗诉讼(Newly Received)、② 当年结案的数量(Disposed)、③ 其中判决与和解(诉讼上的和解,即"调解")的比例、④ 判决中患者方的请求(包括部分请求)得到认可的支持率、⑤ 从第一次辩论日至审理终结为止的平均审理月数(若从起诉到判决大约 6 个月为必要),对于以上情况可以进行概览。为了强调医疗诉讼中的特点,对于上述①新受理、④支持率、⑤审理期间的数据,在与一般民事案件比较时使用了"[]"(见附件统计资料)。

此外在民事损害赔偿这一形式上,从一般国民参与经济社会活动的角度,作为与中国大陆及台湾的比较研究的材料,将人口、GDP 国内生产总值、国民人均 GDP、国民医疗费占 GDP 的比率,此四项数据在开始的一览表中进行了整理。

市民及企业,以权利的实现为目的作为经济交易的一部分进行诉讼活动的一般民事诉讼,在年间 13 万件至 22 万件之间不断变化。2007 年至 2011 年起诉件数增加的原因,主要是主张对消费信贷公司超额支付之利息进行不当得利返还请求的诉讼出现了激增或急剧减少的情况,如果仅限定于传统型诉讼的件数,则基本未发生变化。医疗损害的赔偿请求诉讼,自上世纪 90 年代后期持续增加,到 2004 年的 1 100 件达到顶峰之后出现了降低的趋势,过去数年在年间 800 件未满这一程度上发生变化。

以医师总数 21 万人的数据来看,每年在 1 000 人的医师中大约发生 3.8 件诉讼。在未达到诉讼程度的简易法院的民事调解及在 ADR 中的和解斡旋案件,以及除此之外的医疗方与患者方的代理律师进行的庭外和解等交涉案件,由于其数量高于诉讼数量,因此可以认为每年医师每 1 000 人大约发生 10 件由律师介入的法律纠纷。

即便如此,从上面的统计能够推测,A -据日本医疗功能评价机构的调查,在年度基础上每 1 000 个床位中有 17.6 人的事故,1.25 人死亡、2.06 人残障的受害者存在。B -如果类推厚生劳动科学研究,全部住院患者的 6.8%之中发生不良事件,被认为避免可能性较高的死亡攀升至 0.16%,因此每天平均 134.1 万人的住院患者中,隐藏了 9.11 万人的不良事件与 2 145 人的被避免的死亡。在我国年间新提起的诉讼,停留在不足 800 件的这一现状,正如同数量庞大的医疗事故中仅冰山之一角触及司法的救济一样。

即使存在医疗事故,但或许对于患者及其家属而言,在对事故的发生未获通知毫不知情的状态下就出院了。正如前述的情况一样,① 对于患者的意料之外的伤害及并发症、② 发生暂时性的或者永久性的残障、③ 非疾病的过程而是与医疗之间的因果关系被认可,符合这几项条件就可以说是不良事件的医疗事故,作为医疗机构必须出具院内的医疗事故报告,或是以医师法第 21 条规定的"异常死亡"(与诊疗行为相关的未预见到的死亡)为由向警方报案,但实际上此类报告基本上从未出现过。[1] 因此,即使患者及其遗属对医疗行为抱有怀疑,在向医疗机构要求说明、接受诊疗记录的公开,并获得第三方的建议之后才方知此为医疗事故。

〔1〕 参考警察厅刑事局搜查第一科资料。

四、审判并非万能？从何处获知真相得到救济

从日本的现状可以了解，即使患者及其家属对医疗事故存有疑虑，但(1) 在获知发生事故上，接受医疗机构方面的说明或不得不接受公开诊疗记录(病历及护理记录等)；其次(2) 想要获知加害(人)，则必须理解事故原因的调查及死因从而认识到事故是可以避免的，此种情况下医学专家的建议是不可或缺的。此外，(3) 不能缺少寻求查明真相与恢复损害的责任追究之场所。

现实中，(1) 虽然公开病历及医疗处方的立法最终已经确立，但医方有时会阻碍病历的公开，自发或主动地对事故进行说明的情况也很少见。并且，(2) (患者)即使运气不错接受了病历的公开，但医方并未设置使患者了解事故内容、以厘清事故为目的而进行协商之场所。(3) 即使向医疗机构要求相关说明追究其责任，自始至终进行的也只是例行说明，结果只能被拒之门外。即使是去警察、医师会、媒体以及市政府的咨询窗口，往往也以自身并非专家为由拒绝提供帮助。

据了解在韩国，对于消费者委员会的行政救济窗口以及于 2012 年发足的调解仲裁委员会的早期救济程序的利用，已经超过了一般的民事诉讼。中国的《医疗事故处理条例》(2002 年 4 月国务院令第 351 号)中的行政处理监督与事故的赔偿，虽然不得不指出还存在不少问题，但作为对于复发预防与损害救济的行政手段应当获得客观的评价。

在日本，导致诉讼的司法程序的途径，实际上除了通过律师的代理人活动之外，仍未找到对医疗事故的社会性解决之途径。实际情况是，(1) 如果未通过以民事诉讼为前提的证据保全程序获得病历，则对于病历的篡改及丢失的防止必将困难重重，(2) 依靠少数向患者提供建议的医师寻求病历与医疗意见成为律师的主要工作，(3) 与医方的交涉及请求是通过对方的代理人运用准司法程序进行的。在此过程之中，医疗以及消费者行政都无法成为后盾，医师会等专家集团除却少数的任意团体，甚至怀有敌意，让人觉得警方与检方是否要放弃在刑事司法中的作用。

综上所述，只有极少部分通过律师的司法救济途径能够成为有效的处方。

五、极度贫乏的司法救济

无法避免的是，已经到达的司法救济，与其说是救济不如说更接近残酷的考验。观察之前的附件资料即可一目了然。首先，审理期间较长，平均需要 25 个月，需要一般民事诉讼的 3 至 4 倍。从诉讼开始至第一次辩论结束的时间与审理终结至判决为止的期间需要 5 个月这一实际情况出发，则从起诉至一审判决需要 30 个月的时间。并且，请求得到支持的胜诉率只有 20%—25%左右，与一般事件的 85%相比显著偏低。认为请求会得到支持而起诉的民事诉讼的情形下，在日本如果大体上认为能够胜诉的概率有 85%，可以认为相同的律师能够胜诉而提起诉讼的心证同样是 85%，但其中只有三分之一的比率能够获得支持请求的判

决这一事实，暗示了医疗事故的过失及因果关系的证明存在巨大的困难。在美国，一般的民事案件中原告方的胜诉率达到55%，与医疗诉讼的胜诉率在30%左右的情况，其意义大为不同。而在日本，作为原告的患者方不仅在证据负担上极为严格，法院对于认定医师的赔偿责任也是态度消极。

的确，相比未作出的判决在诉讼途中进行和解的概率是一般民事案件的30%—40%，医疗诉讼中50%左右的和解率是较高的。有观点认为实际上60%以上的情况患者方都可以取得或多或少的赔偿。虽然这样的和解率与近10年50%左右的数字未发生变化，但请求支持率发生长期下降趋势这一状况，讲述了驳回患者请求的判决与日俱增的现象。特别是，在受理此类诉讼较多的东京及大阪的法院，近年来患者方请求的支持率变为只有10%左右这样极度偏低的状况。虽然医疗事故被认为在不断增长，但新提起诉讼的数量持续低迷的原因，也许是请求支持率的低下诱发了患者放弃起诉的心态吧。即使提起诉讼，在医师的责任被认定的概率只有10%的情况下，料想任何人也不会花费长时间及承受经济的负担坚持起诉。

此外在支持率持续走低的情况之上，未在统计中显示的支持金额呈现低额化也是近年来医疗诉讼的特征。其理由被认为是，在认定了支持判决中较多的违反说明义务之过失的案件中，尽管存在身体上的伤害之严重性但一般只有数百万日元的赔偿，不认定与结果发生之间的因果关系，以致对于"具有结果避免可能性之侵害"的低额抚慰金呈蔓延的趋势。总而言之，与对于死亡及重度残障的身体伤害的损害进行赔偿的情况相比，医疗过错审判中特有的判决例有日益减少的感觉(究其原因，在于最近的裁判例中对于过失与结果发生之间的因果关系之认定存在过分谨慎的倾向)。

司法在对医疗的介入过程中，除了民事的损害赔偿请求诉讼之外，也存在职务上过失致人死伤以及违反医师法等刑事案件。但是与医疗事故相关的警察进行搜查提出立案送检的案件，过去几年迅速增加之后停留在年间91件，请求公审的每年也只有数件。[1] 即使说刑事司法对于医疗过错案件的威慑惩罚功能根本没有发挥作用也不为过。

六、医疗事故应是束手无策的命运吗

不止限于医疗事故，道路交通及劳动灾害等许多产业事故的发生，可以从行为人与条件(环境)两方面来进行说明。交通事故如果从伴随着车辆运行的危险的现实化来考虑，可以从司机的技术因素与道路环境(信号及分隔区、照明等)因素来探求其原因。同样在医疗事故中，意味着通过医疗仪器设备及药剂对人体造成侵袭，因此可以从医务人员的知识及技术因素与仪器设备、药品的管理体系两方面来观察事故的背景。未查明事故原因而谈及事故的复发预防是不合常理的，没有对真相的揭示则伤害之救济便无从谈起。

在前述日本医疗功能评价机构的事故报告中对发生要因的分析，大致可以分为：疏于

〔1〕 参考警察厅刑事局搜查第一科资料。

确认、疏于观察、错误判断等由于当事人的行动产生的为46%;因知识、技术的不成熟及工作情况的为18.2%;从行为人方面已经对大部分的事故进行了说明,但在系统及协作、环境及设备器材上产生问题的条件(环境)因素的为36%。在有关美国的发生要因的研究中显示[1],对导致不良事件的差错种类进行区分,得出以下结果,治疗技术上的差错为44%,诊断上的差错为17%,与药剂使用有关的差错为10%,残障预防措施中的失败为12%,系统协作的失败及器械故障及其他为17%。此处前三者差错合计为71%的原因,都是能够避免的。

由于未曾预料的结果导致身体伤害的不良事件,在日本的住院患者中有6.8%的人发生,其中的60%—70%都是能够避免的事故,不良事件的大约30%是缘于过失,许多的统计数据述说着这一事实。换而言之,可以说许多的医疗事故(不良事件)是能够预防的(preventable),三分之一是医务人员的过失造成的事故。

医疗事故(不良事件)的发生,未必意味着纠纷的形成。医疗事故是由于医疗令患者产生意外的永久性伤害,因此首当其冲应当努力恢复原状及查明真相,根据情况表达歉意及赔偿损害,此外复发预防也成为必要。如果以上行动未能有效实施,患者并未看到恢复原状的努力以及查明真相的姿态时,则会对该事故是否为医疗事故抱有疑虑。即使事故已经发生,但有着使损害恢复原状的尝试和对查明真相的努力,患者及当事人面对目标相互协作,医方与患者之间就不会走向对立。医疗事故演变成纠纷,与因事故使患者与医疗之间失去了协作中心的意义并无二致,也就是说在此情形下无法看到恢复原状与查明真相的行动。医疗人员在医疗事故之后,忽略对患者的身体伤害的缓和(恢复原状),极力隐瞒真实情况(事故隐瞒)的行为,即便是作为外行的患者也能够发现。摧毁双方之间信任关系的,并非患者而在于医方的责任。

日本的医疗诉讼,在耗费了巨大的时间与费用成本后,反而保持极低的胜诉率,不断增长的根本原因,缘于在获知不可能恢复原状时对于查明真相的强烈希望。日本经济新闻社对寻求司法救济的医疗受害者的动机理由进行的问卷调查显示,"让其承认失误""能够理解的说明""医院方面的对应"等对于真相查明的不热心进行追究的意见占压倒性的多数,"不再发生同样的事情""没有责任追究的方法""希望完善医疗体系"等对于预防复发的期望几乎是共通的。与此相对,在社会上有所耳闻的"希望得到经济补偿"的要求,少得出人意料。虽不得已采取法的行动,但从在诉讼中耗费时间及经济的负担却无法期待的司法救济来看,作为经济性补偿之外的目的的真相查明与复发预防成为受害者的愿望是可以理解的。

[1] Leape, et al. Preventing Medical Injury. Qual Rev Bull, 1993, 19(5): 144-149.

附件　统计资料：医疗损害赔偿纠纷民事案件(日本)

	人口千人	GDP 10亿 US$	GDP/人 US$	医疗费用与 GDP 之比
中国大陆	1 350 000	9 181.38	6 747.23	4.6 %(2009)
日　本	126 535	4 901.53	38 491.35	9.5%(2010)
中国台湾	23 430	489.21	20 930.21	6.1%(2007)

*	N. Received 新受理(件)	Disposed 结案	判决(%) 26.8%←	支持率 北京市结案率**	调解(%) →46.3%	审理期间(月) [民事]	全国法院 受理案件
2004	1 100 [139 017]	1 004	405(40.3)	39.5% [84.1]	463(46.1)	27.3 [8.3]	
2005	999 [132 727]	1 062	400(37.7)	37.6% [83.4]	529(49.8)	26.9 [8.4]	
2006	913 [148 775]	1 139	402(35.3)	35.1% [82.4]	607(53.3)	25.1 [7.8]	
2007	944 [182 291]	1 027	365(35.5)	37.8% [83.5]	536(52.2)	23.6 [8.8]	11000**
2008	876 [199 522]	986	371(37.6)	26.7% [84.2]	493(50.0)	24.0 [6.5]	13 800**
2009	732 [235 508]	952	366(38.4)	25.3% [85.3]	473(49.7)	25.2 [6.5]	16 100**
2010	791 [222 594]	921	324(35.2)	20.2% [87.6]	488(53.0)	24.4 [6.8]	17 000***
2011	768 [196 367]	770	294(36.7)	25.4% [84.8]	406(50.7)	25.9 [7.5]	
2012	763 [161 312]	821	319(37.8)	22.6% [84.4]	433(51.3)	25.1 [7.8]	
+2013	788 [　]	779	300(38.5)	24.7% [　]	393(50.4)	23.9 [　]	

注：资料数据来源

* 日本最高裁判所统计分析报告(2014)"+2013"为初步估计。

** 张柳青编《医疗损害责任纠纷裁判精要与案例解读》,法律出版社,2012。

*** B. Liebman. Malpractice Mobs: Medical Dispute Resolution in China. Columbia Law Review,2013,113: 18.

医患纠纷解决之道
——新西兰的健康及残障事务专员法律制度

赵西巨 *

一、《健康及残障事务专员法》的产生

1987年6月，新西兰的刊物Metro发表了一篇由Sandra Coney和Phillida Bunkle署名的文章，披露了一则发生在新西兰国家妇女医院的一则惊人丑闻。该医院在未经患者知情同意的情况下，对子宫颈癌症前期异常的患者进行了研究试验。

该丑闻的曝光以及随之产生的公众关注促使政府成立了一个调查委员会去调查此事件。1987年6月，新西兰时任卫生部长Michael Bassett任命奥克兰地区法院法官Silvia Cartwright负责调查此事。调查委员会于1988年8月最终出具了Cartwright报告。〔1〕报告得出调查结论，医院确实在未经患者同意的情况下开展了研究项目，并对部分妇女的健康造成了损害。由此事件出发，报告认为，有必要全方位地改变患者治疗和医疗服务提供的方式。报告强调，在医疗服务的提供上，有必要构建一种以患者或消费者为中心的思路，即医疗服务的中心应从医疗服务从业者转移至患者/消费者。如何保护患者权利和如何确保医疗服务的质量是报告关注的中心内容。Cartwright报告表明公众对医疗行业的态度发生了根本性改变。〔2〕

Cartwright报告建议新西兰的法律应做出一定修改以"就患者权利做出声明并任命一位健康事务专员(Health Commissioner)"。申诉代言人(advocates)，将站在患者/消费者一边，确保他们的权利得到保护。进行患者权利立法和任命健康事务专员成为报告中的两个主要建议。由此产生了新西兰现如今的《健康及残障事务专员法》(Health and Disability Commissioner Act 1994)。

二、健康及残障事务专员

健康及残障事务专员(简称为"健康事务专员")是独体法人(a corporation sole)和公共

---

* 赵西巨：山东中医药大学法学教授，新西兰奥塔哥大学法学博士，主要研究方向为民商法学和医事法学。

〔1〕 Report of the Committee of Inquiry into Allegations Concerning the Treatment of Cervical Cancer at National Women's Hospital and into Other Related Matters, GPO July 1988.

〔2〕 Ron Paterson. The Patients' Complaints System in New Zealand. Health Affairs, 2002(21): 70-72.

机构。[1]在推荐任命健康及残障事务专员时，卫生部长须考虑以下因素：(1) 健康及残障事务专员的法定职责和权力；(2) 候选人的个人素质；(3) 对新西兰医疗卫生体系、残障服务体系和纠纷解决机制（包括调解和仲裁）的知晓程度和经验；(4) 对健康服务消费者和残障服务消费者的不同需求的理解程度；(5) 对新西兰不同文化群体和种族的社会、文化和宗教价值的认可程度。[2]

健康及残障事务专员的职能包括：(1) 准备起草健康及残障服务消费者权利法案；(2) 定期审视健康及残障服务消费者权利法案，并向卫生部长做出改进建议；(3) 通过教育和公共宣传，促进对健康及残障服务消费者权利的尊重和遵奉，特别是，在健康及残障服务消费者、健康服务和残障服务提供者之间，促进健康及残障服务消费者权利意识和权利遵守意识；(4) 就涉及健康及残障服务消费者权利的问题，做出公开声明和出版报告，包括做出旨在促进健康及残障事务专员法条款和健康及残障服务消费者权利法案之理解和执行的声明和报告；(5) 作为健康服务投诉的初始接受者，并确保每一条投诉都得到妥善解决；(6) 不管是基于投诉还是主动启动，调查任何在健康及残障事务专员看来违反健康及残障服务消费者权利法案的行为；(7) 将投诉或健康及残障事务专员自行启动的调查转至诉讼主管处（Director of Proceedings）以决定是否对违反健康及残障服务消费者权利法案的行为采取进一步的行动；(8) 就解决投诉的方法，向有关人员和机构做出建议，以避免其发生进一步的违反健康及残障服务消费者权利法案的行为；(9) 制备申诉代言（advocacy）服务运行的指南；(10) 如果为了健康服务消费者的利益，某人或机构有必要采取行动，可以向该人或机构做出建议；(11) 主动地或者应卫生部长的要求，就健康服务消费者权利或健康事务专员法的实施向卫生部长出具意见；(12) 如果为了保护或更好地保护健康服务消费者的权利而有必要采取立法、行政或其他行动，可随时向卫生部长做出报告；(13) 就与健康服务消费者权利有关的事项，接受和邀请来自于社会公众成员和任何机构和组织的意见陈述；(14) 收集在健康及残障事务专员看来有助于其履行其职能的信息；(15) 监控精神卫生和戒除毒瘾服务，以力求其改进；(16) 履行卫生部长依法指定的或本法或其他立法所规定的职责。[3]

健康及残障事务专员在履行职责时，应建立与健康服务消费者代表、健康服务提供者、其他与健康或残障服务有关的组织和机构的有效联系，并建立与其他与个人权利有关的机构[如巡视官（Ombudsmen）、人权委员会、儿童事务专员、隐私事务专员和精神卫生主管]的协调和合作机制。[4]

除非法律另有规定，健康及残障事务专员在履行法定职责、行使法定权力时，应是中立的。[5]

---

[1] The Health and Disability Commissioner Act 1994, section 8(2).
[2] The Health and Disability Commissioner Act 1994, section 10(1).
[3] The Health and Disability Commissioner Act 1994, section 14(1).
[4] The Health and Disability Commissioner Act 1994, section 14(2).
[5] The Health and Disability Commissioner Act 1994, section 14(2A).

在健康及残障事务专员之外，可以以同样的方式任命一名或多名副健康及残障事务专员（Deputy Health and Disability Commissioners）和一名精神卫生专员（Mental Health Commissioner）。只不过，卫生部长在推荐任命该专员之前须征求健康及残障事务专员的意见。[1]

三、所呵护的患者权利

新西兰健康及残障事务专员所保护的权利来自于新西兰的患者权利法案（Code of Patients' Rights），全称是"新西兰健康及残障服务消费者权利法案（Code of Health and Disability Services Consumers' Rights"。[2] 它实际上是基于新西兰的健康及残障事务专员法而产生的。新西兰的健康及残障事务专员法旨在"促进对投诉进行公平、简捷、快速和有效的解决"以便保护患者权利[3]，而健康服务消费者权利立法则具体列举了患者所享有的诸多权利。《健康及残障事务专员法》第74(1)条规定，"新西兰总督（Governor-General）可以随时，以枢密令（Order in Council）的形式，通过条例（regulations）就健康及残障服务消费者权利法案作出规定"。正是基于这一授权，新西兰总督颁布了"新西兰1996年健康及残障事务专员（健康及残障服务消费者权利法案）条例[The Health and Disability Commissioner (Code of Health and Disability Consumers' Rights) Regulations 1996]"。[4] 患者权利法案在该条例中实际上是以附件形式（Schedule）出现的。

新西兰的患者权利法案所适用的对象是健康服务的"提供者（provider）"和"消费者（consumer）"。新西兰患者权利法案的适用非常广泛，原因在于立法对一些词汇（比如，"提供者""消费者"和"服务"）的界定非常宽泛。

根据该患者权利法案，并结合其母法——1994年《健康及残障事务专员法》——对有关词语的解释，"提供者"系指"健康照护提供者（health care provider）"或"残障服务提供者（disability services provider）"。

从其兜底条款看，"健康照护提供者"之所指还是很广泛的，它包括所有的向公众提供或声称提供健康服务（health services）的人，而不管其是否从服务中收费。[5]因此，它不仅包括已经得到法规规制的医疗从业人员，而且囊括了尚未得到立法认可的"补充与替代医学（Complementary and Alternative Medicine）"从业人员（比如中医从业人员）。"补充与替代医学"从业人员若提供或声称提供健康服务，就会成为"健康照护提供者"，从而受到患者权

[1] The Health and Disability Commissioner Act 1994, section 9(1)(2).

[2] Health and Disability Commissioner (Code of Health and Disability Services Consumers' Rights) Regulations 1996, Schedule.

[3] The Health and Disability Commissioner Act 1994, section 6.

[4] The Health and Disability Commissioner (Code of Health and Disability Consumers' Rights) Regulations 1996, Statutory Regulations 1996, No. 78.

[5] The Health and Disability Commissioner Act 1994, section 3.

利法的约束。实践证明,健康及残障事务专员也在处理投诉时将患者权利法案适用到了种类繁多的"补充与替代医学"从业人员中,比如,顺势疗法从业者、自然疗法从业者、按摩疗法从业者、针灸和中医从业者[1],尽管这些人员并没有得到很好的官方规制。比如,"补充与替代医学"从业人员,与西医从业人员一样,要承担就疗法的风险、副作用和其他信息向患者告知的义务[2],尽管替代医学疗法的风险和益处有时并没有通过临床试验得到明确。在新西兰,一位传统中医从业人员就是因为不谙熟新西兰的患者权利法案因而侵犯了患者隐私权和知情同意权而被新西兰人权审查裁判所科以较重的损害赔偿和惩罚性赔偿,尽管中医行业在新西兰尚未被立法规制。[3]

根据1994年健康及残障事务专员法案,"健康照护提供者"概念中所言到的"健康服务(health services)"非常广泛。它系指"(1)促进健康的服务;(2)保护健康的服务;(3)预防疾病的服务;(4)治疗服务;(5)护理服务;(6)康复服务;(7)诊断服务"。它包括"(1)心理治疗和咨询服务;(2)避孕服务和建议;(3)治疗不孕不育服务;(4)绝育服务。"

"健康照护提供者"的一个重要组成部分是称之为"健康/卫生执业人员(health practitioner)"的这样一个群体。根据新西兰的2003年健康执业人员资质确保法案(Health Practitioners Competence Assurance Act 2003)第5(1)条之规定,"健康/卫生执业人员"系指"作为某一特定健康行业的执业人员在某一权力机构注册之人"。

另一类"提供者"是"残障服务提供者",即"提供或声称提供残障服务的人"。[4]这一概念比"健康照护提供者"更加宽泛,因为它没有了"向公众"提供服务的限定。

新西兰的患者权利法案的另一个适用对象是"消费者"。该权利法案第4条规定,此处

---

[1] Opinion 97HDC9933(Health and Disability Commissioner)(a homeopath); Opinion 97HDC4036(Health and Disability Commissioner)(a naturopath); Opinion 98HDC14193(Health and Disability Commissioner, 2000-01-07)(Massage Therapist); Opinion 04HDC17805(Health and Disability Commissioner, 2005-11-08)(Massage Therapist); Opinion 06HDC09882(Health and Disability Commissioner, 2007-01-25)(Natural Therapies Practitioner); Opinion 06HDC12937(Health and Disability Commissioner, 2007-06-21)(Massage Practitioner); Opinion 07HDC12714(Health and Disability Commissioner, 2008-01-31)(Acupuncturist); Opinion 07HDC20616(Health and Disability Commissioner, 2008-06-24)(Chiropractor); Opinion 08HDC00218(Health and Disability Commissioner, 2008-12-16)(Alternative therapy-Bioptron light therapy). Actions of CAM practitioners also fall within the jurisdiction of Human Rights Review Tribunal. See, Director of Health and Disability Proceedings v A [2003] NZHRRT 35(1 December 2003)(an acupuncturist and practitioner of traditional Chinese medicine); Director of Health and Disability Proceedings v DG [2005] NZHRRT 2(25 February 2005)(a practitioner of traditional Chinese medicine); Director of Health and Disability Proceedings v D G [2005] NZHRRT 3(25 February 2005)(a practitioner of traditional Chinese medicine).

[2] Opinion 07HDC12714(Health and Disability Commissioner, 2008-01-31)(Acupuncturist's failure to warn the risks of coughing when the patient had needles in her back); Opinion 97HDC9933(Health and Disability Commissioner)(a homeopath's lack of recording and failure to provide information about possible side effects of a homeopathic remedy).

[3] The Director of Health & Disability Proceedings v D G [2005] NZHRRT 388.

[4] The Health and Disability Commissioner Act 1994, section 2.

的“消费者”系指“健康服务消费者(health consumer)”或“残障服务消费者(disability services consumer)”,在某些情况下,还系指“有权代表消费者做出同意的人”。[1]

“健康服务消费者”系指“在其身上实施健康照护程序(health care procedure)的人”。[2]此处的“健康照护程序”系指“任何健康照护提供者向任何人所实施的任何健康治疗、健康检查、健康教学或健康研究;包括任何健康照护提供者向任何人所实施的健康服务提供”。[3]1994年健康及残障事务专员法案给“残障服务消费者”提供了如下界定:“任何存在残障的人,此种残障减少了该人独立生活的能力,并且此人有可能需要不定期的支持”。很显然,“消费者”这一概念比“患者”要宽泛一些。

新西兰的患者权利法案共包括六条。其中,第四条为定义条款,第五条和第六条言明了本法案与其他立法和其他权利的关系。第一条至第三条系该法案的主干内容,患者权利和提供者义务(共十项)包括在第二条中。

第一条明确了消费者享有本法案中的权利,提供者负有本法案下的义务,并且要求提供者必须采取行动做两件事:(1) 告知消费者他/她们的权利;(2) 使消费者能够行使他/她们的权利。因此,作为遵守此法律规定的体现,现实生活中,新西兰各医疗机构在候诊室显眼处摆放权利法案的小册子,并在医疗机构内部提供处理投诉的机制便是不足为奇的事情了。法案第一条“消费者具有权利而提供者负有义务”这一说法体现了法案的单面性,它陈述的只是患者的权利和健康服务提供者的对应义务,而没有提及患者的义务和健康服务提供者的权利。

第二条具体规定了健康服务消费者的十项权利以及相应的健康服务提供者的义务。其中第一项权利至第三项权利对应的是健康服务提供者的一般性、原则性义务,第四项权利涉及的是注意标准问题,第五项权利至第七项权利涉及的是信息披露和知情同意问题。

(一) 受尊重对待的权利

具体包括:

1. 健康服务消费者受尊重对待的权利。

2. 健康服务消费者隐私得到尊重的权利。此处的“隐私”仅是指“身体隐私(physical privacy)”,而不包括“信息隐私(information privacy)”。在新西兰,“信息隐私”和保密性问题是由另一些法案——1993年隐私法案(The Privacy Act 1993)、1994年健康信息隐私法

---

〔1〕 考虑到其他法域(如我国)慎用“消费者”来冠之患者的情形,新西兰法律启用“消费者”来指代“患者”的做法还是相当大胆的。新西兰法律不讳言将患者称之为“消费者”是与该国家独特的、世界上并不多见的医疗服务提供者无过错损害赔偿制度相吻合的。“消费者”和“患者”本是两个法律情境中产生的两个名称,它们本来可以互相借用来指代同一个人,但是由于我国消费者立法所隐含的无过错责任赔偿机制,“患者”冠以“消费者”称谓在我国变得敏感起来。此种敏感来源于“患者”和“消费者”在我国所受法律待遇的不同。在我国,“消费者”还是让“患者”羡慕的一个概念。正如新西兰患者权利立法所显现的,通过患者权利立法,“患者”会成为“消费者”称羡的概念而不是相反,那时消费者立法的吸引力和由此产生的驱动力便荡然无存了。

〔2〕 The Health and Disability Commissioner Act 1994, section 2.

〔3〕 The Health and Disability Commissioner Act 1994, section 2.

案(the Health Information Privacy Code 1994)——和另一类专员——隐私事务专员(Privacy Commissioner)——来处理的。

3. 在提供医疗服务时,提供者应考虑不同文化、宗教、社会和种族群体的需要、价值和信仰。对于一些特殊群体,法律并不要求提供者提供不同水平的服务,但是提供服务的方式应考虑到这些群体的不同的需求、价值观和信仰。

(二) 免受歧视、强迫、骚扰和盘剥的权利

即每位健康服务消费者有权免受歧视、强迫、骚扰和性的、经济上,或其他形式的盘剥的权利。患者有权免受基于性别、婚姻状况、种族、残疾、年龄和性倾向的歧视。此项权利在1993年新西兰人权法案(The Human Rights Act 1993)中亦有触及。第二项权利同时禁止"强迫、骚扰和性的、经济上,或其他形式的盘剥"。根据权利法案第四条的概念解释,此处的"盘剥(exploitation)"系指"任何对被信赖位置的滥用、对忠实义务的违反,或者实施了不当影响"。

(三) 尊严和独立的权利

健康服务提供者在提供服务时应尊重个体的尊严和独立性。

(四) 获得适当标准的服务的权利

健康服务提供者在提供服务时应:

1. 行使合理的注意和技能(reasonable care and skill)。与其他英联邦国家的法律一样,在解释行医者是否尽了"合理注意"时,健康事务专员往往不会根据 Bolam 测试标准[1]去简单比对医生的行为是否符合了某职业做法,医疗行业做法或者说医疗常规不是绝对标准。医学标准与法律标准是不一样的。健康事务专员,同法官一样,会行使自己的自由裁量权做出自己的法律判断。对医生行为"合理"性的关注,体现的是在衡量医生行为时对客观化的追求。新西兰的患者权利立法实际上借鉴的是过失侵权法中的传统医疗过失判定标准。这一标准是以医疗行业行为规范为导向的,在传统的诊断与治疗领域具有相当的适宜性。但是,它是否可无条件地适用于信息告知领域是存在疑问的。这也是新西兰立法在此项权利之外单独规定患者在知情同意上的权利(即第六项权利)的原因。这也产生了在观察医生的告知义务和患者的被充分告知的权利时,如何处理第四项权利和第六项权利之关系的问题。是认可第四项权利对第六项权利的控制力还是保持这两项权利的距离?在传统的过失侵权法中,这体现着传统的以医疗行业为导向的过失判定标准对极具特质和异样的知情同意法则的管制和容忍程度。新西兰的患者权利立法似乎也不能摆脱这一主题。

---

〔1〕 在英联邦国家,给予医疗行业极大尊重的法律规则首推"Bolam"测试标准(Bolam test)。该标准是在一个涉及精神病人治疗的案件(Bolam v Friern Hospital Management Committee [1957] 2 All ER 118, [1957] 1 WLR 582) 中建立的。它曾经一度是英联邦国家法律中认定专家型职业人员(比如医生)是否存在过失的经典标准。它来源于 McNair 法官向陪审团作的一段指示:"如果他(一位医生)按照一个做法行事,而该种做法被熟知那种特定技能的一群负责任的医疗人员(a responsible body of medical men)接受为适当,他就不应负过失责任。…… 换句话讲,如果一个人按照这种做法行事,不能仅因为存在一种相反的意见应认定他有过失。"

2. 遵守法律的、职业的、伦理的和其他相关的标准。这些标准可能分别由法律法规、职业性协会、行业注册管理机构来设定，新西兰的患者权利法案赋予它们潜在的法律效力。通过该规定，职业的、伦理的和其他相关标准会上升为法律标准。这无疑拉近了医疗职业、伦理标准与法律标准的距离。医生的职业和伦理规范一般较为理想化，体现着对完美状态的追求。它与法律规范一般是有些距离的。新西兰在患者权利立法中认可医生的职业和伦理规范为医生的行为规范，实际上是赋予职业和伦理规范以法律权威。这一方面提高了医生的行为规范标准，另一方面也提醒医生职业伦理规范制定者要意识到职业伦理规范出台的法律后果，提出医生在法律上可达到的、具有现实性的规范要求。

3. 提供服务的方式与健康服务消费者的需求(needs)一致。但这并不意味着医生需迎合患者的要求去提供服务，"与健康服务消费者的需求一致"并不等同于去做患者想要(wants)之事。[1]

4. 使对消费者的潜在损害最小化，使消费者的生活质量最大化。"此处的生活质量最大化"指的是对患者的需求进行整体的考虑，以取得当时情景中尽可能最好的结果。这一小项义务与第1小项义务密切相关，但是此要求会比医生行使"合理注意"的义务要求更高。因此，即使医生没有违反"合理注意"的义务，也会被健康事务专员认定违反了"潜在损害最小化"的义务。如果医生将患者置于不必要的风险之下，或者行使的注意程度与医疗的风险程度不成比例，医生有可能违反"潜在损害最小化"的义务。但是，法律并不要求医生在医疗中去担保结果的成功。

5. 与其他健康服务提供者密切合作以确保服务的质量和连续性。如果从医者之间的协调性和合作出现问题，这将招致此条义务的适用。

(五) 有效沟通的权利

1. 沟通所采取的形式、语言和方式应做到使消费者能够理解所提供的信息。如果需要，患者有权获得支持陪同人员和翻译人员。

2. 消费者有权获得这样一个环境：在此环境中，消费者和提供者能够开诚布公地、有效地交流。

(六) 被充分告知的权利

其中包括：

1. 消费者有权获得处于该消费者情境中的一个合理的消费者期望获取(expect)的信息。此种告知标准包括两类要素：客观性要素("一个合理的消费者"，a reasonable consumer)和主观化要素("该消费者情境中"，in that consumer's circumstances)。此类信息告知不以患者的同意决定或治疗决定为前提。

具体来讲，这些信息包括：① 病情的解释；② 治疗方案的解释，包括每一个治疗方案的风险、副作用、益处和成本；③ 估计的医疗服务的时间；④ 是否参与教学或科研，包括科研是否需要和是否已得到伦理许可；此处的"教学"包括对从医者的培训；⑤ 法律、职业、伦理和

---

[1] Opinion 98HDC16198(Health and Disability Commissioner, 30/6/00).

其他相关标准所要求的任何其他信息；⑥ 检查测试的结果；⑦ 医疗程序的结果。这些列举不是穷尽性的列举。

第 6(1)项权利的结构是，前者是一个概括性规定，后随一个具体信息的列举。新西兰曾有一个在英联邦法中知名一时的判例——Smith 案。[1] 在患者不主动询问的情况下，该案继续了一个在英联邦法中曾盛行的以医疗行业为导向(而不是以患者需求为导向)的信息披露标准。在第 6(1)项权利的概括性规定中，新西兰实际上抛弃了或者说忽略了 Smith 案，显然受到了澳大利亚的 Rogers 案[2]的影响，从而通过革命式的立法(而不是渐近发展式的普通法)启用了一个类似其他法域，如美国的 Canterbury 标准[3]、澳大利亚的 Rogers 标准[4])的以患者(消费者)为导向的信息披露标准。第 6(1)项权利与第 4(1)项权利的区别在于前者在是否违反义务的判定标准上以患者为导向，而后者则以医疗行业为导向。

根据新西兰患者权利立法，医生有义务披露"处于某一消费者(患者)位置或情境的合理消费者(患者)"所需要的信息。此类表述与其他法域的表述非常相似。所不同的是，新西兰立法在界定告知的范围时使用了较为概括和宽泛的"信息"这一词汇，而不是像其他法域(如英国[5]和澳大利亚[6])一样将信息告知的范围局限于"医疗风险"。新西兰法律还具体列举了一些可能需要披露的信息，比如医生需要披露的信息包括关于"治疗方案"的信息。

另一个与其他法域的不同点是，新西兰法律在规定患者的信息上的知情权时，并没有使用"实质性"信息这一概念。"实质性"信息这一用语在英美法国家较为流行。它肇始于美

---

[1] Smith v. Auckland Hospital Board [1964] NZLR 241; revd [1965] NZLR 191.

[2] Rogers v Whitaker(1992) 175 C. L. R. 479,490(HCA).

[3] Canterbury v. Spence,464 F. 2d 772,786 - 787(1972). Canterbury 案所推出的医生信息披露的标准是：(1) 医生向患者披露信息的范围应以"患者的需求"来衡量；(2) 患者所需求的应是对其同意决定具有实质性的信息；(3) 一条风险信息是否属于"实质性信息"的判定标准是，一个处于患者位置(patient's position)的合理之人(a reasonable person)是否对某一信息"赋加重要性(attach significance)"。

[4] Rogers v Whitaker(1992) 175 C. L. R. 479,490(HCA). 澳大利亚就风险"实质性"的测试建立了一个较美国的 Canterbury 案所建标准更加周全和入微的标准—Rogers 两翼标准："如果，在特定案件的情形之中，处于患者位置的一个合理之人(a reasonable person in the patient's position)，如果得到风险警示，可能对风险赋予重要性(attach significance to)，或者，如果医疗执业人员意识到或应当合理地意识到特定的患者(the particular patient)，如果得到风险警示，可能对该风险赋加重要性，那么，该风险便是实质性风险。"

[5] 在英国法中，关于医生告知义务的判例主要集中在"医疗风险"的告知问题上。英国的 Birch 案(Birch v. University College Hospitals NHS Trust(2008) 104 BMLR 168,(2008) 105 L. S. G. 19,[2008] All ER(D) 113(Sep),[2008] EWHC 2237(QB))是第一个关注"替代疗法"告知的案例。在医生是否有义务告知替代疗法的问题上，Birch 案做了有条件的肯定回答。但是，一方面，Birch 案的适用很受局限，另一方面，医生对"替代疗法"的告知义务是从"医疗风险"的告知义务中推演出来的。

[6] 澳大利亚的 Rogers 标准关注的只是"医疗风险"。后来的立法也是如此。Rogers v Whitaker (1992) 175 C. L. R. 479,490(HCA)；Civil Liability Act 2003(Qld), s 21(1); Civil Liability Act 2002(Tas), s 21.

国[1],发达于澳大利亚[2],又见受宠于爱尔兰[3]。根据"实质性"标准,只有那些患者在做医疗决定时认为"重要"的信息才落入医生的告知范围。对于落入告知义务的信息,它实际上起到了过滤作用。新西兰立法使用了患者"期望获取"和"需要"的信息这一用语。这可能与"实质性"信息判断往往与"医疗决定"挂钩这一因素有关。[4] 信息的实质性是根据该信息对患者医疗决定的影响来判断的。而新西兰第6(1)项权利所言及的患者的信息知情权并不以患者做医疗决定为前提。

可以讲,"期望获取"和"需要"的信息比"实质性"信息门槛要低。在决定健康服务提供者是否违反了信息告知义务时,新西兰的健康事务专员需要立足于患者(消费者)的视角来判断处于某一具体患者位置的一位合理患者之所期望和之所需。在此方面,健康事务专员虽要参考医疗专家的意见,但是具有很大的自由裁量空间。因为关于患者期望和需要的判断并不是一个医学判断,健康事务专员对医疗行业做法和医疗行业观点的依赖会更小一些。

2. 在做出选择或知情同意之前,每位消费者有权获得处于该消费者情境中的一个合理的消费者为做出知情选择或知情同意所需要(needs)的信息。此类信息告知以患者需要做出医疗决定为前提。此处的"选择"包括接受服务的决定、拒绝服务的决定和撤销同意的决定。

需要说明的是,不同于下面第三小项信息告知义务,前二小项告知义务是主动性的,它并不依赖于患者的主动询问。而且,不同于一般侵权法之要求,此处的信息告知义务的违反并不考虑因果关系问题,即是否违反告知义务的认定不考虑信息告知后患者是否会继续医疗程序的问题。

3. 对于与服务相关的询问,每位消费者有权获得真诚的、准确的回答,这些询问可涉及:① 服务提供者的身份和资质;② 服务提供者的建议/推荐;③ 如何从另一位提供者处获得意见;④ 科研的结果。消费者"与服务相关的询问"还可能涉及医生的经验状况、所从事医疗措施的成功率和被投诉和被行业纪律处分的历史。

4. 若要求,消费者有权获得就所提供的信息所出具的书面概要。

这里需要点明的是,第6(1)项和第6(2)项权利与第6(3)项权利是有些不同的。第6(1)项和第6(2)项权利规定了健康服务提供者的主动积极型的信息告知义务,即他们的信息告知并不以患者的询问为前提。而第6(3)项权利产生的却是健康服务提供者的消极被动型信息告知义务,义务的产生有赖于患者的主动询问。不过,与其他法域不同的是,新西兰立法只意识到了医生的消极被动型(或应对型)信息告知义务产生的一种方式——患者询问,

---

〔1〕 Canterbury v. Spence, 464 F. 2d 772, 786 - 788(1972); Wilkinson v. Vessey, 295 A. 2d 676, 689 (R. I. 1972).

〔2〕 Rogers v Whitaker(1992) 175 C. L. R. 479, 490(HCA).

〔3〕 Fitzpatrick v White [2008] 3 IR 551, 564.

〔4〕 Rogers v Whitaker(1992) 175 C. L. R. 479, 494(HCA), per Gaudron J.; F. v R. (1983) 33 S. A. S. R 189, 192, per King C. J.; Rosenberg v Percival [2001] 205 CLR 434, 459, per Gummow J.; Wilkinson v. Vessey, 295 A. 2d 676, 689(R. I. 1972).

尽管这是主要方式。其实,有许多方式可以让医生意识到某一患者对某一信息有特别的关注,而不仅局限于患者的提问这一种方式。

(七) 做出知情选择和给出知情同意的权利

具体来讲:

1. 只有在消费者做出知情选择和给出知情同意的情况下,对消费者的医疗服务才能提供,除非立法、普通法或本法有其他规定。

本小项强调了患者对治疗的选择和同意的重要性,但也规定了例外,即如果立法规定了没有同意也可治疗的情形,本小项将不再适用;如果出现了普通法中所认可的"紧急情形(emergency)"或"必需(necessity)"的场合,医生可本着丧失意识的或丧失表意能力的患者的最佳利益去行事。

2. 在做出知情选择和知情同意方面,每位消费者都被假定具有表意能力(presumed competent),除非存在合理的根据认为该消费者不具有表意能力。

3. 在消费者表意能力不足时,该消费者仍有权做出与其表意能力水平相当的知情选择和知情同意。

4. 在消费者不具有表意能力时,如果没有可代替该消费者做同意的人,在满足以下条件时,健康服务提供者可提供服务:① 此种服务符合消费者的最佳利益;② 已经采取合理的步骤来确定消费者的意见;③ 如果消费者的意见已得以确定,考虑到这样意见,提供者有合理根据相信服务的提供符合消费者若具有表意能力将会做出的知情选择;或者,如果消费者的意见尚未得到确定,服务提供者考虑了关注该消费者的福祉并可提供意见的其他合适人员的意见。

5. 消费者可依据普通法使用"预先指示(advance directive)"。

根据该权利法案第四条的概念解释,此处的"预先指示"系指"一种书面的或口头的指示,通过该指示,消费者就可能的将来的健康照护程序做出选择,而且,只有在此消费者不具有表意能力时,此种指示才可生效。"

6. 如果存在下列情形,对健康服务程序的知情同意应采用书面形式:① 消费者系参与科研;② 该程序是实验性的;③ 消费者将处于全麻状态;④ 对消费者将产生巨大的不良后果之风险。

此小项列出了同意须采用书面形式的四种情形。除此以外,患者对治疗的同意并不必须以书面形式来呈现。反过来讲,患者签署同意书并不意味着该患者的同意便是有效的。

7. 消费者有权拒绝接受服务和撤回对服务的同意。

8. 消费者有权表达倾向于谁给他提供服务,这一倾向,在实际的情况下,应得到满足。

9. 对于在健康照护程序中移取或获得的身体部分或身体物质,消费者有权决定它们的返还或处置。

10. 除非满足以下条件,在健康照护程序中移取或获得的身体部分或身体物质不能被储存、保存或使用:(1) 取得了消费者的知情同意;或者(2) 目的在于研究,而该研究已经获取了伦理委员会的同意;或者(3) 目的在于从事以下一种或数种活动,这些活动旨在确保或改善服务的质量：① 职业界认可的质量确保项目；② 对服务的外部审查；③ 对服务的外部评估。

(八) 获得支持的权利

每位消费者有权让他/她所选择的一位或多位支持人员在场，除非这会危及安全或将会不合理地侵犯另一位消费者的权利。

(九) 有关教学或科研的权利

该法的权利将扩展至消费者参与教学或科研的场合。

(十) 投诉的权利

该法主要规定了接受投诉的主体、医疗服务提供者处理投诉的程序：

1. 每位消费者有权以他/她认为适当的方式提起对提供者的投诉。

2. 消费者向以下人士提出投诉：(1) 提供被投诉的服务的人；(2) 任何被授权去接受投诉的人；(3) 任何其他适当的人，包括：① 1994 年健康及残障事务专员法案下所提供的独立的申诉代言人(advocate)；② 健康及残障事务专员。

3. 每个提供者必须在公平地、简捷地、快速地、有效地解决投诉上提供便利。

4. 每个提供者应告知消费者处理投诉的进展情况，时间间隔不能长于一个月。

5. 在处理投诉时，每个提供者应遵守本法案中的所有其他相关权利。

6. 除非属于一提供者的雇员，每个提供者须具备一个投诉处理程序，以确保：(1) 在五个工作日内以书面告知已经收到投诉，除非在此时限内投诉已经得到令消费者满意的解决；(2) 告知消费者任何相关的内部和外部投诉处理程序，包括① 1994 年健康及残障事务专员法案下所提供的独立的申诉代言人；② 健康及残障事务专员；(3) 书面记载消费者的投诉和提供者对该投诉的反应；(4) 消费者获得由提供者所持有的与投诉有关的所有信息。

7. 在做出书面告知已经收到投诉后的 10 个工作日内，提供者必须：(1) 决定提供者是否接受投诉，认为其为正当的；(2) 如果提供者决定需要更多的调查时间，它须：① 决定需要多少额外时间；② 如果额外的时间超过 20 个工作日，它应告知消费者上述决定及其理由。

8. 提供者就投诉是否正当做出决定之后，在尽可能快的时间内，提供者应告知消费者：(1) 决定的理由；(2) 提供者将采取的任何行动；(3) 提供者所具备的任何上诉程序。

该法案的第三条为一个具有抗辩或例外性质的条款。它规定，“(1) 如果提供者在当时情形中已采取了合理的行动(has taken reasonable actions in the circumstances)去实现本法案中的权利并遵守本法案中的义务，该提供者将不违反本法案。(2) 应由提供者来证明它采取了合理的行动。(3) 本条中所提到的‘情形(the circumstances)’系指所有的相关情形，包括消费者临床上的情形(the consumer's clinical circumstances)和提供者的资源限制(the provider's resource constraints)。”

该条款反映的是理想对现实的让步。它认识到，在现实世界中，基于一些条件限制，服务提供者不可能去无条件地实现所有患者的所有权利。法律在考察提供者是否采取合理行动时，应考虑一些相关情形。关于这些情形，该条非穷竭性地列举了两种常见的情形：一是提供者的资源限制意味着它不可能满足所有患者的权利需求。新西兰是一个实行公费医疗福利的国家，医疗资源的非无限性和医疗资源分配决定了消费者会在资源的可及性上产生竞争，并非所有的消费者权利均能得到保护。二是患者的临床情形也许会不允许提供者去遵循该法案的要求，比如在出现真正的"医疗特权(therapeutic privilege)"情形时，提供者可以向患者保留相关医疗信息。

令人注意的是，新西兰患者权利法案第三条所做出的权利限制，特别是关于医疗资源有限性的限制，并没有区分诊断治疗和信息告知两种情境。作为一个提供公费医疗福利的国家，新西兰的医疗服务提供具有很强的节约成本的倾向。这本无可厚非。在诊断治疗领域，医生有必要具备成本和资源节约意识，让医疗资源得以有效利用。但是，在信息告知领域，医生需慎用资源有限性这一限制。比如，有一疗法非常昂贵，它在公费医疗系统中并不能获得，但是在公共医疗之外，比如私人医疗中，却是可及的，那么医生是否有义务向患者告知关于该疗法的信息？或者说，医生是否可主张医疗资源限制而隐瞒这一信息？令人注意的是，新西兰有学者[1]、健康事务专员[2]和医疗行业规范[3]均主张医生应向患者告知全面的信息，包括关于在公费医疗体系中不可及的疗法的信息。其实，在诊断治疗领域，健康事务专员也很谨慎使用"资源限制"这一抗辩[4]，不太情愿因为医疗资源的限制而对应有的医疗服务质量打折扣。

四、投诉解决机制

在新西兰，解释和适用患者权利法案的机构主要有两个：一是健康事务专员(Commissioner)；二是新西兰人权审查裁判所(Human Rights Review Tribunal)。

对于违反患者权利的行为，在医疗服务提供者内部处理程序之外，新西兰1994年的健康事务专员法案还规定了一些外部处理程序：(1) 健康事务专员的调查；(2) 健康事务专员可将投诉转至独立的诉讼主管处(Director of Proceedings)，由其决定是否向新西兰人权审查裁判所提起诉讼，或者提起行业纪律诉讼，或者采取其他行动。新西兰的患者权利法案与其他法律法规一起向患者提供了一组"法律"权利和一个他们原先不曾有的法律上的投诉机制。[5]

---

〔1〕 R J Paterson "Rationing Health Care and Human Rights: the Northland Health Case" [1998] New Zealand Law Review 571, 583.

〔2〕 Opinion 09HDC00891 (Health and Disability Commissioner, 2010-03-31) (prioritization and management of a patient).

〔3〕 Medical Council of New Zealand Statement on Safe Practice in an Environment of Resource Limitation (August 2008), 25-28, 32 at ⟨www.mcnz.org.nz⟩ (last accessed 22 April 2010).

〔4〕 P D G Skegg and Ron Paterson (General Editors). Medical Law in New Zealand. Brookers: Wellington, 2006: 47-49.

〔5〕 P D G Skegg A Fortunate Experiment? New Zealand's Experience with A Legislated Code of Patients' Rights. Medical Law Review, 2011(19): 235, 239-240.

在保护患者权利方面，新西兰1994年的健康事务专员法案希望建立一个“公平的、简捷的、快速的和有效的投诉解决机制”。[1]在健康事务专员办公室收到消费者投诉后，首先有一个初步评估(preliminary assessment)。在初步评估之后，如果健康事务专员觉得采取措施没有必要或者不合适，他或她会不采取任何行动。[2]但是，在多数情况下，健康事务专员的回应会有以下几种：(1) 将投诉转至申诉代言人(advocate)处，让其协助消费者与服务提供者达成一致意见从而解决投诉；(2) 如果所投诉事项不牵扯公共健康和安全，可以将投诉转至健康服务提供者处，期望其适当解决纠纷；处理结果要报告至健康事务专员处，由其决定是否采取进一步的行动；(3) 如果健康服务提供者的执业能力存在问题，可以将投诉转至医疗行业规制机构，由其进行执业能力和执业适宜性的审查；(4) 根据情况需要，投诉还可以转至其他部门，如事故赔偿处(Accident Compensation Corporation)、首席人权事务专员(Chief Human Rights Commissioner)和隐私事务专员(Privacy Commissioner)。[3]也就是说，并不是所有的投诉会面临健康事务专员的正式调查(formal investigation)。根据统计，在2014/15年度，健康及残障事务专员共收到1 880投诉，其中针对100份投诉展开了正式调查，经调查在70份投诉中发现了违反患者权利法案的行为，有14个医疗服务提供者被转至诉讼主管处。[4]

(一) 申诉代言人制度

健康及残障事务专员可以任命其一雇员为健康与残障服务消费者申诉代言主管(Director of Health and Disability Services Consumer Advocacy，简称为Director of Advocacy，申诉代言主管)。[5]但是，一旦完成任命，该主管便独立行事，不再对健康与残障事务专员负责，尽管这种独立性不应妨碍该申诉代言主管在确保申诉代言主管活动的有效和经济性运转上对健康与残障事务专员负责。[6]申诉代言服务是独立运行的。它不仅独立于健康与残障事务专员、卫生部长，而且独立于申诉代言服务的购买者、健康服务提供者和残障服务提供者。[7]

申诉代言主管的职责包括：(1) 实施申诉代言服务协议；(2) 通过教育和宣传，促进申诉代言服务；(3) 监管对申诉代言人的培训；(4) 监控申诉代言服务的运行，并不时地就监控结果向卫生部长报告。[8]申诉代言主管可以与购买者协商并达成申诉代言服务协议，并监控该协议的执行。[9]同意提供或安排提供申诉代言服务的协议相对人有义务确保在提供申

[1] The Health and Disability Commissioner Act 1994, section 6.
[2] The Health and Disability Commissioner Act 1994, section 38.
[3] The Health and Disability Commissioner Act 1994, sections 33, 34, 36.
[4] Health and Disability Commissioner, Annual Report for the year ending 30 June 2015, p. 5.
[5] The Health and Disability Commissioner Act 1994, section 24(1).
[6] The Health and Disability Commissioner Act 1994, section 24(2)(3).
[7] The Health and Disability Commissioner Act 1994, section 26.
[8] The Health and Disability Commissioner Act 1994, section 25.
[9] The Health and Disability Commissioner Act 1994, section 27(1).

诉代言服务时遵守了申诉代言服务指南(guidelines)。[1]申诉代言服务指南由健康与残障事务专员负责发布、修改或撤销,并征得卫生部长的同意。[2]申诉代言服务指南规定申诉代言人在履行职责时所应遵守的程序。[3]

申诉代言人(advocate)的职责包括:(1) 担任健康和残障服务消费者的申诉代言人;(2) 尽最大努力确保接受健康和残障服务的消费者已意识到健康及残障服务消费者权利法案相关条款的存在;(3) 在考虑不同文化、宗教、社会群体和种族的需求、价值和信仰的基础上,向健康服务消费者和公众提供信息和帮助,以促进他们的权利意识,使他们了解投诉解决程序;(4) 向健康服务消费者提供帮助,以确保医疗中的知情同意;(5) 通过教育和宣传,促进对"除非立法另有规定,没有知情同意医疗照护程序不得实施",这一原则的理解和遵守;(6) 向健康服务提供者提供关于健康服务消费者权利的信息,让他们意识到申诉代言服务的存在,就建立和维持医疗中的知情同意机制、健康服务消费者权利保护机制向他们提供建议;(7) 接受关于健康服务提供者违反健康服务消费者权利法案的投诉;代表受害人或帮助受害人通过协议的方式解决争议;(8) 如果当事人欲通过任何正式的或非正式的投诉解决途径提出投诉,如果当事人欲就违反权利法案行为向健康与残障事务专员或其他任何机构或个人做出陈述,对此提供帮助;(9) 就申诉代言服务的运行定期向申诉代言主管报告;(10) 就与健康服务消费者(不管是单个消费者、一群消费者还是健康服务消费者整体)权利有关的事项,随时向健康与残障事务专员报告,以引起其注意;(11) 行使和履行立法所赋予的其他职责。[4]申诉代言人是健康及残障事务专员在社区中的"耳目(eyes and ears)"。

根据 2005 年全国申诉代言服务指南(Advocacy Guidelines for the Nationwide Advocacy Service),"使能(empowerment)"原则是申诉代言的一项基本原则。在这一原则之下,消费者是获得支持去自己解决问题,而不是由申诉代言人越俎代庖去替代他们解决问题。这一原则支持消费者获取知识和技能去建立自我主张权利的自信。处理抱怨最快和最令人满意的方式是消费者与服务的实际提供者直接交涉。申诉代言服务被认为是这种低层次解决机制(low-level resolution)的一个组成部分。凡是涉及患者权利法案的解释,申诉代言服务机构和个体申诉代言人应将这一任务转交给健康及残障事务专员。申诉代言人不能就患者权利法案的解释发表意见。

根据指南,申诉代言人的角色定位是通过信息提供和支持使得消费者尽可能的容易地提出和解决其关注点和事务。他不能就是否存在违反患者权利法案的行为发表观点。他既不能调查和裁断争议事项,也不能担任中立的调解人。申诉代言人可以组织面对面的争议解决会议,给健康服务提供者提供一个直视问题、听取反馈、承认错误、表达歉意、做出解释的机会。如果争议没有解决,申诉代言人所能做的只能是帮助消费者寻求争议得以调解或

---

[1] The Health and Disability Commissioner Act 1994, section 27(2).

[2] The Health and Disability Commissioner Act 1994, section 28(1)(3)(4).

[3] The Health and Disability Commissioner Act 1994, section 28(2).

[4] The Health and Disability Commissioner Act 1994, section 30.

投诉得以调查的合适的渠道，如健康及残障事务专员的投诉解决程序和/或诉讼主管处理程序。如果投诉在申诉代言阶段未能得到解决或者只得到了部分解决，而该投诉又没有被消费者撤回，该投诉将被移至健康及残障事务专员处。除非涉及公共利益与安全，是否将投诉移至健康及残障事务专员处取决于消费者的意愿。

与健康及残障事务专员不能站队、须保持中立不同，申诉代言人站在患者一边说话，他传输的是消费者的争议事项、关注点和诉求，由此会形成对健康服务提供者的挑战。但是，这不妨碍申诉代言人在与健康服务提供者打交道时以公正、体谅和专业的面目出现。

(二) 健康事务专员的调查

对于较为严重的投诉案件，健康事务专员的正式调查是不可避免的。有统计表明，进入正式调查的投诉案件的数量有递减的趋势。在2004年前的四年间，健康事务专员平均每年收到1 034份投诉，平均每年有252份投诉进入正式调查程序。但是，在2010年前的四年间，平均每年收到的投诉量是1 246份，进入正式调查程序的投诉量是平均每年88份。[1]在调查之后，健康事务专员会草拟一份临时处理意见(provisional opinion)交由投诉人和健康服务提供者，以获得他/她们的反馈。在形成处理意见过程中，健康事务专员会寻求医疗专家意见。如果临时处理意见是健康服务提供者违反了权利法案，健康服务提供者可以提供他/她们自己的专家意见，以对抗或修正处理意见所依赖的专家意见。健康事务专员处理意见所依据的专家会听取健康服务提供者所提供的专家意见，并在必要时做出修正。但是，最终是由健康事务专员在听取所有意见和审查所有证据的基础上做出最终处理意见(final opinion)的。这体现了医疗专家意见与法律裁判者意见的区分。健康服务提供者对临时意见的回应会在最终意见中体现出来。

如前所述，新西兰1994年的健康事务专员法案追求的是投诉解决机制是的“公平、简捷、快速和有效”。但是，取得前一个目标(公平)和后三个目标(简捷、快速和有效)的平衡是不容易的。可以说，它们是有冲突的。为了取得后三个目标，“公平”目标可能会受损。虽然健康事务专员的最终处理意见形似法院的判决书，但是，比其法庭调查来，健康事务专员的调查可能不具有那么多的程序上的公平正义。[2]比如，被投诉者很少有机会获得向健康事务专员面对面的陈述。他们也没有权利去质问证人。健康事务专员的调查既可以公开进行，也可以私下进行。[3]听证(hearing)并非必要。[4]投诉处理意见的形成在很大意义上是一份“纸”上作业。

(三) 诉讼主管(Director of Proceedings)制度

如果健康事务专员认定健康服务提供者违反了权利法案，他/她可以提出整改建议，也

---

〔1〕 P D G Skegg. A Fortunate Experiment? New Zealand's Experience with A Legislated Code of Patients' Rights. Medical Law Review, 2011(19): 235, 246.

〔2〕 P D G Skegg. A Fortunate Experiment? New Zealand's Experience with A Legislated Code of Patients' Rights. Medical Law Review, 2011(19): 235, 247.

〔3〕 The Health and Disability Commissioner Act 1994, section 59(1).

〔4〕 The Health and Disability Commissioner Act 1994, section 59(2)(c).

可以将服务提供者转至独立的诉讼主管处(Director of Proceedings),由其决定是否提起法律诉讼。在将事务移送至诉讼主管前,健康事务专员会寻求所涉医疗服务人员对此种移送的意见。[1]在决定是否移送时,健康事务专员应考虑以下因素:(1) 投诉人或受害者的意愿;(2) 所涉医疗服务人员的意见;(3) 公共利益是否要求做出进一步的行动。[2]

诉讼主管(Director of Proceedings)是健康和残障事务专员下的一名雇员,通常是一位律师。同申诉代言人主管(Director of Advocacy)一样,诉讼主管也是由健康和残障事务专员任命的。[3]但是,一旦任命为诉讼主管,他在行使权力、履行职责和义务时,便不再对健康和残障事务专员负责,而是独立于健康事务专员。[4]但是,这种独立性不应妨碍诉讼主管在维护诉讼主管活动管理的有效性和经济性上向健康和残障事务专员负责。[5]

诉讼主管有权决定:(1) 是否将被投诉人或被调查人置于人权审查裁判所民事诉讼和行业纪律处分诉讼之下;(2) 是否参与到纪律处分和其他诉讼之中。[6]在接到健康事务专员对投诉案件的移送之后,诉讼主管可以决定所采取的措施。一种可能是,他/她可以向新西兰人权审查裁判所提起民事诉讼。另一种可能是,如果所涉的健康服务提供者是经注册的执业人员,他/她可以向健康执业人员纪律裁判所(Health Practitioners Disciplinary Tribunal)提起纪律处分诉讼(disciplinary proceedings)。

对于健康事务专员移送过来的案件,诉讼主管并不是都提起民事诉讼。他/她要考虑投诉者的意愿、被投诉者的行为是否侵害了公共利益等因素而定。由诉讼主管提起民事赔偿诉讼的好处是,它可以代表消费者的利益提起诉讼,而不需要消费者自己承担费用。诉讼主管可以对纪律处分诉讼和其他诉讼中的任何投诉人提供经济的或其他方面的帮助。[7]他可以在诉讼中亲自或委托律师提出主张、有权出庭、获得听证。[8]在出庭时,诉讼主管有权出示证人证言、询问、质证证人。[9]

(四) 新西兰人权审查裁判所

新西兰的健康事务专员法案创制了一种新型的民事责任,即违反患者权利法案的民事责任。此种民事责任诉讼(civil proceedings)是由新西兰的人权审查裁判所(Human Rights Review Tribunal)审理的,而不是通常的法院。诉讼主管可以提起此类诉讼。如果健康事务专员已认定某人已违反了患者权利法案,但是未将此人转至诉讼主管处,诉讼主管也不愿意或未能提起此类诉讼,受害人(the aggrieved person)可以自己向人权审查裁判所提起此类

---

〔1〕 The Health and Disability Commissioner Act 1994, section 44(1).
〔2〕 The Health and Disability Commissioner Act 1994, section 44(2)(3).
〔3〕 The Health and Disability Commissioner Act 1994, section 15(1).
〔4〕 The Health and Disability Commissioner Act 1994, section 15(2).
〔5〕 The Health and Disability Commissioner Act 1994, section 15(3).
〔6〕 The Health and Disability Commissioner Act 1994, section 49(1).
〔7〕 The Health and Disability Commissioner Act 1994, section 47(1)(a).
〔8〕 The Health and Disability Commissioner Act 1994, section 47(1)(b)(c).
〔9〕 The Health and Disability Commissioner Act 1994, section 47(2).

诉讼。[1]此类诉讼是免费的。如果争议事项已通过双方协议解决，除非协议内容未能得到遵守，诉讼主管和受害方都不得提起此类诉讼。[2]

如果医疗服务提供者不是一位注册的健康执业人员（a registered health practitioner），比如咨询师、按摩师和针灸师，诉讼主管可以对其向人权审查裁判所提起诉讼。一些机构，如疗养院（rest homes）和区卫生局（District Health Boards），也可以被置于人权审查裁判所民事诉讼之下。注册的健康执业人员，不管是否对其提起了纪律处分诉讼，也可以同时被提起人权审查裁判所民事诉讼。

新西兰的人权审查裁判所呵护的是新西兰的人权法案（Human Rights Act 1993）、隐私法案（Privacy Act 1993）和健康及残障事务专员法案（Health and Disability Commissioner Act 1994），即它处理的是违反这三个法案的行为。新西兰的人权审查裁判所是一个独立的司法机构，由司法部管理，独立于人权委员会（Human Rights Commission）、隐私事务专员（Privacy Commissioner）和健康及残障事务专员（Health and Disability Commissioner）。其成员是在司法部长的建议下由新西兰总督（Governor-General）任命的，维持在 20 人以下。人权审查裁判所在审理案件时，有一个三人小组，主席往往是一位法律人士，而其他二位成员则往往是从一个库中抽取的非法律人士。只有经过健康事务专员的正式调查并被认定为违反患者权利法案的案件才有可能进入人权审查裁判所的审理程序从而获得民事赔偿。在是否违反患者权利法案的问题上，人权审查裁判所将在审视证据和材料的基础上进行全新的认定，而不受健康事务专员认定意见的影响。如果基于盖然性之权衡（balance of probabilities），人权审查裁判所认为被告违反了患者权利法案，它可以做出以下救济措施：(1) 宣布被告的行为违反了患者权利法案；(2) 禁止被告从事权利法案违反行为；(3) 损害赔偿；(4) 命令被告从事某一行为以弥补受害人因权利法案违反行为所遭受的损失或损害；(5) 其他合适的救济措施。[3]在此类诉讼中，被告并非故意或没有过失，并不是抗辩理由，但是在决定救济措施时，被告的行为会被考虑进去。[4]如果被告医疗从业人员已被置于纪律处分诉讼当中，人权审查裁判所会考虑纪律处分机构的认定结果和处罚措施。[5]无论诉讼主管是否为诉讼一方当事人，诉讼主管均有权在人权审查裁判所诉讼中和与人权审查裁判所诉讼有关的地区法院、高级法院和上诉法院诉讼中出庭和听证，并有权出示证据、询问和质证证人。[6]

不同于纪律处分裁判所（Disciplinary Tribunal），人权审查裁判所可以判定被告健康服务提供者向患者支付民事赔偿（damages）。只不过是，由于新西兰已经存在事故赔偿机制（ACC），这种通过人权审查裁判所而获得的民事赔偿只有在一定情形下才可以获得。在人

〔1〕 The Health and Disability Commissioner Act 1994, section 51.
〔2〕 The Health and Disability Commissioner Act 1994, section 53.
〔3〕 The Health and Disability Commissioner Act 1994, section 54(1).
〔4〕 The Health and Disability Commissioner Act 1994, section 54(4).
〔5〕 The Health and Disability Commissioner Act 1994, section 54(5).
〔6〕 The Health and Disability Commissioner Act 1994, section 55(1)(2).

权审查裁判所民事诉讼中,可赔偿的项目包括:(1) 所遭受的金钱损失、受害人合理支出的费用、因违反行为所产生的交易和活动费用;(2) 如果没有违反行为受害人可合理期待获得的收益的损失(不管是否为金钱形式);(3) 对受辱、受害人尊严损失、情感受损的赔偿;(4) 如若构成对患者权利严重漠视,惩罚性赔偿(punitive damages)。[1]但是,它不包括"人身伤害(personal injury)"赔偿[2],这是因为"人身伤害"赔偿是由新西兰民事侵权法上的无过错赔偿机制(Accident Compensation Act)解决的。只有一小部分投诉者实际上可以获得民事赔偿,而且主要是对受辱、受害人尊严损失、情感受损的赔偿。通过人权审查裁判所而获得的民事赔偿额不能超过 200 000 新西兰元。

(五) 纪律裁判所

除了诉讼主管向人权审查裁判所提起民事赔偿诉讼之外,诉讼主管还可以将案件移至纪律裁判所提起行业纪律处分诉讼。在这里,健康事务专员仍然扮演着"守门人"的角色。只有经健康事务专员正式调查并认定违反患者权利法案并移至诉讼主管的投诉案件才可进入纪律裁判所审理程序。新西兰曾一度在每一个医疗行业设有一个纪律裁判所。但是,现在的新西兰法律将十二个医疗行业整合在了一起,形成了一个统一的健康执业人员纪律裁判所(Health Practitioners Disciplinary Tribunal,简称 HPDT)。它是医疗行业规制机构。该裁判所是根据新西兰健康执业人员资质确保法案(Health Practitioners Competence Assurance Act 2003)第 84 条于 2004 年建立的。

纪律裁判所的审理人员往往由以下人员组成:一位律师(作为主席)、一位行外人员(非法律、非医学人员)和三位与被投诉者处于同一行业的专业人员。不同于健康事务专员和人权审查裁判所,纪律裁判所的审理不再关注被投诉者是否违反患者权利法案,而是被投诉者的行为是否构成"职业不当行为(professional misconduct)"。实践证明,患者权利法案和健康事务专员的处理意见对纪律裁判所的认定影响甚微。[3]不同于人权审查裁判所,纪律裁判所只负责处理注册的卫生/健康执业人员(如西医师、护士、牙医、药师)的不当行为。

五、立 法 特 点

新西兰的健康及残障事务专员法律制度依托的是一份患者权利法案。新西兰的健康服务消费者权利立法是世界上较具特色的一部立法。新西兰的医疗法律领域有两点是令世界注目的:一是在医疗领域实施的无过错赔偿机制;二是患者权利的立法。[4]

新西兰的健康服务提供者还是很在意患者权利法案的。从表面上看,新西兰的健康服

〔1〕 The Health and Disability Commissioner Act 1994, section 57(1).

〔2〕 The Health and Disability Commissioner Act 1994, section 52(2).

〔3〕 P D G Skegg. A Fortunate Experiment? New Zealand's Experience with A Legislated Code of Patients' Rights. Medical Law Review, 2011(19): 235, 254 - 256.

〔4〕 P D G Skegg. A Fortunate Experiment? New Zealand's Experience with A Legislated Code of Patients' Rights. Medical Law Review, 2011(19): 235.

务提供者似乎没有必要过多顾虑患者权利法案，因为并不是所有的投诉都导致健康事务专员的正式调查，健康事务专员没有权力对健康服务提供者施加制裁，针对健康服务提供者的民事赔偿程序也是极少见的。但是，新西兰的健康服务提供者非常在意同行和患者对自己的评价。[1]成为投诉对象已经不是光彩的事。数月甚至数年的调查更是使人揪心和劳神。尽管出问题的服务提供者的名字很少被健康服务专员公布于众，但是，如若健康服务提供者被确认违反了权利法案，如若健康服务提供者的信息被人知悉，这对视声誉如生命的健康服务提供者来说将是灾难性的。此外，违反权利法案还可能导致民事赔偿和行业纪律处分的介入。侵犯患者权利的成本和法律后果还是很深重的。

总结起来，新西兰的患者权利立法有三大特点。一是其囊括力或者统治力强。首先，其适用面广泛。它不仅适用于得到正式规制的(注册的)健康从业者，还适用于未得到正式规制的健康从业者，如某些补充与替代医学从业人员。它不仅适用于公共医疗服务从业者，也适用于私人医疗服务提供者。它不仅适用于个体的健康服务从业者，也适用于一些健康服务机构，如医院和卫生管理部门。其次，它所规定的患者权利不仅全面和细致，而且前卫和科学。一方面，它规定了患者的十大权利，它不仅规定了患者的受尊重权、隐私权、免受歧视权、获得适当标准的服务权、获得支持权和投诉权，而且用了较大笔墨详尽地规定了患者的知情同意权。另一方面，在信息披露方面，它采用了对患者较为有利的患者标准，并将知情同意的范围扩展到了研究、教学、人体组织的处置。再次，新西兰权利法案中的第4(2)项权利“潜在地”将“法律、职业、伦理和其他相关标准”统统上升到了法律标准。反观一些其他法域，如英国和澳大利亚，针对医疗从业者的职业标准和法律标准是存在相当差距的，比如行业准则和行为规范要求医生不仅披露某一疗法的“风险”，还应披露其“替代疗法”，而法律只要求医生披露某一疗法的“风险”。新西兰将职业、伦理准则与法律标准糅合在一起的做法还是令人注目的。

新西兰患者权利法案的第二大特点是其权威性强。不同于其他法域的立法(如美国医院协会的患者权利法案)，新西兰的消费者权利法案是一个真正的法律性文件。它的法律位阶高，出自于议会的意志，法案的出台是基于议会的授权，它属于授权性立法(delegated or subordinate legislation)。它不是一份“类似行业伦理准则或行业声明的仅具有宣示性或半自愿性的指南”。[2] 同其他立法一样，它具有完全的法律效力，对健康服务提供者具有法律约束力。[3] 健康服务提供者违反患者权利的行为不仅有可能导致健康服务专员对其展开的正式调查，而且有可能导致行业纪律处分和民事赔偿。

---

[1] P D G Skegg. A Fortunate Experiment? New Zealand's Experience with A Legislated Code of Patients' Rights. Medical Law Review, 2011(19): 235, 261.

[2] Joanna Manning. Review of New Zealand's Health and Disability Commissioner Act and Code of Rights. JLM, 2009(17): 314, 316.

[3] P D G Skegg and Ron Paterson(eds). Medical Law in New Zealand(Brookers, Wellington, 2006), p. 25.

新西兰患者权利法案的第三大特点是其特异性强。它“创制了一个新的责任形式”。[1]这种责任形式与刑事的、民事侵权的、职业纪律的责任形式一起发挥着保护患者权利、制约医疗机构行为的作用。新西兰患者权利法案之特异性首先表现在其机能和功效的特异。它以权利为导向，以保护患者权利为目标。对患者权利的维护，或者说对医疗行业的督导，依靠的是独立于医疗行业的、外在的第三者——健康事务专员。新西兰患者权利法案和健康事务专员在解决患者投诉或医患纠纷上发挥着至关重要的作用。

其次，新西兰患者权利法案的特异性还表现在它不同于侵权法和侵权损害赔偿机制。为了建造学习文化而不是谴责文化，新西兰是世界上为数不多的对事故(accident)全面实施无过错损害赔偿的国家之一，包括医疗领域。医生不会出现在民事法庭上与患者打民事赔偿官司。医疗损害赔偿是由一个名叫ACC(Accident Compensation Corporation)的国家性机构来管理和操作的，且是否赔偿不考虑医生是否有过错。在ACC体制下，患者不能起诉医疗从业人员。新西兰通过2005年的《伤害预防、恢复和赔偿修正案(第2号)(Injury Prevention，Rehabilitation，and Compensation Amendment Act(No 2))》在医疗领域启用了“治疗伤害(treatment injury)”这一概念。“治疗伤害”被定义为由治疗所导致的人身伤害。[2]“治疗伤害”不仅适用于诊断治疗领域，也适用于因违反告知义务或信息披露义务所导致的人身伤害。“治疗伤害”这一概念剔除了对医疗从业者个人过错的追究，认为医疗伤害的发生很有可能是因为医疗“系统(system)”而不是个体出了问题，强调国家而不是医疗从业者个人对患者人身伤害的责任，是构建学习文化(learning culture)而不是谴责文化(blaming culture)的一大步骤，向真正的无过错损害赔偿机制迈向了一大步。但是，即使在这样一个不考虑医疗从业者个体过错的法律设计中，侵权损害赔偿责任的其他构成要件，比如患者“人身伤害(personal injury)”的存在以及人身伤害与治疗之间存在因果关系，仍然发挥着作用。

但是，在新西兰的患者权利法案和健康事务专员体制之下，情形有所不同。它与新西兰的伤害赔偿制度形成了对比，也构成了互补。首先，新西兰的患者权利法案在认定是否构成患者权利之违反时，还是要考虑医疗从业者个人过错和个体责任的，尽管健康事务专员有时会从医疗“系统”的角度观察不当医疗行为的发生。在医疗领域，新西兰的ACC(事故损害赔偿)体制关注的主要是“赔偿”，而侵权法的其他功能，如对个体过错和责任的追究以及威慑功能，则由患者权利法案去关注了。其次，在患者权利法案和健康事务专员体制之下，法律并不考虑“因果关系”和“损害”的存在。在认定是否违反权利法案时，并不看是否有损害以及损害与侵犯权利之间是否存在因果关系。比如，在信息告知领域，即使没有伤害发生，或者即使伤害不是人身伤害，或者即使伤害与未披露的信息之间没有任何关联，只要是健康服务提供者没有尽到充分告知义务，健康事务专员就可认定违反了患者权利法案。患者有

[1] P D G Skegg. The New Zealand Code of Health and Disability Services Consumers' Rights. JLM, 1997(5): 124.

[2] Injury Prevention, Rehabilitation, and Compensation Act 2001, s 32(1)(b).

权获取相应的信息，而不管该信息在患者做出医疗决定时是否是决定性因素。

新西兰的健康事务专员办公室实际上有三个工作重点：一是解决投诉和纠纷；二是保护公共利益；三是从投诉中培植学习文化。[1]健康事务专员持续地对患者权利法案进行解读并运用。健康事务专员的角色独特。首先，他是随时可及的，没有很高的门槛要求和限制。其次，他是公众利益的看守者。他是"信息源"。如果健康事务专员有理由相信一位执业者的行为对公众构成了损害风险，他应将此告知相应的机构并说明理由；如果健康事务专员有理由相信健康服务提供者的行为或"系统"缺陷正在损害或有可能损害社会公众成员的健康和安全，他应将此告知卫生总干事（Director-General of Health）并说明理由；如果在调查过程中或调查之后，健康事务专员发现有证据表明健康服务提供者或其成员有重大的义务违反行为或不当行为，他应将此事转至相应的机构或个人。[2]再次，他是其他机制的"守门人"。健康事务专员可以打开大门将健康提供者置于行业纪律处分、人权审查和民事赔偿等其他机制之下，也可以紧闭大门将纠纷处理在患者权利法案及健康事务专员阶段。实际上，只有很少的一小部分投诉会进入行业纪律处分、人权审查及民事赔偿领域。有数据表明，健康事务专员每年会处理 1 000 多项投诉，但只有 10 项投诉会进入行业纪律处分、人权审查及民事赔偿阶段。[3] 大量的医患纠纷被健康事务专员化解掉了。与此相关，最后，健康事务专员旨在对医疗行业进行质量控制和改善，致力于培植学习和重塑文化，而不是赔偿和惩罚文化。这体现在，健康事务专员的投诉处理报告总是力促健康提供者反省自己的医疗行为并力求改进，而不是简单的谴责。一旦患者的权利被侵犯，健康事务专员通常建议健康服务提供者向患者道歉，并确保教训能得到汲取，并采取措施以防止类似不当行为重演。健康事务专员的投诉处理报告具有很强的教育性和公共性。它会全文出现在健康事务专员的官方网站上（为了弱化谴责文化、强化学习文化和教育目的，一般情况下健康服务提供者的姓名会被匿名），它会出现在医疗行业管理机构（如行业协会）的案头上（健康服务提供者的姓名也会通常被隐去），它也会成为公众舆论关注和曝光的焦点。患者投诉本身没有被消极地视为医患关系恶化的标志，而是被积极地当作改善医疗服务的"机遇窗口"。[4]

相较于侵权法和侵权损害赔偿体制，从整体上看，患者权利法案和健康事务专员体制是一种低层次的纠纷解决机制。对于那些投诉的目的并不在于赔偿的患者来说，它是一种快速的、方便的、有吸引力的救济渠道。一是，患者权利法案和健康事务专员体制是一种一人裁决的机制。它具有法庭所没有的方便、可及性和效率。二是，通过患者权利法案和健康事务专员获得法律救济的门槛较低，妨碍较少。该机制以维护患者权利为价值导向。健康服

---

〔1〕 R Paterson. Commissioner's Report" in Health and Disability Commissioner Annual Report 2007, p. 1.

〔2〕 The Health and Disability Commissioner Act 1994, section 39.

〔3〕 Joanna Manning. New Zealand's Remedial Responses to Adverse Events in Healthcare. Torts Law Journal, 2008(16): 120, 130 - 131.

〔4〕 Marie Bismark, Ron Paterson. No-Fault Compensation in New Zealand: Harmonizing Injury Compensation, Provider Accountability, and Patient Safety. Health Affairs, 2006(25): 278, 281 - 282.

务提供者的一般过失即可招致健康事务专员的干预。侵权法上的损害和因果关系之考虑被省略掉了。三是，健康事务专员的干预是柔和的、非惩罚性的。他或她通常做的是建议和指导，而不是损害赔偿。相较于正式法庭的审判和判决，一些低层次的干预措施，如双方协商，也被运用其中。健康事务专员的干预还有息事宁人的色彩。健康事务专员的干预致力于解决纠纷和改善医疗行为，而不是激化矛盾。四是，健康事务专员的干预有刚性，权威性强。大多数医疗从业者非常看重来自于健康事务专员的评判和认定。[1] 健康事务专员的报告公开力度大。健康事务专员的判定是终局性的，患者权利法案并没有配备上诉机制。总之，新西兰的患者权利法案和健康事务专员体制是一种可及性强、触及面广、干预门槛低、既柔和又具有刚性、既方便又具有权威的救济方式。它既具有立法所具有的权威，又具有行业规范所具有的弹性和囊括力，同时还回避了通常的侵权损害赔偿诉讼所存在的成本高、不方便和门槛高等不足，是一种非常独特的权利救济方式。

六、可资借鉴之处

我国新近的《侵权责任法》为“医疗损害责任”专辟一章（第七章），并赋予它 11 个条款（第 54 条至第 64 条）的内容。我国《侵权责任法》“医疗损害赔偿”一章不仅囊括了诊断治疗和信息告知这两个领域，而且包括了因医疗产品缺陷产生的损害赔偿责任。我国的《侵权责任法》似乎承继了我国医事立法无所不触及的特性。除了诊断、治疗、信息告知领域的侵权责任外，第 61 条、第 62 条和第 63 条还规定了医疗机构和医务人员的如下义务：(1) 医疗机构及其医务人员应当按照规定填写并妥善保管住院志、医嘱单、检验报告、手术及麻醉记录、病理资料、护理记录、医疗费用等病历资料。患者要求查阅、复制前款规定的病历资料的，医疗机构应当提供。(2) 医疗机构及其医务人员应当对患者的隐私保密。泄露患者隐私或者未经患者同意公开其病历资料，造成患者损害的，应当承担侵权责任。(3) 医疗机构及其医务人员不得违反诊疗规范实施不必要的检查。

这些规定重述了医生的一些执业和伦理义务，并回应了一些社会现实问题（如“过度检查”）。它们透露的信息是正确的。但是，人们有理由去怀疑侵权法是否能提供探讨这些问题的最佳语境。相比较而言，执业规则或伦理准则或许是解决这些问题的最佳渠道。另外，上述问题涉及的法律层面很多。比如，病历资料涉及物权法、合同法和其他法律分支。患者的隐私权和保密问题非常复杂，也不是一个侵权法条款所能解决的。它存在许多例外，也牵扯到公法问题。“不必要的检查”也不是容易界定的。更为重要的是，侵权法的基本功能是损害赔偿。三种情形中，《侵权责任法》只明确规定了违反保密义务的侵权责任，而对另两种情形（制作、保存和提供病历；不必要的检查）发生的侵权责任保持了沉默。有学者建议在《侵权责任法》司法解释中对这一缺漏作一补充，违反制作、保存和提供病历义务可以适用违

[1] Joanna Manning “New Zealand's Remedial Responses to Adverse Events in Healthcare”. Torts Law Journal, 2008(16): 120, 130.

反“告知”义务所产生的损害赔偿责任条款。[1] 而若医疗机构及其医务人员对患者进行不必要的检查，导致患者支出不必要的医疗费用，或者因此造成患者人身损害，或者导致患者丧失最佳治疗时机或最佳治疗方案的，医疗机构应当承担赔偿责任。[2] 不过，即使这三种情形下的侵权损害赔偿渠道得到构建，患者要证明，司法者要确认，被告过失、损害和二者之间因果关系的存在。这三个因素的证明在这上述三种情形中将是非常复杂的。特别是，患者要证明医方违反病历上的义务、保密义务和进行不必要检查的义务与患者损害间存在因果关系。其难度可想而知。即使法律放松了在这三种情形下某些侵权损害赔偿构成要件的证明，比如，规定即使没有损害和因果关系之存在，一旦构成义务违反，则应支付精神损害赔偿，侵权责任法也不是对此进行救济的最佳渠道。法院诉讼渠道的耗时长、成本高和法院本身侵权案件已经超负荷的现状均说明对上述三类义务的规制还是让位于其他救济渠道去规范更好一些。我国的《侵权责任法》尽管为医疗损害赔偿专设一章，但我国不能期望它去解决所有的医事法问题。

医事法问题不仅需要侵权法的介入，还需要行业规制法甚至伦理准则的调整。侵权法虽具有威慑功能和外在制约，行业的良好自律和对伦理准则的敬畏和遵守也许是约束医生行为的最高境界。已有研究表明，面对医疗照护中出现的不良事件，损害赔偿并不是患者追求的唯一目的。[3] 强化信息交流、强调吸取教训、对失误进行修补和保证错误不再重犯也是患者内心之所求。新西兰健康事务专员法律制度和患者权利法案的可资借鉴之处在于，在传统的侵权损害赔偿责任法之外，它向患者提供了一个以患者权利为导向、触及范围广、易于获得的、便捷性和权威性并存、作用柔和但不乏威慑力的救济方式。这是传统的侵权责任法所无法比拟的。

---

〔1〕 中国人民大学民商事法律科学研究中心“侵权责任法司法解释研究”课题组：“中华人民共和国侵权责任法司法解释草案建议稿（草案）”，载中国民商法网，第106(2)条，访问日期2010/07/12。

〔2〕 中国人民大学民商事法律科学研究中心“侵权责任法司法解释研究”课题组：“中华人民共和国侵权责任法司法解释草案建议稿（草案）”，载中国民商法网，第108条，访问日期2010/07/12。

〔3〕 Joanna Manning. New Zealand's Remedial Responses to Adverse Events in Healthcare. Torts Law Journal，2008(16)：120-155.

关于国务院法制办《医疗纠纷预防与处理条例》（送审稿）征求意见的几点建议

胡晓翔*

2015 年 10 月 31 日，继国家卫计委年初推出《医疗纠纷预防与处理条例》（送审稿）广泛征求意见以后，国务院法制办又公开征求意见。此次被征求意见的“送审稿”，与年初国家卫计委的“送审稿”已有所不同，有些微调。笔者结合一线实践，以及理论思考，针对国务院法制办贴出来的“送审稿”，提出如下建议，谨供参考。

一、关于医疗事故的定义

本《医疗纠纷预防与处理条例》（送审稿）（简称《条例》）第二条第二款：“本条例所称医疗事故，是指医疗机构及其医务人员在诊疗活动中，违反医疗卫生管理法律、行政法规、部门规章和诊疗护理规范、常规，过失造成患者人身损害的事故。”

该定义基本沿用《医疗事故处理条例》第二条的定义，采“四要件说”，即，除了损害事实、因果关系和过错，还增加了“违反……”这个“形式的”违法性要件，这就使得本“医疗事故”仅相当于《医疗事故处理办法》体系中的“责任性事故”。对于多数致人损害的医事侵权行为来说，难以确定这些行为是否具有违法性。尤其是对于许多因缺乏注意、不具有足够的技术和能力等原因造成损害，即“技术过失所致的损害”，很难依据现行法律以及行政法规、部门规章和诊疗护理规范、常规的规定来评价行为人的行为是否为“违法行为”。

而在民法中，违法行为是严重的过错行为，但过错又不限于违法行为，还包括了大量的违犯道德规范和社会规范的不正当行为。由于医事侵权纠纷错综复杂，各种致人损害的行为难以用违法性标准进行判断，若采纳违法行为的概念，极易使许多致人损害的行为人因其行为的违法性难以确定，而使其被免除责任。亦即，“四要件说”的医疗事故定义，使“技术性事故”无法认定，这对于保护患者利益、充分实现新《条例》的作用是极为不利的。过错归责（过错责任和过错推定责任）的责任构成要件应是损害事实、因果关系和过错。正确运用“三要件说”来定义医疗事故，就能够公平合理地确定责任和责任范围，有效地维护医患双方的合法权益，保持社会稳定和各方利益的平衡。

建议：

删除“违反……”这个“形式的”违法性要件。即为：“本条例所称医疗事故，是指医疗机

* 胡晓翔：中国卫生法学会常务理事，江苏省卫生法学会副会长。

构及其工作人员在诊疗活动中，过失造成患者人身损害的事故。”

责任主体改为“医疗机构及其工作人员”，并非“医疗机构及其医务人员”。因为现代诊疗行为多为团体行为，涉及多工种多环节，多有非医务人员参与其中。

二、关于限额协商

卫计委稿的第二十九条第二款：“医患双方自行协商的赔付限额一般不超过 2 万元，具体数额由地方性法规、地方政府规章规定。”这一限制基本没有实际效用，且涉嫌违背“意思自治原则”。依据《中华人民共和国民法通则》（简称《民法通则》）第四条规定：“民事活动应当遵循自愿、公平、等价有偿、诚实信用的原则。”学界称此为民事行为的“意思自治原则”。该稿欲以行政法规的效力位阶而宏观地限制“医患双方自行协商的赔付限额一般不超过 2 万元”，涉嫌违背该条规定。实际上，不少地方性法规或政府规章，为规避此风险，类似的表述限于“公立医院”，其理由是，公立医院系国有资产，故应对协商的数额加以限制。此说可能也难以成立。众所周知，提供服务的主体无论是否系国有资产，只要其法律属性是民事法律关系，就必须适用《民法通则》等民事法律。若以“国有资产”为由阻却民事法律适用，显然不妥。

国务院法制办的这个稿子第二十九条第二款做了柔性处理：“医患双方可以就未造成医疗损害的或者索赔数额较小的医疗纠纷进行协商，具体数额由地方性法规、地方政府规章规定。”如此微调，并没有解决违背《民法通则》第四条的问题。另外，“未造成医疗损害的医疗纠纷”可以协商，基本就是废话。而且，混杂在这句里表述，似乎是诱导“未造成医疗损害”的纠纷也可以在协商时“较小数额索赔”？

三、关 于 鉴 定

（一）医疗损害鉴定、医疗事故技术鉴定，可以也亟待统一。

本送审稿把医疗损害鉴定（第三章《医疗纠纷调解》第 37～41 条）、医疗事故技术鉴定（第四章《医疗事故监督与技术鉴定》第 51～64 条）并列，互相之间的关系不明，机械拼凑，显得庞杂。医疗事故技术鉴定，与医疗损害责任技术鉴定，实质上是一回事，两者包含的内容大致一样。因此，如果在细节上进一步衔接，借助本条例明确两者通用，则对于真正形成一元化鉴定格局，从而提高鉴定资源的效率，减少不必要的误解，钝化医患矛盾具有决定性作用。

医疗损害责任技术鉴定一般需解决争议医疗行为是否存在过错、过错医疗行为与损害后果之间是否具有因果关系、医疗过错在损害后果发生中的参与程度，以及后续治疗要求及护理建议等等问题。而现行《医疗事故技术鉴定暂行办法》第三十五条第一款规定的“医疗事故技术鉴定书应当包括的主要内容”里，核心部分有：“医疗行为是否违反医疗卫生管理法律、行政法规、部门规章和诊疗护理规范、常规；医疗过失行为与人身损害后果之间是否存在因果关系;医疗过失行为在医疗事故损害后果中的责任程度;医疗事故等级;对医疗事故患者的医疗护理医学建议。"这些主要内容,除"对医疗事故患者的医疗护理医学建议"外,也被吸纳在本送审稿的第 61 条第二款里了。

可见,一份完整合格的医疗事故技术鉴定书,其内容,基本上可以涵括医疗损害责任技术鉴定的需要。同时,现行《条例》的配套文件《医疗事故分级标准(试行)》在制定时,就已经解决好了与伤残等级分级的衔接,医疗事故一级乙等至三级戊等对应伤残等级一至十级。这是两者统一、通用的实践基础。

当然,医疗事故技术鉴定,还有些细节性问题需要完善与修订,以利更加紧密地衔接医疗损害责任技术鉴定。最主要的,就是"医疗事故"定义的范畴,需要加以外延。前面已述,不再重复。

(二) 医疗事故技术鉴定与其他鉴定的关系问题。

1. 计划生育技术服务事故、并发症的鉴定。

现行《条例》第 60 条规定:"县级以上城市此事计划生育技术服务的机构依照《计划生育技术服务管理条例》的规定开展与计划生育有关的临床医疗服务,发生的计划生育技术服务事故,依照本条例的有关规定处理;但是,其中不属于医疗机构的县级以上城市从事计划生育技术服务的机构发生的计划生育技术服务事故,由计划生育行政部门行使依照本条例有关规定由卫生行政部门承担的受理、交由负责医疗事故技术鉴定工作的医学会组织鉴定和赔偿调解的职能",而本送审稿未提及此事。

现行《条例》涉及此领域(见现行《条例》第 60 条第二款),在合法性上是有疑问的。《中华人民共和国人口与计划生育法》(简称《人口与计划生育法》)(2002 年 9 月 1 日起施行)第 45 条规定:"计划生育技术服务的具体管理办法……,由国务院制定。"《计划生育技术服务管理条例》(2001 年 10 月 1 日起施行,2004 年 12 月 10 日修改)第四章《监督管理》第 28 条规定:"国务院计划生育行政部门负责全国计划生育技术服务的监督管理工作。县级以上地方人民政府计划生育行政部门负责本行政区域内计划生育技术服务的监督管理工作。县级以上人民政府卫生行政部门依据本条例的规定,负责对从事计划生育技术服务的医疗、保健机构的监督管理工作。"第 29 条规定:"国家建立计划生育技术服务统计制度和计划生育技术服务事故、计划生育手术并发症和计划生育药具不良反应的鉴定制度和报告制度。计划生育手术并发症鉴定和管理办法由国务院计划生育行政部门会同国务院卫生行政部门制定。"此条例由《人口与计划生育法》授权,因而《医疗事故处理条例》不能与它抵触。也就是说,医疗事故技术鉴定专家库是不能直接涉足计划生育技术服务事故或并发症的鉴定的。

2. 母婴保健医学技术鉴定。

《中华人民共和国母婴保健法》(1995 年 6 月 1 日起施行)第 4 章《技术鉴定》第 25 条规定:"县级以上地方人民政府可以设立医学技术鉴定组织,负责对婚前医学检查、遗传病诊断和产前诊断结果有异议的进行医学技术鉴定。"第 26 条规定:"医学技术鉴定组织的组成人员,由卫生行政部门提名,同级人民政府聘任。"《中华人民共和国母婴保健法实施办法》(2001 年 6 月 20 日公布施行)第 1 章《总则》第 3 条:"母婴保健技术服务主要包括下列事项:

(一) 有关母婴保健的科普宣传、教育和咨询;(二) 婚前医学检查;(三) 产前诊断和遗传病诊断;(四) 助产技术;(五) 实施医学上需要的节育手术;(六) 新生儿疾病筛查;(七) 有关生育、节育、不育的其他生殖保健服务。"第 5 章《技术鉴定》第 31 条:"母婴保健医学技术鉴定委员会分为省、市、县三级。"《中华人民共和国母婴保健法实施办法》与现行《条例》同为行政法规,但是,其母法为"法律",因而有关事项的规定效力高于现行《条例》。其鉴定的程序、方法、组织均不同于现行《条例》,不可混用同一模式和专家库。

参考文献:

[1] 胡晓翔. 法医鉴定能否代替医疗事故技术鉴定[M]/胡晓翔,姜柏生编著. 冷眼观潮——卫生法学争鸣问题探究. 南京:东南大学出版社,2001:142-144.

[2] 全国人大常委会法制工作委员会刑法室编著. 全国人大常委会关于司法鉴定管理问题的决定释义. 北京:法律出版社,2005:41.

[3] 胡晓翔. 司法鉴定不能替代医疗事故技术鉴定[R]. 健康报,2006-8-30,6 版.

[4] 胡晓翔等.《侵权责任法》系列讲座:医疗损害责任的举证责任配置与鉴定[J]. 临床误诊误治杂志,2011,24(3):11.

[5] 刘鑫著. 医疗损害技术鉴定研究[M]. 北京:中国政法大学出版社,2014:79.

[6] 胡晓翔. 浅析《条例》贯彻实施中亟待解决的几个问题[J]. 法律与医学杂志,2002,9(4):195.

[7] 胡晓翔. 浅议医事技术纷争的鉴定[J]. 证据科学杂志,2014,22(6):766-768.

法律视角下医疗纠纷的成因与对策

刘长秋　刘　锋*

摘　要：当代医疗纠纷发生的原因复杂多样，数量不断增多，影响越来越广泛。从法律的视角上来加以解读，部分医务人员医德修养、不尊重法律，医疗机构片面追求经济利益，以及患者权利意识的觉醒与"医闹"势力的介入，是导致我国医疗纠纷发生并激化的主要原因。为此，需要从法律层面上采取相应的对策。

关键词：医疗纠纷　对策　法律

伴随着我国医药卫生体制改革日渐深入所引生的医疗卫生体制性问题的越发显现以及人们对自身生命健康越发关注所必然带来的生命健康问题的日益复杂化，不断层出的医疗纠纷已经成为困扰当前我国医学事业发展的一个突出问题。如何解决医疗纠纷，维护正常的医疗秩序，成为理论界与实务界共同关心和关注的热点问题。在法治已经成为当代社会主旋律，而党的十八届四中全会也明确提出"全面推进依法治国，……建设社会主义法治国家"的宏观背景下，从法律层面上来探讨医疗纠纷在我国发生的原因与应对策略无疑更具有现实意义。基于此，本文拟就此浅加探究，以期为我国医疗纠纷的法律应对提出一些有针对性的立法参考建议。

一、当代医疗纠纷的主要特点

近年来，媒体上关于医疗纠纷的报道屡见不鲜，医患矛盾日益突出已成不争的事实，医患关系的高度紧张已经严重影响到医院等医疗机构的正常运行，且进一步造成了医疗秩序的混乱。为此，卫生部、公安部于 2012 年 4 月 30 日联合出台了《关于联合维护医疗机构秩序的通告》，希望以此遏止日益严重的医疗纠纷。同年 12 月 21 日，在震惊中外的"温岭杀医案"发生后不久，国家卫生计生委等 11 个部门联合印发了《关于维护医疗秩序打击涉医违法犯罪专项行动方案》，共同启动了为期 1 年的专项行动，严厉打击医闹行为。医疗纠纷已经俨然成为困扰我国当代社会发展的一个重大显性问题。总体来看，当前的医疗纠纷大体呈现以下特点：

第一，医疗纠纷发生的原因复杂多样。以前，医疗纠纷大都发生在各个医院的外科及妇产科等容易出现技术操作事故的科室，成因于医疗事故。但最近几年，医疗纠纷在医院各个

---

* 刘长秋：上海社会科学院法学研究所研究员，上海市法学会生命法研究会副会长；刘锋：上海社会科学院法学研究所 2014 级经济法专业硕士研究生。

科室都有发生，其原因复杂多样，且非由于技术操作问题而仅因医患双方沟通不力所引发的纠纷正越来越多，呈现出明显的发散性趋势。医疗领域正在成为考验我国社会治理能力的一块重要“试金石”。

第二，医疗纠纷的数量不断增多，医患关系日趋紧张。据中国医院协会组织的《医院场所暴力伤医情况调查》情况显示：2012 年我国有 96%的医院发生过医务人员遭受谩骂和威胁事件。医务人员躯体受到攻击、造成明显损伤事件次数逐年增加，发生医院比例从 2008 年的 47.7%上升到 2012 年的 63.7%，全国每年发生医患纠纷多达百万起。[1] 而来自国家卫计委的数据则显示，2013 年全国医疗机构门诊接待数量为 73 亿人次，发生医疗纠纷为 7 万件左右。[2] 医疗纠纷上升的比例相当惊人。不仅如此，在医疗纠纷中，医患之间的关系也已越来越紧张，甚至动辄就到兵戎相见的程度。“哈医大杀医案”“温岭杀医案”“南京伤医案”……，不断发生的恶性杀医、伤医事件正在把医患之间的关系推向冰点。调研报告分析认为，医患关系紧张、医疗纠纷增多，医师普遍感到执业中的人身安全和人格尊严得不到保障等原因造成了医生对执业环境的负面感观。这种负面情绪还直接影响医师对下一代的职业规划和建议，因为有 78.01%的医师不希望自己的儿女从医，支持、肯定从医的父母仅占 6.83%。早先的调查统计也显示，在近 10 年的高考状元专业选择调查中，几乎无人选择医学，考生们最热衷向往的专业是经济管理。[3] 医生已经由原先众多年轻人趋之若鹜的热门行业俨然转变为一个风险丛生的危险行业。

第三，医疗纠纷的影响越来越广泛。以往，医疗纠纷一般都能够被控制在医患双方之间，纠纷的社会影响通常只及于比较有限的范围之内，且经医患双方协商后一般能得到相对合理而满意的解决。而最近几年，由于患者及其家属的期望值与医院相差较远，难以达成协议。很多患者及其家属为了获得更高的经济补偿或更有利的解决方式，往往有意扩大医疗纠纷的社会影响，把自己与医疗机构之间的纠纷通过媒体加以放大和扩散，以争取社会舆论的关注和支持，令自己在医疗纠纷解决的过程中获得有利地位。不少患者家属在发生医疗纠纷时，甚至还会寻找职业“医闹”来帮忙，以此获得更多的关注。这使得医疗纠纷的影响已经超越出医患关系领域，成为一个备受国内外舆论关注的复杂社会问题。

二、法律视角下的医疗纠纷成因

就其成因而言，医疗纠纷在我国的发生与泛滥有着多方面的原因，既有医疗方方面的原因，又有患者方面的问题，还有医疗体制与社会环境方面的影响。[4] 但从法律的视角来看，

---

〔1〕 张广有：《医院暴力伤医事件年均 27 次》，《中华医学新导报》2013 年第 16 期，第 6 页。

〔2〕 宁迪：《一年 7 万件医疗纠纷如何化解》，《中国青年报》2013 年 4 月 8 日 A05 版。

〔3〕 董海扬：“中国医生生存现状：已成高危职业”，资料来源：http://health.sohu.com/20110930/n382002203.shtml. 2014/11/02 登录。

〔4〕 刘长秋：《医生成为高危职业？——雾里看花的医疗纠纷》，上海社会科学院理论时评小组：《理论热点大碰撞(2014)》，上海人民出版社，2014 年，第 15－26 页。

笔者以为，导致我国医疗纠纷频繁发生并不断恶化的原因主要有以下几个方面：

（一）部分医务人员医德修养不足

从法律与道德的关系来看，法律所维护的是最低限度的伦理道德，而道德则是法律的基础和前奏。从医疗实践中来看，尽管大多数医生都比较尽职尽责，兢兢业业，但不乏一些医务人员缺乏职业精神与职业道德修养，将患者作为谋取自身利益的工具，为了完成单位的创收任务而对患者进行过度医疗，真病假治、小病大治、快病慢治等情况时有发生；还有的医务人员为了自己的利益甚至完全不顾及患者的身体健康，或者变相向患者及其家属索要红包，或者通过医托或虚假医疗广告来争夺患者[1]，或者接受有关药品生产销售企业的贿赂，向患者推荐一些对于疾病治疗无关痛痒的药物或医疗器械，想尽办法从本就因患病而陷入困境的患者及其家属身上捞取钱财。2013 年 9 月央视曝光"天津多家医院抢夺婴儿'第一口奶'的事件"就是很好的注脚。该事件中，奶企以向医院人员贿赂的方式，在家长不知情的情况下，让医院给初生婴儿喂自家品牌的奶粉，让孩子产生对某个奶粉的依赖，达到长期牟利的目的。实际上，医务人员与医药企业或食品企业相互勾结，损害患者利益的事件并不在少数，甚至连"医生在患者手术中索贿"都时有发生。而诸如此类的事件无疑是医务人员医德修养不足的最好诠释，其发生客观上增加了医疗机构与患者及其家属之间的隔膜，诱发了医疗纠纷的发生。

（二）部分医务人员不尊重法律

在法治已经成为当代社会主旋律的宏观背景下，法律已经成为保障医疗执业活动规范进行以保障患者并同时也是医务人员自身合法权益的重要指针。然而，由于我国医学教育对医疗卫生法制教育的缺乏，很多医务人员平时根本就没有学习并遵守法律的意识，不重视依法执业、依规诊疗，违背法律与操作规程执业的行为多有发生。如违反诊疗法定医疗制度和原则，拿错药，输错血，将纱布留在接受手术的患者体内，手术前故意隐瞒或弱化手术的风险等等。这些都成为医疗纠纷在我国的发生与激化的重要诱因。此外，对法律的滥用也时常会成为引发和激化医疗纠纷的重要原因。我国现行法律为了更好地保障患者合法权益，对医疗知情同意的问题进行了明确规定，然而，医疗实践中，大多数医疗机构以及医务人员却都将知情同意作为医疗方免除或减轻自身责任的挡箭牌，在患者知情同意书中列出大量防御性的条款，并把患者签署医疗知情同意书作为进一步施治的条件，令原本旨在保护患者利益的知情同意法律规则完全变味。但这一做法实际上不但无助于减少医疗纠纷的发生，反而会激化医患之间矛盾，促使患者及其家属将医疗纠纷引向非法律解决的方向发展。

（三）医方片面追求经济效益以及因此而必然引生的错误宣传

近年来，伴随着我国医疗卫生体制改革的日渐深入，医疗机构被越来越多地推向了市场，实行自负盈亏，医疗机构的公益性已经逐渐淡化，而经济效益成为各级医疗机构生存、发展和壮大的首要目标。在此背景下，不少医疗机构都为各个科室和医生制定了具体的经济

〔1〕 这一现象在我国民营医院的医务人员中表现得尤为突出，几乎多数民营医院都在通过医托或虚假医疗广告来招揽患者。

指标，并以此对科室和医生进行考核，作为奖励和惩处各个科室及医务人员的基本依据，以便最大限度地刺激各个科室及医务人员进行创收。出于自身经济利益等方面的考虑，很多医生不得不采取小病大治、做不必要的检查、开大处方等坑蒙患者的过度诊疗措施，使患者医疗费用激增，增加了患者及其家属对医疗机构及医务人员的不满情绪。不仅如此，为了实现利益最大化，争夺病员，不少医疗机构还经常以虚假广告的方式对本单位的医疗技术水平以及医疗服务质量进行夸大式宣传，以骗取病人及其家属的信任。诸如“只需X个疗程即可治愈”“治愈率达到95%”等之类的夸张或虚假宣传随处可见。这在令这些机构更适应市场规则，吸引病员以增加其经济收益的同时，也对广大患者及其家属形成了误导，使很多人错误地认为我国医疗机构的服务水平已经发展到了可以治疗各种疑难杂症的程度，从而对医疗机构及医务人员产生了过高的期望。而当患者真正接受诊治，发觉实际医疗技术与医疗质量与有关宣传及其自身期望存在较大差距时，往往会形成巨大的心理落差，对医生和医疗机构产生不信任、厌烦甚至是恼恨。这也成为医疗纠纷产生及激化的一个重要诱因。

（四）患者权利意识觉醒

当代社会是一个以权利为本位的法治社会。法治社会带来了人们权利意识的觉醒，使得民众的维权意识逐渐增强。伴随着人们权利意识的觉醒与强化，医患关系已经由传统上的由医生主导的父权主义模式发展到如今强调医患双方平等且相对更关注患者权利的信托主义模式。在新的医患关系模式下，患者对医生的希望和要求更加严格和苛刻，对于自己的权利越来越斤斤计较。在此背景下，一旦患者身体和权益在医疗过程中受到侵害的治疗时，就会采取相应的方式来维护自身的权益。而部分医务人员则往往只注重对疾病的治疗，而忽视对患者权利的呵护，加之医疗资源匮乏所带来的“排队一小时，看病三分钟”现象的影响，医务人员往往缺乏与患者之间的深入沟通与交流，这必然会导致部分患者心理需求和情感需求不能得到满足，从而引致医疗纠纷的发生。

（五）医闹势力的介入

近年来，伴随着我国医疗卫生体制改革日渐推进所引发的一系列负面问题的出现，医闹在一些城市开始出现。而医疗机构所采取的“大闹大赔、小闹小赔、不闹不赔”不正确处理模式则令很多人摸清了医疗机构在医患纠纷中的无奈。在此背景下，一些唯利是图的机构和人员看到了医疗纠纷背后的“商机”，开始把医疗纠纷作为一种赚钱的手段去运作和经营，从而诞生了一些借医疗纠纷之路来生财的职业医闹者。这些人多是一些社会闲散人员或黑恶势力。为了在医疗纠纷中获取利润而参与到医疗机构与患者极其家属之间的医疗纠纷中。为了达到让医疗机构赔钱的目的，他们不仅会在医院面前摆花圈、挂横幅、放棺材，甚至还会殴打医务人员，聚众闹事。这类现象的出现不仅严重影响了医院的正常工作秩序和社会形象，也成为医疗纠纷激化的发酵粉。

三、法律视角下医疗纠纷的应对

党的十八大报告指出，“法治是治国理政的基本方式”，为此，要“全面推进依法治国”。

而十八届四中全会则将依法治国提升到了一个前所未有的高度,《中共中央关于全面推进依法治国若干重大问题的决定》指出：全面建成小康社会、实现中华民族伟大复兴的中国梦,全面深化改革、完善和发展中国特色社会主义制度,提高党的执政能力和执政水平,必须全面推进依法治国。在此背景下,加强相关的立法与执法建设,依法应对医疗纠纷,显然已成为依法治国内含的要求。为此,我们提出以下几个方面的应对策略。

(一) 推进医疗保险机制的立法建构

医疗行业是个具有较高技术和社会风险的行业,又是事关广大人民群众生命健康的行业。为了保障这一行业的健康发展,需要采取切实措施应对和解决这一行业发展的各种风险。而保险制度能够有效分担风险,保障损害赔偿的实现。从理论上来说,医疗纠纷是否能够得到合理的解决,一个重要的影响因素就是受害人能否得到合理合法的赔偿。所以,从立法上推动我国医疗损害赔偿纠纷领域的保险制度建设,是应对我国日益严重的医疗纠纷所必须要进行的一项重要工作。具体而言：

1. 推行针对医疗机构和医生的强制医疗保险发展

由于医疗活动的高风险性和高技术性,存在医疗风险难以预知的情况。因此,许多医疗纠纷不可避免。同时由于医生医疗技术的差异和医疗对象客体的特异性,医疗活动所能达到的效果和患者及其家属所期望的效果存在不一致的可能。因此医疗纠纷的产生就显得无法避免了。而一旦医疗纠纷产生,是否能够得到赔偿以及由谁来承担赔偿责任,都会直接影响到医患关系能否健康发展。所以,推进保险制度建设,分担这种必然存在的医疗风险,对于缓解医患关系,建立和谐社会意义重大。在国外,强制医生和医疗机构购买保险早已成为常态。如荷兰要求执业医师购买医疗责任险和法律援助险,并成立了区别于其他保险公司的专门从事医疗保险的保险公司。[1] 这样能够减轻医生和医院的风险,同时也有利于保障患者获得应有的损害赔偿。我们认为,我国完全可以借鉴这一做法,推行针对医疗机构及医务人员的强制医疗保险制度。例如,要求上岗医生强制购买医疗责任险,同时要求医疗机构负担其中一部分保险支出;而对于实在困难的偏远地区医疗机构,则可以予以适当的财政支持。

2. 推行面向患者的基本医疗服务保险

除了推行针对医疗机构及医生的强制医疗保险之外,还应该加大推行面向患者的基本医疗服务保险。我国医疗卫生体制改革的目标是要实现人人享有基本医疗卫生服务,基本医疗卫生制度覆盖城乡居民,为群众提供安全、有效、方便、价廉的医疗卫生服务。要实现这一目标,显然客观上需要多方面的支持,而推行面向患者的基本医疗服务保险则是不可或缺的一个方面。基本医疗服务保险通过保障公民在治疗重病、大病时的基本医疗支付,能够最大可能地减少患者的医药卫生负担,缓冲患者及其家属与医疗机构之间的矛盾与冲突,减轻医生的心理负担和增加医患之间的互信。

---

[1] 姜凤武:《医疗损害责任制度比较研究》,法律出版社,2013 年,第 64 页。

3. 推动专业医疗保险业务的展开或者保险公司的建立

在当前我国医疗纠纷频发，已经严重影响到我国医学健康发展的宏观背景下，应该充分认识到医疗纠纷相对于其他类型纠纷具有自身的特殊性，以及开展卫生体制领域的保险制度建设的必要性与重要性，在借鉴国外相关专业医疗保险立法经验的基础上，加强我国医疗保险领域的立法制度建设，积极推动我国专业医疗保险公司的建立以及医疗保险业务的开展，探索出适合我国国情的医疗保险制度。

（二）加大整顿医疗秩序的法律力度

党的十八大报告指出，要“深入开展法制宣传教育，弘扬社会主义法治精神，树立社会主义法治理念，增强全社会学法尊法守法用法意识。”医疗实践中，医疗机构及医务人员对于法律的不重视、不尊重甚至是滥用是引发医疗纠纷的一个不可忽视的原因。而不断出现的“医闹”则进一步加剧了医患之间的冲突与矛盾，增大了医患之间的互不信任，并严重扰乱了正常的医疗秩序。对此，法律决不能袖手旁观，而应该依法予以应对。为此，需要加强对于医疗机构与医务人员的法律宣传教育活动，强化医疗机构与医务人员依法执业的意识和能力。对医疗机构与医务人员而言，应当牢记自身治病救人的职责与使命，严格遵守《医疗机构管理条例》《执业医师法》《护理管理条例》以及《处方管理办法》等医疗卫生法律法规及规章的规定，尽职尽责，规范行医，而不应当过于关注和追求经济利益。不仅如此，为了构建和谐的医患关系，应对不断层出的医疗纠纷，还需要依法严肃处理医疗领域的欺诈行为，通过处理和打击医疗欺诈行为，弘扬社会主义法治精神。医患之间的互信是健康医患关系的根本立足点，任何有损医疗机构公信力的行为都应该受到法律的严肃惩处。对当前医疗领域存在的此类欺诈行为，如 2013 年“中华医院管理学会”所谓明码标价卖奖牌的欺诈行为，以及各种虚假医疗广告行为等严重危害医疗卫生行业健康发展的行为，必须坚决予以打击，让医院逐渐回归公益本色。此外，医疗纠纷的发生与部分患者及其家属没有依法维权也有着直接关系。为此，还需要提高患者及其家属的法律意识和医学知识水平，促使其患者及其家属通过合法手段保护自己的权益，而不至于演变成“暴力事件”。这也是从法律层面上应对医疗纠纷的客观需要。

（三）强化社会伦理道德建设

十八届四中全会作出的《中共中央关于全面推进依法治国若干重大问题的决定》指出，“国家和社会治理需要法律和道德共同发挥作用。必须坚持一手抓法治、一手抓德治，大力弘扬社会主义核心价值观，弘扬中华传统美德，培育社会公德、职业道德……实现法律和道德相辅相成、法治和德治相得益彰。”从法理上来说，任何法律的制定都有一定的伦理背景与道德动机，其内容也都离不开一定伦理道德规范的支持，脱离了一定社会的伦理道德，法律将无以存在。“法律只是一种他律性权威，任何外在强制性的他律性要求，只有转化为社会成员的自觉性自律后，才会得到真正有效的贯彻。”[1]医疗纠纷的解决需要法律来加以推动，但很显然，如果没有伦理道德的支持，再完备的法律也只能成为缺乏人文关怀的僵死规

〔1〕 李文彬：《道德自律是法治秩序的最高实现形式》，《社会科学》2000 年第 9 期，第 56－58 页。

则，难以从根本上解决医疗纠纷问题。为此，有必要强化社会伦理道德建设，强化医疗行业职业伦理道德建设，使相关立法获得伦理道德的有力支撑，能够更好地在应对医疗纠纷过程中发挥作用。

（四）改革医疗纠纷处理机制

医疗纠纷贵在防范，但再完美的防范机制也不可能完全避免医疗纠纷的发生。因此，要应对医疗纠纷，除了建立必要的防范措施之外，还要建立完善的处理机制。当前，以医闹为特征的医疗纠纷频繁发生，其影响日益恶劣。这与我国现行医疗纠纷处理机制不合理有着直接关系，原因在于，在解决医疗纠纷的机构和组织中，没有一个独立于医患双方之外的医疗鉴定机构和维护患方权益的组织。为此，需要建立一个中立的、值得医患双方信任的第三方机构，本着公平、公正的态度来处理医疗纠纷。建立这样一个机构，不仅可以使医患双方都认可和接受最终的处理结果，还可以提高纠纷处理的效率，减少纠纷处理的成本，减少医闹性质的纠纷发生。

四、结　束　语

就其根源而言，医疗纠纷在我国的泛滥与我国现行的医药卫生体制有着直接的关系。或者说，医疗纠纷不断且逐年呈恶化趋势，其根本原因就在于我国现行不合理的医药卫生体制。我国现行医药卫生体制完全漠视了医疗卫生事业的公益性质而将医疗机构与医生完全推向市场，从而使医疗机构与医生成为了逐利的工具。这令医患双方失去了起码的信任，使传统上一直都建立在相互信任基础上的医患关系发展成为一种防御式、对抗式的医患关系。而一旦医患双方相互之间失去了应有的信任而代之以猜忌与对抗，则医疗纠纷就会不可避免的发生乃至激化。因此，革除现行医药卫生体制的弊端无疑是应对医疗纠纷的治本之道。但在改革现行医药卫生体制尚任重道远而日益激化的医疗纠纷又需要及时加以应对的情势下，从法律层面来破解医疗纠纷显然是我们正确应对医疗纠纷的最理性选择。

互联网医疗与我国医事立法的断裂与弥合

刘炫麟*

摘　要：我国医疗卫生资源分布不均衡与服务区域不相称呼吁互联网医疗的介入并深度发展，这对于均衡资源配置和促进分级诊疗制度的形成均大有裨益。为此，国家出台了多项政策措施给予有力支持，进一步巩固医药卫生改革的成果。但是由于我国《执业医师法》、《医疗机构管理条例》等医事法律的立法理念和立法内容比较滞后，导致互联网医疗在医师执业注册、医师多点执业等方面与其形成一些断裂，亟需通过立法、修法等手段加以弥合，预防医疗纠纷的发生，为互联网医疗的健康发展保驾护航。

关键词：互联网医疗　医事法　医师多点执业　断裂与弥合

在我国，究竟使用"互联网医疗"还是"医疗互联网"这一概念仍处于争执阶段，但如果从国家战略高度观之，使用"互联网医疗"比"医疗互联网"似乎更为精确达意，因为"互联网医疗"比"医疗互联网"更为强调"连接、共享"的理念，而不仅仅是"医疗互联网"强调的互联网之"工具属性"。当然，在使用"互联网医疗"这一概念的专家学者和实务界人士之中，他们对这一概念的理解和界定同样差异显明。一般认为，互联网医疗就是把互联网作为技术手段和平台，为用户提供咨询、疾病风险评估、在线疾病咨询、健康指标监测、健康教育、电子健康档案、远程诊断治疗、电子处方和远程康复指导等形式多样的健康管理服务〔1〕。可以说，互联网医疗作为一项顺势而生的新兴事物，其产生与发展不仅具有强烈的现实需求，而且获得了国家有力的政策支持，但由于我国医事立法理念和内容的滞后，使得互联网医疗在发展过程中遭遇了诸多限制，难以实现互联网与医疗健康之间的深度融合，只能停留在健康咨询、挂号、在线支付等初级且简单的医疗服务上，有些行为尽管游走于"合法"与"非法"的边界地带，但容易产生医疗纠纷、受到行政处罚等多种风险，亟需通过立法或者修法等手段弥合互联网医疗与我国现行医事法之间的断裂，推动和促进互联网医疗的持续健康发展。

一、互联网医疗产生的现实基础与政策支持

（一）互联网医疗产生的现实基础

根据国家卫生和计划生育委员会于 2015 年最新编制的《中国卫生和计划生育统计年

* 刘炫麟：首都医科大学卫生管理与教育学院卫生法学系副教授，法学博士，首都卫生管理与政策研究基地专职研究人员。

〔1〕 文丹枫，韦绍峰：《互联网＋医疗：移动互联网时代的医疗健康革命》，中国经济出版社，2015 年，第 3 页。

鉴》的数据统计,截止到2014年12月31日,我国共有各类医疗卫生机构981 432所,其中医院25 860所,约占2.63%,基层医疗卫生机构917 335所,约占93.47%,二者合计约占96.10%,专业公共卫生机构35 029所,约占3.57%,其他医疗卫生机构3 208所,约占0.33%〔1〕。在医务人员的数量方面,医院人员共有5 741 680人,但如果以城乡为标准进行划分,城市医务人员3 576 780人,约占62.30%,农村2 164 900人,约占37.70%〔2〕。根据国家统计局于2010年发布的第六次(也是最近一次)全国人口普查主要数据公报(第1号)的数据统计,在我国约960万平方公里的国土中,农村土地面积高达94.7%,城市土地面积仅占5.3%左右〔3〕。由上述三组数据可知,在我国的医疗卫生机构中,医疗机构占绝大多数,在医疗机构中,基层医疗卫生机构占据绝大多数;在医务人员方面,城市的医务人员占据主体地位,农村的医务人员不足四成,与其所在的庞大数量的基层医疗卫生机构相比形成了巨大的反差;在土地面积上,农村占据绝对优势地位。由此可以得出一个基本的结论,即半数以上高质量的医务人员分布在总体数量不足3%、直接服务面积不足6%的城市医院。

(二)互联网医疗的发展政策持续跟进

客观而公允地说,我国当前并未建立起分级诊疗制度,其原因复杂多重,但其中一个重要原因就是优质的医疗卫生资源(尤其是人力资源)难以下沉至基层医疗卫生机构,这致使一部分患者前往基层医疗卫生机构就诊后,却常常不能有效地解决问题,由此支出的时间、交通等成本与患者自身的预期受益不相称,进而产生了一定的不信任,于是引发了许多患者无论大病小病,均无序地前往大医院、名医院,一方面加剧了高级别医院"看病难、看病贵"的问题,亦更容易引发医疗纠纷;另一方面导致诸多基层医疗卫生机构服务不足,尤其是乡镇一级,更是普遍存在资源闲置的情况,这将直接引起农村居民对其医疗卫生服务的满意度下降。

2014年8月21日,国家卫生和计划生育委员会颁发了《关于推进医疗机构远程医疗服务的意见》(国卫医发〔2014〕51号),要求"地方各级卫生计生行政部门要将发展远程医疗服务作为优化医疗资源配置、实现优质医疗资源下沉、建立分级诊疗制度和解决群众看病就医问题的重要手段积极推进。将远程医疗服务体系建设纳入区域卫生规划和医疗机构设置规划,积极协调同级财政部门为远程医疗服务的发展提供相应的资金支持和经费保障,协调发展改革、物价、人力资源社会保障等相关部门,为远程医疗服务的发展营造适宜的政策环境。鼓励各地探索建立基于区域人口健康信息平台的远程医疗服务平台"。2015年1月15日,国家发展改革委办公厅、国家卫生计生委办公厅联合发布了《关于同意在宁夏、云南等5省区开展远程医疗政策试点工作的通知》(发改办高技〔2015〕84号),逐步建立北京顶级医院

---

〔1〕 国家卫生和计划生育委员会:《2015中国卫生和计划生育统计年鉴》,中国协和医科大学出版社,2015年,第4-5页。

〔2〕 国家卫生和计划生育委员会:《2015中国卫生和计划生育统计年鉴》,中国协和医科大学出版社,2015年,第43页。

〔3〕 中华人民共和国国家统计局:《2010年第六次全国人口普查主要数据公报(第1号)》,《中国计划生育学杂志》2011年第19卷第11期,第511-512页。

与各省市三甲医院、各省市三甲医院与地区内县级医院的多层次远程医疗网络，通过远程医疗充分调动各方积极性和创造性，形成上下联通、纵横协同、政企合作推进远程医疗发展的新局面。2015年7月1日，国务院发布了《国务院关于积极推进“互联网＋”行动的指导意见》（国发〔2015〕40号），其在“互联网＋”益民服务中明确提出，要积极推进和发展互联网医疗。

可以说，我国医疗服务的现状呼吁互联网医疗的产生并介入，国家政策亦在制度与规则两个层面强力支持其深度的融合发展，但为何速度缓慢呢？其中一个很重要原因就是，其与处于较高效力等级的医事法律规范之间存在诸多断裂，对于一向强调管制的医疗卫生领域而言，任何一项没有获得法律明确支持的行动，均存在巨大的法律风险，轻则损害赔偿，中则面临行政处罚，重则招致牢狱之灾，而最后博弈的结果往往是，在未获得法律明确支持之前，多数出于明哲保身的需要而选择了“保守治疗”，错过了最佳发展时期，不得不说令人扼腕叹息。那么，我国互联网医疗究竟与现行医事法存在哪些断裂，以及又是如何形成这种断裂的，显然值得深入探讨和研究。

二、互联网医疗与我国医事法的断裂

（一）互联网医疗与我国《执业医师法》的断裂

1.《执业医师法》的制定与修改

1998年6月26日，第九届全国人民代表大会常务委员会第三次会议讨论通过了我国《执业医师法》，并自1999年5月1日正式实施。2009年8月27日，《全国人民代表大会常务委员会关于修改部分法律的决定》经我国第十一届全国人民代表大会常务委员会第十次会议讨论通过，将《执业医师法》第40条中引用的“治安管理处罚条例”修改为“治安管理处罚法”。这一修改的背景和理由是，2005年8月28日，第十届全国人民代表大会常务委员会第十七次会议通过的《中华人民共和国治安管理处罚法》在其第119条明文宣告：“本法自2006年3月1日起施行。1986年9月5日公布、1994年5月12日修订公布的《中华人民共和国治安管理处罚条例》同时废止。”换言之，我国《执业医师法》在长达近20年内仅作了这一处修改，其滞后性已经非常凸显。可喜的是，尤其是近些年来专家和人大代表的不断呼吁〔1〕，《执业医师法》终于被纳入修法规划，但按照《立法法》的规定，距离其最终修订完成仍需短则一年、长则数年的时间。

2. 互联网医疗与我国医师执业注册制度存在断裂

我国《执业医师法》第13条规定，“国家实行医师执业注册制度。取得医师资格的，可以向所在地县级以上人民政府卫生行政部门申请注册。除有本法第十五条规定的情形外，受理申请的卫生行政部门应当自收到申请之日起三十日内准予注册，并发给由国务院卫生行政部门统一印制的医师执业证书。医疗、预防、保健机构可以为本机构中的医师集体办理注

〔1〕 欣晨：《专家呼吁：修改〈执业医师法〉给医生“松绑”》，《中国医药报》2009-5-7(B04)。

册手续。"其第 14 条第 1 款规定,"医师经注册后,可以在医疗、预防、保健机构中按照注册的执业地点、执业类别、执业范围执业,从事相应的医疗、预防、保健业务"。第 2 款规定,"未经医师注册取得执业证书,不得从事医师执业活动"。

由上述规定可知,有关人员取得医师资格后,可以选择向县级卫生行政部门申请注册,也可以选择不申请注册,但是如果选择不申请注册,显然就无法取得医师执业证书,与此相应的也就不得从事医师执业活动,否则将构成非法行医。但是如果选择申请注册,只能在医疗、预防和保健机构中按照注册的地点、类别、范围从事执业活动。那么,问题由此产生,在现行的法律框架下,互联网医疗平台(有的称之为"网络医院""云医院"等,下同)能否成为我国《执业医师法》第 13 条至 14 条所确认的医疗、预防、保健机构?答案是否定的,其最主要的理由在于,它不能满足我国《医疗机构管理条例》及其实施细则等法律规范文件所规定的成立标准或条件,因而也就难以成为一个合法有效的执业注册地点。正因为如此,2009 年 3 月 25 日,原国家卫生部通过的《互联网医疗保健信息服务管理办法》(2009 年 7 月 1 日施行)第 12 条明文规定,互联网医疗平台"不得从事网上诊断和治疗活动",而只能从事一般的健康咨询服务。一言以蔽之,我国《执业医师法》规定的医师执业注册制度,使互联网医疗在横向(业务领域)和纵向(执业地点)上面临着双重断裂,发展自然受到极大限制。

(二) 互联网医疗与我国《乡村医生从业管理条例》断裂

1.《乡村医生从业管理条例》的制定

我国《执业医师法》第 45 条规定,"在乡村医疗卫生机构中向村民提供预防、保健和一般医疗服务的乡村医生,符合本法有关规定的,可以依法取得执业医师资格或者执业助理医师资格;不具备本法规定的执业医师资格或者执业助理医师资格的乡村医生,由国务院另行制定管理办法。"为此,国务院于 2003 年 8 月 5 日制定了《乡村医生从业管理条例》,并自 2004 年 1 月 1 日开始实施。时至 2016 年,该条例已经施行 12 年之久,尚未进行任何修改。由于其制定之初同样未考虑互联网医疗的有关问题,因此在立法理念和立法内容上亦难以契合,存在整体上的断裂。

2. 互联网医疗与乡村医生的执业注册制度存在断裂

我国《乡村医生从业管理条例》第 9 条规定,"国家实行乡村医生执业注册制度。县级人民政府卫生行政主管部门负责乡村医生执业注册工作"。第 15 条规定,"乡村医生经注册取得执业证书后,方可在聘用其执业的村医疗卫生机构从事预防、保健和一般医疗服务。未经注册取得乡村医生执业证书的,不得执业"。第 17 条规定,"乡村医生应当在聘用其执业的村医疗卫生机构执业;变更执业的村医疗卫生机构的,应当依照本条例第十三条规定的程序办理变更注册手续"。

由上述规定可知,尽管乡村医生与执业(助理)医师一样实行执业注册制度,但不同的是,其执业注册地点被限定在村医疗卫生机构。尽管在体系上村医疗卫生机构包括村卫生室、设置在行政村中的社区卫生服务站(即社区卫生服务中心的分支机构)和诊所,但由于按照《医疗机构管理条例》及其实施细则、《医疗机构基本标准(试行)》《卫生部关于印发〈诊所基本标准〉的通知》《卫生部关于医疗机构审批管理的若干规定》等医事法律规范性文件的规定，在村社区卫生服务站和诊所执业的医务人员需要具备执业助理医师以上资格，因此乡村医生执业地点主要被限定在村卫生室。那么，互联网医疗平台能否成为《乡村医生从业管理条例》所规定的合法有效的执业注册地点？答案也是否定的，这无疑"冰冻了"在全国645470所村卫生室执业的1031828名乡村医生资源〔1〕，造成了极大的资源闲置和浪费。

（三）互联网医疗与我国《医疗机构管理条例》及实施细则的断裂

1.《医疗机构管理条例》及实施细则的制定

1994年2月26日，国务院制定了《医疗机构管理条例》，并自1994年9月1日起开始实施。1994年8月29日，原国家卫生部依据《医疗机构管理条例》制定了《医疗机构管理条例实施细则》，亦于1994年9月1日实施。为了更具操作性，原国家卫生部根据《医疗机构管理条例》的规定，又于1994年9月2日制定了《医疗机构基本标准（试行）》。时至今日，我国《医疗机构管理条例》没有进行过任何修订，《医疗机构管理条例实施细则》仅在2006年11月1日修订1次，即修改了细则的第3条，由原先的十二项医疗机构修改为当前的十三类医疗机构，增加了社区卫生服务中心和社区卫生服务站这一项。因此，可以这样说，作为比《执业医师法》先行制定4年、比《乡村医生从业管理条例》先行制定9年的医疗机构管理的医事法律规范性文件，其在立法理念和立法内容上更无法考虑到20年后风起云涌的互联网医疗，因而存在更大程度上的整体断裂。

2. 互联网医疗与医疗机构的类型确认存在断裂

我国《医疗机构管理条例》第2条规定，"本条例适用于从事疾病诊断、治疗活动的医院、卫生院、疗养院、门诊部、诊所、卫生所（室）以及急救站等医疗机构"。《医疗机构管理条例实施细则》第2条规定，"条例及本细则所称医疗机构，是指依据条例和本细则的规定，经登记取得《医疗机构执业许可证》的机构"。其于2006年修正后的第3条规定，"医疗机构的类别：（一）综合医院、中医医院、中西医结合医院、民族医医院、专科医院、康复医院；（二）妇幼保健院；（三）社区卫生服务中心、社区卫生服务站；（四）中心卫生院、乡（镇）卫生院、街道卫生院；（五）疗养院；（六）综合门诊部、专科门诊部、中医门诊部、中西医结合门诊部、民族医门诊部；（七）诊所、中医诊所、民族医诊所、卫生所、医务室、卫生保健所、卫生站；（八）村卫生室（所）；（九）急救中心、急救站；（十）临床检验中心；（十一）专科疾病防治院、专科疾病防治所、专科疾病防治站；（十二）护理院、护理站；（十三）其他诊疗机构"。

由上述规定可知，我国将医疗机构划分为十三大类，其中第十三大类采取了"兜底性条款"的立法技术，旨在为未来的立法、司法、执法等实践留有空间，因而保持一定的开放性。那么，互联网医疗平台能否成为这十三大类医疗机构的一种？或者更具体地讲，互联网医疗平台能否被第十三大类的"其他诊疗机构"所包含？答案是否定的，理由有二：一是按照我国《医疗机构管理条例》及实施细则、《医疗机构基本标准（试行）》的立法时期和立法精神考察，其所规定的医疗机构均被限定于实体性医疗机构，需要具备诸多物质要素及成立标准；

〔1〕 国家卫生和计划生育委员会：《2015中国卫生和计划生育统计年鉴》，中国协和医科大学出版社，2015年，第20-55页。

二是由于《互联网医疗保健信息服务管理办法》的规定，互联网医疗目前尚不能从事诊疗服务，因而将难以被认定为“其他诊疗机构”。既然其难以被认定为医疗机构，那么也势必无法取得《医疗机构执业许可证》，与《村卫生室管理办法（试行）》之对应的就是不能合法执业。

3. 互联网医疗与区域医疗机构设置规划的断裂

我国《医疗机构管理条例》第 6 条规定，“县级以上地方人民政府卫生行政部门应当根据本行政区域内的人口、医疗资源、医疗需求和现有医疗机构的分布状况，制定本行政区域医疗机构设置规划。机关、企业和事业单位可以根据需要设置医疗机构，并纳入当地医疗机构的设置规划”。《医疗机构管理条例实施细则》第 8 条规定，“各省、自治区、直辖市应当按照当地《医疗机构设置规划》合理配置和合理利用医疗资源。《医疗机构设置规划》由县级以上地方卫生行政部门依据《医疗机构设置规划指导原则》制定，经上一级卫生行政部门审核，报同级人民政府批准，在本行政区域内发布实施。《医疗机构设置规划指导原则》另行制定”。第 9 条规定，“县级以上地方卫生行政部门按照《医疗机构设置规划指导原则》规定的权限和程序组织实施本行政区域《医疗机构设置规划》，定期评价实施情况，并将评价结果按年度向上一级卫生行政部门和同级人民政府报告”。第 10 条规定，“医疗机构不分类别、所有制形式、隶属关系、服务对象，其设置必须符合当地《医疗机构设置规划》”。

由上述规定可知，区域医疗机构设置规划在全部实体医疗机构之间进行比较容易操作，如果引进互联网医疗，暂不论其是否能够被认定为医疗机构，即使可以被认定为医疗机构，那么也需要考虑这样一个问题，在区域医疗机构设置规划之时，是否需要考虑（特定区域）互联网医疗平台的设立情况？因为当前的互联网医疗多由公司企业等“私主体”举办，未来要想取得医疗机构的资格和开展诊疗服务，必然需要得到工商行政管理部门和卫生行政部门的双重认证。具体而言，工商行政部门侧重举办实体（即公司企业）资格的准入，卫生行政部门则侧重业务的准入，前者依据《公司法》等商事法律规范性文件，后者依据《医疗机构管理条例》及实施细则等医事法律规范性文件，二者在各自保留一定差异的情况下交叉配合、共同作用。但是由于互联网医疗自身秉具的虚拟性、共享性等特质，其几乎不受行政区域的任何限制。换言之，这将与互联网医疗平台设立登记的地点没有直接关联，而关于这一点，就连 2012 年 6 月 29 日颁发的《卫生部关于做好区域卫生规划和医疗机构设置规划促进非公立医疗机构发展的通知》（卫规财发〔2012〕47 号）亦始料未及。

（四）互联网医疗与我国医师多点执业规定的断裂

1. 医师多点执业法律规范性文件的制定

1999 年 7 月 16 日，原国家卫生部颁布实施了《医师执业注册暂行办法》，该办法明文规定，“医师执业地点在两个以上的管理规定另行制定”。但由于诸多原因，其一直没有另行制定相关的法律规范性文件[1]。2009 年 3 月 17 日，《中共中央国务院关于深化医药卫生体制改革的意见》获得通过，其明确提出要“稳步推动医务人员的合理流动，促进不同医疗机构之间人才的纵向和横向交流，研究探索注册医师多点执业。”2009 年 9 月 11 日，原国家卫生部

---

〔1〕 赵永云：《浅议医师多点执业背后的法律风险》，《法制与社会》2013 年第 12 期，第 85 页。

发布了《卫生部关于医师多点执业有关问题的通知》(卫医政发〔2009〕86 号),将医师多点执业分成三类进行管理。2011 年 7 月 12 日,《卫生部办公厅关于扩大医师多点执业试点范围的通知》(卫办医政发〔2011〕95 号)发布。2013 年 9 月 28 日,《国务院关于促进健康服务业发展的若干意见》(国发〔2013〕40 号)发布。2014 年 11 月 5 日,国家卫生计生委、国家发展改革委、人力资源社会保障部、国家中医药管理局、中国保监会联合发布了《关于推进和规范医师多点执业的若干意见》(国卫医发〔2014〕86 号),明确提出要"加快推进规范的医师多点执业"。在这些国家政策的激励和推动下,广东、上海、北京、重庆、天津等省市先后进行了试点。截至 2015 年 8 月,我国大陆 31 个省、自治区和直辖市中除西藏之外,已被全部纳入试点。

由上述法律规范性文件的制定情况考察,国家对医师多点执业问题十分重视,但效果一般:一方面受制于具有更高效力的我国《执业医师法》关于执业地点的规定,另一方面仍然没有将互联网医疗纳入视野。如果医师多点执业仅在实体医疗机构的线下进行,由其自由选择第二以及之后的执业地点,并不能较好地实现优质医疗资源有序、自觉地向基层下沉的问题[1],而如果医师多点执业考虑了互联网医疗,由于其不受空间的限制,将选择权交由患者,既体现了以患者为中心的服务理念,也促进了分级诊疗制度的建立及后续完善。因此,核心的问题又集中到互联网医疗平台能否成为医师多点执业合法有效的执业地点,再往前推一步则是,互联网医疗平台能否成为适格的医疗机构。

三、互联网医疗与我国医事法的弥合

(一) 互联网医疗平台应当获得法律拟制"医疗机构"的资格

前文已述,互联网医疗在与《执业医师法》《乡村医生从业管理条例》《医疗机构管理条例》及其实施细则、《卫生部关于医师多点执业有关问题的通知》等医事法律规范性文件进行对接的最大障碍是,其虚拟共享的特性难以满足相关医事法律规范性文件的要求,尤其是物质性要素和成立标准方面更是相距甚远,明显区别于传统的实体医疗机构。由于医疗卫生行业事关人民的生命健康,因此仍要进行必要的管制,而不能效仿电子商务领域的网上店铺,而应由卫生行政部门颁发电子化的《医疗机构执业许可证》,并按照举办主体、功能定位等确定其性质是"非营利性"和"营利性"的。

不过,鉴于我国当前所处的阶段,国家应当倡导设立"营利性网络医院",理由有四:其一,这样的设定符合国家鼓励社会办医和促进民营医院发展的医疗卫生政策,因为目前我国民营医院的发展,无论是在机构数量还是医疗服务量上,均存在明显的不足;其二,"营利性"医疗机构的设定,可在一定程度上缓解我国财政对医疗卫生领域投入不足以及医务人员薪酬待遇不高的问题,可以通过合同约定,对在"网络医院"等互联网(虚拟)医疗机构执业的专职医务人员的收入进行合理分配,对于多点执业的医师,则还需在此基础上进一步考虑第一

〔1〕 Ellen K, Cromley, Peter C, et al. Multiple-site physician practices and their effect on service distribution. Health Services Research, 1993, 28(4): 503-502.

执业医疗机构的利益的分配问题;其三,有利于实现医生个人品牌的最大化,其高超的医疗技术和优质的医疗服务理应获得更好的收入。在服务时间上,医生具有很大的灵活性,这一点在实体医疗机构常常难以做到;其四,有利于患者看病就医,降低医疗成本。如果能够获得相同的医疗服务,却支付不高于前往实体性医疗机构的医事服务费,还将节省路途往返的时间和经济成本,绝大多数患者还是愿意在互联网上接受诊疗服务的。如果有必要在线下进一步诊疗,患者再前往实体医疗机构,这种提前的预约和初步的诊断将大大方便患者,省去了许多程序性的、中间性的环节。

同时,我国需要修改《互联网医疗保健信息服务管理办法》,删除其“不得从事网上诊断和治疗活动”的规定,让互联网医疗平台成为名副其实的虚拟医疗机构,只要符合医疗机构执业许可证上诊疗科目等核准登记事项,就应当允许其利用相关条件和设备开展相关的诊断和治疗。此外,可另行考虑互联网虚拟医疗机构的单独立法,通过修改《医疗机构管理条例》及其实施细则等医事法律规范性文件中关于医疗机构类型的规定,使其成为独立的类型,这显然要比扩张解释《医疗机构管理条例实施细则》第十三大类“其他诊疗机构”效果更佳。

(二)《乡村医生从业管理条例》需要进行阶段性修改,以实现与医师多点执业和互联网医疗的对接

2003 年制定的《乡村医生从业管理条例》第 2 条规定,“本条例适用于尚未取得执业医师资格或者执业助理医师资格,经注册在村医疗卫生机构从事预防、保健和一般医疗服务的乡村医生”。其第 12 条规定,“本条例公布之日起进入村医疗卫生机构从事预防、保健和医疗服务的人员,应当具备执业医师资格或者执业助理医师资格。不具备前款规定条件的地区,根据实际需要,可以允许具有中等医学专业学历的人员,或者经培训达到中等医学专业水平的其他人员申请执业注册,进入村医疗卫生机构执业。具体办法由省、自治区、直辖市人民政府制定”。从乡村医生产生的历史观察,该群体产生于建国初期“缺医少药”的背景[1],经过若干年的发展,尤其是该条例第 12 条的规定出台之后,乡村医生将会因为逐年退休、转行等原因消亡,取而代之的新进入该医疗卫生队伍的执业(助理)医师,还有一种情形就是在职乡村医生又考取执业(助理)医师的情况,此时其已经不再受《乡村医生从业管理条例》的调整,而是受《执业医师法》的调整。换言之,在未来的几十年后,《乡村医生从业管理条例》将因为没有调整对象而被废除,完成其历史使命。但是作为过渡阶段,应当修改本条例中关于乡村医生执业注册、地点等法律条文,将互联网医疗平台与实体性的村医疗卫生机构(主要是村卫生室)并列,支持乡村医生多点执业和从事互联网医疗活动。

(三)修改《执业医师法》并确立医师多点执业制度,实现与互联网医疗的对接

尽管我国近些年来加强了医师多点执业的立法,但总体上效力等级较低,绝大部分处于规章及其以下,始终没有在法律层面上取代 1999 年颁布的《医师执业注册暂行办法》,因此

〔1〕 刘炫麟,刘晓霜,王晓燕,等:《论首都农村卫生室乡村医生的前世——以政策与法律变迁为研究主线》,《中国医院管理》2013 年第 33 卷第 6 期,第 6 - 9 页。

迫切需要修改我国《执业医师法》，首先便是要确立医师多点执业制度，消除“医生涉嫌非法行医”的风险。由于互联网医疗平台已经顺利解决了自身属于医疗机构的资格问题，因此其可以顺理成章地成为医师多点执业的其中一个执业地点。2009 年《卫生部关于医师多点执业有关问题的通知》明文规定，“医师原则上应当在同一省、自治区、直辖市内执业，地点不超过 3 个”。从全国 30 个试行医师多点执业的省、自治区和直辖市考察，只有北京、广东、山东、海南、浙江、宁夏、广西 7 个省、自治区和直辖市没有限定医师执业地点的个数，大部分与《卫生部关于医师多点执业有关问题的通知》保持一致，将医师执业地点限定在 3 个以内，陕西省更是将其限定在 2 个以内。笔者认为，基于医生精力和医疗服务质量的考虑，以实体性医疗机构作为执业地点的，应当限定在 3 个以内，考虑到互联网医疗的虚拟、灵活等特性，医生完全可以利用碎片化时间完成一些诊疗业务，因此没有必要设定严格的数量限制，反而能够激发出更高的效率〔1〕。

四、结　　语

应当说，互联网医疗代表了医疗健康领域新的发展方向，有利于解决我国医疗资源不平衡和人们日益增加的健康医疗需求之间的矛盾；有利于居民方便、及时、快捷地获得医疗、健康咨询、健康教育等服务；有利于基层首诊、双向转诊、急慢分治、上下联动的分级诊疗制度的形成，实现“小病在基层，大病到医院，康复回社区”的就医新格局；也为居民实施自我健康管理和预防保健提供便捷的手段，是未来医疗服务发展的新模式、新业态，也必将带动医疗健康产业整个生态链的发展〔2〕。但我们还应看到，除我国医事法上的不足之外，互联网医疗在发展过程中也遇到了诸多问题，比如说其概念、范畴不够清晰，业务规范、技术标准等政策机制尚不完善，云计算、物联网、大数据、移动互联网等新兴技术的应用领域比较局限等，这都需要我们认真分析和深入研究，以促进互联网医疗的健康持续发展。

〔1〕 Socha K Z, Bech M. Physician dual practice: A review of literature. Health Policy, 2011, 102(1): 1-7.

〔2〕 孟群：《“互联网＋”医疗健康的应用与发展研究》，人民卫生出版社，2015 年，第 4 页。

医疗行业适用竞争法规范之探讨

颜廷栋*

摘　要：传统上，诸如医师、律师、会计师等专门职业人员，必须经过严格的专业教育训练，具备高道德观、专业权威及执业独立等特质。是以该等专门职业人员所属公会，通常获有法律或主管机关之授权，得以制定自律规约，俾改善业务经营环境及确保其执业人员的品格。然而，该等自律规约时有逾越一般商业活动事宜，进而管制或禁止其会员决定服务报酬、从事广告活动或争取客户等执业行为，显然影响相关服务市场的竞争。因此，本文即以医师专门职业为例，探讨医疗行业接受竞争法管制的争议。

关键词：专门职业　自律规约　医师公会　执业独立　竞争

一、前　　言

在医疗的专业领域上，医事人员须经长期的专业养成训练(Rational Body of Knowledge)、执业必须取得合格证照、拥有利他主义(Altruism)之伦理价值观、医疗行为攸关公众生命及健康权益。鉴于医疗行业具备如此特性，有认为医疗关系应赋予医师职业团体拥有自治权限(Autonomy)，不宜将其适用竞争法规范，避免鼓励低价竞争影响医疗服务的品质。不过，也有认为医师资格证照制度，等于设定医疗市场的进入门槛，导致现有执业人员容易垄断市场资源；加之由于医疗领域存在着高度专业性、资讯不对称性(Information Asymmetry)等因素，进而出现市场失灵现象，因此医疗行业仍有接受市场竞争机制检验的必要性。[1]

究竟医疗行业应否接受竞争法的规范？可以预见的是，实务处理此类案件之法律见解，不仅左右医师与病患间的诊疗关系，且将连带牵动医疗行业的发展趋势，其后续效应问题，不容忽视。因此，本文观察欧美日竞争法之执法经验，俾为海峡两岸有关竞争规定的规范之借镜，借以健全医疗行业的经营环境。

---

* 颜廷栋：铭传大学财金法律学系、研究所，专任教授兼系所主任。

〔1〕 有关竞争法应否介入规范专门职业之探讨，中文文献参阅王文宇：《从经济观点与美国法论专门职业人员之规范》，《民商法理论与经济分析》，元照出版公司，2000 年，第 383－404 页。英文文献，参见 Competition Law & Policy OECD, "Competition in Professional Services 1999", http://www.oecd.org/regreform/sectors/1920231.pdf, last visited on date: 2014/04/20。

二、欧美日竞争法之执法经验

(一) 美国反托拉斯法

1. 适用主体

美国休曼法第1条规定:“任何以契约、托拉斯或其他方式达成之结合或共谋,用以限制各州间或州与外国间之贸易商业者,均属违法……”实务上,美国联邦最高法院认定本条规范之商业(Commerce)是否涵盖医师、律师等专门职业(Learned Profession),先后判决见解不同。

早期判决认为,专门职业非属休曼法所称之商业,其执业事项应委由职业团体订定伦理准则规范之。例如,在1952年之Oregon State Medical Society案[1],联邦最高法院Jackson法官表示[2]:“病患与医师间,乃系处于一种传统的医疗伦理关系,此应有别于一般商业活动之交易关系。因此,在一般商业活动运作之竞争原理,难以引进适用于专门职业之伦理规范。”如此判决意旨,可谓宣告医师、律师等专门职业之本质非以促进竞争为目的,从而排除其适用反托拉斯法之可能性。[3]

至1970年代中期开始,随着专门职业朝向企业化、产业化的发展趋势,美国联邦最高法院修正历来见解,逐渐将专门职业纳入反托拉斯法之规范领域内。其中最具影响性判决者,即为1975年之Goldfarb案[4]。本案,有关律师是否为反托拉斯法规范对象之先决问题,联邦最高法院表示[5]:反托拉斯法上,并无专门职业得以除外适用之明文规定;律师收受报酬,作为提供产权调查服务之对价,如此透过金钱交换提供之服务,仍属休曼法第1条规范之“商业”行为。受到此判决之影响,联邦最高法院于1986年Indiana Dentists案[6],肯定牙医师专门职业亦应受到反托拉斯法之规范。

2. 违法判断原则

美国实务经由长年累积反托拉斯法案例,在审查涉案行为有无反竞争的违法性分析上,发展出所谓“当然违法”(Per Se Illegal)、“合理原则”(Rule of Reason)及“简化合理原则”(Abbreviated Rule of Reason)[7]等违法判断原则。相对于当然违法原则的单纯判断因素;审查适用合理原则的行为,必须考量涉案行为有无存在阻却违法之正当事由。至于合理

---

〔1〕 United States v. Oregon State Med. Soc'y—343 U. S. 326(1952).

〔2〕 Id. ,at 336.

〔3〕 Clark C. Havighurst. Health Care as a (Big) Business: The Antitrust. Response. Journal of Health Pol. Pol'y & L. ,2001(26): 939,941 - 43.

〔4〕 Goldfarb v. Virginia State Bar,421 U. S. 773(1975).

〔5〕 Id. ,at 787 - 88.

〔6〕 Federal Trade Commission v. Indiana Federation of Dentists,476 U. S. 447(1986).

〔7〕 又称“快速检视的合理原则”(Quick Look Rule of Reason).

原则承认的正当事由范围，是否仅限于有促进经济[1]或竞争[2]效果之经济性正当事由(Economic Justification)，抑或包含其他公共利益的非经济性正当事由(Noneconomic Justification)？判例法上呈现相异其趣的多样论点。

以下，举出两件有关医师公会反托斯法的代表性案例，一窥实务违法判断之端倪。

(1) 1984 年 Kreuzer 案[3]

本案原告为从事补牙工作之牙医师，拟申请加入被告"美国牙周病学会"(American Academy of Periodontology)成为会员，唯原告不符合该学会会员限于诊疗牙周病牙医之资格规定，以致入会申请遭受拒绝，故而控诉该学会资格限制约款违反休曼法第 1 条规定。联邦上诉法院对于系争会员资格规定，基本上认定其有妨碍会员牙医与非会员牙医间相互竞争的效果；唯从以下判决意旨观之，本案违法判断仍有适用合理原则的空间。其一，被告主张限制会员资格之目的在于确保医疗品质，因此负有证明二者间具有密切关联性的义务；其二，被告为促进其会员专精于牙周病治疗的本业，除采限制会员资格之方式外，亦可以规定会员每周看诊牙周病最低时数的方式为之，是以被告应当说明限制会员资格系属最少限制的必要手段。

(2) 1986 年 Indiana Dentists 案[4]

本案诉外人保险公司为审核牙齿治疗费用的保险给付请求，爰请求印第安纳州牙医师提供诊治病患牙齿的 X 光片；唯该州部分牙医师认为此举将影响其专业判断与经济收入，因此组成"印第安纳牙医师联盟"(Indiana Federation of Dentists)，颁布禁止成员医师提供诊治牙齿 X 光片的联盟规则，以致遭受联邦贸易委员会(FTC)控诉其违反 FTC 法(Federal Trade Commission Act)第 5 条禁止不公平竞争的规定。

联邦最高法院审理本案，发现系争联盟规则引起 Anderson 地区几乎 100%、Lafayette 地区约 67%等牙医师的广泛响应，足证该联盟行为已经产生抑制牙医师间竞争的效果，故宣告被告违反 FTC 法。虽然，被告在诉讼上提出 FTC 忽视系争联盟规则具有确保医疗品质效果的抗辩，主张保险公司仅依 X 光片作为审核给付诊疗保险金的标准，将导致病患未能获得充足的医疗服务。但联邦最高法院认为，本案医疗品质的抗辩属于非经济性正当事由，并非法院适用合理原则得以审酌的竞争条件相关事项，因此未予采纳。[5]

事实上，从经济层面的角度观察，本案限制条款亦难以获得适用合理原则之正当性评价。盖本案医疗市场原本即存在高度资讯不对称的状况，是以被告禁止其联盟成员提供诊

〔1〕 Nelson O. Fitts, Note. A Critique of Noncommercial Justifications for Sherman Act Violations. Colum. L. Rev., 1999(99): 478-81.

〔2〕 Lee Goldman. The Politically Correct Corporation and the Antitrust Laws: The Proper Treatment of Noneconomic or Social Welfare Justifications Under Section 1 of the Sherman Act. Yale L. & Pol'y Rev., 1955(13): 137.

〔3〕 Kreuzer v. American Academy of Periodontology, 735 F. 2d 1479(D. C. Cir. 1984).

〔4〕 Supra note 7.

〔5〕 Id., at 463-464.

疗X光片，相对剥夺病患及保险公司获得选择治疗方法、计算诊疗费用凭据等资讯的机会，进而有导致该医疗产业完全陷于市场失灵的高度危险性。[1]

(二) 欧盟竞争法

1. 适用主体

欧盟运作条约第101条规定："凡足以影响会员国间贸易，且以妨碍、限制或扭曲共同市场竞争为效果或目的之事业间协议、事业团体决议与一致性行为，与共同市场不相容，应予禁止……"本条适用主体之事业(Undertaking)、事业团体(Association of Undertakings)，是否包含医师专门职业？此为适用欧盟竞争法之先决问题，应予究明。

实务上，执法机关对于本条适用主体之事业概念，采取广义解释。凡从事商品或服务提供之经济活动主体(Entity)，不论其财务来源或有无法人，均属本条规范对象之事业。[2] 如此而言，医师专门职业，即有可能被纳入本条适用主体之范围。

2. 代表性案例——2000年Pavolv案[3]

本案被告SPMS为荷兰有关年金保险之专业医疗组织，依法拥有规划职业年金保险制度、强制特定职业之从业人员申请加入年金保险等权限。在决定本案可否豁免于欧盟竞争法规范的争点上，首先必须判断被告系争行为属于国家责任或事业团体的行为。

欧洲法院受理本案诉讼，基于下列理由，裁示被告系争行为仍应接受欧盟条约第85条(现行欧盟运作条约第101条)之规范：其一，被告之组织成员，全部皆为独立自营的医疗事业单位(Self-employed Medical Specialist)，在决议年金保险相关事项上，由于法令并未课予被告应遵守一定公共利益准则的义务，致有偏颇维护其成员利益或保障其一定收入之虞。其二，职业年金保险制度，虽然含有非商业性的社会保险性质；但被告经由全国的医疗事业组织，决议集体出资于单一特定之职业年金项目，足以影响相关医疗市场供给成本的变动，如此决议应可视为一般事业团体之行为。

3. 国家强制力之抗辩

值得注意的是，上揭案例是否违法的关键，在于欧洲法院是否承认被告提出所谓"国家强制力"之抗辩原则。详言之，倘若医师专门职业团体实施限制竞争行为，若系基于遵守会员国之国内法规定，或是该国内法管制措施排除其执业竞争之可能性者，相关涉案行为应可豁免于欧盟竞争法之规范。不过，应予说明的是，欧盟国内法虽然许可公会订定会员执业事项的管制规则；唯在法令规定范围内，该公会若有选择其他较少限制手段之裁量权时，即不得主张国家强制力之抗辩。

此外，依据欧盟运作条约优先于会员国国内法适用之基本原则，国内法管制市场的经济法令若有抵触同条约第101条禁止影响会员国间贸易之规定者，会员国之竞争法执法机关

[1] Thomas L. Greaney. Quality of Care and Market Failure Defenses in Antitrust Health Care Litigation. Conn. L. Rev., 1989(21): 605-651.

[2] Klaus Höfner and Fritz Elser v. Macrotron GmbH: C-41/90 [1991] ECR I-1979, para 21.

[3] Pavolv v. Stichting Pensioenfonds Medische Specialisten: C-180/98 [2000] ECR I-6451.

负有不得适用该国内法之义务[1]。准此，医师专门职业公会订颁限制会员执业竞争之自律规则，即使该等管制措施取得国内法授权的依据；唯在国内竞争法执法机关作出不适用该国内法规定之宣告后，即不再承认被告公会得以主张国家强制力之抗辩权。

(三) 日本独占禁止法

1. 适用主体

专门职业得否成为独占禁止之适用主体？此问题早期在日本学界曾经出现争论[2]；唯在1980年代初期，发生一连串医师公会实施限制医疗市场竞争行为之案例[3]，以致实务上基于如下理由，认定医师等专门职业及其事业团体，亦应接受独占禁止法之规范[4]：(1) 专门职业必须取得国家认证之执业资格，该资格认证制度之作用在于确保国民权利及交易公正性；至于专门职业反复地继续提供服务以作为收取报酬之对价，其从事如此经济活动的执业行为，仍属独占禁止法规范对象之事业人。(2) 对于未从事经济活动之专门职业团体，其成立之目的，在于保持会员的专业品格、提供会员教育训练及进行业务改善之调查研究，其主办该等活动乃系为增进会员之共同利益，符合独占禁止法上事业人团体之定义，故应受同法之规范。

2. 违法判断原则

医师公会限制医师执业行为极易产生限制竞争效果，以致违反独占禁止法第8条各款规定[5]。因此，日本竞争法主管机关(公正取引委员会)于1981年8月8日公布“有关医师公会活动适用独占禁止法上之指针”(下称医师公会活动指针)，俾防范违法行为于未然。

依据该医师公会活动指针所示，实务上较常发生之违法案例，多为医师公会或药剂师公会之广告伦理规范欠缺合理性，且强制会员遵守[6]，例如限制广告仅得在报纸或杂志等平面媒体刊载[7]、不得在广告内表示医药品价格[8]、禁止廉价医药品广告[9]、仅限新开业期

[1] Consorzio Industrie Fiammiferi (CIF) v. Autoria Garante Della Concorrenza e Del Mertcato: C-198/01 [2003] ECRI-8055.

[2] 今村成和：《独占禁止法(新版)》，有斐阁，1983年，第36页。正田彬：《全订独占禁止法Ⅰ》，日本评论社，1980年，第128页。大村须贺男：《独禁法における自由职业の事业者性》，ジュリスト，第628号，1977年，第107-113页。

[3] 该等案件多属医师公会限制医师入会案，例如千叶市医师公会案(昭和五十五年六月十九日勧告审决，审决集，第27卷，第39页)、丰桥市医师公会案(昭和五十五年六月十九日勧告审决，审决集，第27卷，第44页)、札幌市牙科医师公会案(昭和五十六年二月十八日勧告审决，审决集，第27卷，第103页)。

[4] 西村元宏：《“资格者团体の活动に関する独占禁止法上の考え方”について》，《公正取引》2001年第614卷，第54-60页。

[5] 独占禁止法第8条揭示五款禁止事业人团体实施之行为类型：1. 实质限制特定市场之竞争；2. 签订以卡特尔或不公平交易方法事项为内容之国际协定或国际契约；3. 限制特定市场上现在或将来的事业人数目；4. 不当限制其成员事业人的营业机能或活动；5. 促使事业人实施不公平交易方法之行为。。

[6] 医师公会活动指针，第4点有关诊疗时间及广告行为(2)规定。

[7] 浜北市医师会に対する件，1999年1月25日勧告审决。

[8] 长野県薬剤师会に対する件，1998年2月25警告。

[9] 四日市薬剤师会に対する件，1998年2月25警告。

间始得从事招牌以外之广告[1]等。再者，医生公会未获得法律授权，决定非健保给付项目之诊疗报酬或文件费用，即属违法行为[2]。此外，医师公会订定特定地域之医疗机构家数或病床数目、设置距离间隔、入会申请者必须获得会员医师之推荐等限制约款，更容易被认定为具有高度违法性之限制竞争行为[3]。

3. 代表性案例——2001年观音寺市三丰郡医师公会案[4]

本案涉案之医师公会设有"医疗机构适当配置委员会"及"医疗机构新设等咨询委员会"，对拟于特定地区新开业医师之入会申请，经认定该地区既有之医疗机构已达一定数目，或拟新开业之处所与其他既有医疗机构之间隔在一定距离范围内者，即拒绝该医师之入会申请。

就此涉案事实，该医师公会援引日本医疗法第1条之3规定，主张同条规定课予国家及地方公共团体负有对国民提供良质且合宜之医疗体系的义务，因此其限制特定地区医疗机构之开设数目或相互间之设置距离，目的在于防止医疗机构分布之不均衡，具有确保大众得以公平利用医疗资源之效果，如此行为并无违法性可言。

对于上述涉案事实，东京高等法院基于下列判决理由，认定涉案医师公会仍然构成独占禁止法第8条第1项第3款之违法行为：

(1) 首先，在健康保险之医疗给付制度下，医疗机构未能任意决定各该医疗项目之收费，就此医疗服务之提供固然无从完全发挥价格竞争机制之作用；然而，由于治疗方法及使用药剂之差异，最终收取之医疗费用仍有不同，且各医疗机构之专业能力及医疗设备水准亦非一致，因此其间仍然可能进行服务品质内容之竞争，从而为确保医疗市场之健全发展，借此维护需求者之利益，独占禁止法即有介入规范医疗市场竞争秩序之必要。

(2) 其次，依据日本医疗法第7条之2、第30条之3等规定，都道府县各地方机关根据厚生劳动省公告之准则，固得订定各地方所需医疗资源之"医疗计划"(主要系有关治疗重大疾病所需医疗机构之病床数目)，借以决定是否许可开设医疗机构之申请；然而，涉案之医师公会系属私法人团体，其仅得在合理范围内提供无强制力之建议、指导等事项，因此在未获得法规授权之情况下，该医师公会管制医疗行为措施，仍属违反独占禁止法之限制竞争行为。

值得注意的是，本案涉案医师公会援引日本医疗法第1条之3规定，据以阻却涉案行为违法性之主张，可谓类似欧盟竞争法案例创设之国家强制力抗辩原则。至于东京高等法院之立场，从上揭判决理由意旨观之，得以窥知该判决基本上并不否认如此抗辩原则之可能性；唯因本案涉案行为依据之"医疗计划"属于行政指导性质，未达国家强制力抗辩之程度，况且该医疗法规并未授权涉案医师公会强制执行计划之权限，亦难认定涉案行为符合政府

〔1〕 玉岛齒科医师会に対する件，2000年3月22警告。

〔2〕 医师公会活动指针，第3点有关自由诊疗报酬及文件费用作成行为(1)规定。

〔3〕 医师公会活动指针，第1点有关新开业等限制行为(1)规定。

〔4〕 东京高裁平成十三年二月十六日判决，《判例时报》第1740号，2001年，第13页。

(2) 2005 年"桃园县医师公会调涨医疗院所挂号费案"[1]

本案系争挂号费之性质，系属行政管理费用，并非医疗法第 21 条所称之医疗费用，其由医疗机构自行订定标准收取，属于个别医疗机构之营业自由范畴，不需经过卫生主管机关核定。因此，本案医师公会约束各诊所自由决定挂号费之金额，使其挂号费趋于一致，而减少民众选择空间，致削弱市场之竞争机能，足以影响桃园县西医疗服务供需之市场功能。

有疑义的是，该等医师公会联合行为案，处分书并未具体指出实际受到决议影响之医疗院所数目，致使所谓"足以"影响市场供需功能的判断标准，陷于暧昧不明。此外，在部分医师公会统一收取门诊挂号费案件中，可以发现实务运作并非以"公平法"第 7 条之联合行为规定处理，而系认定其构成第 19 条第 4 款所称"以不正当方法，使他事业参与联合行为"之违法类型。[2] 从处分书理由来看，二者适用之差异，在于医师公会决议未达第 7 条规定联合行为"足以"影响市场供需功能之高度违法性，但具备"有限制竞争之虞"的低度违法性，仍可适用第 19 条第 4 款规定。不过，所谓"高度"与"低度"违法性之区别标准何在？公平交易委员会并未具体说明。[3]

五、对两岸有关竞争法规范之启示——代结论

台湾地区自从 1992 年实施"公平法"以来，树立起各行业从事市场活动应遵守公平竞争规则的准绳。其中对于医疗行业之影响，经由公平交易委员会介入医师公会联合行为案件的查处，适时给予涉案限制竞争行为导正的效果。不过，相较于欧美日竞争法对于医疗行业的执法经验，"公平法"在介入管制的分际、违法认定的标准等问题点上，仍然存在诸多有待改善的空间。

另一方面，我国大陆因应经济改革的潮流趋势，在历经十三年漫长的立法过程后，终于从 2008 年 8 月 1 日起正式实施《反垄断法》。这样一部对于我国市场经济体制具有重大意义法律的出台，代表了我国大陆在市场经济道路上跨入一个新的里程碑。同时，在此经济改革开放的环境下，我国大陆医疗行业自然无可置身度外，势必面临到接受反垄断法规制的局面。盖作为《反垄断法》适用主体之"经营者"，广泛涵盖"从事商品生产、经营或者提供服务的自然人、法人和其他组织"(第 12 条第 1 款)，且不以具备营利性为必要，是以理论上医师、

---

[1] 公平交易委员会(2005)公处字第 062 号处分。本案系争挂号费之性质，系属行政管理费用，并非医疗法第 21 条所称之医疗费用，其由医疗机构自行订定标准收取，不需经过卫生主管机关核定。是以医疗机构对于挂号费之收取，属于个别医疗机构之营业自由范畴，倘有违反市场交易秩序或公平竞争者，仍有"公平法"之适用。

[2] 彰化县中医师公会案，公平交易委员会(1996)公处字第 111 号处分。台中县牙医师公会案，公平交易委员会(1996)公处字第 112 号处分。

[3] 历来，联合行为案例有关"足以"影响市场供需功能之认定，尚未形成一定标准，有仅为 5.6%或 8.7%者，有高达 80%甚或 97.5%者，亦有学者认为隐然是以 10%为管制门槛。吴秀明：《联合行为理论与实务之回顾与展望》，《竞争法制之发轫与展开》，元照出版公司，2004 年，第 75 页。

医疗院所等主体亦包含在内。[1] 至于司法实践上，在宜昌市妇幼保健院诉宜昌市工商局一案中，医疗院所属于经营者的范围，也获得法院的承认。[2] 此外，同法第16条明文："行业协会不得组织本行业的经营者从事本章禁止的垄断行为。"据此规定，显然"医师协会"亦在《反垄断法》的管制范围内。[3]

承上所述，从当今医疗行业发展的趋势来看，在兼顾医师职业伦理与维护公平竞争秩序的理念下，下列事项将是两岸竞争法主管机关应予检讨的重大课题：

(一) 厘清医师自律规约豁免管制的范围

"公平法"第46条规定："事业关于竞争之行为，另有其他法律规定者，于不抵触本法立法意旨之范围内，优先适用该其他规定。"[4]无独有偶，《反垄断法》第15条第7项亦有类似规定，即经营者能够证明所达成的协议属于法律和国务院规定的其他情形，不适用本法第13条、第14条禁止垄断协议的规定。如此而言，医师公会(协会)依据医事法规授权制定之自律规约，即使有限制医疗行业竞争之效果，但基于医疗安全的公共利益应优先受到保护的观点，该自律规约应可豁免竞争法的管制。[5]

不过，如同上揭日本观音寺市三丰郡医师公会案所示，实务运作上可能发生医师公会(协会)制定自律规约未获得医事法规授权，或逾越授权范围的限制医疗行业活动等不当行为。是以两岸有关竞争规定的主管机关，审理医师公会(协会)涉嫌限制竞争的案件，首要之

---

[1] 医师职业强调公益性，但学者认为非营利性组织(即不以获取利润为目的，为社会公益服务而提供准公共产品之机构)在中国目前大量存在，且种类繁多，如不妥善监管亦会形成垄断、限制竞争，是纳入反垄断法之调整范围实有需要。吴高盛主编：《中华人民共和国反垄断法释义》，中国法制出版社，2007年，第32页。

[2] 本案是有关保健院是否属于《反不正当竞争法》适用主体之经营者的争议，宜昌市中级人民法院认为：《反不正当竞争法》规定的调整物件，不仅包括经核准登记、持有工商营业执照的经营者，还包括其他从事了经营活动或营利性服务等与市场竞争有关活动的法人、其他经济组织和个人。上诉人保健院虽为财政全额拨款的非营利性公益卫生事业单位，但其日常业务活动是营利性的，这种活动是与市场竞争有关的经营活动，应当依照《反不正当竞争法》去规范。

[3] 学者认为：医师协会的性质属于职业协会，鉴于20世纪70年代以来，《反垄断法》对职业协会之限制竞争行为进行了有效之规制，中国《反垄断法》亦不应使该类团体游离于《反垄断法》之外，故可认为职业协会是一种特殊之行业协会。时建中：《反垄断法——法典释评与学理探源》，中国人民大学出版社，2008年，第127页。

[4] 学者认为：经济之安定与繁荣，为实施竞争政策之终极目标，是以"公平法"维护市场竞争秩序，则为达成此种目标之一种政策手段；然而，促进经济之安定与繁荣之政策手段并不限于竞争一途，其他如公用事业之独占专营权、景气政策、繁荣政策、结构政策、贸易平衡政策，为达成经济安定与繁荣之终极目标，其政策手段之价值与维护市场竞争秩序并无分轩轾。廖义男：《公平交易法之释论与实务》，1994年，第5页。

[5] 例如台湾地区"医疗法"第90条规定："有关主管机关订定医疗网计划时，直辖市、县(市)主管机关应依该计划，就辖区内医疗机构之设立或扩充，予以审查……对于医疗设施过剩区域，主管机关得限制医疗机构或护理机构之设立或扩充。"如此医疗计划的目的，固然在于平衡城乡医疗资源的差异；但计划实施的结果，同时也将带来限制特定地区医疗业务活动的效果。

务即系厘清涉案医师自律规约有无法规授权依据及授权范围[1]，据以决定"公平法"或《反垄断法》应否介入管制。

(二) 颁布医师公会(协会)活动指针

不可讳言的，借由医师公会(协会)强化对于医师行业的建设和管理，可以降低医疗资讯的不对称性、提高医师医疗水准和服务品质；但在另一方面，该会若有滥用自律规约的管制权限，过度干涉医师会员从事医疗业务活动的自由，可能产生垄断医疗资源的弊端。有鉴于此，借鉴日本执法机关的实务经验，两岸竞争法主管机关亦有颁布医师公会(协会)活动指针的必要，俾防范违法于未然。

具体作法，参酌本文介绍的医师公会违法案例，两岸制定医师公会(协会)活动指针，宜应包含如下基本事项：1. 明确揭示医师、医疗院所及医师公会(协会)，亦属公平法或反垄断法之适用主体；2. 医师公会(协会)颁布自律规约，应明确表示有无法规授权的依据或授权范围，以资作为涉案行为应否豁免管制的判断标准；3. 列举可能构成违法的自律规约约款，例如限制医疗报酬标准、医师入会资格、开业项目、广告活动等事项，提供医疗行业守法的准绳。

(三) 提高执法的透明性

涉案医师公会(协会)的自律规约或决议，是否构成违法的联合行为或垄断协议，关键在于有无"足以影响服务供需之市场功能"("公平法"第 7 条第 2 项)或"排除、限制竞争"(《反垄断法》第 13 条第 2 款)的效果。该等构成要件的本质颇为抽象，实务运作容易滋生争议[2]，因此两岸有关机关应提高违法判断的透明性，借以建立执法的公信力。具体实践上，首先应建立充分的医疗市场资料库，参酌城乡医疗资源差异、医疗院所规模大小、医疗项目科别等因素，精确划定相关医疗市场的区域范围；其次，透过历年案例的累积，针对各类型的联合行为或垄断协议，分别形成"当然违法"(本身违法)、"合理原则"的违法认定准则。

---

[1] 中国医师协会章程第 7 条第 3 项，揭示其业务范围为："加强行业自律性管理，宣传《中国医师宣言》，规范医师执业行为。主动协助卫生行政部门制定医师规范化培训标准、执业标准和行为规范，加强医师培训、准入、定期考核、审查认证医师执业资格、监督检查医师执业情况等服务体系建设，推进我国住院医师/专科医师培养和准入制度的建立。"由此观之，中国医师协会的业务范围，广泛且实际的影响医师成员从事医疗业务活动的工作。

[2] 有关垄断协议的违法判断，学者认为可适用"当然违法"原则，只要证明有协议内容之存在，而无需证明协议之反竞争性及其后果，即可认定违法。王晓晔主编：《中华人民共和国反垄断法详解》，知识产权出版社，2008 年，第 92 页。但有学者认为，除了《反垄断法》第 13 条第 1 款第 1 项的"固定或者变更商品价格"垄断协议应绝对禁止外，其余各项类型的垄断协议应区别对待，即参与者具有市场势力时才绝对禁止。王长秋：《我国〈反垄断法〉"垄断协议"解析》，《法学杂志》2008 年第 1 期，第 23 页。

论我国医疗纠纷防治中的政府责任

王海容　程文玉*

摘　要：主要承担社会管理职能的政府，在我国的医疗纠纷的防治中有不可推卸的责任，其是承担防治医疗纠纷的必然责任主体。政府应加大对医疗卫生的经费投入，合理配置医疗资源，为医疗纠纷的防治提供制度供给、监督管理和宣传教育等方面的支持；同时，应提高自身和法律的公信力，使医患双方在合法的轨道上寻求利益的均衡，从而保障医疗事业的可持续发展和医患关系的和谐建构。

关键词：医疗纠纷　防治　政府责任

随着我国经济社会的大发展、大繁荣，各种社会矛盾也日益凸显；其中，医疗纠纷是其中比较尖锐、突出的一种，其数量之多、程度之深、影响之大，是以前任何一个时期都不曾出现的。政府部门对此采取了很多的措施，这在一定范围一定程度上发挥了积极的作用。但医疗纠纷从根本上并没有得到缓解，相反却有频发不止且呈恶性发展趋势；这不仅扰乱了医疗机构正常的工作秩序，而且成为了严重影响社会安定、和谐的重要因素。

造成医疗纠纷频发、尖锐的原因是多方面的，既有医疗服务和管理方面的问题，也有制度建设、医疗保障、舆论氛围和社会环境等方面的问题；而我们认为，其中最为关键的是社会建设和社会管理方面存在着缺陷。因此，要根本解决医疗纠纷频发这一问题，必须加强社会建设，创新社会管理。而作为主要承担社会管理职能的政府，就应当采取积极措施预防和处理医疗纠纷，加大对医疗卫生的经费投入，合理配置医疗资源，为医疗纠纷的防治提供制度供给、监督管理等方面的支持，保障医疗事业的可持续发展和医患关系的和谐建构，最终实现公民公平、平等地享有医疗权，公民的健康水平得到提高。

一、政府是承担防治医疗纠纷的必然责任主体

（一）政府责任是保障公民健康权的现实需要

“政府责任”是指政府对选举其产生的公民所承担的责任，是政府组织及其成员在社会中所履行的由法律和社会所要求的职能和义务。[1] 政府是否公正、有效率地满足和实现公

* 王海容：泸州医学院助理研究员，主要研究方向为医事法律；程文玉：本文通讯作者，泸州医学院教授，主要研究方向为医事法律。

本文系2013年度国家社会科学基金项目“以医疗纠纷为视角完善和创新社会建设管理研究”（项目编号：13XSH009）的阶段性成果。

〔1〕 施车庆：《移民权益保障与政府责任》，吉林人民出版社，2009年，第108页。

民的各种需求和利益是衡量和评价政府责任是否到位的标准。健康权是公民的一项基本权利,保障具有人权属性的健康权,是政府不可推卸的责任和义务。医疗纠纷的尖锐和频发——特别是"医闹"行为,不仅会扰乱正常的就医秩序,还会极大地伤害医生的感情、扭曲其职业行为,从而给"大检查"和"防御性医疗"留下空间。

因此,医疗纠纷从根本上侵害了病人的健康权。对此,政府必须采取积极有效的措施,如加大医疗卫生的经费投入,更加合理地配置现有医疗资源,提高政府和法律的公信力,为医疗行为和医疗纠纷的处理提供制度安排,依法行政,严格执法,加大对民众有关知识的宣传和教育等,以保证医疗纠纷得到真正缓解,从而保证公民健康权的实现。

(二) 政府责任能力是政府合法性的重要来源

政府行使管理社会的权力的先决条件是它必须具有合法性,即政府应该获得公民的忠诚。在政治体系中,公民的认同和支持是政府行使公共权力的重要来源之一,即政府必须被民众接受,且自身具有说服民众的能力。这就需要政府尊重和关注社会民意,并通过恰当的手段捕捉民意内容,最大程度地获得民意资源,把社会民意力量纳入现代政党政治的制度建设框架中。除了维护社会秩序和国家安全,促进经济发展外,政府还应通过国民收入的再分配,资源向社会弱势群体倾斜,满足公民的基本医疗需求,以缓和社会矛盾、谋求社会安定。医疗纠纷频发背后的医疗资源的配置不公、法治不健全及各社会力量利益的相互冲突可能使民众对政府的领导和管理能力,特别是政府对社会资源的整合力、对公共服务的供给力等能力产生怀疑甚至反感和抵触,从而削弱政府的合法性基础。

因此,政府要强化自身职能,从社会公共利益出发,以维护社会的公正与和谐为己任,从加强社会建设、创新社会管理的角度去防范和处理医疗纠纷,从而避免政府面临的合法性危机,巩固执政根基。

(三) 政府理当维护社会公平正义的价值诉求

公平正义是人类社会发展的客观要求,是现代社会得到延续的理论支撑。公平正义是中国共产党人的一贯追求和主张,也是社会主义社会建设的内在本质和要求,在社会建设中建立和完善社会公平保障体系能够更好地提升整个社会的公平正义水平。医疗纠纷的防治涉及社会保障、医疗卫生等社会建设领域,这些领域具有公共性的基本特征,是每一位社会成员生存、发展的前提和基础。作为管理社会公共事务、协调社会公共利益的代表和社会建设主要责任主体的政府,在促进社会发展的同时,应把维护社会公平放到更突出的位置。

因此,建立基本公共服务体系,为全体社会成员提供优质高效的公共产品和公共服务,在公平正义理念支配下,全面落实基本医疗领域的公共服务均等化,从根本上防范和解决医疗纠纷,是政府实现社会建设公平正义的重要职责和途径。

(四) 承担责任是服务型政府建设的必然要求

随着市场经济的发展,我国的传统型政府模式已不再适应时代的要求,强调以人为本的新型政府治理理念和服务型政府模式成为我国政府改革的方向和目标。在服务型政府的语境下,政府不再是公共权力的代名词,而只是一个向公众提供公共服务的机构,其把为社会、公众提供优质、高效的服务作为政府工作的出发点和归宿。服务型政府强调以人为本、民主法治，要求真正解决民众最关心的切身利益问题；而对医疗纠纷的有效防控不仅是医方，也是广大患方的迫切希望和要求。

因此，要真正解决这一难题，政府必须转变职能，正确合理定位，理清自身与医方、患方和社会的关系，在医疗纠纷防控中扮演"导航者"和"裁判者"的角色，而不是既当"裁判者"又当"运动员"；同时，政府应健全行政法规制度、构建各种机制，为民众提供更好的公共产品和公共服务来满足民众不断增长的医疗需求。

二、政府承担医疗纠纷防治责任的主要内容

（一）加大投入、合理配置医疗资源

我国医疗资源总体不足，且分布不合理。首先，医疗资源总体不足，我国人口占世界人口的22%，但医疗卫生资源却仅占世界的2%；[1]其中，还有不少医疗资源质量不高，人民群众不能享受到优质的医疗卫生服务。其次，医疗资源在城乡之间分布不均衡。占全国总人口50.32%的农村人口，却只占有全国20%的医疗资源。同时，各地区之间医疗资源分配也不均衡，发达地区的医疗水平明显高于不发达地区；即使在同一个城市，不同的医院之间的差异也很大。医疗资源配置失衡使人们的医疗需求和医疗资源供给不足之间的矛盾愈发凸显，这对矛盾是制约我国医疗发展的根本矛盾；而看病难、看病贵，医患之间的冲突和矛盾都是这一矛盾的派生物。医疗资源配置失衡是经济、政治、文化、历史和环境等因素共同作用的产物，但政策偏差是其中的重要原因。政府对医疗资源的合理配置具有不可推卸的责任。

因此，应明晰各级政府的责任，完善各级政府对医疗卫生经费的投入和分担机制；建立以政府为主体的医疗卫生资源补偿机制，保障弱势群体的医疗权益；构建以政府为主导的医疗资源共享平台，合理整合现有医疗资源，积极促进我国医疗卫生发展，减少医疗纠纷的发生和激化。

（二）提高政府自身和法律的公信力

建立科学的社会建设管理体系，从政府角度讲，应首先从提高政府自身和法律的公信力着手。政府和法律的公信力提高，有利于社会大众增强法律意识，树立严格依法维权的法治观念，从而使医患双方在合法的轨道上寻求利益的均衡，并最终达到科学理性地预防和调处医疗纠纷的目的。

要实现这一责任，首先，政府应依法行政。政府要切实加强行政执法力度和强度，做到有法必依，执法必严，违法必究，改变现有的为了维稳就拿钱买"稳定"的现象，更不能以是否"稳定"来考核和判定干部政绩；否则，"闹而优则获"的情况将会继续频频发生，"医闹"职业人将继续存在，最后出现"闹者越闹越大，不闹者也想闹"的局面。其次，政府应维护法律的公信力和执行力，营造公平正义的法治环境。政府应不干涉司法审判及执行活动，保证司法

[1] 梁发芾：《农民看病难问题值得关注》，《农业知识》2005年第19期。

独立。同时，政府应大力宣传法治思想，把那些“通关节”“拿钱摆平”的所谓“潜规则”拉回到只有依法依规才能解决问题的正确理念下来；培养、提高民众法治意识，引导公众形成“说理找法院”的理念。

（三）积极有为地保障制度供给

制度供给是政府依法行政和法律具有公信力的前提和基础条件。新中国成立以来，医药卫生法制建设取得了显著进步，这为保障医药卫生事业的发展和人民生命健康发挥了积极作用。但是，我国医药卫生立法中存在的立法指导思想和基本原则在理念上不够明晰；法律的功能和价值不能得以完全实现；现有法律不能满足现实社会需求，出现了立法滞后、无法可依、法律漏洞和空白的情况；立法体系不顺，法出多头，法律不统一导致“依法打架”；重标轻本、多变少稳的立法现状违背了立法的科学性和合理性原则，已严重影响到法律的权威性和执行性，也导致医患矛盾的防控难以在法治的框架下顺利地开展和运行。

因此，政府应承担起医疗纠纷防控的制度供给责任，包括制定法律、法规，具体的制度设计（如完善医生资格的许可制度）和各种技术规范、操作规程和行业标准等。这样才能将医患双方应当享有的各种正当性的利益诉求“制度化”“标准化”，并最终实现“法律化”；才能为医疗纠纷的防控提供法律依据，使医疗纠纷的防控有法可依、有章可循。

（四）积极有为地实施防控和监管

政府应承担医疗纠纷防控的实施和监管责任。实施责任包括政府应建立医疗纠纷人民调解委员会、医疗纠纷仲裁机构，通过这些机构提供相应的服务以具体承担医疗纠纷防控事务。医疗纠纷人民调解委员会是独立于卫生系统、保险公司之外的第三方，其由政府主导，不收取任何费用，能够更好地保障医患双方的合法权益。医疗纠纷仲裁机构是通过行政法规形式、下设在仲裁委员会的专门机构，具有第三方和中立的特点；由它调处仲裁医患纠纷，对及时维护医患双方的合法权益、维护医疗机构的正常工作秩序、打击“医闹”都具有重要意义。同时，政府应为商业保险的引入创造法律制度上的条件，应鼓励商业保险公司完善现行的医疗责任保险，构建医疗风险分担机制。

监管责任是指政府应承担起对医疗行业进行监管的义务。政府应加强对医疗行业准入，特别是医疗机构、医疗服务人员、临床新技术和大型医疗设备准入的监管；应加强对医疗机构和医务人员的医疗服务行为和执行医疗政策的监管，以规范医疗服务行为、禁止不正当竞争等。

（五）积极有为地进行相关的宣传和教育

除制度供给外，政府还应承担起宣传教育的责任。首先，对医务人员进行卫生法制宣传教育，提高其法律意识。政府可以通过在医学院校和护理大、中院校增设或加强卫生管理法律法规课程，使医务人员在就业前就可以系统学习相关法律法规知识，了解自己应尽的法律义务；可以通过在准入考试及医务人员年终考核中增加法律知识所占比例，促进医务人员认真学习，最终使医务人员在其日常医疗工作中，能主动遵循国家的卫生管理法律、卫生法规和技术操作规程、规范，尊重患者的人身权利和其他与健康相关的权利，从而从根本上预防医疗侵权案件的发生。

其次，政府应对广大民众进行法制和医学常规知识的宣传教育。政府可通过官方微博、微信、各级普法网站和政府官网等开展形式多样的网上医学和法律知识宣传活动；也可以结合各地、各部门行业实际，整合医生、律师、公证员和基层法律服务工作者等资源，深入乡、镇、行政村（社区）开展各具特色的医学常规知识和法制宣传、服务活动。

最后，政府应负起对新闻媒体的监督责任。新闻媒体第一时间把医患关系的矛盾在社会上公开报道，让民众和相关部门对这一问题有一个更深入的了解，是其应有的职责。但媒体在保证公民知情权的同时，也要注意在报道方面不能过于片面，不能在没有结论的时候根据臆测而妄下结论从而激化矛盾。政府在此过程中应该加强对新闻媒体的监督，让媒体社会责任不缺失、社会监督作用不错位，确保其能够客观、公正、真实地进行新闻报道，最终促进医疗事业的良性发展。

三、政府责任在医疗纠纷防治中的合理定位

（一）加强责任政府自身的相关合理化建设

要成为公共服务型的责任政府，政府首先应加强自身机构的充实和完善，营造良好的政务环境，从医疗纠纷防控的行政管理、财务管理以及信息化管理等方面，按照法制化、社会化、一体化和规范化的原则，建设与现代发展相适应的政府管理体系。[1] 具体而言，一是进一步加大对医疗服务管理和医疗纠纷防控管理干部的培训力度，提高其基本素质和依法治理的法治观念；二是加大部门之间的交流沟通力度与医疗资源的整合力度，构建无缝对接、优质高效的立体便民服务体系；三是加大医疗纠纷防控领域的信息建设力度，开发配置信息系统，使医疗纠纷的防控工作信息化；四是加大政务公开力度，使医疗纠纷的防控工作透明化。

（二）合理划分中央与地方政府的责任

中央和地方政府责任的划分主要体现在医药卫生服务的财政投入责任方面。中央财政应该承担医药卫生服务财政投入的主要责任，以减少地区差异，提高医药卫生服务的公平性和可及性。对于在全国范围内普遍急需解决的问题，中央财政应专项全额投入。对于目前区域差异较大的问题，应由中央、省、市三级财政建立医药卫生专项转移支付基金进行财政投入。

（三）积极探索完善政府购买的合理服务机制

政府购买服务是政府为履行服务社会公众的职责，通过财政向各类社会服务机构支付费用，用以购买其契约方式提供的、由政府界定种类和品质的全部或部分公共服务，是一种

〔1〕 魏中龙，巩丽伟，王小艺：《政府购买服务运行机制研究》，《北京工商大学学报（社会科学版）》2011年第3期，第32-38页。

“政府承担、定向委托、合同管理、评估兑现”的新型政府公共服务提供方式。[1] 在医疗纠纷防治中，政府可以通过向社会组织购买医疗卫生服务和医疗纠纷调解来提供公共服务。即，医疗卫生服务和医疗纠纷调解的经费来源不再采用财政拨款的方式，而是由政府从市场上购买质量最好的医疗卫生服务/医疗纠纷调解；政府不再是公共服务的“直接提供者”，而是“购买者”和“监督者”。这不仅使社会组织更具竞争力，而且有利于政府职能的转变，有助于解决医疗纠纷防治领域中的某些难题。

〔1〕 张泽洪：《政府购买医疗纠纷第三方调解服务的行为模式》，《中国卫生经济》2010 年第 4 期，第 8－10页。

医疗侵权损害赔偿

医疗损害责任纠纷审理要素

李子木*

说明：本文按医疗损害责任纠纷审理的一般规律，分为庭审前准备、首次庭审、列席鉴定会、再次庭审前准备、再次庭审共五个阶段，实践中可按案情繁简进行调整。

一、庭审前准备阶段

(一) 关于诉讼要件

1. 原告的起诉应有明确的诉讼请求。仅因知情同意权受侵害，向其释明可以主张精神损害抚慰金。[1]

2. 已有生效判决，原告再次提起诉讼的，应当审查是否属于后发性后遗症或超过《最高人民法院关于审理人身损害赔偿案件适用法律若干问题的解释》(简称《人损解释》)第32条继续给付年限的情形。

3. 主体资格审查

(1) 原告不限于患者，应当包括《人损解释》第1条规定的"赔偿权利人"以及《中华人民共和国侵权责任法》(简称《侵权责任法》)第18条第2款规定的支付合理费用者。对于多名原告系患者的继承人的，应当提供公安机关的证明或继承关系公证书(为表述常见情形，且与医方对称使用，下文均采用患方称谓)。医务人员虽不具有相应资格，医疗机构仍为适格被告。[2]除明显可司法认知的，医疗机构应当提供组织机构代码证和医疗机构执业许可证书。

---

* 李子木：南京市鼓楼区人民法院审判委员会委员，审判监督庭庭长。

[1] 从最高院《民事案件案由规定(2011修改版)》看，在351、医疗损害责任纠纷下设四级案由(1)侵害患者知情同意权责任纠纷(2)医疗产品责任纠纷，显然已采侵害患者知情同意权的"独立责任说"，《最高人民法院民事案件案由规定理解与适用(2011年修订版)》，奚晓明主编，最高人民法院民事案件案由规定课题组编著，人民法院出版社。借鉴日本的判例经验确定的分类方法，实际也是比较法上通行观点，"独立责任说"认为：医务人员在诊疗活动对患者未尽告知义务造成患者的损害，包括未尽告知义务造成患者的人身损害和未尽告知义务未造成人身损害但造成患者知情同意权损害两种情形；后者虽未造成身体实际损害，但已造成知情权和自我决定权损害，应当依照侵权责任法第二十二条关于精神损害赔偿的规定，承担赔偿责任。王竹：《侵权责任法疑难问题专题研究》，中国人民大学出版社，2012年。

[2] 自《医疗事故处理条例》，将原《医疗事故处理办法》中的"病员"改为"患者"。因接受医疗服务的主体不仅包括病员，还包括为预防疾病求学求职而去体检的人员、妇女及孕妇进行的妇科检查以及为保健、美容等前往医疗机构就诊的人员等，有专家意见稿中用"医疗服务接受者"这一概念代替"患者"。不具有相应资格的人员也可能成为医疗行为的实施者，如不具有专业技术资格的技术人员、不具有相应资格的医务人员、实习人员等。此类人员实施医疗行为，严格来说属于非法行医的范畴，但从损害赔偿的角度来看，医疗机构不应因服务提供者没有相应资格而免责。高圣平主编：《〈中华人民共和国侵权责任法〉立法争点、立法例及经典案例》，北京大学出版社，2010年；杨立新：《中华人民共和国侵权责任法草案建议稿及说明》，法律出版社，2007年。

(2) 对同一受害人的侵权系"多因一果"的,无论系共同侵权还是分别侵权,原则上应将其他侵权人如所涉其他医疗机构、医疗生活服务提供者[1]、产品生产者、产品销售者或血液提供机构均列为当事人。

(二) 诉答意见整理及举证指导

(1) 患方起诉书未指出医疗机构的具体过错的,应通知其予以适当补强。损害赔偿项目已经固定的,应要求患方提供明细清单。患方提供录音证据的,应当提交刻录光盘、书面整理件及副本。

(2) 要求医疗机构提交书面答辩意见,对于诊疗过程及抗辩事由的表述应当明确具体。患方已提出医务人员不具有相应资格并初步举证的,应当要求医疗机构提交相关人员的资格证书。对于患方提供的录音证据,要求医疗机构于庭前提前向医务人员核实。对于患方已不能提供的摄片资料,要求医疗机构从影像数据库中复制提取。

(3) 医疗技术损害责任纠纷中,患者认为医疗机构有医疗过错,以及医疗行为与损害结果之间存在因果关系,应当承担相应的举证责任。侵害患者知情同意权责任纠纷中,就医疗机构是否履行了告知患者并取得有效同意的义务,由医疗机构承担举证责任。医疗产品损害责任纠纷中,由患者一方对产品缺陷、损害结果、因果关系承担举证责任。产品的生产者就法律规定的免责事由承担举证责任。因输入的血液是否合格引发的损害赔偿纠纷案件,由患者对血液不合格、损害结果、因果关系承担举证责任。[2]

二、首次庭审阶段

首次庭审应当充分贯彻辩论原则,促使诉讼信息最大化。同时,为了保障患者利益,加强患者的诉讼能力,应当通过表见证明、文书提出义务、证明妨碍、摸索证明理论与制度辅助处于弱势地位的患者,促使法官对侵权事实之成立易于达到盖然性的优势。

---

[1] 医疗生活服务提供者的含义见下文。

[2] 我国医疗损害责任归责原则体系由过错责任原则、过错推定原则和无过失责任原则构成,分别适用于医疗技术损害责任、医疗伦理损害责任和医疗产品损害责任。以上分类借鉴自法国法(陈忠五:《法国法上医疗过错的举证责任》,载朱柏松等:《医疗过失举证责任之比较》,元照出版公司,2008 年,第 125 页。杨立新:《医疗损害责任研究》,法律出版社,2009 年,第 66 页)。经杨立新等人推介,几成通说。医疗技术损害责任是医疗损害责任的基本类型之一,是指医疗机构及医务人员在医疗活动中,违反医疗技术上的高度注意义务,具有违背当时的医疗水平的技术过失,造成患者人身损害的医疗损害责任。医疗伦理损害责任,指医疗机构和医务人员违背医疗良知和医疗伦理的要求,违背医疗机构和医务人员的告知或者保密义务,具有医疗伦理过失,造成患者人身损害以及其他合法权益的医疗损害责任。包括违反资讯告知损害责任、违反知情同意损害责任、违反保密义务损害责任、违反管理规范损害责任等类型。医疗产品损害责任,是指医疗机构及其医务人员因在诊疗过程中使用有缺陷的药品、消毒药剂、医疗器械和不合格的血液制品等医疗产品,造成患者人身损害,医疗产品生产者、销售者或医疗机构应当承担的医疗损害赔偿责任。但在医疗技术损害责任纠纷中,患者的举证责任是否应当缓和、如何缓和,应采证明度降低的思路。如仅以提供初步证据即予推定,甚或进行举证责任转换,已为《侵权责任法》所不采。依托证明度降低,在证明评价中解决,以维系证明责任制度的安定性,可见[德]普维庭,吴越译:《现代证明责任问题》,法律出版社,2006 年。

(一) 明确请求权基础

1. 关于违约责任与侵权责任的竞合，除涉及安装义肢、人工生殖失败等不涉及患者固有利益损害场合下，建议患方按侵权责任提出主张。[1]

2. 厘清医疗服务中的医疗行为与非医疗行为[2]，对于未转化为医疗行为的生活服务

---

〔1〕 有力说认为：鉴于医疗法律关系的伦理性、法律关系标的特殊性、医生义务的非约定性、责任性质区分的人为性、合同关系包容力的有限性等等，在理论上，简单地用合同关系理论套放医疗关系会存在若干扞格之处；另一方面，在"找法"方面，不得不借助法律类推技术，类推适用《中华人民共和国合同法》中"委托合同"的有关规定，有关损害赔偿范围的确定，更是要回归到侵权法理论和归责才能解决。况且，对于作为弱势的患者一方而言，无论在过错、因果关系等要件的证明上，还是在诉讼时效上，合同责任理论不具有任何比较优势。总之，随着医患关系内涵的丰富和外延的扩大，一个在理论上解释力愈来愈薄弱、无法自圆其说、在实践中缺乏实益的理论，实在没有继续坚持的必要。在典型的医疗损害场合下，我们应当抛弃医疗合同责任理论，转而采取单纯的医疗侵权责任理论。叶名怡《医疗合同责任理论的衰落——以法国法的演变为分析对象》。于敏、李昊等人在《中国民法典侵权行为编规则》中亦认为，委托合同构成合同法第 107 条一般规定的例外，亦以过失为违约责任承担要件；由于在侵权法上并不考虑医疗合同有偿与否，故依请求权相互影响说或者请求权规范竞合说，都以过失为责任承担要件。于敏、李昊等：《中国民法典侵权行为编规则》，社会科学文献出版社，2012 年。

对于请求权竞合的选择，也有论者提出反对意见，认为：医患纠纷给付之诉的识别标准应当适用诉讼法一分枝说，以诉的声明为诉讼标的；医患纠纷给付判决的既判力实际上只涉及要求判决的请求权存在与否的问题，并不涉及作为这种请求权基础的医患侵权或者违约法律关系是否存在的问题，侵权和违约仅是请求的基础、诉的理由、攻击防御方法，当事人变更的只是攻击防御方法，并没有变更诉讼标的，诉的声明还是请求给付；法官在医患纠纷诉讼中，依据自由裁量权、独立的判断权，决定对于纠纷要件事实是采纳侵权法评价还是违约法评价，并判决被告承担人身损害赔偿责任。如此，医患纠纷诉之变更、诉之合并的可能性减少，判决既判力的范围扩大。宋平：《医患纠纷诉讼程序研究》，厦门大学出版社，2012 年。

〔2〕 在此，借助合同分析仍有必要。医疗合同关系是一种民事性质的综合的服务合同关系。医疗行为与非医疗行为的主要区别在于技术性、救助性和诊疗目的。医疗服务中的两类基本服务：其一，是指特殊服务，即具有技术特点而起主要作用的医疗上服务；其二，是指一般服务或称非医疗服务，即不具有技术特点而起次要辅助作用的非医疗上服务，进一步区分为配套服务和生活服务。配套服务是医疗服务中，从特殊服务——医疗的发展中产生出来的不能独立存在的一般服务，是能辅助医疗并应由医者配套提供的一般服务。诸如因医疗服务关系的建立、变更、消灭中的相关手续完善、医院秩序(维护患者医疗权益的秩序除外)的维护、患者在接受诊疗时只有医者才能决定的非医疗权益保障等的客观要求而产生的一般服务。生活服务是既能辅助医疗又能满足患方不同生活需求，而可由医者根据实际来决定提供还是不提供的一般服务。生活服务可以发生服务主体置换。医疗行为与非医疗行为可以相互转化，医疗服务中的某些非医疗行为在一定条件下因具有诊疗目的而成为医疗行为。陈一凡：《医患关系法律分析》，人民法院出版社，2013 年。

以上概念作业的实益在于，将纯粹的非医疗行为分离，按照一般民法规范处理。比如特殊服务(医疗)不应适用《中华人民共和国消费者权益保护法》(简称《消费者权益保护法》)。对于医疗美容方法中的生活服务就是生活消费服务，故而应当适用《消费者权益保护法》。配套服务特别是其中的医疗收费服务是否适用《消费者权益保护法》，应依地方法规中明确的适用范围而定。相反观点认为医疗服务合同纠纷一概不适用消法，理由是：医疗服务合同不同于消费关系，消费关系在价值取向上强调对消费者权益给予侧重保护，消费关系是纯粹的经济关系，消费中追求结果的确定性；但医疗行为面对的确是极其复杂的个体的生命和健康，医学科学有太多的未知领域，这就决定了医疗中只能强调方法、手段的正确，而不能强调确定的结果；另外，医疗关系不同于经营者同消费者一对一的关系，还包括社会整体的医疗利益。奚晓明主编：《最高人民法院民事案件案由规定理解与适用(2011 年修订版)》，最高人民法院民事案件案由规定课题组编著，人民法院出版社。笔者认为，作类型化处理更为合理。

行为应按其法律关系确定案由。

3. 仅涉医疗伦理损害责任的情形，原则上应当一庭结案。对于知情同意义务的审查，宜以合理医生标准结合理性患者、具体患者标准的“二重标准说”确定医生说明义务，以帮助患者选择最适合个人生活价值的医疗方案。难点在于替代医疗方案的说明，既然存在机构组织义务，不能因专科分类而降低说明标准；对于互为替代或互为互补的治疗方法。应一并告知，取得预先同意。[1] 关注卫生部临床路径管理试点。注意告知内容中应含“不治疗的后果”(如“留观”案)。

(二) 关于医疗技术损害责任(医疗损害责任纠纷的主要部分)

1. 引导多层次多往复的攻击防御，促使诉辩主张的充实程度接近于鉴定听证会的双方陈述。

2. 可以构成“事实自证”[2]的，无须提起鉴定。应审查患者提供的证据能否证明以下事实：(1) 致损媒介在医疗机构的排他性控制之下；(2) 在没有医疗机构过失的情况下事件通常不会发生；(3) 其他可能的原因已被合理排除。如此，虽没有关于被告过错行为的直接证据，人民法院可以推定医疗过错以及医疗行为与损害结果之间存在因果关系。

3. 关于病历争议。对于病历真实性、完整性有异议的，应当逐项审查异议内容、理由以及制作方的解释说明。

(1) 影响病历证据效力的主要情形：篡改病历、后补病历、漏记、不符合规定的涂改、记录时间有误、与实际情况不符(如收费记录)、无资质人员书写、签名不规范、内容相互矛盾、检查结果无依据(如未归入辅助检查报告单)等。

(2) 对于“伪造、篡改”的认定，患者就涂改处提出合理怀疑，实现证明责任的转移，医方应当承担消除这些疑点的证明责任，即对病历的真实性与完整性承担证明责任，包括证明这种“单方面完善”不构成实质性修改。依《侵权责任法》第五十八条第二、三项情形导致因果关系难以认定的。对于涂改病历等证明妨碍行为，妨碍程度达到致因果关系难以认定的，由其承担不利后果，认定因果关系成立。

(3) 注意审查有无虽然符合修改规范，但对病程、治疗有实质性影响的情形、因封存病历而未及时补记的情形、病历被抢夺导致不能正确记载等特殊情形。审查有无患者隐瞒、涂

---

[1] 如中华医学会心血管分会制定的《急性心肌梗死诊断和治疗指南》规定：心梗患者的再灌注治疗有融栓、介入和硝酸甘油三种治疗方案，虽然各有适应症，但应当认为这三种治疗方法互为替代或互为互补。对于急性心梗患者，一旦确诊，应当立即告知患者已制定的医疗方案及相对应的替代治疗方案，而不是等到一种方案治疗失败后再告知还有另一种替代医疗方案，让患方作出选择。

[2] “事实自证”即事实本身说明过失原则。MICHAEL JONES 将英国法院适用事实本身说明原则的情形总结为十一种，主要集中在手术和麻醉场合，如：当使用电凝法对血液进行凝固时，患者因高频电流被烧伤；患者在肌肉注射后臂部出现坏疽；患者在接受乳突根治术后出现面部神经麻痹；患者为手术而接受全身麻醉，当其醒来时因缺氧 4 到 5 分钟而使脑部遭受损害；患者在接受注射时针头断裂在其臀部内；在一家精英云集的现代化医院接受手术，医院直到出现严重伤情方诊断出术后感染等。但英国法院在适用该原则时仍然是较为谨慎的。于敏、李昊等：《中国民法典侵权行为编规则》，社会科学文献出版社，2012 年。[英]马克・施陶赫，唐超译：《英国与德国的医疗过失法比较研究》，法律出版社，2012 年。

改门诊病历或隐瞒病史导致患源性误诊等情形。

(4) 病历资料存在不规范、不真实、不准确等瑕疵的，人民法院可通过咨询专家、委托文件检验、病历评估、电子病历鉴定或由鉴定专家作初步判断来认定瑕疵病历是否对鉴定有实质性影响。如果没有实质性影响，则仍可继续进行鉴定，但瑕疵病历部分应视情予以排除。

对于前款病历评估或判断以及伪造、篡改或者销毁病历资料的甄别，承办法官可在列席鉴定会时，听取鉴定专家意见后作出认定。〔1〕

4. 鉴定前准备

(1) 对于鉴定申请，原则上应按最高院《证据规定》的要求当庭决定是否准许，并释明费用预交、鉴定机构、证明妨碍行为处理(如拒绝参加摇号、干扰鉴定会现场)等事项。

(2) 关于鉴定中的职权性。鉴定范围不应限于双方指出的问题点。患方认为医方存在过错，即主张了要件事实，至于推定主要事实存在与否的间接事实应视为已委托鉴定机关查明，辅助事实应由法院认定。〔2〕

对于损害结果跨2010年7月1日前后，双方均不申请鉴定的，或患者严重经济困难等情形，可依职权委托医疗损害鉴定。

(3) 关于委托事项。对于患方申请事项不完备的，应予以释明。一般为"① 涉案医疗行为有无过错；② 医疗过失行为与损害后果之间是否存在因果关系；③ 医疗过失行为在医疗损害后果中的责任程度；④ 伤残等级认定；⑤ 在司法鉴定中还可包括护理依赖、三期的鉴定"。〔3〕

对于告知、知情同意的问题，一般情况下可以在人民法院庭审时认定，如果认定确有困难的，可以要求医学会专家组鉴定时给予认定。

(4) 其他鉴定。对医疗产品是否存在缺陷需要委托检测的，应委托具有相应资格的机构进行医疗产品质量检测。因输血造成患者感染病毒，血站和医疗机构均能够证明其已经履行了法定义务的，对输入的血液是否合格需要委托检测的，人民法院应当委托具有相应资质的机构对在留存期内的留存血样进行再次检测。

---

〔1〕 送鉴定前的病历评估、咨询专家等，效率较低。提倡对于难以当庭认定的，释明双方先送鉴定，按第二款内容处理。

〔2〕 在大陆法系民事诉讼中，理论界和司法实务界将案件事实分为主要事实(要件事实)、间接事实和辅助事实。要件事实指能够决定某个民事法律关系发生、变更、终止的事实。间接事实是指在民事诉讼中，法官依据经验法则和伦理法则，推定主要事实存在与否的事实。辅助事实是指用于确定证据资格和证明力的事实。[德]罗森贝克/施瓦布/戈特瓦尔德，李大雪译：《德国民事诉讼法》(上、下)，中国法制出版社，2007年。[日]高桥宏志，林剑锋译：《民事诉讼法：制度与理论的深层分析》，法律出版社，2003年。

〔3〕 严格讲，医疗过失行为的认定系专属于法官的法律适用权。但法律和事实问题历来区分较模糊，且置换为"医务人员的医疗行为是否符合诊疗护理常规、符合一般诊疗护理人员的行为规范，或者作为一名合格医师遇到同种情况时的正确诊疗护理水准"等等，表述上颇不容易。但正视该问题，更证实了法官参加鉴定会的必要性。

三、列席鉴定会阶段

医疗损害责任的承办法官应当参加涉案医疗鉴定会,并可以就有关专业问题向鉴定专家询问。在不影响专家独立判断的前提下,承办法官可以向鉴定专家介绍法律规范,尤其对于以下问题,应当取得共识,避免不必要的重新鉴定。

(一)关于鉴定依据中的诊疗规范。诊疗规范可扩张至以患者保护为目的的管理性规范以及信息披露义务规范。《侵权责任法》该58条第1项的“其他诊疗规范”,主要是医学专科以上教材、药品和医疗器械使用说明书、全国医学会制定的指南等。基础性极强的诊疗原则、诊疗方法和诊疗步骤,通常可见于经典教科书。对于医疗机构的内部操作规程、医学新知、医疗习惯,可以选择适用。[1]

(二)关于损害后果的认定。医疗鉴定部门适用的损害后果认定标准是“最终的、物理性的损害后果”,如死亡、器官功能损害等终局性结果,对于在因严重病症或美容诊疗过程中产生的如生存机会以及生命延长几率、容颜形象等,则认为不属于损害后果。我们认为,生存机会以及生命延长几率、容颜形象等均属于生命健康权的派生权益,应该纳入损害后果的范畴。

(三)关于损害后果及因果关系的认定。[2] 必要时,向鉴定人适当介绍侵权责任中的因果关系理论,对于提高鉴定质量有重要意义。

(四)对于“不排除因果关系”。鉴定结论中的“不排除因果关系”,历来困扰医疗侵权案件的审判,但也往往符合认识的自然规律。对“不排除因果关系”的案件以及丧失机会案件中,原告可依损害发生的可能性获得相应赔偿。但在比例认定赔偿数额时,则须参考大量的

---

〔1〕 未法律化的诊疗规范虽然不能作为认定医疗行为是否正确的法律依据,但它具有以下积极意义:第一,对推进医学科学技术的发展具有积极作用;第二,在无法律化诊疗规范的情况下,能够作为认定最新诊疗原则、诊疗方案、诊疗步骤及其操作正确与否的参考依据;第三,它往往是法律化诊疗规范的先导并在成熟时被纳入其中。

〔2〕 有的鉴定人习惯上采纳的是“与医疗行为直接相关”的因果关系认定标准,往往认为,医疗的阻断病损扩大作用有应当阻断、可以阻断和不能阻断之分;应当阻断而没有阻断的,医疗违法行为与损害结果之间存在间接因果关系,如迟发性肠穿孔患者经腹部摄片和穿刺未被发现,后出现肠穿孔症状,予杜冷丁止痛,致使患者发生不可逆的中毒性休克死亡;直接因果关系,如手术错误结扎胆总管。为回避认定医疗事故,常表述为“无因果关系”或“无直接因果关系”。笔者认为:直接、间接的传统区分,其实只在责任范围的因果关系范围内有意义;有的鉴定人还理解为:有无定责医疗行为的直接证据,则更是欠妥。

统计数据，不为法官所知，应当由鉴定部门协助提供，有条件的可载入鉴定结论。[1]

（五）关于鉴定文书中的“分析意见”。限于制作时间、表述难度、回避难点等种种原因，医学会的“分析意见”往往过于简单。承办法官应视情做好讨论观点的详细记录并查阅医学文献。

四、再次庭审前准备阶段

（一）向当事人送达鉴定文书时，原则上要求其提出书面质证意见。如有异议并申请重新鉴定的，应于书面意见中列明异议点、理由、依据并视情补强举证。

（二）对于鉴定人出庭费用（合理的交通、误工费），除提出异议方同意交纳的情形，应由申请鉴定一方预交；法院依职权委托医疗损害鉴定的，鉴定人出庭费用由双方当事人预交。法院可提前收取鉴定人出庭费并当庭转交鉴定人。

如需承担举证责任的一方当事人能提供相关证据证明其因经济困难等原因暂无法预交鉴定费并承担鉴定人员出庭费用的，人民法院也可要求医疗机构预交鉴定费用并承担鉴定人员出庭费用，相关费用待案件审结时，视情在当事人中进行合理分摊，相关分摊情形应在法律文书中载明。

（三）对于医学会组织的医疗损害鉴定，难以安排鉴定专家到庭的，可以向法院出具书面答复。

（四）双方对鉴定文书无异议或申请重新鉴定的理由明显不成立的，要求患方提供损害赔偿明细清单，医方应提前核实患方在本院发生的医疗费、住院天数等事实。

（五）患方主张已报销的医疗费的，可应当事人申请追加报销机构为有独立请求权的第三人，如当事人未申请追加，可在结案时致函报销机构并附判决书复印件。

五、再次庭审阶段

（一）组织对鉴定文书的质证。可以允许当事人向鉴定人质询并进行辩论。

---

[1] 比例因果关系理论则认为，只需要就因果关系的可能性加以证明即可，并根据因果关系可能性的比例计算被告应赔偿的数额。普维庭认为，要克服因果关系证明上困难，关键是降低因果关系的证明尺度，从而使法官在证明评价方面具有必要的灵活性，而不必动摇证明责任的刚性。[德]普维庭：《现代证明责任问题》，吴越译，法律出版社，2006 年。

美国多数学者对于机会丧失之计算基础，多数采用“绝对丧失的机会”，此标准固然简单易行，缺点是未将病患个别状况纳入考虑。例如对于同样丧失百分之三十存活概率的两个病患而言，一个原本存活率为百分之七十五，一个则为百分之四十，虽同样丧失百分之三十，但在统计意义上则大不相同，但亦有学者认为，治愈机会固然是可以作为侵权行为的保护对象，但在算定损害时，不应以全部损害乘以丧失的机会，取而代之者应以机会丧失引发的损害为赔偿对象。例如，因治愈机会丧失而生的身体伤害或其他身体上损失，精神上的重大挫折及衍生的损害（如增加的医疗费用）等，为损害赔偿的范围。陈聪富：《存活机会丧失之损害赔偿》，台湾地区《“全国”律师》，2003 年 11 月，第 94 页。转引自黄丁全：《医事法新论》，法律出版社，2013 年。

（二）对医方注意义务及常见抗辩理由的审查

1．“医疗水平”可分为四类。第一类是最低水平标准，是法律规范中存在的非技术性要求。第二类是基本医疗水平标准，即定型化的诊疗规范。第三类是通常医疗水平标准，是不能用清晰的方式表达出来的非定型化的诊疗规范。第四类标准为信赖医疗水平标准，是基于信赖关系存在的高于通常水准的医疗水平。《侵权责任法》第 57 条所规定的“当时的诊疗水平”中，时间因素必须要考虑；地域、资质因素以不考虑为原则，以考虑为例外。在第一类和第二类标准中，只有时间因素可以考虑，原则上不考虑地域和资质。但在第三类通常医疗水平标准中，应当全面地考虑时间、地域、资质的因素。而信赖医疗水平标准还应当考虑产生信赖关系的因素。〔1〕

2．通常“合理诊疗义务”应采用非“金标准”的诊疗手段。所谓“金标准”，指当前临床医学界公认的诊断疾病的最可靠方法。较为常见的金标准有活检、手术发现、微教生物培养、特殊检查和影像诊断，以及长期随访的结果等。〔2〕

《侵权责任法》第六十条所称的“合理诊疗义务”指按照紧急救治措施相关诊疗规范施行诊疗行为，可能未达到相关医疗机构或医务人员当时的医疗水平并（或）未能履行相应的说明义务。

3．《侵权责任法》第三章“不承担责任和减轻责任的情形”规定的抗辩事由主要有：与有过失、被侵权人故意、第三人过错、不可抗力等，加之《侵权责任法》第 60 条规定的特别规定。还应考虑医疗行为实施时的医学水平、医疗环境，医务人员基于自由裁量所采取的医疗活动是否有合理根据，新的医疗尝试的可行性，患者病情及体质的特殊性，患者是否有延误治疗的情形等因素作出综合判断。

4．对医方几类特殊抗辩理由的审查

（1）并发症与医疗意外的审查原则。并发症的特点可预见性、产生的不确定性、相对可避免性。可预见性也是并发症与医疗意外的主要区别之处，后者是难以预见的。当然这种区别是相对的，医疗意外并非一概免责，关键还在是否已尽注意义务和结果回避义务。

（2）特异体质。个体即使存在特殊体质，其单独也不会引起不良后果的产生，仍然是医疗刺激的结果。因而，不认为只要患者存在特殊体质或病情异伴一律认为是医疗意外，不能将之作为绝对免除法律责任的条件，必须查明医方是否履行了相关的注意义务、有无履行及

---

〔1〕 借鉴自 2010 年 5 月 20 日中国政法大学证据科学研究院“医疗纠纷解决机制的法律问题研究”课题组主办的“侵权责任法·医疗损害责任”立法论坛。

〔2〕 张滨、胡亚林：《医疗事故举证责任分配探讨——以〈侵权责任法（草案）〉医疗损害举证责任为视角》，《中国医院》2009 年第 8 期。

时、充分地保留导致意外发生的有关药物、医疗器械的义务。[1] 对于特异体质所致医疗损害，通常仍可按疾病参与度调整。[2]

(3) 试验性医疗。处于研发阶段的试验性医疗，应审查是否取得行政许可。对于需要试验性医疗来明确诊断的，应审查是否存在病情疑难、复杂和检查条件受限的情形。

(4) 已达成调解协议。医患双方经卫生行政部门、人民调解委员会等具有调解职能的组织调解达成的协议，具有民事合同性质；当事人可以依法申请有管辖权的人民法院确认其效力；非因法定事由，不得支持请求撤销、解除、变更协议或者确认协议无效的诉请。[3]

(三) 对于无须补充鉴定或重新鉴定的，由患方按损害赔偿清单的顺序进行主张并举证，医方逐项质证。对于原发疾病治疗费用的扣除，如医疗费详单系按项目而并非按每日费用进行结算的，首先促成双方确认，或各自陈述认定方法、依据，供法官合理裁量时参考，原则上不就该问题提起鉴定，患方诉讼请求系针对“不必要的检查”的案件除外。

对于护理费、营养费、交通费、住宿费，在难以查实具体金额的情况下，为缓和患方举证负担，可以合理酌定。对于精神抚慰金，应当综合考虑医疗行为的公益性、救助性、渐进性、试验性、不确定性、自由裁量性、配合性等特征，确定相对于其他侵权案件较低的金额。

(四) 对于需要补充鉴定或重新鉴定的，其后的审理规范基本同于本文第二至第五阶段，不再赘述。

---

〔1〕 王旭：《医疗过失技术鉴定研究》，中国人民公安大学出版社，2009 年。黄丁全先生也指出：“特异体质能否作为超越原因而得免责，应回到过失责任之注意义务而为判断，亦即应以医师对于病患之特异体质是否能预见作为判断标准。如医师能预见仍疏于注意预防结果之发生，自应负过失责任。盖特异体质之人仍应与正常之人受到‘法律’相同之保障，但如损害之发生为医师注意能力所不及或对于特异体质根本尤从预见，即属医疗外而无责任可言”，黄丁全：《医事法新论》，法律出版社，2013 年。

〔2〕 对于特异体质所致医疗事故责任的判断，各国法院曾因医疗行为之特殊性而以不同理由限制之。以法国而言，法国法院以病患之特异体质为不可抗力，而减轻医师之赔偿责任。瑞士法院则认为病患之特异体质，为损害发生之与有原因，依据与有过失之规定，减轻医师之赔偿责任。苏格兰法院则以可能性理论，限制存特异体质之病患的损害赔偿请求权，因医疗行为之危险导致损害之发生，本应以合理可预见为原则。黄丁全：《医事法新论》，法律出版社，2013 年。

〔3〕 值得注意的是，《中华人民共和国人民调解法》(简称《人民调解法》)第三十一条规定：调解协议具有法律约束力，当事人应当按照约定履行。第三十二条又规定：经人民调解委员会调解达成调解协议后，当事人之间就调解协议的履行或者调解协议的内容发生争议的，一方当事人可以向人民法院提起诉讼。尽管《人民调解法》明确了人民调解协议具有“法律约束力”的效力性质，并从司法确认程序予以保证执行力，但是，有关人民调解协议的效力甚至法律约束力的定义本身，都仍然存在较大的争议。立法并没有进一步明确当事人就调解协议争议向人民法院提起诉讼的标的是什么？是人民调解协议本身，还是所谓的争议，造成诉讼标的及既判力范围的区别。

医疗纠纷中病历真实性司法认定问题探析

张　广*

摘　要：近年来，随着医疗体制改革进一步深化，医疗纠纷案件数不断上涨。以北京法院为例，医疗纠纷案件的结案、收案和存案都呈现出逐年上升的态势。[1] 医疗纠纷案件中，病历在查明案件事实、认定过错责任、探求因果关系方面发挥着不可替代的作用，被誉为医疗纠纷中的"证据之王"。《侵权责任法》规定医疗机构伪造、篡改、隐匿病历的承担过错推定责任。现实中，当事人对病历提出异议的情况十分普遍，一位患者曾在诉讼中提出近600个病历异议。[2] 病历真实性异议延长了审理周期，真实性的认定不科学、不规范将严重影响审判效率和司法公信。由于病历的医学专业性，各地法院对病历真实性认定存在认识不同、处理不一的问题。本文立足审判实践，通过实证分析方法，结合医疗纠纷特点，分析司法实践中病历真实性认定方面的困局、探索提出认定的规则、构建病历真实性司法认定的"六力多元模式"，为公平、高效处理医疗纠纷提供有益参考。全文共10 193字。

关键词：病历瑕疵异议　病历真实性认定　病历综合性审查

病历的真实性认定对查明案件事实、委托医疗鉴定、分配举证责任和裁判案件结果都将产生直接影响，在审理医疗纠纷案件时，法院如何科学高效地认定病历证据的真实性，并且根据认定结果依法对医疗纠纷案件的走向做出处理，是每一位审理医疗纠纷法官的重要课题。

一、问题的引出——瑕疵病历相关判例引发的思考

【案例一】 雷某由于摔伤前往被告医院就诊，由于被告治疗不当，致使原告伤口感染并发骨髓炎。双方商定委托北京华大方瑞司法物证鉴定中心进行鉴定，听证时将封存病历开封后，原告对病历的真实性、完整性提出异议，书面申请中止鉴定，故鉴定机构将此案退回法院。而后被告申请对原告所提出的病历的真实性、完整性以及如果病历真实性、完整性有欠缺是否影响对医疗过错进行鉴定等申请司法鉴定。先后确定中国法医学会司法鉴定中心、

---

* 张广：北京市门头沟区人民法院民三庭，助理审判员。电子邮箱：uull5566@foxmail.com。

〔1〕 以北京市法院数据为例，北京市法院系统2008年至2011年间医疗纠纷案件存案、收案和结案数量大幅上涨，收案量增长率为23.6%，结案量增长率为131.9%。北京市各法院医疗纠纷案件数呈现井喷式增长。

〔2〕 最高人民法院重点调研课题"关于医疗纠纷案件法律适用情况的调研报告"，2007年，北京市海淀区人民法院。

法大法庭科学技术研究所和北京市红十字会急诊抢救中心司法鉴定中心进行鉴定，但均以委托鉴定事项超出司法鉴定业务范围为由未接受委托。最终，法院以病历真实性、完整性存有疑义无法进行医疗过错鉴定，被告方病历确实存在一定瑕疵，判令被告败诉。[1]

【案例二】 陈某诉军区总医院案，被告医院申请医疗事故鉴定，并提交了原始病历和主观封存病历各一册，作为鉴定材料。原告同意进行鉴定，但在病历质证中，原告认为病历存在多处篡改、伪造之处，对病历的真实性提出异议。原审法院依据原告的要求，对其认为病历中的不实之处进行逐一注释并记录在案后，原告同意以此作为鉴定资料。后又以病历系虚假病历为由，不同意依据该病历进行鉴定，导致鉴定无法进行。一、二审法院均以原告无法证明病历不真实，导致无法查明案件事实为由，驳回原告诉讼请求。[2]

【案例三】 患者谭某因医院护理行为不当导致褥疮，后经转院治疗后死亡。该案中，因被告未能提交由其保存的谭淑兰住院期间完整的病历原件（原件 19 页，仅提供 2 页），且原告方对病历复印件的真实性不予认可，法院就瑕疵病历对医疗过错鉴定是否有实质性的影响书面咨询了中国法医学会司法鉴定中心，该中心复函认为谭淑兰在万明医院的病历为此案鉴定的重要依据，仅凭现有材料无法进行鉴定，一审法院判决由被告承担无法查明案件事实的败诉后果，二审维持原判，再审时医院提供了全部病历材料，裁定发回重审。[3]

【案例四】 陈子菁诉安徽省立医院案是最高检第一起抗诉的医疗纠纷案件，曾引发 99 人次全国人大代表提请再审。该案一审期间，司法部司法鉴定科学技术研究所做出“书证审查意见书”，建议由法院对病历真实性问题调查取证。经审理，省高院终审驳回原告诉讼请求。2006 年，最高检会同安徽省检决定抗诉。抗诉理由：1. 国家级司法鉴定单位认为有伪造或篡改嫌疑的病历未查清真伪。2. 违反诉讼法规定，不让原告方查阅、复制原始病历。3. 以病历复印件作为定案依据。4. 合肥中院委托作司法鉴定时，隐匿 16 页病历未送检。5. 开庭审理后，5 张有可能影响审理结果的病历原件消失。该案经最高院指定再审，最终以 20 万赔偿调解结案，最高院联络办最终以公函形式将处理结果答复全国人大。[4]

通过上述四则案例可以看出，医疗纠纷中对患者病历真实性异议的司法认定，将对医疗鉴定、证据认定、举证责任、判决结果以及公信力产生重大影响。病历真实性认定在司法实践中存在认定主体不清、举证责任分配不明、认定病历真实性结果处理不一等诸多实务问题。

---

〔1〕 (2010)民通初字第 06274 号判决书。

〔2〕 (2010)二中民终字第 7365 号判决书。

〔3〕 (2013)一中民再终字第 04989 号裁定书。

〔4〕 详见《人民日报》：《脑瘫患儿为何难讨公道——对合肥市一起医疗损害赔偿纠纷案的调查》，载人民网 http://www.people.com.cn/GB/news/8410/20020818/802228.html，访问日期 2013/06/24。

二、困局的原因：真实性异议高发及司法认定之困局

(一) 异议多发的现实原因

1. 医院方面：无法完美的病历——现实中病历失真的难题

实践中，不符合《病历书写基本规范》(试行)的病历，违反医院管理制度的病历书写等现象比较普遍。由于医疗行为的专业性和特殊性，病历记录需要随着患者病情变化而更改的，如手术记录、需要在手术后的规定时间内补写。同时，现行的医院管理做法存在疏漏，如实习医生代签签名、未按书写规范进行违规修改等情况普遍存在。

通过对海淀法院近三年的医疗纠纷案件进行抽样统计，发现 374 个病历瑕疵异议，归纳为以下 14 个具体类别(如图 1)[1]：

病历本身属于诊疗过程与结果的专业性记录，无法绝对地还原历史的医疗过程。病历本身的特殊性，导致病历瑕疵问题难以杜绝，引发患者对病历真实性的合理怀疑。

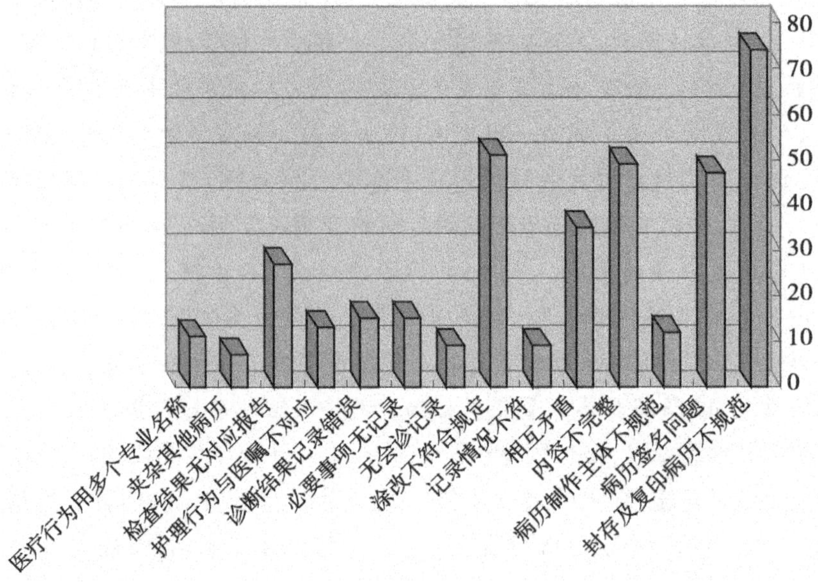

图 1　2009—2012 年海淀法院医疗纠纷中病历瑕疵统计图

2. 患者方面：医患双方的失衡——合理怀疑或诉讼技巧的必然选择

(1) 病历占有的不平衡。病历证据材料的持有始终具有单方性特点，按照规定[2]住院

[1] 陈昶屹：《关于 2009—2012 年医疗审判中医方服务瑕疵情况的统计分析》，《司法前沿》2012 年第 4 期，第 4 页。

[2] 《医疗事故处理条例》第八条“医疗机构应当按照国务院卫生行政部门规定的要求，书写并妥善保管病历资料”以及第二十八条第五款“在医疗机构建有病历档案的门诊、急诊患者，其病历资料由医疗机构提供；没有在医疗机构建立病历档案的，由患者提供”。

病历一般由院方单独持有，门急诊病历则按照医疗机构是否建立档案，分别由院方或患方单独持有。以住院病历为例，根据《医疗事故处理条例》（简称《条例》）规定〔1〕，患方有权复印客观病历，主观病历则出于对医学治疗手段和经验的保护，不向患者提供。医院只将主观病历提供给法院，证据交换时患方才能取得全部病历副本，这些原因都让患者对病历的真实性产生不信任。

（2）医学知识上的不平等。医疗行为具有专业性，患者通常不具备医疗专业知识，在医学知识上存在严重的不平衡，对病历书写、病历内容和医学知识等方面缺乏了解。〔2〕病历作为一种专业性较强的医学证明文书，由医疗机构制作并保存，并由医疗机构向法院提供，并且依据该项证据进行鉴定。在现实中随着患者病情的进展、医生的治疗过程以及现存病历管理制度疏漏等原因造成病历确实存在被修改的情况。正因为患者医学知识上的局限性，导致患方易因为病历瑕疵对病历真实性产生合理怀疑。

（3）规避过错鉴定的诉讼技巧。《侵权责任法》实施之后，虽然“双轨制”已转化为“并轨制”的鉴定模式，在实践中、司法鉴定机构与医学会均可以作为过错鉴定的主体，但由于医学会鉴定的公正性饱受争议，司法鉴定的临床医学性受到怀疑，所以患者往往通过对病历真实性的否定用来规避对己方不利的鉴定程序甚至鉴定结果，患方往往是通过对病历中存在的瑕疵以否定全部病历的真实性，拒绝使用全部病历或者拒绝将瑕疵病历排除使用剩余病历进行过错鉴定。

（二）司法认定困局的多元化因素剖析

1．认定主体的模糊不清——鉴定机构与法院认定责任尚未厘清

在以上案例中可以看出，有的法院将病历真实性的认定委托专业司法鉴定机构，该做法并不合法。认定病历真实性的主体究竟是谁？让我们来依据法律的规定厘清法院于鉴定机构的职责。根据《医疗事故技术鉴定暂行办法》的规定，禁止医学会鉴定病历是否真实，患方主张病历不真实时鉴定机构将终止鉴定，医学会并不承担病历真实性的认定责任。依据《司法鉴定程序通则》（简称《通则》）规定，委托人应当向鉴定机构提供真实、完整、充分的鉴定材料，并对鉴定材料的真实性、合法性负责；司法鉴定机构对于鉴定材料不真实的鉴定委托不予受理，在鉴定过程中发现鉴定材料不真实的可以终止鉴定。事实上，《通则》明确了对病历材料真实性的认定责任属于委托方。司法鉴定机构对存在异议的鉴定材料也不予鉴定。根据《民事诉讼法》的规定，人民法院应当按照法定程序，全面地、客观地审查核实证据。证据的真实性、合法性和关联性认定（即证据的“三性”问题）属于法院对证据属性认证的法定职责，所以对于病历真实性的认定问题归根结底是由人民法院进行认定的，鉴定机构可以通过专业化手段协助法院认定相关专业问题。

〔1〕《医疗事故处理条例》第十条“患者有权复印或者复制其门诊病历、住院志、体温单、医嘱单、化验单（检验报告）、医学影像检查资料、特殊检查同意书、手术同意书、手术及麻醉记录单、病理资料、护理记录以及国务院卫生行政部门规定的其他病历资料”。

〔2〕马军、温勇、刘鑫：《医疗侵权案件——认定与处理实务》，中国检察出版社，2006年，第116页。

2. 案件审理的理性选择——法官在病历真实性认定中的难言之隐

(1) 病历真实性认定将造成案件审理时间延长，耗费审判资源，影响结案率。由于鉴定的时间不计入审限，但法院审查认定证据的时间是计入审理期限的，真实性认定必然会影响审限，耗费一定程度的审判资源，影响月均衡结案数。容易出现法院将病历真实性认定责任委托鉴定机构，以避免审限延长。但病历真实性极易引起当事人对鉴定结论的质疑，从而引起重新鉴定或补充鉴定，最终造成审理时间超长，重复性浪费大量审判资源，给当事人造成严重诉累，甚至会引起恶性伤害事件。[1]

(2) 病历真实性异议可能导致无法鉴定、无法查明事实的情况，法官面临着上诉和发改的压力。由于病历真实性异议可能会导致医疗鉴定的终止，最终导致医疗纠纷无法进行鉴定，一审法官顾及与二审法院就案件的鉴定与否问题认识的差异，导致案件被发改。[2] 为保险起见，即便一审法官依据病历真实性认为案件不需要鉴定，考虑到二审可能认为需要鉴定而发回重审，搁置病历真实性认定，先行委托医疗鉴定，实为不得已而为之。

(3) 法官缺乏专业医学知识，对病历材料的综合型审查存在盲区。目前，设有专门审判医疗纠纷的审判庭(组)的法院较少[3]，审判人员内部具有医学或者医事法学背景的法官以及医疗纠纷专家型法官数量较少。由于法官对专业医学知识的局限性，病历真实性认定不仅仅是真伪之辨，更多的需要法官通过对病历材料的整体分析，还原案件事实，何种瑕疵和伪造篡改的行为将对该案产生实质影响，这个心证过程本身需要认定诸多具有医学和法学意义的实体问题。

三、微观建构——病历真实性认定的基本原则和具体规则

针对医疗纠纷和病历证据的特殊性，笔者从病历真实性认定程序中的基本原则和具体规则两个方面，着重对认定的基本程序、举证责任的分配、认定的具体规则以及不同认定结果对案件的影响进行了探析。

(一) 衡平与心证：医疗纠纷中病历真实性认定的基本原则

1. 举证责任衡平原则

举证之所在败诉之所在，病历真实性的异议可能会导致鉴定终止，事实无法查明，此时举证责任的分配显得至关重要。根据民事诉讼法的规定“当事人对自己提出的主张，有责任提供证据”，患方应当对提出病历真实性异议承担举证责任，但是这种举证责任受到医患双

---

〔1〕 王宝洺诉同仁医院案，因医患双方对病历的真实性问题有较大争议，多次开庭，历经三年案件仍未进入实质审理阶段，最终导致王宝洺砍伤同仁医院医生徐文的恶性伤害案件。《无解诉讼——同仁医院砍医案的沉重问号》，《南方周末》2011 年 10 月。

〔2〕 西城区法院民一庭 2007 年审理医疗纠纷类案件中有关数据的统计及审理中的普遍问题的分析和对策，第 10 页。

〔3〕 以北京法院为例，海淀、西城、朝阳法院设置了专业审判组，北京其他区县法院内部均有审判医疗纠纷案件的专职法官。

方在病历材料和医学知识占有不平衡的影响，根据“举证责任减轻理论”[1]，患方只应承担“初步证明责任”，即通过对病历的瑕疵提出合理异议，并且提出的病历真实性异议的原因足以使法官产生合理怀疑即可。这种初步证明责任证明标准就是产生高度盖然性和可能性。此时，法官要对患方提出的异议进行判断和甄别，对确有合理怀疑的部分要求医院做出合理解释，合理解释可以消除合理怀疑则仍然由患方承担举证责任。相反按照《侵权责任法》的规定，举证责任将转移至医院方，医院方可以申请进行文检鉴定证明，若举证不能则承担败诉风险。

2. 综合印证原则

病历材料是按照一定规则形成、富有逻辑、前后相互印证、对患者实施诊疗全过程的专业性记录。[2] 伪造、篡改、后补、隐匿部分病历材料都会造成前后记录矛盾、违反逻辑常识等病历问题。法官判断证据的过程本身就是一个主观对客观的认识过程，法官在自由心证的过程中需要依据诚信原则、逻辑和经验法则加以判断证据。[3] 同一医疗事实在病历中一般由不同主体在不同时间进行多处记录。如患者死亡时间可参考手术记录、护理记录、死亡通知书、病程志、心电图数据、天平间工作记录等。通过以下原则进行审查。一是异议的病历部分与客观医学文书不一致，如医学影像材料、电子医学仪器检查单等，由于此类证据一定程度上排除了人为记录的可能，可信度高于人为记录。二是法官可通过其他病历记录对该异议的病历进行印证审查。如判断是否修改诊断结果，可依据病历中的具体医嘱及用药清单等加以印证。

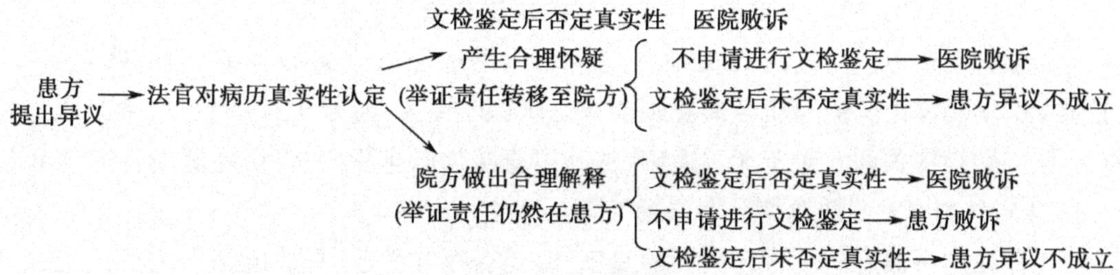

图 2　举证责任分配流程图

[1] [德]普维庭、陈刚：《关于证明责任的话题》，《比较民事诉讼法》2001 年卷—2002 年卷，中国人民大学出版社，2002 年，第 218 页。

[2] 马军、温勇、刘鑫：《医疗侵权案件——认定与处理实务》，中国检察出版社，2006 年，第 172 页。

[3] 沈志先：《民事证据规则应用》，法律出版社，2010 年，第 38 页。

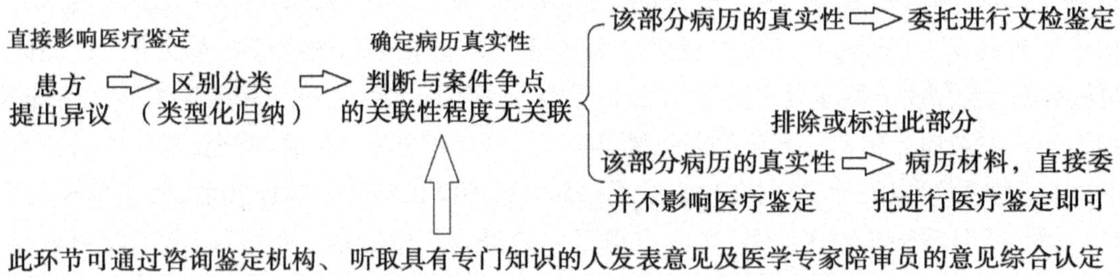

图3　病历真实性认定程序图

(二) 区分与关联：法官在认定病历真实性中的基本规则

1. 认定规则一：区分病历瑕疵类型

在认定病历瑕疵是否属于伪造篡改之前，面对当事人提出的各项病历瑕疵，应当先合理区分瑕疵所属的不同类型，提前对其分类、筛选，做出初步认定。笔者认为，病历瑕疵区分可大致分为两步。首先可将病历区分为书证、物证和电子数据三类[1]，便于使用不同种类的认定规则。其次区分为形式瑕疵、实质瑕疵和合理瑕疵三种：形式瑕疵如签名问题（代签、漏签）、涂改等病历表面形式上存在问题的瑕疵；实质瑕疵如记录与实际情况不符、检查缺乏依据等病历实体内容上的瑕疵；无关瑕疵是指瑕疵的出现完全对该病历真实性不发生影响的瑕疵。诸如由于管理疏漏在患者病历中夹杂其他患者的病历，完全可以排除该份证据，并且夹杂其他患者病历并不能直接否定该患者其他病历的真实性。

区分原则的目的在于分别处理不同类型的病历瑕疵，对于形式上的签名、涂改、记录后补等形式瑕疵问题可以委托进行文检鉴定（笔记、墨迹等司法文书鉴定）加以确认真实性。对于涉及医学实体内容的实质性瑕疵则需要征求医学专家、鉴定机构的意见，判断瑕疵是否与争点性问题存在关联。对于无关瑕疵，法官可直接加以排除，并将认定理由告知当事人。

2. 认定规则二：判断与案件争点的关联性程度

并非存在病历瑕疵即可否定病历的真实性，是否存在伪造、篡改的情况需要进行文件鉴定确认，但文件鉴定之前应当对病历瑕疵与本案争点的关联性做必要分析，并征询相关专家及鉴定机构的意见，若病历瑕疵与争点问题无关，则不会对医疗鉴定和案件产生实质影响。但病历瑕疵或者确定伪造、篡改的病历部分关系到案件或者医疗行为的争点问题时，则将导致无法进行医学鉴定。案件争点是指涵盖当事人在诉讼标的、事实与证据以及法律适用上的争议焦点，对案件的处理结果产生实质性影响的核心问题[2]，结合医疗纠纷而言，医疗纠纷的争点即影响医疗纠纷案件处理结果的具有医学或法学意义的核心问题[3]。以下从形

〔1〕《病历书写基本规范》第一条“病历是指医务人员在医疗活动过程中形成的文字、符号、图表、影像、切片等资料的总和，包括门（急）诊病历和住院病历”。

〔2〕 邱联恭：《争点整理方法论》，三民书局，2001年，第79页。

〔3〕 “核心问题”含义，是指医患双方所直接争议的事实，如医疗行为的过错与因果关系，患者的损害程度等。

式瑕疵和实体瑕疵两个方面分析与争点问题关联程度对认定结果的不同影响：

1. 形式瑕疵与争点性问题关联与否，直接影响病历的真实性认定。形式瑕疵与争点问题无关，并不影响鉴定机构对医疗行为的过错与因果关系（案件争点）进行鉴定，存在的瑕疵可加以标注或者排除后交由鉴定。如签名瑕疵，病历中存在签名记录缺少医师签名，或者存在代签的情况。患方诉诊疗行为存在过错，则上述瑕疵与案件争议问题无必然关联，则可直接对诊疗行为进行鉴定。若患方提出手术知情同意书中缺少签名或伪造签名，主张院方侵犯患者知情同意权擅自进行医疗行为造成损害。则该瑕疵与案件争议的问题存在关联，需要通过笔迹、墨迹等司法鉴定判定签名的真实性，若为伪造、篡改则必须要求院方做出合理解释，承担举证责任，举证不能时可直接依据过错推定原则作出判决。

2. 实质瑕疵与争点问题关联与否，同样影响病历真实性认定，法院可依据实际情况分别处理。与争点关联的实体瑕疵直接影响到该案核心问题的认定，有可能直接导致全部病历材料因关键部分病历丧失真实性而无法使用。比如，患者诉医院手术治疗错误，病历中血检报告显示存在贫血（红细胞值少于正常标准），但诊断中未载明贫血，院方后补病历记载中度贫血，建议使用抗贫血治疗的内容。虽然后补病历可以通过鉴定或院方自认丧失真实性，但该病历内容不影响本案争议性的问题手术治疗行为，仍可在排除该部分病历后对手术行为进行医疗鉴定。

伪造、篡改与争议性问题有关的病历部分，将导致无法鉴定，核心问题无法查明。法官需依据病历真实性问题与争点的关联程度做出不同处理。若病历真实性问题直接可确定争议的过错与责任时可直接加以判决。如患方起诉医院延误治疗导致患者死亡。该案中关键性问题为发病时间和诊疗时间。在病历中护理记录发病时间、首次医嘱下达时间、B超确诊时间、抢救时间、心电图成像时间等前后出现多次矛盾，并经文检鉴定确定多处存在篡改，由于认定医院是否存在延误治疗过错的关键性问题所在病历真实性被否定，无法通过鉴定查明事实，可依据《侵权责任法》规定推定医院过错。但如患者起诉院方药剂过量造成患者损害，关键性问题为用药剂量。病历中用药记录的 400 ml 被医院涂改为 200 ml，而 400 ml 已超出正常用药剂量时，无需通过医疗鉴定可直接作出判决。

四、宏观建构——病历真实性司法认定的六力模式

笔者认为针对医疗纠纷和病历真实性认定的特殊性，在现有的法律和司法解释的框架内，从庭审程序前、庭审程序中和庭审程序外对相关法律制度加以完善，提出“六力模式”（如图 4），从宏观层面对当前病历真实性认定加以建构。

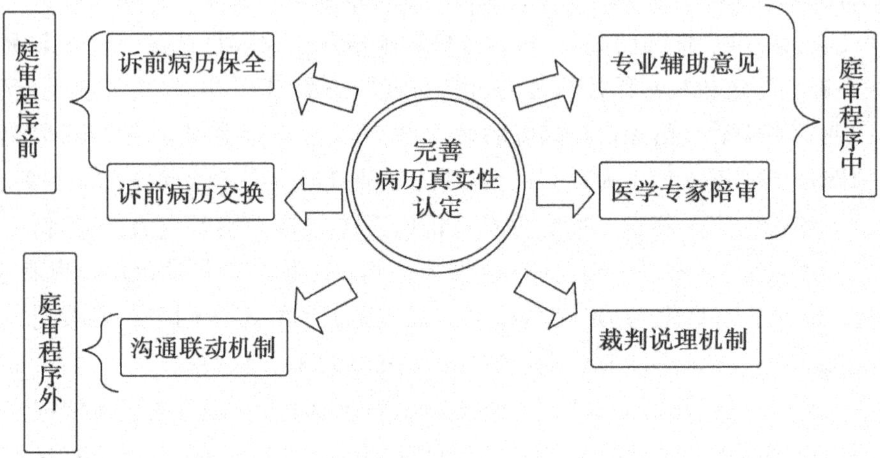

图 4　病历真实性司法认定的"六力模式"

（一）病历真实性认定庭审程序前的制度完善

1．完善病历证据的诉前保全

目前，虽然《医疗事故处理条例》规定了病历的封存程序。[1] 但现有的病历封存，仅由患方向医院提出封存要求，医患双方根据《条例》规定进行病历的确认、查验和封存，并无公正的第三方介入，并且封存后仍然由医院一方保管，极易引起患方合理怀疑。病历作为医疗纠纷中最为重要、关键且不可替代的证据具备《民事诉讼法》关于申请证据保全的条件。笔者建议，患者可向人民法院提起诉前保全程序，由法院、患方、医方共同对全部病历进行查验、封存，并开列证据清单。病历证据的特殊封存与保全是保证病历真实性和证明力的前提，可以有效地避免患方合理怀疑。[2]

2．完善庭前病历证据交换

如前所述，病历材料在占有上的不平衡，以及在医疗纠纷中医院方常以涉及医生智力成果拒绝向患方提供主观病历副本。对此北京高院的指导意见具有一定借鉴意义。《关于审理医疗损害赔偿纠纷案件若干问题的意见》第 8 条"当事人对病历资料及其他进行医疗鉴定所需的材料的真实性、完整性有异议的，应当由人民法院先行组织当事人举证、质证。人民法院应根据举证、质证的具体情况进行审查，确有必要的，应告知当事人申请文件检验。经文件检验确认后，人民法院方可委托进行医疗鉴定。"病历证据完整的交换和复制是实现医患双方平等诉权的前提基础。建议在证据交换中法院要求医院提供全部病历材料副本，并允许患方采用拍摄和移动介质复制等方式交换病历材料。

---

〔1〕《医疗事故处理条例》第十六条的规定"发生医疗事故争议时，死亡病历讨论记录、疑难病历讨论记录、上级医师查房记录、会诊意见、病程记录应当在医患双方在场的情况下封存和启封。封存的病历资料可以是复印件，由医疗机构保管"。

〔2〕马军、温勇、刘鑫：《医疗侵权案件——认定与处理实务》，中国检察出版社，2006 年，第 183 页。

（二）病历真实性认定庭审程序中的制度完善

1. 探索"具有专业医学知识的人"介入制度

根据《民事诉讼法》第七十九条的规定[1]，具有专门知识的人可代表一方就专业性问题向人民法院提出意见。病历真实性异议涉及医学专业知识、法学知识等，引入具有医学专业知识的人就病历真实性问题提出专业意见，可以引导当事人从更加专业、理性的角度提出病历真实性异议，有助于法官克服专业知识盲区，便于全面、科学地认定病历的真实性。

2. 探索建立医疗纠纷合议庭引入医学专家陪审员制度

医疗纠纷审理过程中，法官在病历证据认定时要凭借自身有限的医学知识做出判断。法官因其知识结构的局限性，一定程度上影响了医疗纠纷的公正审理。若将病历真实性认定交由一组具有临床医学、医学伦理学、医院管理学知识背景和工作经验的裁判人员进行，邀请医学专家陪审员。一来弥补合议庭法官医学知识的局限，二来增加认定的客观性和公正性。[2]

3. 加强法院裁判活动的说理力度

法官对病历证据自由心证过程的公开，有助于消除当事人的合理怀疑，加强裁判结果的公正性。[3] 裁判说理笔者认为应该体现在案件处理的各环节当中，法官需要对病历真实性证据的认定意见、处理理由和适用的法律法规等方面加强说理。一方面，规范判决书，着重对认定过程和理由以及处理结果进行分析。另一方面，法官要在庭审活动中对当事人双方释法说理，增强司法公信力。

（三）病历真实性认定庭审程序外的制度完善

病历瑕疵问题与医院管理漏洞有关，注重规范病历管理工作，源头预防病历瑕疵的产生，有助于减少医疗纠纷中因病历瑕疵导致真实性异议。法院可以与相关医院建立长效联动机制。邀请医院人员旁听医疗案件审理，邀请医学专家担任人民陪审员，针对病历真实性问题发送司法建议等，从"源头预防"与"末端治理"两个方面积极发挥法院的作用。

综上所述，病历真实性认定困局具有深刻和复杂的原因，通过在实务中总结归纳的病历真实性认定基本原则及规则，在现有框架内对认定程序实现多元完善，有助于法官在医疗纠纷中妥善处理病历真实性认定问题。限于篇幅的原因，仅从上述角度论述了该问题，希望能够起到抛砖引玉的作用，以期能为解决这一司法实务难题提供一些有益启示。

---

〔1〕《民事诉讼法》第七十九条" 当事人可以申请人民法院通知有专门知识的人出庭，就鉴定人做出的鉴定意见或者专业问题提出意见"。

〔2〕 陈昶屹：《关于 2009—2012 年医疗审判中医方服务瑕疵情况的统计分析》，《司法前沿》2012 年第 4 期，第 10 页。

〔3〕 沈志先：《民事证据规则应用》，法律出版社，2010 年，第 40 页。

循证医学证据在处理诊疗过失案件中的适用

陈玉玲*

摘　要： 医师根据循证医学证据作出诊疗方案的分析和实施。当今，循证医学证据已经成为形成各类诊疗规范的基础，循证医学证据质量等级越高，继而所形成的诊疗规范对医师诊疗行为的约束力越强。发生诊疗规范的内容不一致时，法官要进一步根据循证医学证据质量等级、适用条件来判断诊疗行为的对错，对诊疗行为导致损害后果的因果关系认定，要借助可检索到的循证医学证据分析致病原因和排除因素。

关键词： 循证医学证据　诊疗规范　医疗过失　因果关系

一、循证医学证据的特性

循证医学的英文是“Evidence-Based Medicine”，原意是指基于证据基础上的医学，所以，有学者将其译为“证据医学”[1]，也有学者将其译为“实证医学”[2]。医师把适用在对一个个患者的诊断治疗上形成的大规模医疗数据，利用计算机软件记载、分析医学数据和治疗数据，以治疗结果的研究报告清楚地分析整个治疗过程，究竟有效还是无效、效果如何，并且为以后的辨析治疗修正做指引，最终形成某个疾病的“治疗模式”，所以，有学者认为将其译为

---

* 陈玉玲：东南大学法学院副教授，法学博士，研究方向：民商法学，医事法学。电子信箱：zgnjxiaochen@126.com。

〔1〕 黄簉庭：《关于如何翻译“evidence-based medicine”一词的商榷》，《英国医学杂志中文版》2002年第1期。

〔2〕 David L. Sackettet al., evidenced-based medicine: how to practice and teach EBM(1997). p. 2，转引自古秋菊：《实证医学对医疗过失诉讼的影响——从民事举证法则的衡平切入探讨医学》，东吴大学法律学系硕士学位论文，2006年，第48页。

"循证医学"更为全面[1],目前学术期刊多使用"循证医学"译法[2]。

循证医学始于美国的20世纪80年代,随着医疗技术迅速发展和大量临床研究证据的呈现,医师需要吸收消化海量医学研究数据,难免力不从心,循证医学帮助医师作临床决策,医师用临床知识结合循证医学系统里可搜寻到的最佳医疗证据,为特定患者实施诊治,对疾病干预措施和预期结果加以对照。现今,循证医学发展成为对世界各国对医学生培训教育、对医疗行为用科学方法分析评估、建立统一医疗规范的基础,这其中,医师结合临床实践对诊疗方案的实施、观察、对照分析,即为原始文献的循证医学证据;如果对诸多相同的原始文献进行分析整理加工,则成为二次文献的循证医学证据。循证医学证据形式主要有电子数据库[3]、经过同行评议发表在学术刊物上的研究报告或综述、专家会议达成的专家共识、行业学术组织发布的诊疗指南、医学出版社出版的书籍。

学者 David Sackett 等人提出了循证医学证据适用于医师临床决策的5个重要理念:(1)临床决策应建立在可取得的最佳科学实证基础上;(2)从临床上的问题去思考应采用哪种形态的实证文献;(3)应以流行病学和生物统计的思考方式去界定什么是好的实证;(4)当实证研究经过界定与批判性评论,认为在诊疗病患与医疗照护的决策是有用的,才能下结论;(5)应持续评估临床操作上的表现。[4] David Sackett 等人还提出了循证医学证据适用于临床决策的5步骤:(1) Asking an answerable question(提出可回答的临床问题);(2) Tracking down the best evidence(搜寻最佳实证文献资料);(3) Critical appraisal(谨慎的文献评读);(4) Integrating the appraisal with clinical expertise and patients' preference(临床应用);(5) Evaluation the effectiveness and efficiency in executing steps (1)—(4)(评估改善)。[5]

医师临床决策需要考量循证医学证据质量。一般说来,随机对照试验的证据级别优于观察性研究,设计严谨的观察性研究所得的证据级别高于非对照病例研究。但是,循证医学证据存在研究"方案设计的局限性、结果的不一致性、证据间接性、精确度不够、发表偏倚"等

---

[1] 江华,李幼平:《"Evidence-Based Medicine"的译名:"循证医学"还是"证据医学"》,《中国临床营养杂志》2002年第9期。

[2] 循证医学研究文献已经建有BMJ循证医学库,以及BMJ电子期刊,该期刊不仅包括最著名的《英国医学杂志》(British Medical Journal),还包括有从医疗保健管理到神经学等领域的其他22种期刊。这些期刊都在其各自领域处于世界领先地位,所有在线期刊均免费提供回溯到1997年的全文内容,期刊涵盖专业领域、大众健康和循证医学领域,从而推出一种全新的即时信息传递方式,将最新的研究证据(Clinical Evidence),治疗指南(Guidelines)和专家意见(Expert Opinion)三者相结合,根据临床诊疗流程组织信息。来源 http://bestpractice.bmj.com,访问日期2013/12/20。

[3] 如,Medline数据库、Cochrane Database of Systematic Reviews数据库等。

[4] 古秋菊:《实证医学对医疗过失诉讼的影响——从民事举证法则的衡平切入探讨》,东吴大学法律学系硕士学位论文,2006年。

[5] 台湾林口长庚医学实证中心主页,https://www.cgmh.org.tw/intr/intr2/ebmlink/html/todo.html,访问日期2013/12/05。

因素而降低证据质量。[1] 依据研究方案设计和执行过程的不同，学者对循证医学证据质量分类分级多达十几种。其中，牛津循证医学中心（Oxford Centre for Evidence-based Medicine）提出了一套循证医学证据评价体系，用于预防、诊断、预后、治疗和危害研究等领域的研究评价。[2] 美国医学会（American Medical Association）将证据等级位阶由强到弱进行排列。[3] 美国预防医学工作组（U. S. Preventive Services Task Force）建立了一套对循证医学证据的推荐评价体系，来衡量医疗行为的风险与获益，并依据证据等级对医疗行为中医患沟通作出指导，对证据分为不同等级的推荐评价。[4] GRADE (Grading of Recommendations Assessment，Development，and Evaluation）工作组通过《中国循证医学杂志》连续撰文、翻译 GRADE 系统，用于系统评价、卫生技术评估（HTAs）及临床实践指南中备选方案的证据质量评价和推荐强度评级，根据支撑证据质量及备选方案带来的预期和非预期结果间的平衡情况，以强/弱（或“有条件的”/“任意的”）来区分推荐强度。[5]

---

〔1〕 GRADE 工作组：《GRADE：什么是“证据质量”？为什么它对临床医生重要？》，《中国循证医学杂志》2009 年第 9 期。

〔2〕 A 级证据，即具有一致性的、在不同群体中得到验证的随机对照临床研究、队列研究、全或无结论式研究、临床决策规则；B 级证据，即具有一致性的回顾性队列研究、前瞻性队列研究、生态性研究、结果研究、病例对照研究，或是 A 级证据的推论得出的结论；C 级证据，即病例序列研究或 B 级证据推论得出的结论；D 级证据：即没有关键性评价的专家意见，或是基于基础医学研究得出的证据。

〔3〕 Guyatt，G.，etc. User's Guides to the Medical Literature-Essentials of Evidence-Based Clinical Practice，AMA press，2002，p. 12. 由强到弱的级别依次为：单一特定病患所作的随机对照临床试验（Number of 1 randomized controlled trial）、对多个随机对照临床试验所做的系统性回顾（Systematic review of randomized trials）、单一的随机对照临床试验（Single randomized trial）、对有关患者重要医疗结果的多个观察型研究所做的系统性回顾（Systematic review of observational studies addressing patient-important outcomes）、对有关病患重要的医疗结果之单一的观察型研究（Single observational study addressing patient-important outcomes）、生理学研究（Physiologic studies，studies of blood pressure，cardiac output，exercise capacity，bone density，and so forth）、非系统性的临床观察（Unsystematic clinical observations）

〔4〕 A 级推荐，即良好的科学证据提示该医疗行为带来的获益实质性地压倒其潜在的风险。临床医生应当对适用的患者告知讨论该医疗行为；B 级推荐，即至少是尚可的证据提示该医疗行为带来的获益超过其潜在的风险。临床医生应对适用的患者讨论该医疗行为；C 级推荐，即至少是尚可的科学证据提示该医疗行为能提供益处，但获益与风险十分接近，无法进行一般性推荐。临床医生不需要提供此医疗行为，除非存在某些个体性考虑；D 级推荐，即至少是尚可的科学证据提示该医疗行为的潜在风险超过潜在获益；临床医生不应该向无症状的患者常规实施该医疗行为。E 级推荐：该医疗行为缺少科学证据，或证据质量低下，或相互冲突，例如风险与获益无法衡量和评估，临床医生应当帮助患者理解该医疗行为存在的不确定性。见美国预防医学服务工作组主页 U. S. Preventive Services Task Force，http://www. uspreventiveservicestaskforce. org/index. html，访问日期 2013/06/18。

〔5〕 Gordon Guyatt 等多人组成的工作组，GRADE 指南系列文献，发表于《中国循证医学杂志》2009—2011年多期刊物。

二、诊疗规范与循证医学证据之间的关联关系

1. “诊疗规范”术语至今没有统一的规范名称和形式渊源。

现有法律法规没有关于“诊疗规范”名称的明确界定。1994 年国务院颁布《医疗机构管理条例》第 25 条条文中使用的是“医疗技术规范”名称，1998 年《执业医师法》第 22 条条文中使用的是“技术操作规范”一词，2002 年卫生部颁行的《医疗事故处理条例》第 5 条条文中使用的是“诊疗护理规范、常规”，2009 年全国人大颁布《侵权责任法》第 58 条第 1 款条文中使用的是“诊疗规范”一词。上述不同用词，如果从法律规范术语使用的角度看，本文广义的“诊疗规范”概念用以涵盖“医疗技术规范”、“技术操作规范”以及“诊疗护理规范、常规”。

2. 当今的诊疗规范大多是源自不同证据质量等级的循证医学证据。

循证医学证据等级越高，证明其可靠性与安全性越高，越容易为诊疗规范内容所吸收，并且形成的诊疗规范对医师行为的约束力越强。广义的诊疗规范概念远远早于循证医学证据概念，循证医学始于上世纪 80 年代末 90 年代初，当今建立的诊疗规范大多是有可靠的循证医学证据为基础而获得发展，不同等级质量的循证医学证据形成具有不同约束力的诊疗规范。在我国，国家卫生和计划生育委员会办公厅（包括原卫生部办公厅）、各级医学会、专家会议、学术论文期刊，以不同形式发布对医护人员诊疗行为的不同程度的约束力的诊疗规范，表现为诊疗规范制定主体、形式渊源、效力等级有所不同，这些不同是源于各类诊疗规范所依据的循证医学证据的证据质量和推荐强度等级的不同。循证医学证据与各类诊疗规范之间存在密切联系，技术规范、诊疗指南、专家共识的形成需要大量的循证医学证据为基础信息资料，此外，医护人员的个人诊疗实践研究发表的论文、专著，也是循证医学证据。

一是人民卫生出版社出版的国家级规划教科书。自 1979 年至 2013 年，人民卫生出版社医学专业规划教材更新了多个教材版本，内容上不断引进循证医学和诊疗指南的材料。该套教材由全国高等学校本科、研究生不同学制各个医学专业的规划教材编写委员会，教材的主审、主编、副主编、编委会成员经过遴选[1]，编写内容以基础理论、基本知识、基本技能为原则，突出医学生必须掌握的当前临床实用的内容为重点，是作为医学本科生教材的基本要求，并且随临床常见病的疾病谱的逐渐改变，对疾病的诊断、治疗手段不断更新，对各章节内容中特别是常见疾病诊疗指南，是根据国际、国内最新循证医学证据作相应的更新。所以，人民卫生出版社出版的规划教材教科书经常是作为判断诊疗行为是否达到诊疗基本标准要求的依据，尽管法律没有对医学教科书的法律效力作出规定，但是，一般认为教科书内容能够反映出版书籍当时的基本诊疗原则、常规、规范。因此，诊疗行为不违反教科书的诊疗原则、常规、规范，不被认为存在医疗过错。但是，教材更新的内容和速度远不及临床指南的更新速度，并且医师采用教材规定的诊疗手段治疗不犯错误，但是患者也可能得不到使用

〔1〕 中华人民共和国国家卫生和计划生育委员会，《卫生部办公厅关于成立卫生部教材建设专家指导委员会的通知》，http://www.nhfpc.gov.cn/mohbgt/s9976/201203/54372.shtml，2014/03/28。

最新医学技术来治疗疾病的机会。

二是《临床技术操作规范》。自 2006 年起，原国家卫生部委托中华医学会，由其各医学分会制定了各类《临床技术操作规范》，明确要求医护人员在执业活动中"遵照执行"[1]，也就说，如果医护人员违反《临床技术操作规范》，则构成行为违法。

三是《××诊疗指南》和《××诊疗原则》。临床诊断治疗指南的分为基于专家临床经验的临床指南(consensus-based guideline)和以循证医学(evidence-based medicine，EBM)为基础的循证指南(evidence-based guideline)两类。临床指南的科学性和可重复性受到限制，目前难以被广泛接受；循证指南是在广泛搜集、评论和概括医疗和科学信息之后所作的整合分析(Meta-analysis)和系统回顾(Systematic reviews)，在研究数据上有广泛有效的数据结果支撑，集合了诊断决策支持体系、药物使用处方和药物投药表，在证据质量等级上处于顶部。[2] 原国家卫生部、国家中医药管理局、中国人民解放军总后勤部卫生部联合委托中华医学会，由其各医学分会针对特定的临床情况，系统制定出帮助临床医师和患者做出恰当处理的指导性意见(推荐意见)，并且以《××诊疗指南》[3]和《××诊疗原则》[4]形式发布，要求各级各类医疗卫生机构和学术团体组织医务人员认真学习，医疗卫生机构及其医务人员要在执业过程中"参考"或者"参照执行"。换言之，《临床诊疗指南》和《诊疗原则》不具有强制要求医生选择某种医疗方法的法律效力，不论相关循证医学证据质量等级多高，临床医生仍然有义务解释其之所以做出的某项诊疗决策的合理性。

四是医学专家和医师以学术论文形式发布的"专家共识""专家意见"。

"专家共识"是由来自不同学科领域的一组专家根据临床经验和主观判断，就具体的临床处理原则有了阶段性的成果，但是循证医学的证据数量和质量尚不足以制定诊疗指南，专家们基于自己的看法和观点，将发现的亟待完善的循证医学证据加以总结分析，达成一致意见，以"专家共识"的形式，发表在专业学术期刊上。论文发表之前是经过同行评议，具有一定的权威性。[5] "专家共识"可为临床医师作出恰当的医疗决策提供建议、策略和信息，选择相对较好的治疗方案。但是，"专家共识"是处于研究阶段的循证医学证据，只能作为医师医疗决策时参考标准，并不要求所有的医师必须接受认同。进一步地，如果医师选择适用，

---

[1] 例如，中华人民共和国国家卫生和计划生育委员会，《关于印发〈常用康复治疗技术操作规范(2012 年版)〉的通知》(卫办医政发〔2012〕51 号)，http://www.nhfpc.gov.cn/zhuzhan/wsbmgz/201304/1383d481000e4ac5b48fcb7440fa4430.shtml，2014/04/09.

[2] Lisa A. Bero, Evaluating Systematic Reviews and Meta-Analyses, 14 J. L. & POL'Y 569 - 570 (2006).

[3] 例如，中华人民共和国国家卫生和计划生育委员会，《关于印发胃癌等五种恶性肿瘤规范化诊疗指南的通知》(卫办医管发〔2013〕33 号)，http://www.nhfpc.gov.cn/yzygj/s3593/201307/fc53d71c058a423ba53bd6d8f593a0e5.shtml，2014/04/13.

[4] 例如，中华人民共和国国家卫生和计划生育委员会，《关于印发四肢骨折等 9 个常见病种(手术)早期康复诊疗原则的通知》(卫办医政发〔2013〕25 号)，http://www.nhfpc.gov.cn/yzygj/s3593/201304/16d1d13baa3a4993a772e3b9fad25e10.shtml，2014/04/09.

[5] 例如，孙宁玲等 9 人：《难治性高血压诊断治疗中国专家共识》，《中国高血压杂志》2013 年第4 期。

则必须严格选择适应证，慎重有序地按规程操作。

尽管循证医学证据不断发展，但因为它们是对既往诊疗实践之总结研究，所以，与临床实践的需要相比，永远处于滞后状态，对于罕见病、新发病，在人们没有认清它们之前，甚至没有形成临床研究数据。因此，循证医学证据是一套方法学，医生需要根据自己的专业积累和训练来对不同病情作出判断，根据患者认同的价值观和喜好，再在临床上作出进一步判断和取舍，作出对于患者来说最佳的治疗方案。循证医学证据要提升为临床指南甚至循证指南，不仅需要有一定时间反复验证其可靠性，还受制于该临床技术在普及推广进程中可能花费的卫生资源成本考量。

三、循证医学证据等级对择定诊疗行为过错判断依据的影响

医疗诉讼中原告、被告以及医学鉴定专家经常以“教科书”“诊疗规范”“诊疗指南”“治疗原则”“专家共识”作为论证诊疗行为对错的依据，但是，在发生这些依据在内容上不一致时，当事人选择对自己有利的循证医学证据所形成的诊疗规范作为判断行为对错的标准，法官要对当事人援引的循证医学证据予以审查，要区分医学鉴定专家意见来自专家的直觉还是推理？是否有病理生理学原理为基础？推理所采用的实验数据和观察数据的充分性可靠性如何？

例证 1：2011 年 1 月 26 日上午，某患者（1968 年生）以往病史不详，因咳嗽咽痒三天就诊，予头孢匹胺抗感染治疗。27 日患者心悸气短再次到急诊就诊，查体心率 120 次/分，心率齐，血压 220/150 mmHg，拒绝肝功能与胸片检查，诊断“重度高血压伴呼吸感染”。急诊留观，予以静滴硝酸甘油降压，中午 13:50 血压 210/140 mmHg，改用压宁定降压治疗，17:09 血压 179/129 mmHg，18:08 血压 170/110 mmHg，予压氏达口服。21 点查头颅 CT 示多发性脑梗。1 月 28 日 3:35 血压 133/96 mmHg，继续予压宁定降压，28 日 9 时收住入心血管内科，查左心室肥大继发 ST－T 段改变。诊断“高血压病因待查，肺部感染，多发性脑梗塞”，入院予降压抗感染等治疗，当晚 22 点患者神志模糊，血压 106/78 mmHg，血糖 14 mol/L，血氧饱和度 91%。神经内科会诊，予抗凝、醒脑治疗。29 日上午 7:30 患者呼之不应，心电监护示：心率 80 次/分，呼吸 30 次/分，血压 80—100/50—70 mmHg，血氧饱和度 80%……12 点患者昏迷，多脏器功能衰竭，死亡。

例证 2：某患者于 1994 年×月×日经剖宫产出生，阿氏评分 10 分，出生后第 3 天开始不规则发热，第 6 天病情加重伴体温升高至 38.2℃，当晚 17 点转入新生儿儿科住院，诊断为新生儿肺炎、新生儿黄疸（中度）、中度脱水，医师采取补液、纠酸、输血浆、先锋霉 V 抗感染、鲁米那纳镇定并诱导肝酶活性治疗。次日查血报告：白细胞（WBC）11.0×10^9/L，红细胞（RBC）7.26×10^{12}/L，血红蛋白（HGB）264 g/L，红细胞压积（HCT）0.845……中性粒细胞 74.5%……总胆红素，间、直胆红素……查电解质正常，胸片右肺纹理稍多，心隔影正常。后患者住院期间治疗所测的体温数值正常，观察患者吃奶、大小便正常，应家长要求患者 8 天后出院，但是，医院没有再次复查新生儿的上述化验指标是否恢复正常，仅开具治疗黄疸的口服药，出院病历记载“门诊随访”。患儿 9 月龄时体检发现其各阶段发育落后于正常幼儿，

进一步检查发现双眼盲、双耳听力无。此后几年进一步检查确诊为“儿童脑室周围白质软化症”。

2000 年患者家属诉诸法院，法院委托法医学鉴定，根据鉴定专家要求，2003 年 8 月检验患者血液，排除原发性红细胞增多症，MILS 检验尿样排除了 106 种先天性代谢疾病。2003 年某法庭科学技术鉴定研究所的鉴定结论认为，“医院对产妇的治疗无原则性的过失与不当；对新生儿出生后的第 3—6 天病情观察不够仔细存在行为过失；患者转入儿科住院治疗期间，对患者新生儿肺炎、中度脱水、中度病理性黄疸、相对性或者继发性红细胞增多症的治疗基本符合医疗原则；患者脑性瘫痪的原因不明；不能认定医院的过失行为与患者的损害之间有必然因果关系。”2004 年法院判决医院诊疗行为与患者损害之间不存在因果关系，医院自愿补偿患者人民币若干万元。然，患者家属申诉，2008 年案件得到重审，法院委托×××医学会鉴定，2008 年某医学会鉴定结论认为“患儿转入新生儿病房次日查血结果提示患儿存在感染及重度红细胞增多症，医方漏诊，未采取稀释血液和部分换血等相应治疗，也没有及时复查上述化验指标是否恢复正常，患儿出院未向家长告知病情以及预后，构成二级乙等医疗事故，医方承担次要责任”，进一步，鉴定专家在鉴定结论的质询函件中指出，“脑损害确实可由多种因素引起，但医方在其新生儿早晚期及 1—2 个月内均未作影像学检查，以后也未进一步检查染色体亚端粒重组突变（MLPA）检测等。就目前所有证据，不支持先天性脑发育不好，无法排除患儿的脑损害与新生儿时期重型红细胞增多症有关”。

对于高血压急症的降压控制标准，教科书与诊疗指南的内容不同。《中国高血压防治指南》（以下简称《高血压防治指南》2005 年修订版和 2010 年修订版）对于高血压急症降压要求是“患者进入监护室，持续监测血压和尽快应用适合的降压药，降压目标是静脉输降压药，1 小时使平均动脉血压迅速下降但不超过 25%，在以后的 2—6 小时内血压降至 160/100—110 mmHg，血压过度降低可引起肾、脑或冠脉缺血。如果这样的血压水平可耐受的和临床稳定，在以后的 24—48 小时逐步降低达到正常水平。降压时需要充分考虑患者的年龄、病程、血压升高程度、靶器官损害和合并的临床状况，因人而异地制定具体方案”。人民卫生出版社《内科学》（第七版 2008 年出版）第 262 页写道，“高血压急症时短时间内急剧下降，有可能使重要器官的血流灌注明显减少，应采取逐步控制性降压，即开始的 24 小时内降压降低 20%—25%，48 小时血压不低于 160/100 mmHg。如果降压后发现有重要器官的缺血表现，血压降低幅度应更小些。在随后的 1—2 周内，再将血压降低到正常水平”。

例证 1 中，医方主张采用《高血压防治指南》所规定的降压控制标准实施的诊疗行为无过错，而医学鉴定专家依据人民卫生出版社《内科学》（第七版）规定的降压控制标准认定诊疗行为有过错，即认为医方应“采取逐步控制性降压，开始 24 小时内降压降低 20%—25%，48 小时血压不低于 160/100 mmHg，降压过快可以导致多脏器损害，血压降低快速降压会脑动脉供血不足，在过错与因素关系认定上，专家认为患者头颅 CT 检查提示未发现分水岭梗塞，且复查 CT 脑梗病情未有进展；入院心电图提示患者原有靶器官损害，但随后肝功能损害如此迅速，不能单纯用降压导致灌注不足来解释，鉴定专家认为医方诊疗行为有过错，并且过错与患者死亡之间有一定因果关系”。

法官应当对鉴定意见所依据的循证医学证据等级、适用要求予以实体审查。首先，有关高血压急症的降压控制标准，《内科学》教科书2004年第六版与2008年第七版的内容没有更新，《高血压防治指南》2005年修订版和2010年修订版的内容没有差异。换言之，2005年版的《高血压防治指南》中的降压控制标准相关内容没有被2008年第七版的《内科学》教科书吸收。其次，医学处于不断发展中，教科书相关内容更新速度不能及时反映循证医学的最新最佳证据，现今无从询问教科书的编写作者为什么未将《高血压治疗指南》的内容收录入书的理由，但是无论如何，安全性、有效性、实施该标准的医疗成本与条件都是诊疗指南中的内容能否纳入教科书的考量因素。最后，不能简单以医师没有按照教科书规定实施诊疗就认定医生行为过错，当诊疗行为与教科书、诊疗指南规定不一致的时候，医师执业有自由裁量权，依据最佳证据原则选择指南作为对当前患者降压的控制标准，那么医师就有义务“充分考虑患者的年龄、病程、血压升高程度、靶器官损害和合并的临床状况，因人而异地制定具体方案”，并且医师有义务证明其合理地行使自由裁量权。

四、循证医学证据在判断诊疗行为过错与损害之间因果关系的适用

诊疗行为过错与损害之间的因果关系，影响侵权责任成立与否以及复合因果关系中过错行为对损害的原因力之判断，这些判断需要借助循证医学证据。循证医学证据包含对医疗行为结果与预期结果的对比分析，用以检验、评价诊疗方案实施的效果。对于已经发生的医疗损害的原因判断，除非是直观可见的诊疗行为引起的损害，诸如肌肉注射引起部位的疼痛、手术中伤及旁侧组织，多数情形下找寻原因需借助医学统计学上的概率作推断，这些推断来源于循证医学证据。

该案件从1994年诊疗行为发生到2008年法院再审，历经14年之久，其间医学研究形成的循证医学证据不断发展，透过案件呈现如下问题：

第一，判断诊疗行为是否有过错的依据之选择。

判断诊疗行为是否有过错的依据，首先应以统编规划教材的内容为基本要求，在教材没有相关内容时，可以查阅得到的专业书籍为依据，也可以学术期刊中发表的循证医学证据作为依据，其中专业学术团体会议综述是具有一定代表性的专家共识，证据效力等级较高。涉及例证2中诊疗行为过错判断依据：(1) 人民卫生出版社出版的统编规划教材没有关于“红细胞增多症”的相关内容。[1] 医学专著或者编著。人民卫生出版社出版的专业书籍，有涉

〔1〕 1996年出版的《内科学》(第四版)关于骨髓增生性疾病中有关于“真性红细胞增多症”的内容，患者多为中年或者老年，红细胞数在 6.0×10^{12}—10.0×10^{12}/L，以及其他实验室检查指标，临床症状有皮肤红紫、肝脾肿大以及血管性和神经性症状。治疗采用静脉放血或者化学治疗，直至红细胞数在 6.0×10^{12} 以下。教材中提及与“相对性和继发性红细胞增多症”的鉴别诊断。人民卫生出版社出版适用五年制和七年制临床本科生教材的《儿科学》都没有“红细胞增多症”内容。

及红细胞增多症的专章内容，可以作为判断诊疗行为过错与否的依据。[1] 专业期刊发表的学术论文。在中国期刊网与万方数据库中，以全文中出现“红细胞增多症”为检索词，检索的期间为数据库最早时间起至诊疗行为发生前 6 个月为时间节点，获得 1985—1989 年有 3 篇[2]、1990—1993 年有 8 篇文献[3]，其中有一篇是 1993 年 4 月第三届全国围产新生儿研究学术会议上专题研讨形成的诊治方案，血液诊断指标为 HGB>22 g/dL、HCT>0.7[4]，轻度无症状，要密切观察，必要时采用换血疗法。重度有口周发青、呼吸增快、神志变差，应采取换血疗法，同时要注意干扰因素(脱水)导致的临床加重表现。

判断诊疗行为是否有过错的依据具有时效性。之所以将检索依据的文献资料的发表时限定于 1994 年 1 月之前，这是因为：一方面，不能将诊疗行为发生之后的新的循证医学证据作为判断诊疗行为是否有过失的依据，正所谓“规则不溯及既往”。另一方面，1994 年医学研究成果只能通过纸本杂志查阅和学习，没有如今电子数据库的便利和普及，但是作为地级市立二级乙等医院专科医师没有看到业内权威期刊《新生儿科杂志》《实用儿科杂志》中的相关病种研究文章，不了解对诊疗行为发生前 6 个月在公开的专业学术会议上研讨的新生儿红细胞增多症的相关检查和治疗，其医疗水平是低于同等级别专科医师的诊疗水平。例证 2 中，患儿查 HCT0.845，HGB 264 g/L，医生对“红细胞增多症”漏诊，且未采取“换血疗法”，则医师的诊疗行为存在过错。

第二，过错诊疗行为与患者的损害之间因果关系与原因力之判断。

理论上，脑损害的原因多样，产前、产中、产后多因素都可能造成脑损害。[5] 新生儿期红细胞增多影响脑血流减少继发动脉血含氧量和氧运输量，引起缺氧改变、形成微血栓、影响各组织和脏器功能等，不仅可造成严重合并症，还会影响运动和神经发育。案例 2 中，针对患儿脑损害是否因红细胞增多症引起？医师“漏诊”未采取“换血疗法”，对于患儿损害之发生因果关系与原因力判断，在能够检索到相关循证医学证据的前提条件下，逻辑分析可分为三个问题：1. 未采取“换血疗法”对损害发生可能性或者实施换血疗法的治愈率？2. 采

---

〔1〕 金汉珍等：《新生儿红细胞增多症及高粘滞血症》，《实用新生儿学》，人民卫生出版社，1989 年。

〔2〕 沈月华，陈蕙英：《新生儿红细胞增多症 33 例分析》，《上海医学》1985 年 11 月；徐海清等：《新生儿红细胞增多症及部分换血治疗》，《实用儿科杂志》1988 年第 3 期；陈跃洪等：《新生儿红细胞增多症 15 例》，《新生儿科杂志》1987 年第 4 期。

〔3〕 主要见文王琳：《小儿红细胞增多症血液稀释疗法护理》，《实用护理杂志》1990 年第 2 期；陈克正，刘绍基：《新生儿红细胞增多症部分换血方法比较》，《新生儿科杂志》1992 年第 4 期；邱琪宝等：《新生儿红细胞增多症 47 例临床分析》，《新生儿科杂志》1993 年第 4 期；姜毅，江剑辉整理，秦振庭指导：《红细胞增多症诊治方案》，《新生儿科杂志》1993 年第 4 期。

〔4〕 2000 年有学者对 1066 例新生儿红细胞增多症发生率筛查报告，结果认为血液标本采集时间以出生后 8 小时～4 天为宜，末梢微量血红细胞压积值≥0.8 作为诊断标准为妥。许剑钟等：《新生儿红细胞增多症发生率的调查》，《临床儿科杂志》2000 年第 1 期。

〔5〕 朱广友：《新生儿脑瘫医疗损害法医学鉴定 4 例》，《法医学杂志》2011 年第 4 期；杨丽，何颂跃，秦启生：《围产期脑损伤医疗纠纷的法医学鉴定 17 例》，《中国法医学会第十三次法医临床学学术研讨会会议论文》，2011 年 11 月；葛力、卢涌：《脑瘫司法鉴定的思考》，《中国司法鉴定》，2008 年，第 16 页。

取“换血疗法”愈后仍然发生损害的概率？3. 是否存在其他可能导致患儿脑损害现状的原因及该原因力大小？[1]

学术论文和研究综述作为循证医学证据效力等级较低，但仍可作为判断损害原因力、除外原因的参考。在中国期刊网与万方数据库系统中，检索1994年之后至2010年6月法院作出判决之前6个月的期间内有关红细胞增多症的论文有16篇，此外，医学院校专业图书馆可以查到著作8本，包括《小儿血液病系列丛书》与《儿童血液与肿瘤疾病》[2]等专著共同构成关于红细胞增多症研究的循证医学证据。其中，1996年发表于权威期刊《中华妇产科杂志》中的《新生儿红细胞增多症的研究进展》论文，对病因、发病机理、病理生理改变、诊断和筛查、治疗以及预后研究，提出“生后12小时静脉血HCT≥0.65为公认的确诊标准，脐血HCT作为较为准确、无创的筛查手段，部分换血疗法是主要治疗方法”。《新生儿红细胞增多症47例临床分析》指出，“采用部分换血22例，另25例经血浆、白蛋白，甚至生理盐水静脉稀释治疗，46例痊愈，1例早产儿死亡，治愈率97.9%。有关预后的研究，文中引述外国学者Black对预后随访研究，将换血疗法、稀释疗法与正常儿童对照研究，发现第一年换血与未换血病儿的大运动及神经系统异常在孩子1岁时差别不大，患儿到2岁时，实施换血疗法和稀释疗法的患者仍有25%的异常，后遗症中尤其是神经系统功能损害有时较晚出现，1岁时幼儿精细动作、语言发育明显落后，2岁时显示大运动和神经系统异常显著多于正常儿，发生率达38%，到7岁时拼读能力、计算能力、运动能力以及智商明显低于正常儿。”[3]相近的研究结论还可见于刘向乐的研究综述。[4] 2005年的研究文献指出，“已证明部分换血能增加毛细血管灌注，改善脑血流和心脏功能，但对远期结果尚未肯定”。[5] 换言之，例证2中，如果1994年当时医师采用“部分换血”治疗，患者仍然有25%的可能性发生智力尤其是语言延迟、运动发育细微动作明显功能障碍或者落后的情况。并且，当时医方长期医嘱中“输血浆25 ml/日，及其他药物用10%葡萄糖100 ml+50 ml等分二次静脉输液治疗”等内容，虽是针对患儿肺炎、黄疸、中度脱水的治疗方案，但对红细胞增多症也有一定程度的治疗作用。也就是说，即使实施换血疗法，虽然发生（智力落后、语言延迟、运动功能障碍）的

〔1〕 因“漏诊未实施换血疗法”导致患者治愈机会丧失，理论上，既可从过失行为导致损害的原因力上主张赔偿，也可以将治愈机会丧失本身作为一种独立的损害主张赔偿，但是，这两种主张都是基于有循证医学证据的统计数据来分析原因力大小或者机会丧失的比例，所以，尽管这两种主张赔偿的依据角度不同，但是在计算赔偿数额时，都回归适用比例赔偿规则，这样，既可避免沿用传统因果关系理论造成的事实上因果关系欠缺而使患方自行承担被告侵权所导致的风险，也可令被告仅就其过失行为导致的损害（减少的治愈机会的比例）赔偿，原告不会因此获得全额赔偿，体现了实体意义上的公平正义。为此，本文为突出研究逻辑重点，将“治愈机会的丧失”纳入因果关系的原因力一并分析。

〔2〕 张乐玲主编：《小儿红细胞疾病》，山东大学出版社，2008年，第374－376页；符仁义等主编：《儿童血液与肿瘤疾病》的第八章，河南科学技术出版社，2005年。

〔3〕 邱琪宝等：《新生儿红细胞增多症47例临床分析》，《新生儿科杂志》1993年第4期。

〔4〕 刘向乐综述，苏祖佑审校，《新生儿高粘血症及其对智能发育的影响》，《国外医学：妇幼保健分册》1994年第2期。

〔5〕 符仁义等主编：《儿童血液与肿瘤疾病》，河南科学技术出版社，2005年，第153页。

损害远比例证 2 中的患儿损害（脑供氧不足引起的损害）轻，但是在损害原因力的判断上应予以考量。

第三，发病病因分析与其他可能病因的排除。

除已知的医疗过失导致的损害外，如果有新的循证医学证据用以判断可能存在病因时，应当适用新证据对合理怀疑的病因进行检测。红细胞增多症发病病因研究文献指出，宫内缺氧（前置胎盘是其中情形之一）、经胎盘灌注过多、胎盘功能不全、内分泌代谢疾病（染色体异常）是最可能的病因。[1] 例证 2 中是否存在胎盘灌注过多，诊疗记录中没有记录。但是，孕妇病历记载其有风湿热病史，磺胺药物过敏，孕期合并贫血……孕期定期检查、产前中央性前置胎盘、足月，择期剖宫产。因此，除了已经推测红细胞增多症没有采取换血疗法可能引起脑部缺氧损害脑神经的原因外，有必要排除其他可能病因。患者后期检查提示“脑室周围白质软化”，这是缺血缺氧病的一种，病情发展为脑瘫，脑瘫发病原因有多种。2003 年司法鉴定结论认为，医院实施的剖宫产手术、新生儿肺炎、新生儿黄疸治疗，不存在明显过错，对患儿“尿筛查”结果正常，排除大部分先天性、代谢性疾病，认为患儿脑性瘫痪病因不明，基于目前的送检材料不能确定医院的诊疗过失行为与目前的脑瘫损害后果之间有因果关系。但是，在 2008 年的某医学会的医疗事故技术鉴定中，一方面，专家再次借用 2003 年的“尿筛查”结果排除大部分先天性、代谢性疾病，认为“脑损害确实可由多种因素引起，但医方在其新生儿早晚期及 1—2 个月内均未作影像学检查，但另一方面却指出，患儿未进一步检查染色体亚端粒重组突变（MLPA）检测等。所以仅能就目前所有证据，不支持先天性脑发育不好，无法排除患儿的脑损害与新生儿时期重型红细胞增多症有关”。本文认为，既然患者母亲孕期贫血，而贫血有导致胎儿神经功能发育异常的可能性[2]，至今还有诸多未知因素导致脑瘫，已有的尿样检测报告并没有排除所有医学已经认知到的遗传疾病种类，遗传疾病染色体异常不因患者发育而突变。根据新的循证医学证据[3]，鉴定专家既然已经有新的循证医学证据揭示“染色体亚端粒重组突变（MLPA）可对排除先天疾病作进一步检测”，就应当建议进行相关检测，或者可以“鉴定结论所依据的材料不足”为理由拒绝做出鉴定结论，法院应当对鉴定结论所依据的循证医学证据予以审查。例证 2 中，2008 年某医学会作出鉴定结论前，完全有时间和机会建议患者进行 MLPA 检测，且该检查不会对患者造成危险和任何伤害，以进一步排除或者确认可能的多个病因，进一步建议患儿进行其他病因的排除。

---

〔1〕 符仁义等主编：《儿童血液与肿瘤疾病》，河南科学技术出版社，2005 年，第 149 - 153 页。

〔2〕 张之南，李蓉生主编：《红细胞疾病基础与临床》，科学出版社，2000 年，第 130 - 142 页。提示，营养性居于巨幼细胞性贫血，严重者导致神经系统功能异常。另见，钱宁等 10 人：《母亲维生素 B_{12} 缺乏导致婴儿继发性甲基丙二酸尿症的诊断与治疗分析》，《中华围产医学杂志》2005 年第 3 期。

〔3〕 吴晔等 6 人：《不明原因智力障碍/脑发育迟缓患儿染色体亚端粒重组突变的检测》，《中华儿科杂志》2007 年 12 月。

结　　语

诊疗行为是否存在过错、过错与患者损害之间的因果关系及其原因力，是医疗侵权案件争议难点，即使法官借助专家鉴定结论或意见，对鉴定意见仍要进一步审查，要对判断诊疗行为对错所依据的循证医学证据的等级、证据效力审查，在有关因果关系和原因力的论证中，要求鉴定专家对其所依据的循证医学证据适用的方法论作出解释。

再访我国《侵权责任法》第59条：情景化、类型化与限缩性适用

赵西巨*

摘　要：《侵权责任法》第59条源于我国“医药不分家”的医疗体制，它过于注重医疗机构在“销售”医疗产品这一表征，而没有对医疗服务区别于商品销售的特性给予充分考虑。在医药尚未分离的时代，第59条具有存留价值。在医疗机构走向“医药分家”的进程中，与其狭隘地、机械地、不加区分地适用第59条从而将其演化为旧体制的“固化剂”，不如全面地、辩证地、区分地分析医疗机构的责任归属、使其细微地反映不同情形，将第59条演变为新体制产生和建立的“压力阀”和“推动器”。可通过类型化处理方式，比如医疗机构的类型化、服务商品区分的类型化、产品缺陷的类型化、医疗产品的类型化和与医疗产品有关的责任类型化，来缓解第59条对医疗服务提供者所带来的负面影响。

关键词：医疗产品责任　《侵权责任法》　第59条

在《侵权责任法》之前的“医疗事故”年代，我国司法中存在着一种将医疗产品责任与医疗侵权责任混为一体的迹象。这表现在：一是在医疗产品责任纠纷中适用医疗侵权的规则，二是在医疗产品责任纠纷中，被告医疗机构基于诊疗无过失（即不存在医疗侵权）的抗辩得不到回应和重视。比如，在邬继富与新疆维吾尔自治区建工医院、乌鲁木齐市万瑞达医疗器械有限公司纠纷[1]中，纠纷起源于原告患者通过手术安装的体内固定器断裂，应为一个产品责任纠纷。法院没有区分此案是一个产品责任纠纷还是医疗侵权（医疗技术失误）纠纷。虽然被告医院指出本案“应是医疗器械质量事故纠纷，而非医疗行为纠纷”，一审、二审法院还是对被告医院适用了最高人民法院《关于民事诉讼证据的若干规定》医疗侵权诉讼举证责任倒置的规定，推定被告医院的行为与原告患者的人身损害结果之间存在因果关系，并认定其医疗行为有过错，故对原告的人身损害结果承担民事赔偿责任。再比如，在吴进兴诉无锡市第四人民医院、无锡市三爱斯贸易有限公司因医疗器械存在缺陷致人损害一案[2]中，纠纷同样起源于医疗器械——手术中植入的金属夹板及螺栓断裂。法院明确此案为产品缺陷责任纠纷。在本案中，被告医院辩称在为原告“诊疗”的过程中没有过错，而且其作为

---

*　赵西巨：山东中医药大学法学教授，新西兰奥塔哥大学法学博士，主要研究方向为民商法学和医事法学。原文发表于《现代法学》2014年第2期，本文有增修。

〔1〕　新疆维吾尔自治区乌鲁木齐市中级人民法院（2004）乌中民一终字第960号（2004年5月17日）。

〔2〕　一审：江苏省无锡市滨湖区人民法院（2004）锡滨民一初字第1622号（2006年4月5日）（未上诉）。

医疗器械的使用单位，在使用过程中审查了经销商的相关资质，尽到了充分的注意义务。但是，法院认定两被告（包括被告医院）为产品“销售者”，即使在无过错的情况下，也有义务替代生产者（一外国医疗器械公司）先行承担赔偿责任。

在《侵权责任法》所创建的“医疗损害责任”时代，情形并没有大的改观。如果说医疗产品责任在之前被放置在了“医疗事故”范畴之中，《侵权责任法》时代下的医疗产品责任仍被置放在了医疗侵权责任之下，只不过是以另一种名字——“医疗损害责任”出现而已。如果说二者有什么不同的话，现在的医疗产品责任寄身于医疗侵权责任之下更加明确具体了。它有了具体的、单独的条文——《侵权责任法》第 59 条。该第 59 条，称之为“医疗产品责任”，成为一条颇具中国特色的条款。该条规定，“因药品、消毒药剂、医疗器械的缺陷，或者输入不合格的血液造成患者损害的，患者可以向生产者或者血液提供机构请求赔偿，也可以向医疗机构请求赔偿。患者向医疗机构请求赔偿的，医疗机构赔偿后，有权向负有责任的生产者或者血液提供机构追偿。”由此，医疗机构被拉入了医疗产品侵权损害赔偿锁链当中。本来医疗损害责任纠纷主要是两类纠纷：一类是通常的发生在诊疗领域的“医疗损害责任纠纷”；另一类是新兴的较为特殊的“侵害患者知情同意权责任纠纷”。而在我国，就民事案件的案由分类而言，由于第 59 条的存在，在第三级案由“医疗损害责任纠纷”之下，除了前述两类纠纷，又出现和增加了一类“医疗产品责任纠纷”。[1]需注意的是，关于“产品责任”，我国《侵权责任法》有专门一章，共计 7 条（第 41 条—第 47 条）。从法条上讲，医疗产品（如药品和医疗器械）是完全可以适用其规定的。

在其他法域，医疗产品侵权责任一般属于产品责任法的领地，它是产品生产者和销售者的问题，在以医疗从业者为主体的医疗侵权法或医疗损害赔偿法中很难寻到踪影。医疗产品侵权责任出现在我国的医疗损害责任法（《侵权责任法》第 7 章）中，有其特定的社会背景和政策考量，可谓别具一格。对于第 59 条，本文作者曾将其置于美国法的比较之下。[2]本文则再访第 59 条，建议对其进行情景化和类型化处理，并探寻对其进行限缩适用的可能。

本文从第 59 条产生的社会背景着手，探讨了对它的解释和适用，检讨了其存留价值。其中贯穿着对域外法的观察和比较。本文试图向读者传递的信息是：《侵权责任法》第 59 条脱胎于我国特有的医疗体制，尤其是旧有的市场主导型医疗体制，是一种偏患者救济、轻医疗服务提供者利益、重“销售”行为存在这一事实、轻医疗服务区别于商品销售的特性之考虑的立法安排。它与国际做法并不一致。在《侵权责任法》的解释适用时代，应尊重第 59 条产生的社会背景、利益权衡和政策考虑，对其进行忠实于社会政策背景的情景化解释，通过类型化处理，缓解其对医疗服务提供者所带来的负面影响，应避免使其成为旧体制的“固化剂”，而是努力使其成为当下政府主导型新医疗体制改革的“催化剂”。

---

〔1〕 最高人民法院《关于修改〈民事案件案由规定〉的决定》的通知（法〔2011〕41 号）。

〔2〕 赵西巨：《我国〈侵权责任法〉中的医疗产品责任立法之反思：以商品与服务二分法为视角》，《东方法学》2013 年第 2 期。

一、第 59 条产生的社会背景

我国的医疗体制改革肇始于上世纪八十年代，与我国的改革开放与经济体制改革几乎同步。受经济体制改革思潮的影响，初始的医疗改革并没有充分认识到医疗行业不同于其他产业的特殊性质，而是将诸多企业改革的理念和措施引入医院管理领域，充满着较多的市场经济思维和操作模式。[1]在市场经济条件下，寄希望于市场调控，政府也从改革开放之前的大包大揽的管理方式中退出，造成了医疗服务提供上政府投入、干预和责任承担的缺位。医院从单纯强调社会效益，不重视经济效益，转变为在强调社会效益的同时，重视经济效益。公立医院的趋利性渐浓、公益性淡化。

市场化医改模式造成的局面是，由于政府对公立医院投入水平过低，医院以创收来实现自我发展的压力和动力加大，曾经依靠国家财政补助的公立医疗机构转变为商业利润和自身利益最大化的追逐者。医疗机构补偿机制扭曲，医疗机构形成了"以医疗服务经营性收入补偿为主和公共财政投入补偿为辅"的复合型格局，公共财政投入占医疗机构总收入比例不到 10%。[2]医疗机构受市场利益驱动，供方诱导需求的现象严重，过度检查、"大处方"泛滥。医疗机构的业务与药品收益决定了医务人员的收入和医院的发展，成为其主要的利益驱动力。由此形成的过度供给不仅浪费了大量宝贵的医疗资源，而且影响到了医疗服务的可及性和公平性。改革开放以来医改最大的损失就是医疗行业发展方向的迷失和对宗旨灵魂的败坏以及医患关系紧张。[3]

2005 年，风向变动。市场化并非医改的方向、医改应以政府为主导、应坚持医疗卫生事业的公共品属性的声音开始强大起来并占据了主导地位。2006 年的《国民经济和社会发展第十一个五年规划纲要》强调了政府在提供公共卫生和基本医疗服务中的责任。2007 年，卫生部开始推行以政府为主导、以省为单位的网上药品集中采购办法。2008 年"新医改方案"公开向社会征求意见。2009 年国务院《关于深化医药卫生体制改革的意见》表达了"推进医药分开，积极探索多种有效方式逐步改革以药补医机制"的决心。2012 年国务院印发的《"十二五"期间深化医药卫生体制改革规划暨实施方案》承诺要"落实政府办医责任"，"扭转公立医院逐利行为"，并且再次重申，"以破除'以药补医'机制为关键环节，推进医药分开，逐步取消药品加成政策，将公立医院补偿由服务收费、药品加成收入和财政补助三个渠道改为服务收费和财政补助两个渠道。医院的药品和高值医用耗材实行集中采购。" 政府主导型医改进入实质性阶段。

---

〔1〕 卫生部、财政部、国家劳动总局 1979 年 4 月联合下发的《关于加强医院经济管理试点工作的意见的通知》[(79)卫计字第 579 号]。

〔2〕 梁鸿，赵德余：《中国基本医疗保险制度改革解析》，《复旦学报(社会科学版)》2007 年第 1 期，第 128 页。

〔3〕 周幼曼：《对我国"新医疗改革"的几点思考》，《北方经济》2010 年第 2 期，第 3 页。

目前，我国正在构建“以政府为主导、以资源配置和成本控制为核心内容”的基本医疗保障体系。正是意识到了有限的医疗资源供给与日益增长的医疗需求之间的矛盾，基本医疗保险制度将资源的有效利用、优化配置和成本控制列为核心的追求目标。这表现在诸多方面，比如，设置基本的医疗保险药品目录、诊疗项目、医疗服务设施标准、鼓励优先使用基本药物和适宜技术、推行疾病临床路径、限制使用大型医疗设备检查、限制使用高价药品、新增诊疗项目和高费用新技术等。

我国的《侵权责任法》正是酝酿产生于市场化医改模式向政府主导型医改模式转型之际。新的政府主导型医改模式推出之后，旧有的市场化操作模式仍存在惯性。我国的《侵权责任法》“医疗损害责任”一章中的规定难免烙有市场化医改模式的印记。比如，其第 63 条关于过度医疗之禁止显然是回应了新医改之前“按服务收费（fee-for-service）”体制下由不正当经济利益正面驱动所导致的医疗资源的过度消费，而没有注意到资源有限和成本控制型（cost-containment）医疗体制（如我国正在建立的基本社会医疗保险体制）下外在经济压力（如总额控制、优先考虑资源节约型医疗方案）负面驱动所引发的“医疗节制、不足或短缺”现象。另一例证便是本文所关注的第 59 条。第 59 条所反映的社会背景是：在医疗行业市场化运作模式之下，政府没有完全承担起医疗服务提供上的责任，因政府投入不足，医疗机构被迫、被容忍，甚至被鼓励转向市场通过药品买卖来弥补政府财力支持的不足。它很难适用于医疗机构已脱身药品买卖链条和事务，其功能已净化为单纯的医疗服务提供者的新医疗体制设想之下。

通常认为，我国建国以来最大的一起假药致害事件——“齐二药”案件[1]对《侵权责任法》第 59 条的出台和行文有重要影响。[2]在该案中，两审法院均据被告中山三院有偿并加价向患者提供涉案药品这一事实而认定其构成“销售者”，从而与其他被告承担连带责任。比如，广州市中级人民法院在判决书中指出：“中山三院属于涉案假药的销售者。在目前我国‘以药补医’‘以药养医’的机制下，医疗机构一方面通过药品加价的方式获取大量的收益，另一方面却不欲作为药品销售者以劣药、假药等缺陷产品对患者造成的损害承担赔偿责任，这显然于理不合，亦与权利与义务相统一之法律原则相悖。”法院同时认为，中山三院加价提

〔1〕 2006 年 4 月，位于广州市天河区的中山大学附属第三医院（“中山三院”）发现该院先后出现多例急性肾衰竭症状患者，而这些患者均使用了齐齐哈尔第二制药有限公司（“齐二药”）生产的亮菌甲素注射剂。2006 年 7 月 19 日，国务院召开常务会议，认定这些假药事件是一起因药品生产企业“齐二药”的采购和质量检验人员严重违规操作、使用假冒药用辅料制成假药投放市场并致人死亡的恶性案件。根据国家食品药品监督管理局通报，齐二药违反有关规定，将“二甘醇”冒充辅料“丙二醇”用于“亮菌甲素注射液”的生产，而二甘醇在病人体内氧化成草酸，导致肾功能急性衰竭。仅中山三院使用的亮菌甲素注射剂已造成 14 人死亡，其中 11 名受害人将中山三院、销售商“金蘅源”、“省医保”、生产商“齐二药”告上法庭，索赔总额达 2 000 万元左右。2008 年 7 月 15 日，广州市天河区人民法院判决赔偿金额为 350 万元，四被告承担连带责任。2008 年 12 月 10 日，广州市中级人民法院做出维持原判的终审结果。广州市天河区人民法院在其判决书中认定药品“亮菌甲素注射液”为假药，构成《产品质量法》上的缺陷产品。

〔2〕 杨立新，岳业鹏：《医疗产品损害责任的法律适用规则及缺陷克服：“齐二药”案的再思考及〈侵权责任法〉第 59 条的解释论》，《政治与法律》2012 年第 9 期，第 112－113 页。

供药品的行为“与药品经营企业通过卖药获得收入的销售行为虽然表现形式不同，但并无本质区别。”由此可见，之所以让医疗机构承担产品损害赔偿责任，我国司法看重的是医疗机构在产品销售链条中的商业化身份（作为药品销售者的身份），并没有对其提供医疗服务的特殊性质给予过多关注。对受害患者的救济之考虑压倒了医疗机构利益保护之需要，对“社会效果”的追逐压倒了对应有法律规则的尊重。

二、第 59 条之解释

关于医疗产品责任，我国有几位学者曾提出立法建议。比如，由王利明教授主持的“中国民法典学者建议稿及立法理由”科研项目提出：“在医疗活动中，因医疗机构使用的药品、血液、血液制品或医疗设备的缺陷造成他人损害的，适用关于产品侵权责任的规定。”同时规定，医疗机构、供血单位或者血液制品生产者能够证明自己已尽到最大的注意义务仍然无法避免损害的，不承担赔偿责任，但应当依据实际情况给予适当补偿。〔1〕杨立新教授主持的《侵权责任法草案建议稿》建议道：“药品、医疗设备、医疗器械及其他医疗用品存在缺陷，造成患者损害的，适用本法关于产品侵权责任的规定。”“用于植入或输入的人体组织、器官存在缺陷，造成患者损害的，应当承担侵权责任。医疗机构或者供应单位能够证明已采取必要检验技术并尽到合理注意义务的，不承担赔偿责任，但应当依据实际情况给予适当补偿。”〔2〕此类立法建议的一个共同特点是，将医疗产品责任视为产品责任的一部分，在行文上将医疗产品缺陷责任法与产品责任法联结起来，没有特别指明医疗机构为销售者从而承担医疗产品责任，而且特别指明在责任承担上医疗机构只承担过错责任。此类建议具有较强的弹性、包容性和普适性。它既不妨碍在医疗机构兼具医疗服务提供者和医疗产品销售者身份的体制下让其以销售者的身份去承担产品缺陷责任（从而实现目前《侵权责任法》第59 条的效果），也包容了医疗机构在摆脱掉医疗产品销售者身份的情况下不再以销售者的身份承担医疗产品责任的可能。在不同医疗体制下医疗机构“销售者”身份的有无决定了它是否承担产品责任法中的“销售者”责任。相比之下，《侵权责任法》第 59 条关于医疗产品责任的规定过于僵硬和直白。它直接将医疗机构置于医疗产品“销售者”的责任之下。它很难适用于医疗机构不再是“销售者”的情形。在后者情形出现时，它的有效性值得怀疑，可能遭受被废弃的命运。

第 59 条简单套用了产品责任法中生产者与销售者的责任分配套路。〔3〕比如，《侵权责任法》“产品责任”章第 43 条规定：“因产品存在缺陷造成损害的，被侵权人可以向产品的生

---

〔1〕 王利明主编：《中国民法典学者建议稿及立法理由·侵权行为编》，法律出版社，2005 年，第 269 - 272 页。

〔2〕 杨立新主编：《中华人民共和国侵权责任法草案建议稿及说明》，法律出版社，2007 年，第 270 - 271 页。

〔3〕 我国《侵权责任法》第五章“产品责任”部分第 41 条、第 42 条和第 43 条。

产者请求赔偿，也可以向产品的销售者请求赔偿。产品缺陷由生产者造成的，销售者赔偿后，有权向生产者追偿。”第59条和第43条所建立的均是产品生产者与产品销售者（或医疗机构）之间的不真正连带责任。[1]第59条所做的工作仅是将其中的“销售者”替换为“医疗机构”。这一机械替换导致的后果是，连真正的商业领域的销售者（如医疗产品的批发商和零售商）都给替换掉了。对真正销售商的追责，第59条已无法适用，不得不又需要回归至第43条加以适用。这又造成了第59条和第43条的并立。

立法者通过第59条所欲建立的效果尚不清晰。是将医疗机构置于真实的产品责任（无过错责任）之下，还是仅提供一个方便患者救济的机制？从归责原则的归类上看，第59条所展现的医疗产品侵权形态本身会让人直观地认为它对医疗机构适用的是无过错责任原则，但是，细究一下，对于医疗机构，它适用的仍是过错责任原则。就医疗产品来说，此条肯定的只是“生产者”对有缺陷的医疗产品的无过错责任。从法条上看，医疗机构对有缺陷的医疗产品所造成的损害承担的仍是过错责任，而不是无过错责任。血液提供机构和医疗机构对“不合格的血液”所造成的损害承担的也均是过错责任。而且，第59条只规定了医疗机构赔偿后有权向负有责任的医疗产品生产者追偿，而没有对应地规定医疗产品生产者可以向有过错的医疗机构追偿。这种单向追偿权的规定似乎向人们昭示医疗机构不同于通常的产品销售者[2]，而只是提供便利之人。

尽管第59条没有就医疗机构适用无过错责任，但这仍不能让人释然。该条所规定的医疗机构对有缺陷的医疗产品所造成的损害“最终”只承担过错责任（即“不真正”连带责任）仅是就生产者与医疗机构之间的内部关系而言的。就外部关系上而言，即就生产者和医疗机构与第三人（医疗产品使用者）的关系而言，医疗产品使用者（患者）可以选择“生产者”或“医疗机构”作为赔偿主体，医疗机构不能以其没有过错为免责事由。即使是患者一方只起诉医疗产品生产者或者医疗机构，人民法院也可能依被告的申请或必要时依职权，追加医疗机构或者医疗产品生产者为案件的当事人。[3]“生产者”和“医疗机构”被认为是承担“连带”责任。“医疗机构”被拉入了缺陷医疗产品损害赔偿链条之中，且要承担生产者赔偿不能的风险。当医疗产品侵权导致损害时，医疗机构不再是无干系的一方，它极有可能被缠入诉讼，面临着应诉成本、辨明自身“清白”的成本和生产者赔偿不能时的赔偿成本的支出。可以讲，在医疗机构身上存在着切实的承担产品责任和无过错责任的可能和风险。这使得第59条所产生的后果变得凝重起来。

我国《侵权责任法》第59条承继了“齐二药”案法院将“医疗机构”视为医疗产品“销售者”的观念。此种观念之所以在我国存在巨大市场、没有很多抵抗（包括来自医疗机构的），

---

〔1〕 杨立新、杨震：《有关产品责任案例的中国法适用——世界侵权法学会成立大会暨第一届学术研讨会的中国法报告》，《北方法学》2013年第5期，第13页。

〔2〕 王竹：《论医疗产品责任规则及其准用——以〈中华人民共和国侵权责任法〉第59条为中心》，《法商研究》2013年第3期，第61页。

〔3〕 《最高人民法院关于审理医疗损害责任纠纷案件适用法律若干问题的解释（征求意见稿）》，第4条第2款。

是因为我国旧有的、现在仍持续存在的医疗体制造成的。它回应了我国目前医疗机构"医药不分家"、医疗机构加价销售医疗产品的现状,尽管这种状况是不正常的、需要改革的和正在改革的。可以说,它是我国现有医疗体制的产物,具有现实基础。但是,比较来看,它难以堪称为一种良好的法律设计。

三、域外法的观察

就我国法意义上的"销售者"责任而言,美国《侵权法重述·第三次·产品责任编》[1]将"从事商业性销售或以其他方式分销者(one who sells or otherwise distributes)"置于产品缺陷所导致的损害赔偿责任之下。[2]"商业性销售者或分销者"包括"非生产性的销售者或分销者(nonmanufacturing sellers or distributors)"(比如批发商和零售商),它是一个与"生产商(manufacturer)"相对应的概念。"非生产性的销售者或分销者"对产品缺陷也要承担责任,即使他们自己并没有使得产品产生缺陷,不管他们是否知道或应当知道风险的存在,也不管他们是否处于避免缺陷发生的位置。[3]一旦证明,在产品销售之时或之前,处于销售链条中的前手,应该能够提供合理的替代设计或合理的警示,并且这些合理的替代设计或合理的警示能够减少原告的损害,该产品的"非生产性的销售者"就应承担设计缺陷和警示缺陷责任,而不管他们是否行使了合理的注意。[4]这些都说明了严格责任的存在。

但是,对于处方类药品和医疗器械(Prescription Drugs and Medical Devices),即那些只有经过健康服务提供者的处方才可合法销售或以其他方式分发的药品和医疗器械,情形有所不同。销售或以其他方式分发具有缺陷的处方类药品和医疗器械的生产商(manufacturer)是缺陷所致损害责任的承担主体。[5]处方类药品和医疗器械的零售商和其他分发者(retail seller or other distributor)只有在存在以下两种情形之一时才承担产品缺陷责任:(1) 在产品销售或分售之时,产品具有制造缺陷;或者(2) 在产品销售或分售之时或之前,零售商和其他分发者因未行使合理的注意(fails to exercise reasonable care),而对人身导致损害。[6]第一种情形指向的是"制造缺陷",而第二种情形言及的则是"制造缺陷"以外的缺陷,即"设计缺陷"和"警示缺陷"。也就是说,处方类药品和医疗器械的零售商和其他分销者,只

---

〔1〕 美国《侵权法重述·第三次·产品责任编》替代的是34年前的美国《侵权法重述·第二次》第402A条。它包括四章。其中,第一章规定了产品缺陷责任的规则。第一章又分为两个主题:第一个主题可以一般性地适用于所有产品,第二个主题特别规定了适用于一些特殊产品(如药品和食品)的规则。第二章规定了并非建立在产品销售时的产品缺陷之上的产品损害责任,包括违反售后警示义务和违反售后召回义务所导致的损害责任。第四章规定的是具有普遍适用性的一些规则,如产品缺陷与损害间的因果关系、抗辩事由。

〔2〕 Restatement of the Law, Third, Torts: Products Liability, § 1.

〔3〕 Restatement of the Law, Third, Torts: Products Liability, § 2, Comment o.

〔4〕 Restatement of the Law, Third, Torts: Products Liability, § 2, Comment o.

〔5〕 Restatement of the Law, Third, Torts: Products Liability, § 6(a).

〔6〕 Restatement of the Law, Third, Torts: Products Liability, § 6(e).

有在存在“过失”(即“未行使合理的注意”或违反合理注意义务)时,才对此类产品的设计缺陷和警示缺陷承担责任。之所以在此领域对其责任加以限制,是因为应允许他们信赖产品制造者的特殊专业知识、开方及治疗的医务人员以及政府的管理机构,且要考虑到病人方便地买到价格合理的处方类药品之需要。[1]这不同于一般产品的零售商和其他分销者所承担的产品设计缺陷和警示缺陷责任。

美国许多州甚至出现了一些立法,试图全面免除“非生产性的销售者或分销者”的严格责任。这主要是考虑到将“非生产性的销售者或分销者”置入产品责任诉讼中会浪费法律成本和资源。但是,为了确保原告受害人的赔偿不会因此而落空,这些立法一般规定只有在以下条件满足时才免除“非生产性的销售者或分销者”的严格责任:(1) 生产者处于原告住所地法院的管辖范围之内;(2) 生产者没有,也不可能破产。[2]即要考虑到原告救济得以实现的需要。此种立法存在两个问题。一是,如果在起诉时免除了“非生产性的销售者或分销者”的严格责任,原告可能会承担在起诉时到判决时之间生产者破产的风险,导致原告的损害无法获得赔偿。对于此,美国《侵权法重述·第三次·产品责任编》建议针对“非生产性的销售者或分销者”规定诉讼时效,以便在必要时将其拉入诉讼。[3]二是,如果产品的缺陷是由“非生产性的销售者或分销者”制造的,其应对产品的制造缺陷承担产品严格责任,而不管其是否行使了合理的注意。[4]在学术界,也有学者主张,只要产品缺陷的制造者或者其保险者是可及的和能承担判决结果的,处于销售链条中的、并没有制造缺陷的非生产商不应承担产品缺陷责任,也不应因成为诉讼一方耗费大量的费用。[5]美国法中这种将“非生产性的销售者”有条件地移出严格责任之射程的动向值得关注。

但是,不管怎么样,在美国法中,在医疗这个特殊领域,提供医疗服务时同时提供医疗产品的医院和医生并不被认为是产品的销售者(sellers)[6],从而远离了产品缺陷责任和严格责任。在美国法中,在是否适用严格责任上,有一种服务与商品二分(the sale-service dichotomy)的理论。[7]在医疗服务过程中的医疗产品使用在整体上被定性为“服务”的一附属部分,而非产品“销售”,从而适用以过错责任为原则的医疗损害赔偿法,而不是以无过错责任或严格责任为基础的产品责任法。由于是基于过错责任,在医疗服务当中,医生行使的仅

---

〔1〕 Restatement of the Law, Third, Torts: Products Liability, § 6, Comment h.

〔2〕 Restatement of the Law, Third, Torts: Products Liability, § 1, Comment e.

〔3〕 Restatement of the Law, Third, Torts: Products Liability, § 1, Comment e.

〔4〕 Restatement of the Law, Third, Torts: Products Liability, § 1, Comment e.

〔5〕 Robert A. Sachs. Product Liability Reform and Seller Liability: A Proposal for Change. Baylor Law Review, 2004(15): 1032 - 1136.

〔6〕 Restatement of the Law, Third, Torts: Products Liability, § 20 Comment d; Hector v. Cedars-Sinai Med. Ctr., 225 Cal. Rptr. 595, 599 - 600(Cal. Ct. App. 1986); Porter v. Rosenberg, 650 So. 2d 79, 82 - 83(Fla. Dist. Ct. App. 1995); Goldfarb v. Teitelbaum, 540 N. Y. S. 2d 263, 264(N. Y. App. Div. 1989); Cafazzo v. Cent. Med. Health Servs., Inc., 635 A. 2d 151, 154 - 55(Pa. Super. Ct. 1993).

〔7〕 赵西巨:《我国〈侵权责任法〉中的医疗产品责任立法之反思:以商品与服务二分法为视角》,《东方法学》2013 年第 2 期。

仅是“合理的注意和技能”，而不是就结果承担担保责任。

应该看到，在美国，对于让医疗行业和医疗从业者免于侵权法中的严格责任这一点，有些学者也颇有微词。产生这些异议的主要原因是医疗服务提供者的商业化动向，他们看到了医院从事商品销售并获得巨大赢利这一情况，并认为对医疗行业的豁免让原告患者丧失了一个有利的救济渠道。〔1〕也有些早期的法院认定医院的血液提供和产品使用是一种销售〔2〕，并得到了当时学者的支持。〔3〕但是，在美国，将医疗机构和医疗从业者排除在产品责任和严格责任之外是立法和司法的主流。许多法域不愿将产品严格责任附加在医院和医生身上。这些法域包括加利福尼亚州〔4〕、纽约州〔5〕、宾夕法尼亚州〔6〕、新罕布什尔州〔7〕、密苏里州〔8〕、佛罗里达州〔9〕、华盛顿州〔10〕、新泽西州〔11〕等。有判例表明，即使医院在手术使用医疗器械时对医疗器械额外加价了，法院也不情愿将医院定性为医疗器械的“销售者”，而是将其视为医疗服务的提供者。〔12〕再进一步讲，即使医疗服务提供者可以定性为“销售者”，但是，基于“政策(policy)”原因，法院也不会将医疗服务提供者置于产品严格责任之下。〔13〕这些“政策”原因主要与医疗服务提供者的独特性质(peculiar characteristics)，或者说医疗服务与商品销售的区别有关。〔14〕有法官甚至言道，即使医院在提供与某种医疗器械有关的服务中没有使用医疗技能或知识，仍然可以讲医院是在尽其所能为患者的治疗做一些必要的事情，也不能说其活动完全与医疗服务无关。〔15〕

在英国法中，产品缺陷所导致损害的责任主体是产品的“生产者或制造者(producer)”。〔16〕产品的“提供者(supplier)”可能承担产品责任，条件是：(1) 遭受损害的人要求提供者指明产品的生产者(不管是否仍存在)；(2) 这种要求是在损害发生后的合理时间内提

---

〔1〕 James W. Poppell. When Is A Sale, and A Product A Product? Missouri Health Care Providers and Strict Product Liability Claims. UMKC L. Rev. 1994(63): 283.

〔2〕 Jackson v. Mulenberg Hospital, 96 N. J. Super. 314, 232 A. 2d 879(1967); Cheshire v. Southhampton Hospital Association, 53 Misc. 2d 355, 278 N. Y. S. 2d 531(Sup. Ct. 1967).

〔3〕 Comment. Sale of Goods in Service-Predominated Transactions. Fordham L. Rev. 1968(37): 115 - 122(认为将服务主导型中的商品交易不定性为一种销售是法律上的虚构，它剥夺了对消费者的保护)。

〔4〕 Carmichael v. Reitz, (1971) 17 Cal. App. 3d 958.

〔5〕 Perlmutter v. Beth David Hospital, (1954) 308 N. Y. 100.

〔6〕 Cafazzo v. Central Medical Health Services, Inc., (1995) 668 A. 2d 521.

〔7〕 Royer v. Catholic Medical Center, (1999) 741 A. 2d 74.

〔8〕 Budding v. SSM Healthcare System, (2000) 19 S. W. 3d 678.

〔9〕 Russell v. Community Blood Bank, (1966) 185 So. 2d 749.

〔10〕 McKenna v. Harrison Memorial Hospital, (1998) 960 P. 2d 486.

〔11〕 Margin v. Krasnica, (1967) 227 A. 2d 593.

〔12〕 Hector v. Cedars-Sinai Medical Center, (1986) 180 Cal. App. 3d 493.

〔13〕 Cafazzo v. Central Medical Health Services, Inc., (1995) 668 A. 2d 521.

〔14〕 Cafazzo v. Central Medical Health Services, Inc., (1995) 668 A. 2d 521.

〔15〕 Hector v. Cedars-Sinai Medical Center, (1986) 180 Cal. App. 3d 493, 506.

〔16〕 Consumer Protection Act 1987(Eng), Section 2(2).

出的，而且要求遭受损害的人辨明生产者是不(合理地)符合实际的；(3) 产品提供者未能在收到请求的合理时间内指明向其提供产品的人。[1]也就是说，产品的提供者是可以通过指明向其提供产品的人(比如生产者)来避免产品责任的。产品的“提供者”指的是销售产品的人，或者，为履行法定义务而提供产品的人。[2]就药品或医疗器械来说，在英国的全民健康服务(NHS)体系当中，销售很少发生，医疗服务提供者不会是“销售”产品的人。但是，药师、医生、医疗服务提供者可能因为在全民健康服务体系中“提供”了医疗产品而成为产品的“提供者”而承担产品责任。但是，这种责任可以通过指明产品提供链条中的前手(如生产者)而简单地免除的，而且医疗服务提供者指明生产者的义务也并不是无条件的。

在英国法中，对于全民健康服务(NHS)体系之外的私人医疗来说，因医疗产品遭受损害的患者多了一条救济，即他可以以违反合同为由起诉医生。但是，如果医生提供的只是医疗服务，医生只需在服务中行使“合理的注意和技能”，除非医生对结果有过保证。如果医生在提供医疗服务中使用了医疗产品(即出现了产品与服务的混合形态)，医生在诊断、提供医疗建议和治疗的职业角色定位通常被认为是交易的主导特征，而不是将其视为销售合同。[3]这与美国法中的“服务与商品二分(the sale-service dichotomy)”理论相似。这也避免了医疗服务提供者去承担适用于商业领域的严格性质的责任。

在欧洲大陆，医疗侵权多是聚焦于医生的诊疗和信息告知领域，很难寻到医疗服务提供者承担医疗产品责任的影子。[4]在荷兰法中，尽管有学者主张应由医疗服务提供者(尤其是医院)承担医疗产品缺陷责任、担保所使用物品的质量，但这不是立法者的声音。[5]荷兰《民法典》要求制造商对其产品缺陷所致伤害承担严格责任。针对医生或医院而提起的产品缺陷责任诉讼可以被驳回，因为让制造者承担责任更合理。[6]

四、对第 59 条的检讨

我国《侵权责任法》出台之后，包括笔者在内的一些学者发出了一些对第 59 条进行反思

〔1〕 Consumer Protection Act 1987(Eng), Section 2(3).

〔2〕 Consumer Protection Act 1987(Eng), Section 46.

〔3〕 Kennedy & Grubb, Medical Law, 3rd ed., New York: Oxford University Press, 2005, p. 1613.

〔4〕 (荷)富尔，(奥)考茨欧主编，丁道勤，杨秀英译：《医疗事故侵权案例比较研究》，中国法制出版社，2012 年。

〔5〕 (荷)富尔，(奥)考茨欧主编，丁道勤，杨秀英译：《医疗事故侵权案例比较研究》，中国法制出版社，2012 年，第 185－186 页。

〔6〕 (荷)富尔，(奥)考茨欧主编，丁道勤，杨秀英译：《医疗事故侵权案例比较研究》，中国法制出版社，2012 年，第 185－186 页。

和质疑的声音。[1]第59条可能使过多的医院陷入诉累，加剧医患矛盾，而且医疗机构的追偿权有时难以实现。[2]从我国司法和后来的立法反应来观察，我国《侵权责任法》第59条将医疗机构拉入医疗产品责任法的主要现实基础是医疗机构向患者“加价销售”医疗产品，兼具了“销售者”身份。但是，它只看到了问题的一个方面，而且是一个非关键的方面。它没有意识到“(医疗)服务”与“商品/产品销售”之不同，没有很好地区分产品责任法和医疗损害赔偿法，没有精心地权衡对医疗机构科以无过错责任的利弊得失，也没有正视我国“医药分家”的医疗改革趋向。

首先，从方向上来看，第59条与我国的医疗改革动向和实践并不合拍。它是旧有的市场主导型医疗体制的反映。自2005年开始，我国已经进入了构建“政府主导型、以资源配置和成本控制为核心内容的基本医疗保障体系”的时代。尽管这种改革的成功尚需时日，也不乏阻力和冲突，但是我国目前的注重政府主导、全民覆盖、资源节约的新医疗改革符合国际上追求全民性医疗保障、注重医疗服务的公平性和可及性的医改大趋势[3]，方向是正确的，也是不可逆转的，是应得到促进和推动的。

其次，从操作层面来看，作为深化医药卫生体制改革的一部分，我国已经全面实行“以政府为主导、以省(自治区、直辖市)为单位的网上药品集中采购制度”。根据2009年卫生部、食品药品监管局、中医药局等六部门联合印发的《进一步规范医疗机构药品集中采购工作的意见》和关于《进一步规范医疗机构药品集中采购工作的意见》有关问题的说明，由政府搭建并所有的非营利性采购交易平台不仅适用于包括国家基本药物在内的各种药品之采购，而且要成为高值医用耗材、省级管理的乙类大型医用设备之采购平台。这种集中采购采取公开招标、网上竞价、专业分类、专家评议(考察安全性、疗效、副作用、企业规模、品牌知名度、企业服务等指标)、集中议价、直接挂网(包括直接执行政府定价)的方法，形成统一价格，即医药企业向省(区、市)内所有参加药品集中采购医疗机构的供应价格。县及县以上人民政府、国有企业(含国有控股企业)等所属的非营利性医疗机构，必须全部参加药品集中采购，而且鼓励其他医疗机构参加药品集中采购活动。除非有特殊情况且经过审批，各医疗机构只能购买中标(入围)药品，严禁标外采购、违价采购或从非规定渠道采购。药品集中采购制度大大减少了医疗机构在药品选择、推荐上的话语权和影响力。从某种意义上讲，采用何种药品和哪个厂家的药品是政府主导的集体智慧的结果。医疗机构很难与通常和完全意义上的“购售商”同日而语。

再次，从宏观角度看，在一个从药品的研发、生产、上市都存在着政府严格监管，即制定

---

〔1〕 杨立新，岳业鹏：《医疗产品损害责任的法律适用规则及缺陷克服：“齐二药”案的再思考及〈侵权责任法〉第59条的解释论》，《政治与法律》2012年第9期；廖焕国：《医疗机构连带承担药品缺陷责任之质疑》，《法学评论》2011年第4期；赵西巨：《我国〈侵权责任法〉中的医疗产品责任立法之反思：以商品与服务二分法为视角》，《东方法学》2013年第2期。

〔2〕 杨立新，岳业鹏：《医疗产品损害责任的法律适用规则及缺陷克服：“齐二药”案的再思考及〈侵权责任法〉第59条的解释论》，《政治与法律》2012年第9期，第119－120页。

〔3〕 顾昕：《全球性医疗体制改革的大趋势》，《中国社会科学》2005年第6期，第121－128页。

有并要求相关主体遵从药物非临床研究质量管理规范(GLP)、药物临床试验质量管理规范(GCP)、药品生产质量管理规范(GMP)和药品经营质量管理规范(GSP),药品质量的把关者应是药品研发、生产、销售企业和国家药品监督管理部门。医疗机构不应成为政府监管薄弱、企业自律不足和道德沦丧的"替罪羊"。医疗机构和医务人员有理由期望进入市场的药品是具有合理的安全性的。医疗机构及其医务人员对药品的审查义务仅限于外观审查,而不能苛求其对药品的内在质量进行深入检验和解剖。即使药品存在缺陷,医疗机构和医务人员不可能开启或制造这种不合理危险,医疗机构也无法减少和消灭这种不合理危险。因此,医疗机构及其医务人员不应承担此种可能的不合理危险所带来的法律后果。

我国的新一轮医疗体制改革已经走入实质性和实践层面。随着我国以"医药分家"为前进方向的医疗体制改革的深入,在医疗机构中药品加价销售这一做法会成为历史,医疗机构充当药品"销售者"的角色将逐渐弱化和淡去,医疗服务机构的功能将逐渐由双重趋于单一。产品责任法与医疗服务损害赔偿法之间的界限将逐渐明朗和清晰。如果没有了医疗机构"销售"产品这一层现实基础,患者为消费者从而适用产品质量和消费者权益保护方面的法律的论辩将相当脆弱。如果我国不动摇"医药分家"的改革方向,坚持医疗机构"去商业化"的努力,有理由认为我国《侵权责任法》第 59 条关于医疗产品责任的立法注定是短命的。

但是,需指出的是,我国目前司法和立法将医疗机构置于产品缺陷责任之中主要是由医疗机构存在药品销售行为这一事实或直观原因所驱动。其实,正如美国法所展现的,将医疗服务提供者剥离出医疗产品缺陷责任的最根本的原因并不在于此,而在于对医疗机构医疗产品使用行为的定性和医疗服务的特性。也就是说,不管医疗服务提供者的产品使用行为是不是"销售"行为,医疗服务不同于商品销售的基本特性足以将医疗服务提供者挡在产品严格责任之外。我国法过度关注医疗机构"销售"医疗产品这一表面事实,而忽略了对医疗服务之特性的考虑的状况值得检讨。

五、第 59 条的存续价值和适用

笔者注意到,我国"医药分家"的政策早在 2000 年就以公文的形式面世了。当年国务院办公厅转发国务院体改办等部门《关于城镇医药卫生体制改革指导意见》的通知(国办发〔2000〕16 号),就提出了实行"医药分开核算、分别管理"的目标。为了切断医疗机构和药品营销之间的直接经济利益联系,当时还提出要在逐步规范财政补助方式和调整医疗服务价格的基础上,把医院的门诊药房改为药品零售企业,独立核算。但是,十多年过去了,早已成为成熟的国际经验的"医药分离"做法在我国仍在摸索中艰难地前行,许多医院仍沉浸在通过"卖药"补贴家用的状态当中。由此可见旧体制的顽固性、强大的惯性和改革的艰巨性、复杂性。"医药分离"牵动着政府、医院和医疗保障部门的利益调整和重组。我国真正向国际做法看齐尚需时日。

如果不真正实现"医药分离"从而彻底让医疗服务提供者从医疗产品销售中脱身,至少从外观上讲,医疗服务提供者就很难摆脱承担医疗产品责任的干系,《侵权责任法》第 59 条就存在着适用的借口、理由和市场。在这种情况下，如何既让法律的既有规定（第59条）得以适用，又忠实于不从事产品“销售”就不应承担产品责任这样一条底线，将第59条对医疗机构的负面影响最小化是需要思考的一个问题。在适用第59条时，有必要考虑到医疗服务的特殊性质和医疗机构在现有医疗体制中的两难处境，在具体案件中做具体分析具体对待，不过分加重医疗机构的责任承担。与此同时，有必要发挥第59条的威慑力和正面规范功能，使其成为医疗机构“医药分离”改革乃至国家整个医疗体制改革的“推动器”，而不是旧体制的“固化剂”。

首先，在患者使用医疗产品过程中，由于医疗产品的使用是医疗服务不可分割的一部分，患者与医疗机构距离最近，且关系最直接，医疗机构当然处在了患者表达诉求和伸张正义的最前沿。但是，应当认识到，医疗产品的质量建设是一个系统工程，其中不仅包括医疗服务提供者的积极参与（如不良反应报告制度），而且包括政府部门上市前和上市后的强有力的监管，当然更离不开医疗产品研发部门和生产企业的硬实力和责任心。我国应注重每个环节的建设，包括政府层面的，并要求其承担相应的责任，而不是通过简单地将医疗机构置于医疗产品责任之下给本身已处于水深火热之中的医患关系再添一把助燃剂。与此同时，通过监管，应强化医疗产品责任承担主体——生产商和销售商——的生产经营能力和责任承担能力，以避免医疗机构在承担赔偿责任后追偿权的落空。

其次，在解释第59条时，立法者和司法者应释放并强化医疗机构在医疗产品责任中只承担过错责任这样一条信息。医疗产品责任的首要的而且主要的承担主体是医疗产品生产商。医疗机构在其中扮演的角色更多的应是提供生产商信息、辨明生产商和代为赔偿的作用。应降低患者和公众在医疗产品责任归属和承担上对医疗机构的过高期望，降低医疗机构在其中承担的过重负担。相较于美国法中的让医疗服务提供者免于医疗产品责任和英国法中的医疗服务提供者只有条件地承担“指明产品生产者”责任，不分情况地让医疗机构与生产商承担连带责任，对医疗机构来说实属负担过重。

再次，在适用第59条时，应通过区别情形和类型化等技术手段，细腻地反映具体案情，将第59条适用于较为适宜的情境，尽量减少第59条对医疗服务提供的负面影响，让其服务于并促进新医疗改革大局。在这方面，在第59条的适用上，应考虑到医疗机构的类型、商品销售在医疗机构中提供服务的必要程度、产品缺陷的类型、医疗产品的类型和与医疗产品有关的责任类型。医疗机构的类型不同、商品销售在医疗机构中提供服务的必要程度不同，适用第59条的可能性是不同的。医疗产品“缺陷”责任和与医疗产品有关的“医疗损害责任”也是不同的。产品缺陷的种类不同，医疗产品的种类不同，缺陷判定的标准和所适用的归责原则也是不同的，所传递的信息也是不同的。关于在医疗产品责任领域医疗机构的类型化和商品服务区分的类型化处理，我国学者已有涉及。[1]本文在此略述。关于产品缺陷的类

〔1〕 杨立新，岳业鹏：《医疗产品损害责任的法律适用规则及缺陷克服：“齐二药”案的再思考及〈侵权责任法〉第59条的解释论》，《政治与法律》2012年第9期，第120－121页（主张在适用第59条时区分营利性医疗机构与非营利性医疗机构，并考虑医疗产品与医疗服务联系的紧密程度）。

型化、医疗产品的类型化和与医疗产品有关的责任的类型化，我国鲜有系统的、详细的论述，本文将多着些笔墨。

(一) 医疗机构的类型化

在适用第 59 条时区分公立医院和私立医院反映了我国的这样一个现实：我国的公立医院以非营利为运营宗旨，是我国新医疗体制改革(包括“落实政府办医责任”“扭转逐利行为”“推进医药分开，逐步取消药品加成政策”)的目标群体，而私立医院营利性和市场化较强，尚未纳入到以倡导公益性为主调的政府主导型医疗体制改革中来。但笔者认为，如果公立医院和私立医院均未实现医药分家和医疗产品零加价政策，仅从姓“公”姓“私”的名分上或从是否承载着基本医疗保障之重任上来区别对待公、私立医院而适用第 59 条，说服力并不强，尽管从公共政策上考虑法律似乎更不应将肩负重任的公立医院置于产品责任风险之下。但是，如果公立医院通过新一轮医疗改革已摆脱了产品销售者身份，而私立医院仍以销售医疗产品作为其获取利润的主要手段或手段之一，在适用第 59 条对二者进行区别对待的理由则较为充分。

不过，从长远考虑，笔者对此处的公、私立医院的区分提出点保留。尽管我国目前的医疗体制改革从政策文件表达上看只限于公立医院，应该看到，“医药分家”这一要求具有明显的正面价值和普适性，它应是整个卫生事业发展的内在要求。因此，它应波及所有医疗服务提供者，包括私立医院。其实，基于医疗资源的有限性，私立医院的发展会抢夺有限的医疗资源，并加强贫富差距和不公平。如若想建立一个真正由政府主导的、以资源配置和成本控制为核心内容、以实现医疗服务提供的可及性和公平性为目标的基本医疗保障体系，大力发展针对大众的公立医疗服务和基本医疗保险制度而不是针对富人的私立医疗服务和商业医疗保险才应是发展方向。令人警觉的是，我国目前已经出现了在医疗服务的提供方面穷人利用不足(通过基本医疗保险制度)和富人过度利用(通过购买和享受各种补充医疗和商业医疗保险)的冲突和矛盾。[1]这影响了医疗服务提供的公平性。因此，在我国的新医疗体制改革中，应注重树立公立医疗服务的主导，甚至是绝对性主导地位，并通过第 59 条的适用使私立医院加入到“医药分家”的行列中来。

就公立医院来说，在适用第 59 条时，还应区分已经取消药品加价、彻底实现“医药分离”的公立医院和尚未摆脱“医药不分”、仍以“销售者”身份面世的公立医院。我国的“医药分家”改革是在试点和总结经验的基础上逐步推开的。公立医院也不是千人一面，在法律负担和待遇承受上也不应是铁板一块。就已实现“医药分家”的公立医院来说，有必要让其体验到第 59 条得以免除适用的轻松和益处，从而坚定其对新体制的信心；而对那些尚未实现“医药分家”的公立医院来讲，也应让其感受到因适用第 59 条而缠入医疗产品责任诉讼之累，从而产生“医药分家”的压力和动力。

〔1〕 梁鸿，赵德余：《中国基本医疗保险制度改革解析》，《复旦学报(社会科学版)》2007 年第 1 期，第 126 页。

（二）商品—服务区分的类型化

在适用第 59 条时考虑商品销售在医疗服务提供中的比重和必要程度有利于防止医疗机构滥用服务—商品区分理论，防止医疗机构以提供医疗服务为名行销售医疗产品之实。人们有理由认为，医疗机构的医疗产品销售在服务提供和商品销售的复合行为中的比重越大，将医疗机构视为销售者从而适用第 59 条的必要性越大，因为医疗机构有可能借助医疗服务大行医疗产品销售之道。但是，商品销售在医疗服务提供中的比重只能是考虑适用第 59 条的因素之一，不应是决定性因素。相较之下，司法者更应考虑医疗产品提供（销售）在医疗机构提供医疗服务中的必要性。如果产品提供是医疗服务必不可少的一部分，就有必要将医疗机构的行为定性为服务，从而排除第 59 条的适用。如果医疗产品的提供（销售）并非医疗服务所必需，或者说医疗机构是在提供医疗服务名义下销售医疗产品，那么医疗机构的行为便可定性为产品"销售"行为，可以适用第 59 条。此种区分有利于促使医疗机构将中心放在医疗服务的提供上，克服"医疗"活动"服务于""产品销售"的趋向。

（三）产品缺陷的类型化

产品存在"缺陷"是产品责任，包括医疗产品责任的一个核心构成要件和责任追究的起始点。关于产品"缺陷"，我国《侵权责任法》并没有对其给出定义。不过，我国《产品质量法》（2000 年）第 46 条提供了"缺陷"的定义。它系指"产品存在危及人身、他人财产安全的不合理的危险；产品有保障人体健康，人身、财产安全的国家标准、行业标准的，是指不符合该标准。"[1] 判定产品缺陷的主导性标准应是"不合理的危险"标准。产品"缺陷"通常分为制造缺陷/生产缺陷、设计缺陷和警示/指示缺陷。我国学术界对于上述分类已基本认可，但是我国立法未加以规定，我国产品缺陷的判定标准是一个单一的标准，没有区分产品缺陷的不同种类和产品的不同种类，没有灵敏地反映不同种类缺陷和不同种类产品的特点和需求，是一种单一化、一刀切的处理方式，需要改进和精细化。在此方面，美国《侵权法重述·第三次·产品责任编》很突出的一个特点是一改原先的一体化和一元化处理方式[2]，将产品缺陷做了具体分类，并根据不同种类的缺陷给出了不同的认定标准。美国法对缺陷的分类和定义似乎对我国法学理论具有重大影响[3]，在立法上有引鉴的必要。

美国《侵权法重述·第三次·产品责任编》第 2 条将产品缺陷分为制造缺陷（manufacturing defect）、设计缺陷（defective in design）和因为指示或警示不充分而产生的缺陷（defective because of inadequate instructions or warnings）。其中，"制造缺陷"是指"产品偏

[1] 具体到医疗器械缺陷，系指医疗器械在正常使用情况下存在可能危及人体健康和生命安全的不合理的风险。《医疗器械召回管理办法（试行）》第 4 条。

[2] 原有的美国《侵权法重述·第二次》第 402A 条实质上针对的只是制造缺陷，它不太适合于设计缺陷和警示缺陷领域。

[3] 高圣平：《〈中华人民共和国侵权责任法〉立法争点、立法例及经典案例》，北京大学出版社，2010 年，第 499-500 页。在介绍产品缺陷的分类时，援引了美国《侵权法重述·第三次·产品责任编》中的分类和定义。

离了设计意图，即使在该产品的制备和营销过程中已经行使了所有可能的注意。”[1]“制造缺陷”的定义排除了对当事人是否尽到注意义务的考虑。而如果一种产品所产生的可预见的损害风险(foreseeable risks of harm)可以通过一种合理的替代设计(a reasonable alternative design)得以减少或避免，而这种替代设计的缺失使得产品不具有合理安全性(not reasonably safe)时，那么该产品则存在“设计缺陷”。[2]这推出了判定“设计缺陷”的“合理的替代设计”标准。同样，如果一种产品所产生的可预见的损害风险可以通过提供合理的指示或警示(reasonable instructions or warnings)加以减少或避免，而这种指示或警示的缺失使得产品不具有合理安全性，那么该产品就存在“警示缺陷”。[3]这又简称为判定警示缺陷的“合理的指示或警示”标准。

制造缺陷是对产品设计标准或规格的背离，它通常会使“消费者的期望”落空[4]，因此使用传统的“消费者期望(consumer expectations)”标准判定制造缺陷不存在问题。但是，在判定产品缺陷方面，“消费者期望”标准并不是一个决定性的标准。设计缺陷和警示缺陷有自己不同的判定标准。

设计缺陷的判定启用的是“合理性(reasonableness)”或“风险—益处权衡(risk-utility balancing)”标准。[5]它要看一个合理的替代设计是否能够以合理的成本减少产品中可预见的损害风险，以及这样一个替代设计的缺失是否使得产品成为不合理安全之物。这就需要将可替代设计和导致损害的设计做一比较，这一比较是以合理人的视角来进行的。这非常类似于过失侵权法中所启用的传统的“合理性”标准。在决定是否存在一个合理的替代设计以及这样一个合理的替代设计是否会使产品不具有合理安全性时，需要考虑一系列相关因素，比如：(1) 可预见的损害风险的严重程度和可能程度；(2) 产品上的警示或指示；(3) 消费者期望的性质和强度；(4) 现有产品设计与可替代产品设计各自的优势和不足；(5) 替代设计对生产成本、产品寿命、产品维持、产品维修和产品美观的影响；(6) 消费者的产品选择范围大小。[6]

美国侵权法重述中警示缺陷的定义同样启用的是“合理性”标准和“风险—益处或成本—益处权衡”。在判定产品警示的充分性时，法院需要考虑一系列因素，如产品的目标用户群体的特性、语言表达的内容、可理解性和强度。[7]当存在一个“中间人(intermediary)”(即处于减少或避免损害风险之位置的人)时，关于产品的警示是通过中间人来转述还是需要直接向最终产品使用者做出这一问题，法律上并没有一般的规则，需要根据“合理性”标准来判断。这需要考虑以下因素：(1) 产品风险的严重程度；(2) 中间人将产品信息传送给最

[1] Restatement of the Law, Third, Torts: Products Liability, § 2(a).
[2] Restatement of the Law, Third, Torts: Products Liability, § 2(b).
[3] Restatement of the Law, Third, Torts: Products Liability, § 2(c).
[4] Restatement of the Law, Third, Torts: Products Liability, § 2, Comment c.
[5] Restatement of the Law, Third, Torts: Products Liability, § 2, Comment d.
[6] Restatement of the Law, Third, Torts: Products Liability, § 2, Comment f.
[7] Restatement of the Law, Third, Torts: Products Liability, § 2, Comment i.

终用户的可能性；(3) 直接向最终用户做出警示的可行性和有效性。[1]产品的警示既可以使消费者意识到产品风险的存在并通过妥善的使用或消费"减少"损害风险，也可以使消费者做出不购买或不使用产品的知情决定从而"避免"损害风险。在后一种情形中，可合理预见的产品用户和消费者在决定是否使用或消费该产品时合理地认为具有"实质性(material)"或"重要性(significant)"的风险信息即是需要警示的信息。[2]

从美国《侵权法重述·第三次·产品责任编》对产品缺陷的分类定义和相关评论来看，严格责任只无条件适用于制造缺陷，这不管生产者是否已尽了注意义务。对于设计和指示缺陷，生产者只对"可以预见的损害风险"负责，而这种风险是本可以通过采取"合理的替代设计"或"合理的指示"来避免的。三种缺陷中，只有"制造缺陷"彻底坚守了产品责任的"严格"性，它否定了生产者和销售者在产品的制备和营销过程中已经行使了所有可能的"注意"的相关性，是一个不考察当事人过错(注意义务之违反)的概念。但是，"设计缺陷"和"警示缺陷"定义中的逻辑则有所不同。"设计缺陷"和"警示缺陷"问题往往出现在产品并没有偏离"设计"(即没有制造缺陷)，但是"设计"本身，或者产品的营销(没有警示或指示)本身，使产品不具有合理安全性这样一种场合。它的规则与适用于"制造缺陷"的规则是不一样的。尽管许多法院坚持认为"设计缺陷"和"警示缺陷"所适用的标准仍然是"严格"标准，这两种缺陷的定义实际上借用的是过失侵权法中的"合理性"测试标准。[3]这表明，在设计缺陷和警示缺陷领域，法律在向过错责任归责原则靠拢。只有制造缺陷领域才是严格坚守无过错责任原则或严格责任原则的一隅。

设计缺陷和警示缺陷之不同标准的建立是有原因的。相较于制造缺陷，设计缺陷和警示缺陷是一个相对较新的领域。传统的标准和严格责任适用于新领域也未必适宜。另外，在制造缺陷领域，消费者相对无助，适用严格责任较为妥当。但是，在设计和警示缺陷领域，消费者可以通过安全的使用和消费来降低产品风险，不同标准的建立有利于促进消费者安全地使用和消费产品。

实际上，美国《侵权法重述·第三次·产品责任编》对产品缺陷的定义和对产品缺陷责任的规定是功能性的(functional)，它没有过分沉溺于对传统侵权法类型和原则的依附和纠缠。比如，美国《侵权法重述·第三次·产品责任编》第2条试图建立的是对不同产品缺陷类型的统一的、协调一致的定义。只要这些定义中的产品缺陷标准被满足了，原告可以在任何侵权类型(如过失责任或严格责任)下，甚至可在"对适销性的默示担保(implied warranty of merchantability)"名目下，提起诉讼。[4]

美国法中将严格责任只限于制造缺陷领域，而将设计缺陷和警示缺陷置于过错责任原

---

〔1〕 Restatement of the Law, Third, Torts: Products Liability, § 2, Comment i.
〔2〕 Restatement of the Law, Third, Torts: Products Liability, § 2, Comment i.
〔3〕 Restatement of the Law, Third, Torts: Products Liability, § 1, Comment a.
〔4〕 Restatement of the Law, Third, Torts: Products Liability, § 2, Comment n.

则下考虑的景象会在其他法域重现。比如,欧盟的缺陷产品责任指令[1]和英国的《消费者保护法案》[2]在定义"缺陷"时均采用了类似"消费者期望"的标准,即产品缺陷指的是产品的安全没有达到人们通常有权期望的程度。但是,在判定产品缺陷时,会考虑到诸多情形,这包括:(1) 产品投放市场的方式和目的;(2) 产品的外包装;(3) 是否存在指示或警示;(4) 产品的可合理期望的用途;(5) 产品投放市场的时间。[3]这些因素的考量很可能导致在设计缺陷和警示缺陷领域,法院会使用过失(negligence)侵权原则,进行成本—收益分析。[4]比如,如果一个产品的风险可以通过不同的设计减少或避免,在判定产品的设计缺陷时,法院定会将产品的风险与其益处做一权衡,最终的问题转换成了将含有某种设计的产品投放市场是否是"合理"的。这些导入的均是判定过失的规则。

在产品责任法(包括医疗产品责任法)精细化的过程中,我国有必要跟进这种区别不同缺陷类型适用不同判定标准的发展趋势。产品责任法所处的已经不再是严格责任一统天下的年代。制造缺陷与设计缺陷和警示缺陷不同判定标准的设置,特别是过错责任原则在设计缺陷和警示缺陷领域的浸入和渗透,对产品生产者和销售者来说无疑是一种利好。具体到我国现有的医疗产品责任法律规定,这种产品缺陷种类上的区分以及区分的效果也会使得与产品生产者承担连带责任的医疗服务提供者的责任相应减轻。由此,此种区分有利于缓解机械适用第 59 条对医疗机构所产生的负面影响。

(四) 医疗产品的类型化

1. 医疗产品与血液

我国《侵权责任法》第 59 条所建立的规则,虽然名义上或出于方便的目的称之为"医疗产品责任",但其实际上涵盖两类物品:一是医疗产品(药品、消毒药剂、医疗器械),二是血液。血液提供机构和医疗机构就"不合格的血液"所承担的侵权责任,是不是应该与医疗"产品"责任为伍以及如何解读此种"为伍",值得讨论。两者均为医疗所涉物品,但定性和规则应有所不同。

美国法明确地将"人类血液和人类组织器官"(即使是属于商业性提供的)排除在"产品"概念之外[5],从而远离了产品责任法和严格责任。"血液"的提供被视为一种"服务",从而将对血液提供者的责任追究限定在了是否违反合理注意义务上。[6]在英国法中,尽管人体组织器官和人体血液似乎符合《消费者保护法案》中的"产品"构成要件要求,但是,在英国司

---

〔1〕 Council Directive of 25 July 1985 on the approximation of the laws, regulations and administrative provisions of the Member States concerning liability for defective products(85/374/EEC), Article 6.

〔2〕 Consumer Protection Act 1987(Eng), Section 3(1).

〔3〕 Council Directive of 25 July 1985 on the approximation of the laws, regulations and administrative provisions of the Member States concerning liability for defective products(85/374/EEC), Article 6; Consumer Protection Act 1987(Eng), Section 3(2).

〔4〕 Stephen Todd(General Editor). The Law of Torts in New Zealand, 5th ed., Wellington: Thomson Reuters, 2009, p. 301.

〔5〕 Restatement of the Law, Third, Torts: Products Liability, § 19(c).

〔6〕 Restatement of the Law, Third, Torts: Products Liability, § 19, Comment c.

法中,也存在着一种“服务/货物两分(service/goods dichotomy)”的概念,医疗机构的血液提供被认为是医疗和专业技能判断的一部分,从而被认为是一种“服务”而不是货物提供。〔1〕加拿大最高法院也传递出了人体组织不是商品的信息,认定医疗服务提供者实施人工授精的合同系一份医疗服务提供合同,而非精子销售合同。〔2〕这些对人体组织和血液的特殊对待多是基于其对社会具有巨大用益以及属于不可替代物和不可或缺物的考虑。

在我国,有学者认为,输血致害适用产品责任“已无争议”,《侵权责任法》第59条将不合格血液与缺陷医疗产品并列,适用无过错责任。〔3〕血液“不合格”指的是血液具有“缺陷”,其中包括所采集、提供和使用的血液本身有害,如血液中包含致病细菌或病毒。〔4〕只要“不合格”的血液造成了患者损害,医疗机构就应当承担责任,而不能以发展风险(即依据现有科学技术不能发现和避免的缺陷)作为抗辩事由。〔5〕在血液致害责任中引入无过错责任系保护处于弱势的患者之举。〔6〕

笔者认为,仅从血液致害责任落入第59条的管辖范围并与医疗产品责任为伍这一点就读出在血液致害责任上医疗机构应承担无过错责任这一定论,有点为时过早。要在医疗机构不存在过错的情况下让其承担血液致害责任,也就是说,要让医疗机构就血液的结果(即100%的纯净)承担担保责任,就英美法来说,是行不通的,这主要是缘于医院的服务(service)提供(血液提供)不同于货物(goods)提供。〔7〕在产品责任法语境下,要让医疗机构就血液致害承担“产品”责任,其中不仅要面临血液是否为“产品”以及受病毒污染的血液是否具有“缺陷”的定性,而且要面临“发展风险”的抗辩。〔8〕根据“不合理危险”、“消费者期望”和“风险—益处权衡”此类“缺陷”认定标准,人们很难期望血液会是100%的纯净,或者期望血液提供者会不惜一切成本去消除血液中可能存在的任何瑕疵。就我国《侵权责任法》第59条而言,血液致害责任是建立在血液“不合格”的定性之上的。因“不合格血液”所产生的损害赔偿责任指向的是血站和医疗机构在血液采集和临床用血过程中“未按照有关法律、法规

〔1〕 See Dodd v Wilson [1946] 2 All ER 691.

〔2〕 ter Neuzen v Korn(1995) 127 DLR(4th) 577.

〔3〕 杨立新,杨震:《有关产品责任案例的中国法适用——世界侵权法学会成立大会暨第一届学术研讨会的中国法报告》,《北方法学》2013年第5期,第12页。不过,在后文中似乎表明,在血液致害责任中,对血液提供机构应适用过错责任归责原则,因为在第59条中,医疗机构只有权向“负有责任”的血液提供机构追偿,不“负有责任”即无过错。杨立新,杨震:《有关产品责任案例的中国法适用——世界侵权法学会成立大会暨第一届学术研讨会的中国法报告》,《北方法学》2013年第5期,第13页。

〔4〕 杨立新,杨震:《有关产品责任案例的中国法适用——世界侵权法学会成立大会暨第一届学术研讨会的中国法报告》,《北方法学》2013年第5期,第12页。

〔5〕 杨立新,杨震:《有关产品责任案例的中国法适用——世界侵权法学会成立大会暨第一届学术研讨会的中国法报告》,《北方法学》2013年第5期,第12页。

〔6〕 杨立新,杨震:《有关产品责任案例的中国法适用——世界侵权法学会成立大会暨第一届学术研讨会的中国法报告》,《北方法学》2013年第5期,第13页。

〔7〕 赵西巨:《医事法研究》,法律出版社,2008年,第165-170页。

〔8〕 赵西巨:《医事法研究》,法律出版社,2008年,第170-174页。

和规范的要求操作”而导致输血感染这一情形。[1]血液“不合格”的定性是以行为人的行为和“过错”为导向的。也就是说，我国《侵权责任法》第59条虽然触及了“不合格血液”所导致损害的责任承担，但此条并没有回答对于“合格”但仍存在污染的血液(比如因处于窗口期无法查出血液中所含病毒)所造成的患者损害如何赔偿的问题，即该条没有回应在血液提供机构和医疗机构均无过错的情况下因“合格”血液导致感染的情形。[2]因此，可以讲，我国法并没有在血液提供领域肯定无过错责任的适用。具体来说，就血液提供机构的责任而言，它是建立在考察血液提供机构是否违反注意义务之上的过错责任。同样，关于医疗机构就输入“不合格的血液”所产生的民事侵权责任，也是围绕是否违反注意义务而展开的过错责任讨论。它们均不同于医疗产品责任以及严格责任或无过错责任在其中的运用。这与域外将血液提供视为“服务”从而适用过错责任的做法是一致的。这说明，人体的“血液”不同于通常的“医疗产品”。人体的“血液”上建立的侵权责任不同于产品责任，二者利益考量和归责原则不同。

2. 非处方类医疗产品与处方类医疗产品

非处方类医疗产品与处方类医疗产品在缺陷判定标准上的区分也见于美国法。美国《侵权法重述·第三次·产品责任编》第2条的适用范围是一般产品，包括非处方药。但是，对于处方类医疗产品，美国《侵权法重述》将其挑出来单独规定了不同的规则，即第6条。此时，对于处方类医疗产品，第2条将不再适用。对于处方类药品和医疗器械的制造缺陷，在界定上与一般的产品制造缺陷定义并无二致，制造缺陷责任的承担与其他产品也没有不同，无需再述。但是，对于设计缺陷和警示缺陷，处方类药品和医疗器械拥有其自己的定义。

(1) 处方类医疗产品的设计缺陷

根据美国《侵权法重述·第三次·产品责任编》第6(c)条，处方类药品和医疗器械的“设计缺陷”指的是，“如果药品或医疗器械所产生的可预见的损害风险，相较于其可预见的疗效，系足够巨大，以致于合理的健康服务提供者在知道此种可预见的风险和疗效后不会向任何一类患者开处该药品或医疗器械，那么该处方药品或医疗器械将因设计缺陷而不具有合理安全性”。[3]也就是说，除非处方医疗产品的设计达到了一位合理的医师不会对“任何”种类的患者开处的程度，该类产品的设计不能认为具有缺陷。此定义推出的是测定处方医疗产品的设计缺陷的“合理的健康服务提供者”或“合理医生”标准。相对来说，此标准是比较

---

〔1〕 全国人大常委会法制工作委员会民法室：《〈中华人民共和国侵权责任法〉条文说明、立法理由及相关规定》，北京大学出版社，2010年，第239－240页。不过，我国在侵权法中使用了“不合格”这个行政管理味道很浓的术语。“不合格”应指“不符合标准”。它是一个严重地指向法律、法规、规范、质量标准和操作规程的概念，而不是看当事人是否违反合理注意义务。这就产生了一个问题，即在过错认定中是绝对地以标准和操作规范为准，还是只将它们作为重要参考？也就是说，过失认定判准是“合理注意义务违反”标准还是“操作规范”标准？

〔2〕 全国人大常委会法制工作委员会民法室：《〈中华人民共和国侵权责任法〉条文说明、立法理由及相关规定》，北京大学出版社，2010年，第239－242页(只谈到了在此种情形之下如何承担责任上学界与司法界的争议)。

〔3〕 Restatement of the Law, Third, Torts: Products Liability, § 6(c).

容易满足的。

处方类医疗产品设计缺陷的认定也是一个风险和疗效权衡的过程。在此定义之下，生产者只需证明，对某一类患者来说，产品的益处大于损害，因此一位合理的医生会开处此药即可，而无需证明是否存在更好的替代设计使产品变得更合理的安全。因此，处方类医疗产品设计缺陷的界定标准（益处大于损害风险）不同于一般产品（包括非处方药）的设计缺陷的界定标准（是否存在更加安全的替代设计）。由此形成了非处方药与处方药分别适用不同的缺陷测定标准（即第 2 条和第 6(c)条）的局面。

第 6(c)条背后体现的政策考量是，应该保证一种处方药向那些在医生看来属于受益群体的某类患者群体的供应。[1]只要某种处方药对某一类患者具有净益处，就应该向这些患者维持该药的可及性。应依靠医生（专业中间人）的判断来保证合适的药到达合适的患者人群当中。但是，如果在合理的专业中间人（医生）看来，某种处方药不会给任何群体的患者带来净受益，该种处方药就存在设计缺陷。

美国《侵权法重述・第三次・产品责任编》第 6(c)条的前身是美国《侵权法重述・第二次》第 402A 条评论 K——关于“不可避免的不安全产品（unavoidably unsafe products）”的评述。[2]“不可避免的不安全产品”主要是指在现有人类知识状态下就其用途来看不可能变得安全的产品。这类产品包括药品，特别是处方药、新药和试验性药物。根据评论 K，对于此类产品，只要制备适当、警示适当，考虑到其带来的社会益处，不能仅因为存在风险（已知的但不可避免的风险）就认定其存在缺陷。“不可避免的不安全产品”的生产者和销售者应免于严格责任。评论 K 有鼓励创新之意。

在旧有的美国《侵权法重述・第二次》第 402A 条之下，认定一件产品是否存在设计缺陷的标准有两个：一是消费者期望标准。[3]即一个产品是否达到了一位通常的消费者所期望的安全程度。二是风险—益处(risk-utility)标准，即权衡产品的设计风险与益处。与上述两个标准相对，美国《侵权法重述・第二次》第 402A 条评论 K 给处方药的缺陷认定提供了不同的标准，并形成了一种保护。为了促进药物创新，评论 K 实际上为处方药提供了免责（免于严格责任）机制。

尽管二者的政策考量相近，在处方药的设计缺陷认定方面，相较于美国《侵权法重述・第二次》第 402A 条评论 K，美国《侵权法重述・第三次・产品责任编》第 6(c)条有以下改进：一是，在进行风险益处平衡时，它面向的不是所有种类的患者（all classes of patients），而是某一种类的患者（any class of patients）。这就避免了尽管某一种药对某一类患者有益，但因对所有患者不一定是益处大于风险而被认定为具有缺陷从而被逐出市场这样一种局面

---

〔1〕 Restatement of the Law, Third, Torts: Products Liability, § 6(c) Comment f.

〔2〕 Restatement(2d) of Torts, § 402A, Comment K.

〔3〕 在美国的《侵权法重述・第二次》中，“缺陷产品”是指具有“不合理危险的（unreasonably dangerous）”产品 (Restatement(2d) of Torts, Section 402A)，而“不合理危险”则是指“危险程度超出了一位对产品特性拥有通常知识（ordinary knowledge）并购买产品的通常消费者（ordinary consumer）所料想的范围”[Restatement(2d) of Torts, Section 402A Comment i.]。

的产生,从而保证了某种药物对某类患者的可及性。二是,在第6(c)条下,这种风险益处平衡的主体是合理医生,而不是陪审团或法官。在判定是否存在设计缺陷时,第6(c)条依赖的是"合理医生(reasonable physician)"的判断。第6(c)条考察的中心内容是一位"合理医生"在知晓药物的风险和益处后是否会向任何一类患者开处此药。如果他会开处此药,则说明该药具有可以受益的患者群体,说明此药对该类患者来说比其他替代药物更为有益,就不应被认定为具有缺陷从而遭受被逐出市场之运。三是,在决定是否有比所涉药品设计更安全的替代设计上,评论K可能会允许陪审团或法院将所涉药品的设计与尚未得到药监部门许可、尚未上市的、试验性的、所谓"更安全的"替代设计相比较,从而认定药品存在缺陷,但是第6(c)条不允许做这种比较。第6(c)条聚焦的是一位合理医生是否会开处所涉医疗产品。医生在做决定时,当然会考虑到替代设计的风险和益处,但是含有这些替代设计的医疗产品须是已获药监部门许可的,因而是可以开处的。总之,相对于评论K,第6(c)条是一种对新药研发和上市更为有利的条款设计。

第6(c)条面世后,遭遇到了一些批评,称其对既定规则的偏离过大。此种批评既有来自于司法层面的[1],也有来自于学术界的。[2]批评的中心内容是[3]:(1)给予了处方类药品和医疗器械两个产生不合理的保护,处方类药品和医疗器械获得了不同于一般产品设计缺陷的标准("合理的替代设计"标准)的缺陷认定标准,对处方类药品和医疗设备制造商规定的产品责任低于对其他类型的被告所规定的责任要求。(2)《重述》第6(c)条所确定的药品和医疗设备的设计缺陷标准,是根据那些可以为一个患者评估产品的收益和风险的医疗工作者的选择来确定的。产品的设计者与医生不同,医生的重点在于个别的患者,而且他们在选择药品和医疗设备时受药物配方和现有医疗设备的限制。药品或医疗设备制造商所具备

〔1〕 Freeman v. Hoffman-La Roche, Inc., 618 N. W. 2d 827(Neb. 2000), 837(认为第6(c)条对法律(即第二次《重述》)的改变过于激进); Mele v. Howmedica, Inc., 808 N. E. 2d 1026(Ill. App. Ct. 2004), 1038-1039(认为相较于既定法律,第6(c)条形成了一种"根本性的改变"和"实质性的偏离"); Freeman v. Hoffman-La Roche, Inc., 618 N. W. 2d 827(Neb. 2000), 839(认为"合理医生"标准过于人为化、很难适用,且不分用益大小将所有的药品同等对待,因而缺乏弹性)。

〔2〕 See, e. g., Richard L. Cupp, Jr., "The Continuing Search for Proper Perspective: Whose Reasonableness Should Be at Issue in a Product Design Defect Analysis?", (1999) 30 Seton Hall L. Rev. 233; Teresa Moran Schwartz, "Prescription Products and the Proposed Restatement(Third)", (1994) 61 Tenn. L. Rev. 1357; Michael J. Wagner and Laura L. Peterson, "The New Restatement(Third) of Torts—Shelter From the Product Liability Storm for Pharmaceutical Companies and Medical Device Manufacturers?", (1998) 53 Food & Drug L. J. 225; George W. Conk "Is There a Design Defect in the Restatement(Third) of Torts, Products Liability?"(2000) 109 Yale Law Journal 1087(指出,第6(c)条孤立地去看某一特定产品的风险和益处,而不去考虑有无其他更安全的产品替代设计。第6(c)条对处方类医疗产品生产者所提出的合理注意程度较一般产品要小,它特别优待了一个产业领域,会冲抵掉产品责任法数十年来所做的促进产品安全的努力). 就中文文献而言,请参见[美] George W. Conk,毛玲译,姜笑校:《真正的检验标准:专利垄断市场中对药品和医疗设备采用的"可选择的更安全设计"》,《私法》第2辑第1卷,第200-258页。

〔3〕 [美] George W. Conk,毛玲译,姜笑校:《真正的检验标准:专利垄断市场中对药品和医疗设备采用的"可选择的更安全设计"》,《私法》第2辑第1卷,第200-223页。

的知识和技能与处方医生所具备的知识和技能不同。不能因为有作为中间人的具有专业知识的医生存在而免除设计者设计安全产品的义务。(3) 应当将处方药品与医疗器械区别对待。根据医疗设备的机械性本质,这种特性使该类产品更有必要适用产品责任重述第 2 条 B 款采纳的传统的可选择的更安全的设计分析方法。另外,FDA 对医疗设备的审查适用较低的标准。

但是,也有为第 6(c)条的诞生积极辩护者。[1]细究一下,第 6(c)条并没有形成对原有的评论 K 严重的偏离,而是对其进行了改善以更好地实现评论 K 之主旨。首先,第 6(c)条并没有抛弃传统的风险—益处分析方法,这种风险—益处分析被揉进了合理健康服务提供者对是否开处所涉药品的分析判断当中。第 6(c)条所涉及的关键问题是,"客观来看,合理的健康服务提供者,在知道某一药品或医疗器械的可预见的风险和益处后,是否会向某一类患者开处此医疗产品"。[2]其次,第 6(c)条也没有拒绝"更安全的替代设计"标准。第 6(c)条所涉及的风险—益处分析不是独立进行的,它要考虑有无其他更安全的替代医疗产品。第 6(c)条更加明确了处方医疗产品的设计缺陷判定是个案认定,而不是地毯式的一概豁免。第 6(c)条的好处在于它有利于鼓励对人类健康带来益处的处方产品的供应,保证其可及性。正如一位法官所言:"如果某一处方药因对某类患者有益而不被认定为缺陷产品从而被保留在了市场,这使得,在拒绝将此药提供给可能受害的患者的同时,让从中可获益的患者可以获得该处方药。"[3]关键的问题是,需要医生行使专业判断和把关让正确的药到达正确的人手中。

(2) 处方医疗产品的警示缺陷

根据美国《侵权法重述·第三次·产品责任编》第 6d 条的规定,处方类药品和医疗器械的"警示缺陷"指的是,"如果有关可预见的损害风险的合理指示或警示未向下列人员提供,一处方药或医疗器械将因指示或警示不充分而被认为是不合理安全之物:(1)处方医疗人员和其他健康服务提供者,当他们处于根据指示或警示减少损害风险的位置时;或 (2)患者,当生产商知道或有理由知道健康服务提供者不处于依据指示或警示减少损害风险的位

---

〔1〕 James A. Henderson and Aaron D. Twerski,"Drug Designs are Different"(2001) 111 Yale Law Journal 151,151 - 181. 在该文中,作者澄清到,"更加安全的替代设计"标准实际上是包容在"合理的医疗服务提供者(医生)"标准之中的。原告可以证明市场上存在更加安全的替代药品,合理的健康服务提供者会向所有种类的患者开处这一更安全的替代药品而不是被告的药品,从而证明被告药品的设计缺陷。而且,与面向所有种类的患者进行风险益处平衡相比,第6(c)条所采用的裁剪式方法(即只面向某一类患者做风险—益处权衡)有助于确保侵权法不应成为剥夺某类患者去使用对他们有益的处方药的权利的武器,而且第 6(c)条依赖作为习得中间人的医生来确保这些处方药只能向该类受益患者开处。该文有中文译本。[美] James A. Henderson,Jr. & Aaron D. Twerski,宋工译,杜颖校:《药品设计是不同的》,《私法》第 2 辑第 1 卷,第 163 - 199 页。

〔2〕 Restatement of the Law,Third,Torts: Products Liability, § 6(c) Comment f.

〔3〕 Bryant v. Hoffman-La Roche,Inc. ,585 S. E. 2d 723(Ga. App. 2003),734,Judge Andrews.

置时"[1]。根据对第 6 条的评论[2],6(d)(1)规定了传统的"习得中间人或专业中间人(learned intermediary)"[3]原则,即只有当生产商未能向健康照护的提供者警示产品的风险,它才对未尽产品风险警示义务负责。根据该评论,6(d)(2)对该传统规则设置了有限的例外,要求生产商在特定情况下向患者尽警示义务。至于"习得中间人"的规则是否适用于处方药品的直接市场营销(direct marketing)或者直接面向消费者的广告宣传(direct-to-consumer(DTC) advertising)场合,重述则无明确规定。在司法实践中,有法院认为,在药品生产商面向消费者的直接促销和营销活动对消费者的药品选择产生了强有力的影响以致处方医师作为风险评估和药物使用决定者的角色减弱或丧失殆尽时,"习得中间人"规则不再适用,药品生产商需要对消费者直接尽药品的危险警示义务。[4]因此,在适用"习得中间人"规则时,患者是否对专家(医疗服务提供者)的专业判断存在依赖是一重要考量因素。

习得中间人/专业中间人可能是开处方药的医师、指导患者用药的护士,或配方的药剂师,但通常是处方医师。法律之所以设置"习得中间人"规则,是因为:"处方药有可能是复杂的药物,在组方上使人难以理解,在效果上也千差万别。作为一位医疗方面的专家,处方医生可以考虑药物的特性和患者的过敏状况。这需要将药物的益处与潜在危险作权衡。他所做出的选择是知情下的选择,是一个个体化的医学判断,此判断是以对患者和疗法的认知为基础的。"[5]适用"习得中间人"原则的理论根据在于:(1) 法院不愿侵入医患关系;(2) 医师在向患者传送有意义信息从而确保知情同意方面具有优势地位;(3) 药品生产商在与患者直接交流方面缺乏有效的手段;(4) 处方药风险信息具有复杂性。

一般认为"习得中间人"规则是药品生产者向用户尽警示义务这一般性原则的例外。它豁免的仅是药品生产商对最终消费者的警示义务,而不是对习得中间人的警示义务。"习得中间人"必须是"习得"的。因此,处方药的制造商有义务向处方医师尽药品危险的充分警示义务。"习得中间人"规则在美国《侵权法重述·第三次·产品责任编》第 6d 条中是原则,在一般法中是例外。"原则"和"例外"的定性,只系因其所处的情景不同而已,规则本身并没有不同。

---

[1] Restatement of the Law, Third, Torts: Products Liability, § 6(d).

[2] Restatement of the Law, Third, Torts: Products Liability, § 6(d), Comment a.

[3] 还有翻译为"博学的中间人"者(美国法律研究院:《侵权法重述第三版:产品责任》,肖永平,龚乐凡,汪雪飞译,法律出版社,2006 年,第 207-208 页)或"懂行的中间人"者([美]James A. Henderson, Jr. & Aaron D. Twerski,宋工译,杜颖校:《药品设计是不同的》,《私法》第 2 辑第 1 卷,第188 页)。

[4] Perez v. Wyeth Laboratories Inc., 161 N. J. 1, 734 A. 2d 1245(N. J. Aug 09, 1999)。在该案中,新泽西州最高法院认为,直接面向消费者的药品广告改变了"习得中间人"原则的变量。适用"习得中间人"原则的理论根据和前提在向消费者的直接广告中几乎不存在。在生产商的市场营销旨在影响患者对药品的选择时,直接向消费者做药效承诺的药品生产商不应不受限制地免除其对产品的危险和副作用提供适当警示的义务。法院认为,在此种场合,医师选择决定处方药的角色已经变化,由于生产商面向消费者的直接广告的攻势以及其提供的信息的影响,患者对治疗方法的事先期望增强,有时医师不得不屈从于患者的选择和意志。

[5] Reyes v Wyeth Laboratories, 498 F 2d 1264(5th Cir 1974), 1276, Wisdom J.

有理由相信,"习得中间人或专业中间人"规则在英美法系国家中会得到青睐和推广,因为它是古老的普通法原则——"中间审查(intermediate examination)"原则[1]——的逻辑延伸。这一规则一般适用于具有高度的专业性因而只能在专家指导下才可使用的产品。在这种情况下,消费者主要会依赖"专业中间人"的判断。这一规则已经在加拿大司法中被加拿大最高法院所采用。[2]它也受到了英国学者[3]和新西兰学者[4]的垂青。

总之,由于处方类医疗产品相较于非处方类医疗产品风险较大、风险益处较为复杂,且需要医疗服务人员的专业判断的介入和干预,因此在设计缺陷和警示缺陷的判定上将二者加以区分是有正当性基础的,也是必要的和值得借鉴的。从美国法重述的文字表述看,特别是从"可预见"的损害风险、权衡"可预见"的"风险和疗效"、有关"可预见"的损害风险的"合理"指示或警示、"合理"的健康服务提供者等术语的启用来看,处方类医疗产品的设计缺陷和警示缺陷的判定运用的也是"过失"侵权法的思维,显现的也是向过错责任原则的回归。但是,相较于非处方类医疗产品,处方类医疗产品设计缺陷和警示缺陷的判定更多地邀请了处方者——医疗服务提供者(医生)——的参与。医疗服务提供者及其专业判断在处方类医疗产品设计缺陷和警示缺陷的判定中发挥着核心作用。具体讲,处方类医疗产品设计缺陷的判定有赖于医疗服务提供者对医疗产品风险益处和具体患者病情的判断和权衡,而在处方类医疗产品警示缺陷的判定中,由于医疗服务提供者往往处于从事风险和益处评估减少风险的专家位置和受信赖的位置,医疗服务提供者便成为了生产商警示义务的对象。总体来看,尽管具有一体性和相通性,相较于非处方类医疗产品,处方类医疗产品设计缺陷和警示缺陷的判定标准对产品的生产商和销售商更为有利。它充分考虑了处方类医疗产品的可及性、特性和复杂性。同样,这种医疗产品类型上的区分也会产生缓解在我国医疗产品责任法(第 59 条)下与生产商承担连带责任的医疗机构之责任的效果。

(五) 与医疗产品有关的责任类型化

我国应区分医疗产品缺陷责任法和医疗损害责任法。此处的医疗损害责任法指的狭义上的(不包括医疗产品责任)、主要专注于诊疗领域和信息告知领域、以过错责任原则为主导

---

〔1〕 Donoghue v. Stevenson [1932] AC 562. 该案系一产品责任诉讼。它在英美法中的知名度和权威性系来自于它突破了合同思维,肯定了产品生产者对消费者(第三人)的注意义务的存在,并建立了判定是否存在注意义务的"相邻"原则(neighbour principle)。在该案中,多数派法官曾言道:"如果产品的生产商以这样的一种方式销售其产品以致向人们显示他意欲使产品到达最终消费者而不给他们留下可中间察觉存在问题的合理可能性(no reasonable possibility of intermediate examination),并且该产品生产商知道在制作产品中如果不施以合理注意将会对消费者的身体或财产构成伤害,此时该产品生产商对消费者就负有行使合理注意的义务。"赵西巨:《医事法研究》,法律出版社,2008 年,第 191 - 194 页。

〔2〕 Hollis v Dow Corning Corp(1995) 129 DLR(4th) 609(Can Sup Ct).

〔3〕 Kennedy & Grubb, Medical Law, 3rd ed., New York: Oxford University Press, 2005, p. 1617.

〔4〕 Stephen Todd(General Editor), The Law of Torts in New Zealand, 5th ed., Wellington: Thomson Reuters, 2009, p. 292.

原则的医疗损害责任法。[1]医疗产品缺陷责任法和医疗损害责任法的区分可以使医疗服务提供者在某些情形之下免于产品缺陷责任的困扰。有三种情形，应当适用诊疗和信息告知领域的以过错责任为归责原则的医疗损害责任法，而不是医疗产品责任法：

一是医疗产品的选择不当和滥用。在医疗服务中，医生应对，由于专业技术或专业判断欠佳，或出于经济利益驱动，所导致的医疗产品的选择不当和滥用承担责任。不过，这种责任不是产品缺陷责任，而主要是在诊疗领域医生因违反注意义务所产生的责任，是一种医疗服务提供方面的过错责任，可以适用我国《侵权责任法》第 54 条（过错责任原则）、第 57 条（过错判定和医疗水平论）和第 63 条（过度诊疗之禁止），而不是第 59 条。

二是医疗器械置入和操作使用不当。患者遭受医疗产品所害，既可能是产品缺陷的原因，也可能是医生的医疗技术失误，如医疗器械置入和操作使用不当。这里就要区分产品缺陷责任和医生因违反注意义务而产生的在诊疗中的过错责任。前者适用医疗产品责任法律规定（《侵权责任法》第 59 条），后者则适用《侵权责任法》第 54 条（过错责任原则）和第 57 条（过错判定和医疗水平论）。

三是医生未尽医疗产品风险警示义务。医生对医疗产品的风险还有一个信息告知或警示的义务，此项注意义务的违反导致的也是一个过错责任，只不过发生在了信息告知领域，可以适用《侵权责任法》第 54 条（过错责任原则）和第 55 条（信息告知义务），而不是《侵权责任法》第 59 条。需要注意的是，此项医疗服务提供者违反告知义务的责任（过错责任）不同于药品生产商的警示缺陷责任（适用产品责任法，比过错责任严格）。即使存在“习得中间人”这样一个规则，也并不意味着医疗服务提供人员应在处方药上承担警示缺陷责任。在“习得中间人”这一规则之下，医生是否开处了药品以及是否告知了药品的信息是在医生的“过失侵权”法律构架下讨论的。[2]“习得中间人”规则仅是药品生产商警示义务的一种例外。由于“习得中间人”的存在，药品生产商向“习得中间人”尽药品风险的警示义务即可。它处理的是药品生产商与“习得中间人”在警示义务上的一种关系。它并没有处理医疗服务提供者与患者之间的关系。医师针对患者的药品风险警示更宜在医师的告知义务或知情同意法则之下进行考察。对医师违反告知义务或信息披露义务的考察适用的是同诊疗领域一样的过错责任原则。要判定医师是否违反了在医疗服务提供过程中的信息告知义务，要考虑医师是否有过错。这既要考虑合理医生之所为和行业做法，更要考虑个体患者的信息需求。这是传统的知情同意法则的一部分。

另外，我国法也应区分产品缺陷责任与产品的售后警示与召回责任。我国《侵权责任法》第 46 条规定：“产品投入流通后发现存在缺陷的，生产者、销售者应当及时采取警示、召回等补救措施。未及时采取补救措施或者补救措施不力造成损害的，应当承担侵权责任。”

---

〔1〕 杨立新建立了一个系统的学说，即医疗损害责任可分为医疗技术损害责任、医疗伦理损害责任（包括违反告知义务和违反保密义务的损害责任）和医疗产品责任，并分别适用过错责任原则、过错推定原则和无过错责任原则三种归责原则。杨立新：《医疗损害责任法》，法律出版社，2012 年。

〔2〕 Kennedy & Grubb, Medical Law, 3rd ed., New York: Oxford University Press, 2005, p. 1617.

此条规定了生产者和销售者的售后警示与召回责任，据说是借鉴外国法（特别是美国法）之举。[1] 不过，我国法的规定使用了产品投入流通后发现存在“缺陷”的字眼，其合理与否值得商榷。我国也有学者认为产品缺陷不仅包括制造缺陷、设计缺陷和警示缺陷，而且还包括“跟踪观察缺陷”（即《侵权责任法》第46条规定的未及时采取警示、召回等补救措施或补救措施不力的缺陷），并认为此四种缺陷说为我国的通说。[2]这些都很容易让人联想到产品的售后警示与召回责任是一种产品“缺陷”责任从而适用无过错责任或严格责任这一点。但是，情况并不是如此。

我国立法机关权威部门在解释我国《侵权责任法》第46条时援引了美国第三次侵权法重述之产品责任编的规定（第10条和第11条）[3]，但是我国法是否适用与其相同的规定不得而知。有必要指出的是，在美国《侵权法重述·第三次·产品责任编》中，产品缺陷责任和售后警示、召回责任是有距离的。[4]这对我国法正确解读我国《侵权责任法》第46条，其中的归责原则以及与产品缺陷责任法的关系会有些启示。在美国《侵权法重述·第三次·产品责任编》中，产品缺陷责任，即“基于销售时产品缺陷”的责任，规定在第一章，而售后警示、召回责任是一种“并非基于销售时产品缺陷”的责任，它与因“不当陈述（misrepresentation）”所导致的责任一起规定在第二章。美国《侵权法重述·第三次·产品责任编》区分了售后违反警示义务和销售时所存在的缺陷这两个方面。[5]从对售后警示、召回责任的具体规定看，它关注的是当事人是否尽到了一位合理人的注意义务，因此适用的是过错责任归责原则。这与产品缺陷责任存在较大不同。

根据美国《侵权法重述·第三次·产品责任编》第10条关于产品售后警示责任的规定，在决定是否让从事产品销售和分销的人就产品销售和分销之后销售者违反警示义务所导致的人身和财产损害承担责任时，裁判者要看“处于销售者的合理之人（a reasonable person in the seller's position）”是否会提供这种警示。[6]这种合理人或理性人标准昭示着它适用的是过错责任原则。[7]“无止境地要求对一切售后发现的风险作出警示会对产品的销售者构成无法承受的巨大负担”。[8]如果以下条件同时满足，可以认定“处于销售者的合理之人”会在售后提供这种警示：“（1）销售者知道或合理地应当知道产品对人身或财产构成了实质性的

---

〔1〕 全国人大常委会法制工作委员会民法室：《〈中华人民共和国侵权责任法〉条文说明、立法理由及相关规定》，北京大学出版社，2010年，第46页。

〔2〕 杨立新，杨震：《有关产品责任案例的中国法适用——世界侵权法学会成立大会暨第一届学术研讨会的中国法报告》，《北方法学》2013年第5期，第8页。

〔3〕 全国人大常委会法制工作委员会民法室：《〈中华人民共和国侵权责任法〉条文说明、立法理由及相关规定》，北京大学出版社，2010年，第46页。

〔4〕 对于与产品有关的产品售后警示、召回责任来说，“过失”理论仍是重要的、独立的损害赔偿理论。Restatement of the Law, Third, Torts: Products Liability, § 2, Comment n.

〔5〕 Restatement of the Law, Third, Torts: Products Liability, § 10(a), Comment j.

〔6〕 Restatement of the Law, Third, Torts: Products Liability, § 10(a).

〔7〕 Restatement of the Law, Third, Torts: Products Liability, § 10, Comment b.

〔8〕 Restatement of the Law, Third, Torts: Products Liability, § 10, Comment a.

损害风险(a substantial risk of harm)；(2) 那些可能接受警示的人可以被确定并且可以合理地假定他们并未意识到该损害风险；(3) 警示能够被有效地传送到那些可能接受警示的人，并且他们会据此采取行动；(4) 损害风险足够巨大使得课以警示负担具有正当性。”[1]因此，在决定生产者和销售者是否因违反合理人的售后警示义务而承担损害赔偿责任时，以下条件是司法者应当同时考虑的：(1) 销售者或其他分销者知道或应当知道与产品有关的风险；(2) 这种损害风险应具有实质性；(3) 那些可能接受警示的人须是可以被确定的；(4) 可以合理地假定那些可能接受警示的人并未意识到损害风险；(5) 销售者有能力有效地将警示传送至那些能据此阻止损害发生的人；(6) 那些接受警示的人能够据此有效地减少风险；(7) 损害风险足够巨大使得提供售后警示成为必要。[2]其中既有对损害风险实质性、行为人行为合理性的考虑，也有对警示可能性、必要性和警示效果(或警示与风险减少间的因果关系)的考察。美国《侵权法重述・第三次・产品责任编》区分了售后违反警示义务和销售时所存在的缺陷这两个方面。[3]当产品在销售时就存在缺陷时，产品责任即可认定，而不论是否存在合理的售后警示；原告还可同时根据产品销售时存在的缺陷和售后违反警示义务两个理由而提起诉讼。

关于产品召回责任，美国《侵权法重述・第三次・产品责任编》第 11 条规定：“从事产品销售或分销商业活动者，在下列情形下，应对销售者未能在产品销售或分销后召回产品所导致的人身或财产损害承担责任：(a)(1) 依据法律或行政法规所颁发的政府指令具体明确要求销售者或分销者召回产品；或者(2)在没有(a)(1)召回要求的情况下，销售者或分销者承诺召回该产品；和(b)销售者或分销者在召回产品方面未能像一个合理人一样行事。”[4]据此规定，召回义务的来源有两个：一是法定要求；二是自愿承诺。从第 11(b)条看，产品召回责任看的是当事人是否如合理人一样行事(即建立在“合理人”基础上的过错分析)，适用的是一种过错责任原则。美国《侵权法重述》区分了售后违反召回义务责任和销售或分销缺陷产品的责任。[5]当产品在销售时存在缺陷并导致损害，不管销售者是否在销售后采取措施追回，销售者都应承担责任。在适当的案件中，原告既可以基于产品缺陷，也可以基于被告违反售后召回义务而寻求赔偿。产品召回责任还需考虑违反召回义务与原先损害间的因果关系。[6]

[1] Restatement of the Law, Third, Torts: Products Liability, § 10(b).
[2] Restatement of the Law, Third, Torts: Products Liability, § 10, Comment c, d, e, f, g, h, i.
[3] Restatement of the Law, Third, Torts: Products Liability, § 10(a), Comment j.
[4] Restatement of the Law, Third, Torts: Products Liability, § 11.
[5] Restatement of the Law, Third, Torts: Products Liability, § 11, Comment d.
[6] Restatement of the Law, Third, Torts: Products Liability, § 11, Comment e.

医疗产品责任规则的情景化、精细化发展与第59条的限缩适用

<table>
<tr><th colspan="4">类型化和精细化处理</th><th>是否适用第59条？</th></tr>
<tr><td rowspan="4">医疗机构的类型化</td><td colspan="3">实现“医药分家”的医疗机构</td><td>第59条不适用</td></tr>
<tr><td rowspan="3">未实现“医药分家”的医疗机构（商品—服务区分的类型化）</td><td colspan="2">医疗产品提供系医疗服务之必要部分</td><td>第59条不适用</td></tr>
<tr><td rowspan="2">医疗产品的提供（销售）并非医疗服务所必需</td><td>医疗产品不存在缺陷</td><td>第59条不适用</td></tr>
<tr><td>医疗产品存在缺陷</td><td>第59条适用（产品缺陷责任）
医疗产品的缺陷认定标准（借鉴美国法）：
<table>
<tr><th rowspan="2">产品缺陷类型化</th><th colspan="2">医疗产品类型化</th></tr>
<tr><th>非处方类医疗产品</th><th>处方类医疗产品</th></tr>
<tr><td>制造缺陷</td><td>“偏离设计”标准（“消费者期望”标准）（严格或无过错责任）</td><td>“偏离设计”标准（严格或无过错责任）</td></tr>
<tr><td>设计缺陷</td><td>“合理的替代设计”标准（合理性标准或风险—益处权衡）（过错责任）</td><td>“合理的健康服务提供者（医师）”标准（过错责任）</td></tr>
<tr><td>警示缺陷</td><td>“合理的指示或警示”标准（合理性标准或风险—益处权衡）（过错责任）</td><td>“习得（专业）中间人”规则（过错责任）</td></tr>
</table></td></tr>
<tr><td rowspan="6">与医疗产品有关的责任类型化</td><td colspan="3">医疗机构非因医疗服务之必需而“销售”“缺陷”“医疗产品”（医疗产品缺陷责任）</td><td>第59条适用</td></tr>
<tr><td colspan="3">医疗产品的选择不当和滥用[医疗损害责任（诊疗领域），过错责任]</td><td>第59条不适用</td></tr>
<tr><td colspan="3">医疗器械置入和操作使用不当[医疗损害责任（诊疗领域），过错责任]</td><td>第59条不适用</td></tr>
<tr><td colspan="3">医疗服务提供者未尽医疗产品风险警示义务[医疗损害责任（信息告知领域），过错责任]</td><td>第59条不适用</td></tr>
<tr><td colspan="3">售后违反警示义务（产品责任，但非产品缺陷责任，过错责任）</td><td>第59条不适用</td></tr>
<tr><td colspan="3">售后违反召回义务（产品责任，但非产品缺陷责任，过错责任）</td><td>第59条不适用</td></tr>
</table>

六、结　　语

《侵权责任法》第59条反映了我国“医药分家”尚未到位的实然状态，它体现了立法者对医疗产品双重性的考虑以及对被认为是“弱势”消费者（患者）和占信息和专业优势的医疗服务提供者的利益的权衡。但是，它对应然状态的反映和促进不足。它过于注重医疗机构在“销售”医疗产品这一表征，而没有对医疗服务区别于商品销售的特性给予充分考虑。我国的“医药分家”改革具有艰巨性和长期性。在医药尚未分离的时代，第59条具有存留价值和现实正当性。在医疗机构走向“医药分家”的进程中，与其狭隘地、机械地、不加区分地适用第59条从而将其演化为旧体制的“固化剂”，不如全面地、辩证地、类型化地分析医疗机构的责任归属，使第59条细微地反映不同情形，将其转化为新体制产生和建立的“压力阀”和“推动器”。

既然第59条产生于“医药不分家”的体制，并在利益取舍中充满了对医疗机构“销售者”身份的考量，它的适用范围就应限定在仍以医疗服务提供者和“销售者”双重身份面对患者和公众的医疗机构，不管其是公立医院还是私立医院，特别是适用于那种并非为医疗服务所必需的产品“销售”行为。对于已经实现“医药分家”的医疗机构和产品提供确系医疗服务必要组成部分的医疗活动，第59条不宜再适用。这种适用上的限制有利于重塑第59条，使其接近“服务—商品区分”理论意欲达到的效果。

此外，即使医疗机构被置于第59条之下也并不意味着医疗机构将面临承担无过错责任或严格责任的厄运。这有赖于我国产品责任法的进一步精细化发展和类型化处理。在设计缺陷和警示缺陷领域（不管是处方类医疗产品还是非处方类医疗产品）过错责任分析方法的引入以及在处方类医疗产品的设计缺陷和警示缺陷判定方面对该类处方产品特性的特殊照顾和回应都改变了严格责任归责原则一统产品责任领域的局面。将设计缺陷和警示缺陷与制造缺陷区分开来，将处方类医疗产品与非处方类医疗产品区分开来，将医疗产品缺陷责任与医疗产品相关的、诊疗和信息告知领域的医疗损害责任区别开来，不仅是法律规则细微化发展的需要和应然要求，而且会在客观上拓展过错责任原则适用的范围，大大压缩产品生产者和销售者，进而在我国《侵权责任法》第59条下的医疗服务提供者，被置于无过错责任的可能和空间，从而缓解第59条对医疗服务提供的负面影响。

二、反思与寻源：标准不定为主因

反思1：专业法官与医学门外汉的冲突

作为侵权行为构成的要件，医疗行为的过失问题无论在医疗事故损害赔偿纠纷中，还是在一般医疗损害赔偿纠纷中，都是十分重要而困难的，这根源于医疗行为具有高度的专业性、技术性、高风险性。法院审理医疗纠纷案件难度大，需要对医疗行为是否具有过失、医疗行为与损害后果之间是否具有因果关系进行审查、认定，由于法官通常不具有医学专业知识，很难仅凭医疗机构的解释及病例资料等关键证据形成对医疗过失与否的内心确信，更谈不上达到医学专家对于医疗注意义务的一般认识程度。

反思2：法规杂而散与司法实践空白

对于医生注意义务的判断，除了医学伦理判断外，相关的规范性文件较散是法官对病历异议判断困难的一个原因。目前，专门涉及病历的规范性文件包括：《病历书写基本规范（试行）》《医疗机构病历管理规定》等，这些规定内容不全，有些内容过于原则性，从而使法官在判断的过程中面临无据可查。《侵权责任法》引入了“医疗水准”理论，其第六十条与第五十七条相呼应，反映判断医疗机构是否具有过错的标准问题。[1] 该理论早先在日本得到发展，我国理论界对其尚有研究，但对于司法实务界完全是一个新的概念，法律对其界定存在空白。作为判断“是否存在医疗过失”的标准，太过抽象，在缺少法律、规章或规范的明确规定时，具体医疗行为发生时临床医学实践中的医疗水准如何确定。

反思3：司法程序上不足与专家辅助的空缺

《侵权责任法》出台之前，鉴定专家出庭接受质询案件寥寥无几；生效之后，现有鉴定制度存废又成问题。在立法过程中，各方都呼吁立法机关在《侵权责任法》中规定基本的医疗损害责任鉴定制度，有学者表示该法对由“医疗事故责任”和“医疗过错责任”等三个双轨制构成的二元化的医疗损害救济制度[2]进行了根本性的改革，建立了一元化的医疗损害救济制度。也有学者表示《医疗事故处理条例》将随之作废[3]，但都被“实体法不规定程序法的内容”而予以拒绝，没有对医疗损害责任鉴定作出任何规定。因此，就留下了医疗损害责任鉴定制度的这个空白。

其实新医疗鉴定制度的难产还有一个深层次的原因，即鉴定主导权的问题，从司法角度讲就是如何充分保障法官独立断案的能力问题。依照或参考行业做法和专家意见是司法合理而现实的需求，然通过分析我们会发现，不论是医学鉴定，还是侵权责任法规定，问题焦点集中在一个核心议题：医疗过失标准的判断。一是在鉴定之后，法官如何发挥“证据优势规

---

〔1〕 赵明华：《医疗损害纠纷案件适用侵权责任法初探》，《人民司法（应用）》第598期，第42页。

〔2〕 杨立新：《中国医疗损害责任制度改革》，《法学研究》2009年第4期。

〔3〕 中国社科院学部委员、侵权责任法起草组核心成员梁慧星在接受媒体采访时就曾表态，随着侵权责任法的实施，条例将随之作废，医疗鉴定委员会也将成为历史。

则”来独立采信；二是如何把握“当时的医疗水平”含义及其适用规则。我们知道最终判断责任的有无乃是看其过失的有无；只要医师采取的治疗方法不违反其专业标准，就不能认定其有过失。相较于有规章等规定的具体过失，对抽象的“医疗水准”的理解，乃是司法实践中急需解决的一大难题，而该问题的解决又有其现实必要性。

首先，我国《侵权责任法》第 57 条规定：“医务人员在诊疗活动中未尽到与当时的医疗水平相应的诊疗义务，造成患者损害的，医疗机构应当承担赔偿责任。”首次明确规定了“医疗水平”，是对医疗水准理论的认可，那么将其予以规范化就是立法的趋势。

其次，目前医闹不断，医疗纠纷的解决期待新气象。在鉴定制度目前无新进展的情形下，先从立法完善入手有利于找到新途径，成为今后鉴定制度设立的突破口。

最后，也是司法独立审查医疗行为过失的需要。大陆法系国家往往依赖于专家鉴定意见，且专家鉴定意见往往是唯一的，是否存在过错的答案也是唯一的。法官依赖专家意见作出判决，当然容易给人以“医学专家”审案的印象。在采用对抗制的英美法系，合理的医生应该有什么行为，医学惯例和常规到底是什么，往往是双方争议的焦点。人们心目中认为的、似乎非常明确的“惯例和常规”，在实际案例中却往往很难发现。今后法院还需考察这些专家观点赖以建立的基础的合理性。法官在形成他的结论时应充分考虑：专家们在得出他们经得起推敲的结论时是否已经考虑了某种医疗行为相对的风险和裨益。[1] 为了使法官找到内心确信依据，实属必要。

三、探析与突围：医疗纠纷如何走通司法路径

从上文分析，可知一直以来我国都未能解决好医生过失的认定标准问题。虽然《侵权责任法》使用了“当时的医疗水平”称谓，但所涉及的医疗水准理论系舶来品。医疗水准理论在日本经历了从“绝对医疗水准”到“相对医疗水准”的发展，以医疗水准作为判断医疗纠纷中医师或医院过错的标准，已为日本学说及审判实务的共同见解。

（一）域外之借鉴

医疗水准的概念最早是由日本学者松仓丰治教授提出的，他认为医疗水准可分为两种：一种是“学术上的医疗水准”，是指研究水准或学界水准，其核心由学术界的一致认定而形成；另一种是“实践中的医疗水准”，是指经验水准或技术水准，它是医疗界普遍施行的技术。决定医疗水准的因素包括学术界的不断尝试、实践经验的积累及医疗技术设施的改善等。日本的司法判例在这一概念的基础上加以运用，形成了司法判例中医疗水准的初步理论，此后经过上百件的早产儿网膜症事件使这一理论的地位最终得到确立，成为医疗过失的抽象判断标准。日本厚生省于昭和 49 年就光凝固法专门组织了一个研究班，研究班于昭和 50 年 3 月发表研究报告对早产儿网膜症事件疗法的适当、适期、具体方法等内容作了阐述，使

〔1〕 自姚苗：《英美法对医疗过失的判定原则及对我国的启示》，《法律与医学》2007 年第 14 卷第 1 期，第 55 页。

该疗法最终在日本医疗界得以普及，法院依此在判决中对发生于研究报告发表前的事件以疗法未达医疗水准为由判定医方不存在过失，对发生于报告发表后的事件则认定该疗法已在医疗界得到普及，达到实践中医疗水准，从而医生具有依该方法加以治疗或在不具备治疗条件时进行说明的义务，不履行此项义务就认为医方存在过失，应承担法律责任。[1]

医疗水准学说的产生为医疗行为确立了一项统一标准，成为法律对医疗行为的统一规制，为较公正地解决医患纠纷起到了非常重要的作用。其要求医师在进行医疗行为时，其学识、注意程度、技术及态度均符合具有一般医疗专业水准的医师于同一情况下所应遵循的标准。但是为了更好地适应实践的需要，这一学说仍在理论与实践的发展中不断完善自身的内容，注重地区差异、医疗专业性，以及特殊情形下的医疗注意义务，也否定墨守成规的医疗习惯，通过判例逐渐确立了相对化的医疗水准理论。

(二)《侵权责任法》的重新审视

了解完日本的医疗水准理论后，笔者对我国《侵权责任法》进行再探析。《侵权责任法》第 57 条规定确定医疗过失的标准是当时的医疗水平，显然没有规定医生、医院以及地区的差别，而是适用全国统一标准[2]，这样的做法曾在草案中就争议不断。《侵权责任法草案》曾经规定了“国家标准＋差别”标准：例如第三次审议稿第 57 条第 2 款规定：“判断医务人员注意义务时，应当适当考虑地区、医疗机构资质、医务人员资质等因素。”但是在审议时删掉了差别对待的内容，理由是对于医务人员诊疗义务的判断，只能考虑时代整体医学水平的因素，而不能考虑医务人员个人的因素，否则便成为学艺不精的医师推脱责任的理由。[3] 这样的观点有失妥当，首先从域外借鉴来讲，日本的医疗水准理论经历了“绝对医疗水准”到“相对医疗水准”的发展，虽然统一了全国标准，但仍认可地区差异，美国医疗标准全国统一化的尝试，并未得到全部州的认可。其次从医疗水平现状来看，我国的医疗投入形象的比喻是“以占全球 1%的投入维持占全球 22%人口的健康”，说明整体水平不高，而且差别巨大。就拿省内讲，厦门思明区街道卫生院的医疗条件远远好于三明市内绝大多数医院，三明地区医院科班出身的医生寥寥无几，如何与厦门地区医生整体素质相比，更别说还存在硬件设施、先进诊疗方法的引入以及医生获得继续教育机会等等方面的差异，故适用统一的医疗水准出发点是好的，但缺乏实务可操作性。再则，简单引入医疗水准理论，没有配套适用的原则、规则等等，太过草率。日本的医疗水准理论经过半个多世纪来的发展，已经形成了一套独特的认定规则，国内立法专家，在侵权法制订后，并未及时参考对立法进行补充和说明。

---

〔1〕 梁慧星主编：《民商法论丛》第 9 卷，法律出版社，1998 年，第 740 - 742 页。

〔2〕 有学者认为我国《执业医师法》统一了医师执业的准入规则；卫生部出台的《医师定期考核管理办法》，明确了继续医学教育要求；中华医学会等机构提供了全国性的继续教育培训计划，为医生的知识更新提供了全国统一标准的平台；卫生部还开展了临床路径管理试点工作，为医师和医疗机构列出了临床诊断和治疗的规范路径，进而统一全国的诊疗规范。从这些情况来看，卫生行政部门也致力于医疗水平的全国标准化。因此，第 57 条规定没有规定“地域规则”，是与我国医疗体制的现状与改革方向相一致的。从这层意义上来说，应当认为第 57 条规定的医疗水平是全国性的标准，而不是某地区的地区标准。

〔3〕 王利明主编：《中华人民共和国侵权责任法释义》，中国法制出版社，2010 年，第 284 页。

最后，需要说明的是我国医疗机构医疗保险金制度还未建立和健全，过高的医疗水平要求会加重原本就能力不足的弱小医院负担，适得其反。

基于我国医疗水准立法和实务上的空白，现阶段急需通过借鉴日本的相对性医疗水准理论，对我国目前的医疗水准理论进行本土化探索，以利于司法实务上的适用。但在此，首先需明确一点即我国的医疗水准理论建立在实践的医疗水准之上。该医疗行为已被客观肯定，且被普遍化的接受，并达到期待可被一般执业医生所知悉和运用的程度，从而使之成为该医疗状况的医疗水准。

四、构建与出路：医疗水准论的司法适用

（一）司法适用应遵循的本土原则

笔者分析日本医疗水准理论，总结以下三点适用原则。

1. 社会成本节约原则

临床医学是一门经验科学，医疗行为具有损害特性，由此衍生的风险是人类的共同风险，而不是医生这个单一职业的风险，而且医疗损害往往存在“一果多因”，片面强调医方的严格责任并不利于医学的发展。如中国医疗诉讼第一案，湖北省某医院龙凤胎损害赔偿案，医院无法举证患儿脑瘫与母体病毒感染和死胎分娩史有关，也无法举证患儿脑瘫与一过性低温无关，最后医院败诉，承担高达 296 万元的经济赔偿。毋庸置疑，这样容易激起医疗的负面反应，使整个医疗行为趋向于保守性，而目前防御性医疗盛行就是最明显的表现。[1]

2. 助益原则

医疗行业或医疗行为是高风险的，医疗“产品”本身就具有“不完善性（或称瑕疵）”的特点，或者说医疗行为本身对于患者就是“二次伤害”。但是如果医疗行为目的在于挽救患者生命时，就有可能使风险行为合法化。医疗行为对患者所带来的益处越大，法律对风险漠视行为的容忍度就越高，哪怕是较大的风险。如一位医生给一位患有精神疾病的患者开了非常高剂量的药物。此种药物会导致严重的和永久性的眼部损害。但是如果不予治疗该患者会有自杀的危险，药物对患者的益处超过它所带来的风险。法院认同了医生的看法，而认定医生明显超过正常建议剂量开药的行为并不存在过失。

3. 尊重医学科学规律原则

固然现代医学技术的发展已今非昔比，然医疗活动中的多种因素的不确定性依然存在，临床的病情错综复杂，患者个体素质也是千差万别。医疗风险促使医学技术永无止境地向前发展。当医生依据现已达到一般医疗水准的治疗方法对患者加以治疗后，医学科学的进一步发展否认了对以前的治疗方法，此时就难以认定是否存在医疗过失，即医学科学发展与

---

〔1〕 再如 40 岁以下人青光眼的发病率低于二十五万分之一，因此医院不会主动作该项检查属惯例。若法律强行要求作该项检查，那么为防止一个青光眼的漏诊，需要检查至少二十五万患者，按照我国目前十元一次的收费标准，为早期发现一个该类患者，需要全社会支付二百五十万元。

法律评判上出现冲突时将如何解决的问题。适用该原则，也就意味着对于思想陈旧的习惯做法的否定，医疗机构的普遍做法不一定达到法律所要求的标准，这也有利于医学的健康发展。

(二) 规则之治：合理化限制

1. 信赖程度规则

医生——无论他情愿与否——必须依靠医生的诊疗与处断。正如里德勋爵所言："一个有被认为是专家，其从事的医疗活动是一种高度专门性的职业活动，作为外行的患者只能一理性的人，在知道他将被人信任或者他的技术或判断将被他人依赖的情况下，他有三个选择：一种是他可以保持沉默，拒绝提供资料或建议；第二种，他可以提供意见，但明确不对该意见负责或者该意见未经仔细认真考证；最后一种是他提供意见却未作任何其他声明。如果他选择最后一种，他就必须对他的意见负责，或者说他对寻求意见者负有谨慎行事的义务"。〔1〕实践中，不同患者对医生的信赖程度有所不同。实践中，对收取高额挂号费的专家门诊的信赖程度肯定高于普通医生。基于目前医疗资源分配不均衡，比起乡镇卫生所或县级医院，患者更信赖到市医院、省立医院或者首都地区的大医院就医，特别是那些在某一专业领域享有盛名的医院，我们需要对这些机构科以更重大的医疗注意义务。因此，法律在确定医疗者义务的时候必须考虑到不同患者对不同医疗者的不同信赖程度的差异。其医疗能力越大，患者信赖度越高，科以的注意义务就应越大，医疗水平层次相应越高。

2. 尊重地域性差异

笔者认为不能对《侵权责任法》第57条作片面理解，该条对于医务人员诊疗义务的判断采取的是客观判断的标准，即以医疗行为进行之时我国一般医务人员的注意能力作为判断的标准。〔2〕当然，医疗技术的普及存在着一个逐渐发展的过程，地域因素也是影响新的治疗方法开展的重要因素之一。即使在美国式的全国标准论中，医生所处的设备、辅助人员等医疗环境也是判断医生是否具有过错的因素之一。在这点上，我国目前的医疗体制似乎也支持了这一观点。例如，卫生部的《乡村医生考核办法》就乡村医生与普通的医生实行了不同的考核办法。这也表明不同地域对于医生业务水平的影响。从立法论言，可以借鉴美国式的全国标准，将医生所处的医疗环境甚至地域因素作为判断医务人员是否有过错的衡量因素之一。但在立法过程中，考虑到诊疗行为的实际情况很复杂，删掉了征求意见稿第2款。据此，有观点认为，地区等因素能否在适用本条时加以考虑，应当结合具体情况进行分析：诊疗规范要求的诊疗行为以及一些属于基本性操作的诊疗行为，不因地区不同而有差别；特定情形的医疗行为则可以包括地区等因素。〔3〕也有观点主张"在认定医务人员有无违反注意义务时，应当考虑医疗机构的客观条件及其医疗人员的平均水平，根据其实施医疗

---

〔1〕何美欢：《公众公司与股权证券》(上册)，北京大学出版社，1999年，第111页。

〔2〕王利明主编：《中华人民共和国侵权责任法释义》，中国法制出版社，2010年，第284页。

〔3〕全国人大常委会法制工作委员会民法室编著：《中华人民共和国侵权责任法解读》，中国法制出版社，2010年，第283页。

行为时所处的特定地域的医疗水准来认定”〔1〕。但是,如何从《侵权责任法》中得出医疗水平地域因素的规范依据,尚待进一步考察。毕竟,依第57条的规定,只要具备“未尽与当时的医疗水平相应的诊疗义务”和“造成损害”,医疗机构就应承担赔偿责任。若非要寻找限制其适用的规范依据,《侵权责任法》第60条第2项规定的“合理诊疗义务”或许是个突破口,即,在与该项规定的“紧急情况”相匹敌的情形,可以考虑地域因素对医疗水平的影响。至于如何为医疗水准分地区划定上,按照目前我国医院根据功能和任务分为一、二、三等的等级划分〔2〕,结合我国行政划分,三等医院参照全国标准,二等医院参照所在省级标准,一等医院参照所在市级标准为宜。

3. 承认专业性差别

应当注意的是,在同等级别的医疗机构中,具体到某一特定领域,其医疗水平有可能不一致,各医院均有自己的优势专科,医疗水平要高于同等级别医院的相同专科,因此不能不承认在同等级别的医疗机构内因科别的不同而有不同的医疗水准的存在。在我国,医疗行为分类与日本大致相同,并没有专科医师与全科医师之分,但是在大型医疗机构内,医师往往也是分内科、外科等不同的科类进行医疗行为的,可以认为,不同科类的医师专攻有所不同,对不同科类医师的注意义务和注意能力的判断自然应有所区别。

对于某一特定医疗领域内的专门医疗行为人,法律所要求的注意能力程度是相同的,以该领域的一般医疗水准,即该领域医疗行为人通常应具备的知识与技能作为判断基准。若行为人水平低于该医疗水准即可认定过失的存在,这是毫无疑问的。但是问题在于非该领域的医疗行为人在特殊情况下从事该特定领域的医疗行为时如何认定过失的存在。医师毕竟是有所专攻的,医师对患有其所专攻领域之外的疾病的病患实施医疗行为时,注意义务是否应有所区别?对于这个问题,在日本理论界和司法实践中,有持肯定意见的,认为注意义务应有所区别;也有持否定意见的,认为注意义务不应有所区别。笔者认为,由于医疗技术的日益复杂化,要求每位医疗行为人对全部领域的医学知识均精通是不现实的,行为人对其专攻领域之外的医疗行为的医疗水平自然无法与这些领域内的医务人员的医疗水平相匹配。一般而言,行为人不应从事自己专攻领域,即执业登记注册范围之外的医疗行为,但在特殊情况下行为人履行了说明义务后也可以对病患实施非其专攻领域的医疗行为,在这种情况下对其过失的判断标准自然应比照该领域内的医务人员的标准有所降低。〔3〕

---

〔1〕 奚晓明主编:《〈中华人民共和国侵权责任法〉条文理解与适用》,人民法院出版社,2010年,第410页。

〔2〕 我国一级医院:是直接面向一定人口社区提供预防、医疗、保健、康复服务的基层医院、卫生院;二级医院:是面向多个社区提供综合医疗卫生服务和承担一定教育、科研任务的地区性医院;三级医院:是面向几个社区提供高水平专科性医疗卫生服务和执行高等教育、科研任务的区域性医院。

〔3〕 在日本三宅岛上,一位眼疾患者至妇产科医师处就诊,而岛上并无专门的眼科医师,该妇产科医师要求患者到岛外专门的眼科医师处就诊,患者执意在此就诊,结果该医师未能查出患者的青光眼。东京地方法院昭和39年6月13日判决认为,对该妇产科医师不能要求与眼科医师同样的注意义务,且该医师已履行了转医说明义务,因为被害人的原因未能及时前往专门医师处就诊,致使其所患眼疾未能被及时查出,因而认定其主观上不存在过失。

4. 情势危急规则

医疗行为与其他业务活动相比具有紧急性的特点，在对病患进行急救时，医疗行为人有时在技术上不可能做出全面周到的考虑与安排，有时无法要求行为人对采取何种急救措施做出迅速决定，自难要求行为人的注意能力与平常时期相同。因而在依医疗水准判断行为人是否存在过失时，应当注意到行为人在紧急状态下能够达到的注意程度与在时间充裕的一般情形下的注意程度是肯定有差别的，在这种情况下，对行为人的注意程度的要求应有所降低。

在我国，由于设备与通常所受训练之不同，急救中心的医务人员在进行急救时自然应对其做较之非急救中心的医务人员在进行急救时更高程度的注意义务与注意能力的要求，但这也并非意味着无限制地减轻非专业急救医务人员在急救时的注意义务程度及注意能力，他们仍应以最大的注意进行急救医疗，当其无力进行急救时应尽快地将病患转诊于合适的急救医疗机构内，否则即构成"超越承担过失"。〔1〕虽然我国的急救中心未做更细地划分，但我们也应依不同的急救中心和不同的设备条件对其中的医务人员的医疗急救过失进行具体地认定，在某一急救中心无力对病患进行急救时自然应发生转诊义务，违反此义务亦构成"超越承担过失"。

5. 最善义务之履行规则

医方所为的诊疗护理行为除必须符合其专业标准所要求的注意义务、学识及技术等之外，医生所谓的判断必须是其最善，尤其是当该医师知道目前盛行的医疗方法具有不合理的危险时，法院并不以该医师之诊疗行为符合一般标准即可免责。也可以说，当医师的专业判断能力高于一般标准，而该医师又明知一般标准所要求的医疗方法屑于具有不合理的危险性时，法院对该医师的注意义务的要求高于一般标准。日本民法理论中，称为"最善之注意义务或完全之注意"。

若医生的最善判断虽异于一般的治疗方法，但对患者来说，也增加了诊疗的安全性，则当然可以适用这一法则。若医生的判断不但与传统的治疗方法有违，且还增加患者的其他危险，法院适用该原则时须非常小心，宜适用前述法则以增加医师诊疗的弹性。也即，该法则应仅适用于该最佳判断的治疗方法不增加患者危险性或该治疗方法已被认为属于"可尊重的少数"时，方可适用。

当然在实践中对于某些特定疾病而言，并不存在医疗水准，往往是因为这些疾病过于罕见，故而医学界尚未能掌握对这些疾病的诊断与治疗方法，所以无法以医疗水准判断行为人在对这些疾病进行医疗行为时是否存在过失。〔2〕在这种情况下，"医师自应本于现阶段各科医疗发展之最高条件予以诊断、治疗"。应从行为人是否尽到"最善的注意义务"的角度来

〔1〕类似于德国刑法上的超越承担过失，例如：普通外科医生明知其从未实施过开颅手术，不具备正确控制手术中的危险的能力仍敢为脑肿瘤患者实施开颅手术致病人死亡情形即属于此类，本处形象借用该概念。

〔2〕臧冬斌：《日本刑法中的医疗水准》，《环球法律评论》2008年第3期。

考虑过失的成立。同时，这种情况下的医疗行为具有尝试性的特点，因而对行为人的注意能力的要求自然应较之对普通疾病治疗时有所降低。但是行为人在不具备主、客观条件的情况下强行实施医疗行为并造成病患身体伤害时自然要追究其未尽转医义务的“超越承担过失”。

（三）司法的有序适用

对以一个医疗人员是否尽到合理注意义务标准的考察不是一个纯粹的理论演绎过程，它需要具体到医疗人员所在的具体情景和具体医疗行为，判断在特定情形下其行为是否合理。而法官自由裁量权行使，贯穿于整个司法过程。医疗诉讼的一个重要特点是，基于其专业性，法官往往会依赖医疗行业的专家意见。这一特点不会减损对医疗行为是否合理进行判断的价值和必要性。正如上文要阐明的，专家意见在法官的判决意见形成过程中并不起决定性作用，最终需由法官行使自由裁量。

医疗损害纠纷司法审判应遵循这样一个规律：事实确认——医疗水平确认——过失认定——裁判结果。医疗水平确认为重中之重，前文所阐述的原则、规则无疑为法官在判断时提供了可行的依据，建议在今后的立法或司法解释制定时予以采纳。

实践中在对医疗水平进行司法确认时，可分两步骤走：

一是医疗过失具体标准的内心确信：我国的医疗卫生管理法律、行政法规、部门规章和诊疗护理规范、常规规定医疗机构及其医务人员的基本行为规则，是对其在医疗活动中应注意义务的基本要求，因此，医疗机构及其医务人员在医疗诊治活动中只要违反了这些成文法规定的行为规则，也就应认定其有过错。

二是医疗过失抽象标准的内心确信：如果医疗机构及其医务人员在诊疗活动中没有违反医疗卫生管理法律、行政法规、部门规章和诊疗护理规范、常规，则进行第二步的认定。此时的过错认定应以医疗机构及其医务人员是否尽到应有的注意义务为标准。医务人员的注意义务应依据同类专家在当时的医疗水平确定。如其尽到了该同类专家医疗水平要求的注意义务，则为无过错；否则即为有过错，其经历一个需进行原则评判和规则是否套用问题。

上述医疗水准的具体认定问题，它经历了一个医疗行为的风险评判过程，即风险的可预见性（包含风险评判）以及和结果的可回避性（包含预防成本考量）。

风险的评判包含了风险是否可预见以及所牵涉的采取措施避免风险发生问题，在这一问题上，应把握一个时间维度，即以行为当时的知识水平去衡量，而非法官审判当时观点。预防风险成本考量体现的是这样一种思维，即医方的注意程度是与风险程度基本成正比的，在医疗领域若一种风险发生的可能性越小，所带来的后果越小，则医方有理由不去采取进一步的避免措施，除非采取该措施简单易行且经济。因此，必须面对这样的困境：一方面利用有限的资源对患者进行救治，另一方面一个合理的人是不会忽视一个风险的存在的，哪怕是一个很小的风险。

结　语

我们不能期望法官去知晓各个行业的规范和术语，特别是一些专业性较强、技术含量较高的行业（如医生、建筑师等），但我们也不能期望某一行业的执业人员远离行业标准而去"孤独地行走（plough a lone furrow）"。笔者通过综合论证，找出目前在判定医疗过失方面存在的局限性，确立了一套认定标准，笔者对此只是进行初步的探讨，以期抛砖引玉。相信随着法治进程的逐步推进，我国医疗水准理论和实践能够更加完善，并推动新的鉴定制度早日建立。

医疗损害后果发生途径与医疗过错之考量

邱云亮*

摘　要： 医疗损害是指在正常的诊疗活动中，患者因诊疗行为的干预所出现的各种不良后果。医疗损害产生的原因有医疗方面的因素也有患者方面的因素。人体是一个统一协调的有机体，通过疾病的发生、发展、转归机理的分析，来揭示损害后果、可能原因、发生机制三个模块之间的联系机理，进而能较为准确的考量损害后果和可能原因之间的关联性，通过建立考量相关原因的基本原则和方法，科学考量医疗损害后果的原因以及其原因力大小，为司法鉴定和相关的诉讼提供一定的指导或借鉴。

关键词： 医患纠纷　医疗损害　医疗过错　机理　参与度

一、医疗损害概述

近年来，由医患纠纷引发的医疗危机已成为社会各界普遍关注的热点，由医疗损害所引发的医患纠纷的有效防范及处置俨然是一个世界性的难题。我国对医疗损害(malpractice)的定义是：患者在诊疗活动中，由于医疗机构及其医务人员的过错而受到损害，对此，医疗机构承担赔偿责任。美国对医疗损害的定义是：在医疗活动中发生的与预期相反的医疗保健事件。[1] 笔者认为，上述定义或概念均有失偏颇，就我国对医疗损害的定义而言，仅仅将医疗损害定位为医务人员的过错是不妥的，实际上，绝大部分诊疗行为都会对患者的身体造成伤害，不论该诊疗行为是否存在过错，如，外科切除胃部肿瘤，完全合乎规范的外科手术也必然会对患者身体造成一定的伤害，这种伤害理论上也是医疗损害；美国将医疗损害定义为与预期相反的结果，该定义认为只要是合规的医疗行为一定会使患者的身体状况向好的方向发展，但这只能是一个好的愿望，完全合规且最佳的诊疗行为(当前医学水平下)有时也不能阻止病情的发展恶化。据此，笔者将医疗损害定义为：医疗损害是指在正常的诊疗活动中，患者因诊疗行为的干预所出现的各种不良后果。

由医疗损害所引发的纠纷通常称为“医患纠纷”，在司法领域，进入诉讼程序的案件就称为“医疗损害案件”。由医疗损害引发的医疗诉讼常常使医方成为被告，甚至受到“医疗暴力”侵扰和威胁的事件也时有发生，更有个别医生因“医疗暴力”事件而伤亡。实际上在医疗

* 邱云亮：南京森林警察学院刑事科学技术系教师，司法鉴定人，南京医学会医疗事故鉴定专家库成员，东大-东南司法鉴定联合研究中心特聘技术顾问。

〔1〕 邱云亮：《手术并发症发生因素与医疗过错鉴定》，《中国司法鉴定》2014 年第 32 卷第 1 期，第 168 -171 页。

吻合术后出现吻合口瘘等;还可能是不当的医疗行为所致,如处理肩难产时手法不当可能会造成新生儿臂丛神经损伤等;这些都是诊疗行为引起并发症的典型案例。自身疾病的发展也会产生并发症,如肠梗阻导致小肠坏死等。理论上并发症的发生原因是多方面的,实务中主要与手术有关。

3. 继发症的转归

继发症继发症也称续发症,是指与原发疾病相继发生的疾病,在原发病的发生、发展过程中,由于机体的统一性、脏器间的相关性、病情扩展以及内环境失衡而累及其他脏器发生的病变,该病变与原发病有一个明确的因果关系。例如:慢性支气管炎随着病情的发展引起阻塞性肺气肿,由于心肺功能的紧密联系,最终导致肺心病,此时肺心病就可称为慢性支气管炎的继发症。其与并发症主要区别在于:并发症多发生在同一个脏器,继发症是原发病变脏器之外的其他脏器(甚至不属于同一个系统)。有时二者也有交叉现象,此时将二者绝对区分开来较为困难。

4. 其他兼症

目前,除上述所提及的并发症、继发症外,医学上还有合并症的提法。合并症是指合并发生几种疾病,而这几种疾病间没有因果关系,例如糖尿病合并乙型肝炎、妊娠合并原发性高血压等,可见合并症本质上是原发性疾病。按照常规,医学上将原发病意外的合并症、并发症、继发症统称为"兼症"。因此,为方便分析起见,有合并症存在时,可以将其按照多个原发病进行对待。

(三) 原因与机理的关系

由上文可知,发生机制是由原发基础疾病和医疗行为等多种可能的原因引起的,是各种不同的原因通向损害后果的几条共同途径。随着医学水平的进步和发展,单纯由自身疾病或医疗行为等单一原因所引起损害后果的情况已大为减少,大多是多因素所致,区别只是对最终损害后果的影响程度不同。以往对原因进行分析时,思维比较局限,缺乏发生机制这个有机联系的理念,往往难以得出真正的原因。

在对发展、转归机制进行分型后,可以将复杂多变的疾病发生情况归结到一条或几条简单的途径中来,有助于科学而又简便地判断出疾病的发展及转归过程(途径),从技术层面上有助于判断损害后果、可能原因、发生机制这三个考量模块之间的联系及联系的紧密程度,进而也能够解决法律层面的问题,有着一定的现实意义。毋庸置疑,在明确机制的前提下,作为司法鉴定人就比较容易判断出患者的目前状况是由于什么原因所导致,是单一的原因还是多个原因?多原因中是其中的一个原因起作用,还是多原因共同发挥作用,单一原因相对比较容易判断,就是在多原因并存的情况下,以发生机制结合其他情况也能相对准确地判断出各原因的原因力大小。

笔者举一个在鉴定工作中遇到的案例:某医院对一罹患食管癌(早期)的患者(男性,59岁)实施电视胸腔镜联合腹腔镜食管癌根治术,手术过程顺利,因禁食的需要,医方采取在肠道内插管输入营养剂,在第一次注入营养剂时,患者已有明显的腹痛反应,医方认为是正常的术后反应没有重视,此后,按时定量注入营养剂,每一次患者均有严重的腹痛不适,三天后患者腹胀如鼓，由于没有在腹腔内仿制引流管而不明原因，CT 检查提示患者腹腔内有大量液体，经开腹探查始发现大量液体系患者肠道插管脱落导致营养剂漏入腹膜腔所致，此时患者已发生严重腹膜炎。经生化检验，患者的肝肾功能已严重损害，全身机体状况极差。七天后发生食管胃吻合口瘘引起肺脏感染，最终二十天后因呼吸衰竭而死亡。为此医患双方产生纠纷诉至法院。为此，法院委托鉴定机构进行医疗损害的鉴定，鉴定机构的鉴定人员对该案进行了内部讨论后，形成了两种观点：一种观点认为，医方腹腔内未放置引流管有过错，但患者的死亡损害后果系食管胃吻合口瘘导致的肺部感染而引起的呼吸功能衰竭所致，而食管胃吻合口瘘是该类手术常见的、难以避免的并发症，据此认为患者的死亡与医方的过错行为之间没有必然的联系，按照目前的法律关系逻辑判断，医方不承担责任。第二种观点认为，医方腹腔内未放置引流管，是未能及时发现营养管脱落导致营养液漏入腹腔内的主要原因，因未能及时发现而导致腹膜炎的发生，进而损害了患者肝肾等重要脏器的功能，因人体为一有机的统一体，在身体状况较差的情况下，患者的免疫力及自身的修复能力均大大下降，必然会导致食管胃吻合口愈合不良，吻合口瘘的发生已经不是简单的并发症，而成了必然发生的不良后果，因此，医方不但有过错，且过错的医疗行为与吻合口瘘有必然的因果关系，进而与死亡后果之间也存在着关联性，医方应承担主要责任。笔者赞同第二种观点，笔者认为第一种观点思维较为单一，问题主要是没有认识到食管瘘的发生机理和患者的身体状况休戚相关，而仅仅关注到了手术并发症的发生。因此发生机制的分析要具有联系的观点、发展的观点，才能得出科学的结论。

三、医疗过错的考量

（一）医疗过错评判依据

按照司法鉴定的以往做法，主要按照《中华人民共和国侵权责任法》中专列“医疗损害责任”章节的特别规定，以及诸如《临床诊疗指南》《临床技术操作规范》《医疗护理技术操作常规》《临床疾病诊断依据治愈好转标准》和“教科书”等来判断医疗过错。笔者认为，仅判断出是否存在医疗过错还是不够的，医学科学的专业性和诊疗行为的多样性和实践性，决定了医疗过错的复杂性。上述的规范性的依据判定医疗过错存在一定的局限性。第一，法律规范本身过于抽象导致其不便操作。第二，技术规范和教科书虽然其科学性、指导性很高，权威性、可操作性也很强，但其强调的是医疗行为的规范性，是指导医务工作者如何科学、合理的实施其医疗行为。第三，目前的依据确能准确判断一部分医疗行为是否有过错，但存在复杂“兼症”的案件时，判断医疗行为和损害后果之间是否存在因果关系仍然存在着缺陷。

据上，笔者认为，医疗过错的评判依据是各种指导性规范（包括法律规范和技术规范）结合损害后果的机理分析过程。这样的评判依据才是科学的、合理的，也才是符合医学的实践性、探索性及未知性规律的。

(二) 医疗过错评价指标

1. 预见能力

通常,疾病只有在明确诊断前提下,才能有准确的预见,只有准确的预见才能采取科学规范的防范。笔者对在实务中所接触到的医疗损害案件进行统计,因误诊发生纠纷的案例很少,大部分为预见不及时和防范措施不到位所引起。如果应当预见而未能预见,则说明医务人员未能尽到结果预见义务而构成医疗过错。预见性是建立在医者的医学理论知识水平上,只要经过正规医学院校学习、培训的有资质的医师,其对医学基本理论通常都是知晓的,他们的差距更多地体现在动手能力上。作为一个具有资质的医师,对于教科书、临床诊疗指南以及权威的外科学专著的理论已能全部涉及,属于基本理论之一。差别表现为经验是否丰富、动手是否熟练以及处理措施是否得当等方面上。比如说,一个通晓医学基本理论的人,实际上他的动手操作能力极差,他也许从来没有为他人实施过手术治疗,但是他知道某种手术可能会导致什么样的并发症。据此,笔者建议:预见能力应当采用严格的"医学水平"标准。但应注意,该标准是指在现时条件下临床实践中医学科学的基本原理,不包括医学期刊或者医学循证网站上的学术论文或学术探讨,更不应包括存在争议的学术观点。这和英美法系"合理的专家" 标准有着相近似的含义。

2. 医疗阻断措施及能力

预见是阻断的前提,阻断是目的。通常,就医者所追求的目标和医方的诊疗义务是相一致的,那就是祛除疾病,恢复健康。如上文所述,疾病的发展转归到损害后果的发生,理论上都存在一条或几条病理生理途径(机制),在医疗过错的判断时可以考量医方是否采取了科学合理的措施进行疾病发展途径的阻断。阻断能力类似于常说的治愈率。这种阻断能力的评价要按照"原发疾病"和"兼症"进行分类,具体可以分为:① 对疾病直接发展转归型的阻断能力;② 对并发症型的阻断能力;③ 对继发症型的阻断能力;④ 对混合型的阻断能力。不同的类型对医方能力的要求是不同的,即疾病医治的难易程度存在着差别,就是同一类型,疾病的不同医治的难易程度有时也存在着很大的差别,在进行医疗损害案件的鉴定时需要区别对待。无论如何,阻断措施是否采取,阻断措施是否科学,应成为判断医疗过错的重要指标。此时,阻断效果仅能作为参考因素进行参照,而不能作为判断医疗过错的主要依据,甚至是根据。在实务中,患方常常是以此作为索赔的理由和根据的。医疗损害鉴定对此情况要引起重视和注意。

同预见能力一样,医疗阻断能力也要有相应的判断标准。阻断能力更多体现的是医者的采取措施的能力(当然需要医学理论的支撑),也就是国内很多法律、法规及诊疗规范中所谈到的"医疗水平"(或者相类似的用语),我国目前在认定医疗技术过错时采用的是当时的"医疗水平"标准,而不是"医学水平"标准。医疗技术应以中华医学会提出的且已被临床广泛运用的诊疗技术为依据。"医疗水平"会因手术者的临床经验、熟练程度、处置技巧以及辅助设备的先进性等不同而不同。笔者认为,"医学水平"标准是基础,"医疗水平"标准是核心。这和日本"合理医师"标准有着很多相同点。当然"医疗标准"和其他因素也会有一定的关系,如医疗机构的等级、所在地域、医生的资质、疾病的发病率等。

3. 医疗机构的等级、所在地域、医生的资质等

目前，在中国医疗机构可分为三级十等，三级即三、二、一共三个级别，每个级别又可分为甲、乙、丙三个等次，加上三级中增设一个特等，共十个等次（这就是医疗界所称的"三级十等"）。等级较高的综合性大医院和等级偏低的小型医院相比，其人才和设备会存在着较大的差距，其医疗水平自然不能相提并论，评价应有区别。

在中国，东部地区的医疗水准普遍要高于中西部地区，大城市的医疗水准一般要高于小城市，小城市一般要高于乡镇，这是不争的事实，评价也应有所不同。

同样，医生的资质也是一个不容忽视的因素。另外还要考虑疾病的发病率等。

4. 医疗意外和知情同意书

医疗意外是指医务人员在从事诊疗或护理工作过程中，由于患者的病情或体质的特殊性而发生难以预料和防范的患者身体功能障碍或者残疾，甚至死亡等不良后果的行为。该种情况下，因损害后果的发生具有突发性，而医务人员根据对可能产生的不良后果无法预料，虽然医务人员的行为与损害结果之间具有直接的因果关系，此时医方无过错，就无需承担赔偿责任。

知情同意书是否为免责理由？临床上，知情同意书一般表现为《手术告知书》《手术同意书》《特殊治疗同意书》等形式。笔者认为，应采取具体情况具体分析的原则，属于医疗意外或者难以预测和避免的并发症、继发症时可以免责，除此之外，知情同意书的签署，恰恰说明医方已经预见到某种情况可能发生。在事前已经预料到，并且明确告知、完善了相关文件手续的情况下发生了医疗损害后果，此时反而映衬出医方治疗措施存在缺陷，因此进行医疗过错的评定时，可以将此作为一个因素予以考量。站在法律的角度来看，各种知情同意书的出现，除医疗意外和难以避免的各种并发症、继发症外，是医方担责的一个依据。

（三）医疗过错参与度考量

通过内在的病理生理机制分析，仅证明医方的诊疗行为是否有过错和具有因果关系还远远不够，还必须明确有过错的诊疗行为在导致患者损害后果中的原因力（也称为"参与度"）。如何用参与度的方法分析出诊疗行为在该损害后果的发生中能占比例？是目前医疗损害案件鉴定中的一个重点，同时也是难点。

已如"二、损害后果发生原因与发展转归途径"中所述，医疗损害案件的鉴定中，以患者病理生理的发生、发展"机理"为纽带采用逆推性分析方法，与发生、发展"机理""起作用"的原因才予以考虑，否则将之剔除。在确定相关的多个原因后，进而按医学的病理生理原理分析各个原因其在发生、发展"机理"中的"作用"，最后按照百分比明确其各个相关原因的"作用大小"，即原因力大小（参与度）。

参与度又称寄与度，原来主要用于确定人身伤害与后果关系的一个指标，它不仅具有法律上的特性，而且使伤害各成因当事人能合理的、科学的承担法律责任，从而达到了保护各方利益的目的。即伤害因素对伤害结果寄与何种程度的关系，故简称寄与度，该方法由日本昭和大学部法医学教授渡边富雄首次提出。在司法实践中参与度的应用已扩大到医疗损害案件的鉴定。"渡边方式"事故伤害的参与度是将参与度从0%到100%分为11个级差，每

级别之间相差10%。笔者认为，在医疗损害案件中，大多数损害后果是多因素的参与下所致，采用当前的五分法(轻微因素、次要因素、对等因素、主要因素、直接因素)不能准确的评价各因素的原因力，而“渡边方式”有一定的合理性，因为医疗损害案件的因素存在“盖然性”与“概然性”的区别，10%的跨度既能较好的反映出差别又不失准确性。在影响因素较少时，可对“渡边方式”进行变通：参与度为0%与该因素无关，10%—50%因果关系属概然性范畴，60%—90%因果关系为盖然性范畴，100%为直接因果关系。笔者认为，“渡边方式”鉴定分析所得出的结论，较其他方法更趋于公平合理。

四、结　语

随着社会的发展，医疗水准在逐步提高，但医患纠纷仍层出不穷，医疗损害事件发生后，患者及家属不能正确看待医疗损害是一方面，但医疗机构自身存在的很多问题是导致医患纠纷的主要因素应是不争的事实。为更好的预防医患纠纷，减少医疗损害的发生，需要医方加强规范性建设，患方的理性对待，司法界的公平处理以及社会其他力量的共同努力和参与才能达到。

参考文献：

[1] 刘振华，王吉善. 医疗风险预防管理学[M]. 北京：科学技术文献出版社，2007：1-27.

[2] 用文明，徐根贤. 手术并发症学[M]. 北京：中国中医药出版社，1999：3-24.

[3] 兰明银，罗杰，耿茂军. 普通外科手术并发症防治学[M]. 武汉：华中科技大学出版社，2010：5-16，113.

[4] 彭裕文，刘树伟，李瑞锡. 局部解剖学[M]. 北京：人民卫生出版社，2008：105-106.

[5] 吴烨，谢鹏. 医疗纠纷中医疗过错的认定[J]. 临床误诊误治，2007.11：18-19.

[6] 王旭. 试论医疗过错鉴定的原则[C]. 司法部司法鉴定科学技术研究所. 司法鉴定理论与实践研讨会论文集. 上海：司法出版社，2011：173-180.

[7] 王云波. 我国医疗损害事件的原因分析及对策研究. [OL]. [2014-05-1]. //www. cnki. net.

试论药害中产品责任与侵权责任的连接与竞合

——以日本易瑞沙药害案为视角

刘明全*

一、问题的提出

近年来药品问题给社会带来沉重危害，特别是带有缺陷的药品不仅使患者无法接受药品的治疗功能，反而因副作用给其自身造成“二次伤害”，如2006年齐二药案、2016年问题疫苗事件。一般而言，当药品存在缺陷问题时，存在《侵权责任法》第41条、43条、59条，《产品责任法》第41条、43条等不同规定，具体适用却存在争议。司法实践中，根据最高人民法院《民事案件案由规定》，“351(2)医疗产品责任纠纷”作为一项独立案由，与“349产品责任纠纷”并存。而我国学界目前对药害的责任适用及其判断标准等问题，并没有完全清晰的定论，学界尚存争论。其中，关于药害中的缺陷制度构建以及适用责任可谓典型。厘清药品缺陷责任的根据、判断标准以及适用责任，成为解决、预防药害问题的重要路径之一。而近期在日本医事法学界引起争论的易瑞沙(Iresse)药害案(以下简称易案)，特别是药品缺陷责任上的最新动态〔1〕，对药品缺陷责任判断的规范构造与细化上，有相当参考价值〔2〕。因此，本文结合我国医疗产品缺陷制度研究与易案判断手法，尝试提取适合我国药害归责法律体系的有益启示。

二、我国医疗产品缺陷制度的反思与评价

药品不合格致人损害的责任在本质上也是一种产品责任，只是因为药品的使用一般都和诊疗活动密切结合在一起，所以侵权责任法没有将药品致人损害的责任置于产品责任之

---

* 刘明全：东南大学法学院副教授，法学博士。研究方向：医事法、环境法。

〔1〕 详细评论可见大塚直《抗癌剤イレッサの制造物责任法上の欠陥と国の规制権限不行使》，《民事判例Ⅴ》，日本评论社，2012年，144-147页，同《医疗用医薬品と制造物责任法2条2项の欠陥》，《ジュリスト》第1466号，第91页，浦川道太郎《薬害イレッサ诉讼控诉审判决[东京高裁平成二十三年十一月十五日判决，大阪高裁平成二十四年五月二十五日判决]》，《现代消费者法》2013年第19号，第65-72页，新美育文《抗癌剤イレッサの制造物责任と不法行为责任》，《私法判例リマークス》，日本评论社，2013年，第46号，第58-61页等。案例详见：《判例时报》2124号第202页、2131号第35页、2189号第53页。

〔2〕 日本侵权行为法不仅站在世界之巅，而且还在妥善处理本国科学技术以及经济急剧发展期大量出现的药物致害等导致人身损害等重大社会问题过程中，成功地改革和发展了侵权行为法的传统理论体系。夏芸：《医疗事故赔偿法：来自日本法的启示》，法律出版社，2007年，第3页。

中,而是置于医疗损害责任之中加以规定。[1]

首先,就医疗机构的归责原则而言,学界存在不同观点。

双元论主张分内、外两种归责方式,第59条将医疗机构视为产品销售者,对患者承担无过错责任,对生产者承担过错责任。[2] 对于缺陷医疗产品损害案件,由生产者承担无过错责任,销售者承担过错责任。缺陷医疗产品致害,医疗机构承担赔偿责任后,当然有权向缺陷医疗产品的生产者、不合格血液提供机构追偿。[3]

医疗机构通过提供医药产品获得经济利益,其行为性质与销售无异,因而与产品的生产者、销售者按照严格责任原则承担连带责任。这是我国《侵权责任法》的做法。就外部法律效果而言,对医疗机构和生产者同时适用产品责任的严格责任原则,患者既可以向生产者请求赔偿,也可向医疗机构请求赔偿。就内部法律效果而言,对医疗机构和生产者分别适用过错原则和产品责任的严格责任原则,即医疗机构在经患者请求赔偿其损害后,如果对医药产品的缺陷没有过错,可以向生产者追偿。我国《侵权责任法》的规定在倾斜保护患者利益的同时,有可能产生负面影响。医疗机构应当积极应对。[4]

过错论认为,对于医疗服务从业者,在医疗损害责任归责原则这一点上应坚持过错责任原则,而且在过错的判定上以同行业的"合理医生"之所为为标准。[5] 该类观点指出,药品存在缺陷时,医疗行为并无过失,故医方无需承担赔偿责任,这种观点为民事司法所适用。[6] 对医生提供医疗服务应当实行过错责任,而不是严格责任。考虑因素包括:医疗服务不是一般商业交易,具有医生不能控制的不确定性与危险性,医疗机构不具有影响产品研发能力或者分散损害成本能力,严格责任将导致医生防御型医疗、增加医疗服务成本等。[7] 可以说,医疗机构就药品缺陷承担无过错责任不符合我国的国情,不利于我国医疗事业的进步。第59条中关于药品缺陷侵权责任中医疗机构先行连带承担无过错责任的规定,将本应该由政府药品监督管理部门的职责和药品生产企业应承担的监督责任,部分移转到了不应承担如此严格责任的医疗机构身上,必将增加医疗成本、阻碍医学进步,使"看病难"问题更加突出。我国应及时修正医疗机构对药品缺陷侵权承担连带责任的做法,回归到医疗机构仅就医疗过错引起药品缺陷而担责的轨道。我国应将医疗机构对药品瑕疵责任限定于医疗过错责任范畴,医疗机构可能因违反诊疗和组织义务而承担基于药品缺陷的过错责任。[8]

---

〔1〕 王利明:《侵权责任法研究(下卷)》,中国人民大学出版社,2011年,第417页。

〔2〕 王松:《医疗损害赔偿案件的法律适用》,《法律适用》2016年第1期。

〔3〕 梁慧星:《论〈侵权责任法〉中的医疗损害责任》,《法商研究》2010年第6期,第39页。

〔4〕 陈昌雄:《医疗机构在医药产品侵权中的责任研究——以中外对比研究为重点》,《中国卫生法制》2010年第5期。

〔5〕 赵西巨、唐炳舜:《诊疗、告知、医疗产品使用与医疗损害责任之厘清——以我国〈侵权责任法〉为中心》,《私法研究》2014年第15卷,第120页。

〔6〕 余明永主编:《医疗损害责任纠纷(第二版)》,法律出版社,2015年,第167页。

〔7〕 赵西巨:《我国〈侵权责任法〉中的医疗产品责任立法之反思——以商品与服务二分法为视角》,《东方法学》2013年第2期,第97页。

〔8〕 廖焕国:《医疗机构连带承担药品缺陷责任之质疑》,《法学评论》2011年第4期。

亦有观点提出，如果医疗产品的使用已构成医疗服务的必要组成部分的，确定医疗机构的责任应当适用第 54 条规定的过错责任原则，而非第 59 条。[1]

医疗机构就缺陷医疗产品致害准用销售者责任规则。[2] 在中国当前形势下，医疗机构对医药产品存在加价行为，因而与医药产品的销售者并无二致。在司法实践中，法院也持同样的观点。[3]

折衷论认为，不宜完全改变销售者的严格责任为过错责任，而仅在一些情况下提出缓和较为现实。[4]

也有观点认为，与确定缺陷医疗产品生产者和销售者的责任时适用产品责任的一般规则相对，确定医疗机构的医疗产品损害责任时应当区别不同情况：按照不真正连带责任规则适用产品责任的一般规则；比照产品销售者承担产品责任的规则承担赔偿责任；比照缺陷产品生产者承担责任的规则承担赔偿责任。[5]

同时，对第 59 条规定存在反思的观点。例如，医疗产品损害责任是《侵权责任法》第 59 条规定的医疗损害责任类型，关于责任分担的规则规定得不够完善，应当根据产品责任的一般规则以及侵权责任法的连带责任规则进行补充。第 59 条需要继续补充缺陷产品销售者的责任、医疗机构承担最终责任的规则、医疗机构自己作为医疗产品的生产者的责任。[6] 存在可能使过多的医院陷入诉累、医疗机构的追偿权难以实现、加剧医患矛盾以及与医疗体制改革的方向相悖等问题。[7] 在司法实践中，应当注意区分营利性医疗机构与非营利性医疗机构、考虑医疗产品与医疗服务联系的紧密程度、医疗机构的免责事由等。[8]

对于缺陷的种类，学界大多主张四分法。第一种观点认为缺陷包括制造/生产缺陷、设计缺陷、警示/指示缺陷、发展缺陷。前三种导致产品损害赔偿责任，第四种属于免责或抗辩事由。三种缺陷中，唯一与医疗服务提供者有关的是警示缺陷。同时，医生的警示义务及其责任应是医疗领域的知情同意法则的一部分，是以过错为基础的医疗过失损害赔偿责任法律的一部分，而不是产品责任法的一部分。让医疗机构对药品缺陷承担赔偿责任实际上混

---

〔1〕 杨立新，岳业鹏：《医疗产品损害责任的法律适用规则及缺陷克服——“齐二药”案的再思考及〈侵权责任法〉第 59 条的解释论》，《政治与法律》2012 年第 9 期。

〔2〕 王竹：《论医疗产品责任规则及其准用——以〈中华人民共和国侵权责任法〉第 59 条为中心》，《法商评论》2013 年第 3 期。

〔3〕 陈昌雄：《医疗机构在医药产品侵权中的责任研究——以中外对比研究为重点》，《中国卫生法制》2010 年第 5 期。

〔4〕 江河：《论医疗机构产品严格责任之缓和——兼评〈侵权责任法〉第 59 条》，《法律适用》2014 年第 7 期。

〔5〕 杨立新：《中国医疗损害责任制度改革》，《法学研究》2009 年第 4 期。

〔6〕 杨立新：《医疗产品损害责任三论》，《河北法学》2012 年第 6 期，第 16 - 17 页。

〔7〕 杨立新，岳业鹏：《医疗产品损害责任的法律适用规则及缺陷克服——“齐二药”案的再思考及〈侵权责任法〉第 59 条的解释论》，《政治与法律》2012 年第 9 期。

〔8〕 杨立新，岳业鹏：《医疗产品损害责任的法律适用规则及缺陷克服——“齐二药”案的再思考及〈侵权责任法〉第 59 条的解释论》，《政治与法律》2012 年第 9 期。

淆了产品责任法与医疗损害赔偿法。[1] 也有观点主张第四种缺陷是跟踪观察缺陷,指医疗产品投入医疗过程时,虽现有科学技术尚不能完全发现该缺陷,但生产者及销售者亦未进行跟踪观察以及时发现危险,或者发现危险未及时采取措施的。在一般情况下,药品缺陷的主要认定依据为药品质量标准。药品质量的法定标准主要为国家药典。不符合上述标准的,当然应认定存在药品缺陷;但符合上述标准的,也不能直接认定无缺陷。[2]

药品是否存在说明缺陷,以充分性来判别,即考量药品说明的警告内容是否充分揭示危险范围,是否适当指出药品误用时所导致损害的严重性,说明中警告部分醒目的程度能否引起理性患者、医师的注意。处方药和非处方药因说明的对象不同,其内容标准无疑应当有所差异。非处方药的说明因患者直接购买使用,说明应当注意通俗性,说明的内容易于理解,对危险的披露也应更加细致、明了。处方药说明的对象为医师,虽然按照循证医学的理念,标示外用药获得一定共识,但很多时候医生是通过药品说明做评估选择,因此处方药说明也须充分。[3]

不合理危险说认为,应当以"危及人身、他人财产安全的不合理的危险"作为缺陷的判断标准,具体标准上,当存在国家标准与行业标准时,以此为准(《产品责任法》第 46 条)。

侵权论认为,药品缺陷属于医疗产品责任纠纷,应当适用《侵权责任法》第 59 条,司法实践多采论点。[4]

自 2011 年最高人民法院公布"关于审理医疗赔偿纠纷案件适用法律若干问题的解释"的"征求意见稿"至今,尚未出台正式司法解释。2013 年最高人民法院发布《关于审理食品药品纠纷案件适用法律若干问题的规定》。在此之前,地方司法也在探索(北京市高级人民法院《关于审理医疗损害赔偿纠纷案件若干问题的指导意见(试行)》、安徽省高级人民法院《关于审理医疗纠纷案件若干问题的指导意见》)。

就医疗产品侵权责任而言,产品责任中的三项免责事由(如产品未投入流通等)是否适用,在学界也存在不同的看法。[5] 医疗产品责任抗辩事由适用《产品质量法》第 41 条第 2 款规定(未投入流通、投入流通时引起损害的缺陷尚不存在、通入流通时的科学技术水平尚不能发现缺陷的存在)。[6]

---

[1] 赵西巨:《我国〈侵权责任法〉中的医疗产品责任立法之反思——以商品与服务二分法为视角》,《东方法学》2013 年第 2 期。

[2] 杨立新,岳业鹏:《医疗产品损害责任的法律适用规则及缺陷克服——"齐二药"案的再思考及〈侵权责任法〉第 59 条的解释论》,《政治与法律》2012 年第 9 期。

[3] 宋跃晋:《药品缺陷的法律分析》,《河北法学》2010 年第 11 期。

[4] 余明永主编:《医疗损害责任纠纷(第二版)》,法律出版社,2015 年,第 167 页。

[5] 王利明:《侵权责任法研究(下卷)》,中国人民大学出版社,2011 年,第 412 页。

[6] 王竹:《论医疗产品责任规则及其准用——以〈中华人民共和国侵权责任法〉第 59 条为中心》,《法商评论》2013 年第 3 期。

三、易案中产品责任与侵权责任的适用

(一) 基本事实

X(一审原告,二审控诉人与被控诉人,再审申请人)是因服用进口抗癌药 Iresse 250(以下简称"易瑞沙")而死亡的受害者的家属,Y(一审被告,二审被控诉人与控诉人,再审被申请人)是进口易瑞沙的某股份公司,是由英国制药公司在日本开设的子公司,主要进行医药品、医疗用器械的研究、开发、制造、贩卖以及进出口等业务。

Y 在 2002 年取得易瑞沙的进口许可,并开始销售。随后,多名患者因服用该药后引发间质性肺炎而导致死亡。患者家属 X 认为,Y 应当承担产品责任和侵权责任,日本国厚生大臣没有履行药事法规定的相关规制权限,具有《国家赔偿法》第 1 条第 1 款的违法性,应当承担国家赔偿责任。

对于产品责任,X 认为易瑞沙除了有指示、警告上的缺陷之外,还存在设计缺陷、广告宣传上的缺陷等。Y 则认为,关于产品责任的设计缺陷,通过比较衡量易瑞沙的有效性和副作用,其具有历来抗癌剂所不具备的有效性,且明显超过其副作用,具有有用性,因而不存在设计缺陷;关于指示、警告上的缺陷,附件文书中有多处提醒注意间质性肺炎及其可能致死的记载,因而不存在指示、警告上的缺陷;关于广告宣传上的缺陷,新闻报道等广告宣传并不是医生是否开具处方的决定因素,因而也不存在广告宣传上的缺陷。

关于侵权责任,X 认为,销售尚未确定是否有延命效果的易瑞沙的行为本身已构成侵权行为,且没有提供易瑞沙的正确信息,因而 Y 有销售易瑞沙的过失责任、懈怠确保安全性措施的过失责任,以及开始销售易瑞沙后的确保安全性义务的违反等。对此,Y 则认为,是否有前两项过失责任的关键在于是否存在产品缺陷,由于易瑞沙不存在缺陷,因此不存在前两项过失责任;关于第三项,已经将间质性肺炎记载在重大副作用一栏,没有提供除此以外的安全信息的义务。

(二) 产品责任

1. 一审判决

东京地方裁判所经审理做出一审判决[1],判定 Y 承担产品责任(指示、警告上的缺陷),国家承担连带赔偿责任。首先界定了"缺陷"的判断方法。即,对于医药品是否具有缺陷,应当根据该医药品的功能、效果,因开具通常可预见的处方而使用该药品可能产生副作用的内容、程度,有无副作用说明及警告,有无其他可替代的安全医药品,以及交付该医药品时的医学、药学知识等诸多要素,来综合判断。具体分四部分。

第一,通过对制药公司的一般责任、产品责任与设计上的缺陷、关于易瑞沙的有效性与副作用的有害性的程度的知识等三个方面进行分析,判定易瑞沙不存在设计上的缺陷。第

〔1〕 东京地方裁判所 2011 年 3 月 23 日平 16(ワ)25016 号民事判决。

上述专家讨论会最终报告、西日本胸部癌症临床研究机构调查报告等各种临床研究结果表明，易瑞沙引发间质性肺炎的发病率是：5.81％，3％—4％，1.9％或0.31％，死亡率是：2.26％，1％—2％，0.6％或0.16％。

作为指示、警告上缺陷的判断前提，易瑞沙作为药品的特征包括需要指示药、烈性药，新药，功能效果的对象疾病是不能手术或者再发非小细胞肺癌。

使用易瑞沙的患者与开具处方的医生：前者仅限于不能手术或者再发非小细胞肺癌患者，后者是癌症专门医生或者肺癌相关抗癌剂治疗医生。本案附件文书的说明对象是癌症专门医生或者肺癌相关抗癌剂治疗医生。

易瑞沙临床试验的不相当性的有无：非小细胞肺癌极为难治、死亡率也很高，是迫切需要改进治疗法的癌症，而易瑞沙的临床试验符合厚生省药物局新医药品课长通知(《关于抗恶性肿瘤药的临床评价方法的指针》)的相关规定。考虑到每年有超过6万人死于这种癌症，迅速批准具有安全性、有效性的新医药品，也是尊重生命的一项政策课题，易瑞沙相关临床试验的范围与内容没有不相当性。

关于有无指示、警告上缺陷的判断：本案附件文书第1版没有警告栏，也没有因间质性肺炎副作用引发致死的记载，并不构成指示、警告上的缺陷。

如果以第1版附件文书中是否有"可以看到的表示方法"作为违法性判断标准，则意味着司法过度看低癌症专门医生或抗癌剂治疗医生的"读解能力、理解能力、判断能力"，有损医生尊严，并不妥当。

在"重大副作用"栏中进行"间质性肺炎"的记载时，增加"进行充分观察，发现异常时中止投药并进行适当处置"的说明，关于未记载可发生致死主旨的本案附件文书第1版，并不缺失合理性，不构成指示、警告上缺陷。

副作用的高发病率仅发生在日本人这一临床结果，是在开始贩卖易瑞沙后才判明的，并不存在历来抗癌剂中重大副作用仅在日本人中存在高发病率的认知，依照我国临床试验基准，易瑞沙临床试验并不具有违法、不当之处，故关于易瑞沙临床试验，不存在日本人病例百分比较少这种缺陷。

第3版在文书开头设置了"警告"栏，并记载出现间质性肺炎。与此不同，第1版并没有在文书开头设置警告栏。但是，间质性肺炎是历来抗癌剂等引发的一般副作用，如果通读附件文书就会知道易瑞沙有4种重大副作用，仅针对不能手术、再发非小细胞肺癌；关于第1版记载的违法性判断上，如果以"没有在文件开头设置间质性肺炎副作用的警告栏是为违法的""警告栏上没有红色框是违法的"等阅读的表示方法，而非文件内容作为违法性判断基准，那就意味着司法过于看低癌症专门医生以及肺癌相关抗癌剂治疗医生的"阅读能力、理解能力、判断能力"，伤害了进行相关医疗的医生的尊严，是不当的。

"重大副作用"记载顺序与指示、警告上缺陷。鉴于"重大副作用"中前4种副作用都是厚生省药物局安全课长通知(《关于医药品等副作用重度的分类基准》)中最为严重的副作用，并没有发现评价对象临床试验中间质性肺炎具有较高百分比的情况，把间质性肺炎排在第4位不构成指示、警告上缺陷。

患者本人等的阅读与指示、警告上缺陷的有无。易瑞沙是以不能手术或者再发非小细胞肺癌为对象疾病的需要指示药，由癌症专门医生或者肺癌相关抗癌剂治疗医生来决定是否投用，对间质性肺炎整体进行平易说明的要求，超出了指定为要指示药与烈性药的医药品的附加文书的主旨、目的范围。

没有记载“入院中使用、限定使用该药的医生与医疗机关，以及全部登记调查”，这并不构成指示、警告上的缺陷。投用易瑞沙时，不能仅仅以该副作用来决定是否住院；本案患者的担当医生都是癌症专门医生，其所在医院皆为治疗癌症的综合医院，故再限定使用该药的医生与医疗机关是没有意义的；不存在足以证明全部登记调查与本案患者死亡之间具有因果关系的证据，故全部登记调查的理由不成立。

第三，不存在“需在入院中投用易瑞沙、限定使用该药的医生与医疗机关，以及全部登记调查”的指示义务，在销售时，也不存在上述相关内容的指示义务。

第四，易瑞沙的广告宣传上并不存在违反药事法禁止事项的虚假广告、夸大广告，因此不具有广告宣传上的缺陷。

3. 终审判决

最高裁判所仅对“指示、警告上的缺陷”部分请求予以受理，并进行审理。关于指示、警告上的缺陷，X 在再审请求中提出，截至批准进口时为止，Y 能够认识到作为易瑞沙副作用的间质性肺炎的信息，也能够认识到间质性肺炎能够致死，而第 1 版附件文书中却没有对此做出记载，故具有指示、警告上的缺陷。对此，最高裁判所予以驳回〔1〕，具体理由如下〔2〕。

首先，药品本身对人体就是异物，这就为其带来难以避免的副作用特性，故不能仅因存在副作用就认定产品有缺陷。当然，通常情形上，为了正常使用产品，对于交付时能够预见的副作用，需适当地提供必要信息，来确保通常安全性，故没有适当地提供副作用相关信息，是药品缺陷的要因之一。根据上述事实关系，上述医用药品副作用相关信息应当适当地记载在附件文书里，而上述附件文书的记载是否适当，需要综合考虑上述副作用的内容或程度（包括其发生频度）、由该医用药品的功能或效果通常设定的开具处方人或使用人的知识与能力、该附件文书中副作用相关记载的形式或体裁等诸多情形，并结合上述能够预见到的副作用的危险性是否被开具处方人等很明确地表述来判断。

其次，首先来检讨批准进口时的附件文书第 1 版记载是否适当。根据前述事实关系，在批准进口时，国内临床试验中没有因间质性肺炎副作用引起死亡的病例，国外临床试验与 EAP 副作用信息的间质性肺炎的死亡病例中，没有积极肯定易瑞沙投用与死亡之间存在因果关系的病例，仅仅停留于易瑞沙有与其他抗癌剂相同程度的间质性肺炎副作用层面，基于这种认识，Y 在本案附件文书第 1 版中没有设置“警告”栏，而是在以向医师等提供信息为目的而设置“使用上注意”栏中“重大副作用”栏的第 4 项记载了间质性肺炎。并且，易瑞沙在

〔1〕 最高裁判所第三小法庭 2013 年 4 月 12 日平 24(受)293 号民事判决。

〔2〕 关于裁判理由部分，笔者参照判决书内容、顺序进行概括介绍。关于详细内容，日本最高裁判所《民集》第 67 卷第 4 号第 899 页，《判例时报》第 2189 号第 53 页。

上述时点明，因不能手术或者以再发非小细胞肺癌为功能效果需被指定为要指示药品等，通常开具处方人或使用人是进行上述肺癌治疗的医生，而根据上述事实关系，其已经认识到，抗癌剂里一般都存在间质性肺炎副作用，其发病能够致死。如是，易瑞沙存在与其他抗癌剂相同程度的间质性肺炎副作用，使用易瑞沙的患者因易瑞沙引发间质性肺炎的，能够致死。对此，上述医生只要阅读了本案附件文书第1版记载内容的，应当能够认识到。

开始服药后较早发现症状，并掌握了急速发展的间质性肺炎病例。如此急速重症化的间质性肺炎症状，不是其他抗癌剂引发副作用的相同程度的间接性肺炎，且从截止本案批准进口时的临床试验等来看，也不能说能够预见到。治疗以不能手术或者再发非小细胞肺癌这样极其预后不良的难治癌为功能和效果，易瑞沙因当时处于第〈2〉项试验结果而得到厚生劳动大臣承认，肺癌治疗的医生也很容易能够理解抗癌剂情况。鉴于此，不能以没有像以副作用中存在急速重症化的间质性肺炎为前提的附件文书第3版那样的记载为由，来判定本案附件文书第1版的记载不适当。故根据本案附件文书第1版的记载，不能判定作为在本案批准进口时能够预见的副作用是不适当的。

最后，最高裁判所根据《产品责任法》第2条第2款、《药事法》第52条、《药事法施行规则》第18条4-2、第42条第1款等规定，驳回再审诉求。[1]

(三) 侵权责任

1. 一审判决

一审判决判定Y不构成侵权责任。首先，制药公司在开始制造、销售医药品前，应当根据最高学术水平来调查研究、验证其有效性并预见其副作用，在此基础上，如果该药仅在部分情形具有部分有用性，则应当将该药品限定在该有效性范围内使用。在本案中，开始销售时所作指示、警告是依据当时国内医学、药学知识做出的，Y没有对适用（攻能、效果）范围进行再次限制的义务。

其次，由于判定易瑞沙存在指示、警告上的缺陷，Y承担产品责任，因而没有必要进行判断是否违反指示、警告义务。同时，虽然第1版附件文书对间质性肺炎副作用信息提供并不充分，但第3版附件文书提供了充分信息，因而已经不存在指示、警告上的缺陷。在修订第3版之前，Y一直承担产品责任，无必要对该项确保安全性义务的侵权责任进行判断。

最后，虽然制药公司除了通过附件文书等进行指示、警告以外，应当依据当时医学、药学知识，为防止副作用引发受害而采取确保安全性措施。但在本案中，在批准进口易瑞沙时，并无必要限定可能使用该药的医生和医疗机关、进行全例登记调查，因而Y并不承担销售上的指示义务。

2. 二审判决

第一，没有违反限定适用义务。虽然X认为，易瑞沙对EGFR基因变异呈隐性的患者没有效果、Y却没有对此进行限定，因而违反了限定适用义务。但是，无法认定X所主张的

〔1〕 不过，作为最高裁判所本案裁判官，田原睦夫、冈部喜代子、大谷刚彦、大桥正春提出了各自补充意见，因篇幅关系，不再逐一介绍。

限定适用义务，且EGFR基因变异即使呈隐性，易瑞沙也具有有效性。第二，由于不存在指示、警告上的缺陷这一前提，因而不能认定其违反了指示、警告义务。第三，因不存在销售指示上的缺陷这一前提，因而不能认定违反销售指示义务。所以，Y不承担侵权责任。

四、基于易案的启示

易案是因医药品副作用引发的纠纷问题，从一审立案到再审经历了近十年，在医疗界、法律界可以说是具有重要影响的药害案例之一。关于缺陷的定义与种类[1]，与我国现行法规定并无太大差异，但其缺陷的判断手法却能为我国目前学界提供一定参考。其中，警示缺陷是医疗产品责任与医生注意义务的连接点，故下面以作为易案焦点的指示、警告缺陷为例，尝试对其启示进行探讨。

首先，过失责任与药品缺陷之间的关系上，药品的指示、警告上缺陷的有无决定了医生是否承担注意义务（指示、警告义务）。医生承担注意义务的前提是药品存在缺陷，换言之，药品若无缺陷，则医生不承担侵权责任。对此，一审法院、二审法院认为，如果存在缺陷，则因承担产品缺陷责任而无需判断侵权责任，指示、警告上的缺陷乃判断违反指示、警告上义务与否的前提。我国医疗产品责任与一般产品责任相比，在性质上是一种特殊的产品责任，它与该法中产品责任的规定，应当属于特别法与一般法之间的关系[2]。对此，存在厘清药品缺陷引发的产品责任与注意义务违反引发的侵权责任的连接点的探讨空间，就起竞合关系进行更深入的讨论。

其次，在易案中的指示、警告的对象的判断上，日本最高裁判所首次明确将没有适当地提供交付药品时能预见到的副作用的必要信息界定为缺陷，并揭示出在附件文书适当记载副作用相关信息的判断基准。对于具备有效性的药品，社会在该药有效性与副作用风险之间如何进行分担，值得进行立法论探讨[3]。

最后，参考标准上，最高裁判所重视以治疗癌症的医生为判断对象，而一审裁判所却认为一般医生不能认识到易瑞沙能致死[4]。判断医生是否认识到药品的副作用上，并不是以具体医生的具体判断环境为判断基准，而是以当时整体医疗环境为判断依据，即厚生省相关通知、医学界学术认知。如东京高院在二审判决所指："在批准易瑞沙进口前，即使存在表明上述期待的医学文章，但从药剂性间质性肺炎是因投用抗癌剂等产生的一般副作用，且附件文书中记载了上述副作用来看，对指示服用易瑞沙的癌症专门医生或者肺癌相关抗癌剂治

〔1〕 所谓缺陷，是产品的特性、通常能预见到的使用形态、商家在交付该产品时经过考量其相关情况，缺少该产品应具备的安全性（日本产品责任法第2条）。

〔2〕 王利明：《侵权责任法研究（下卷）》，中国人民大学出版社，2011年，第421页。

〔3〕 大塚直：《医疗用医薬品と制造物责任法2条2项の欠陥》，《ジュリスト》第1466号，第91-92页。

〔4〕 最高裁判所采取与过失责任判断相近的手法，仍存质疑之处。大塚直《医疗用医薬品と制造物责任法2条2项の欠陥》，《ジュリスト》第1466号，第92页。

疗医生而言，应当说已经能认识到易瑞沙存在产生重大副作用的间质性肺炎以及致死情形。对已经阅读了附件文书，并指示使用易瑞沙的医生而言，即使没有附件文书的上述记载，受上述医学文章的影响，很难说其抱有易瑞沙是没有任何副作用的药品的认识。”

五、结　　语

药品缺陷责任上，缺陷本身是判断侵权责任的前提。具有缺陷，则具备判断注意义务；如无缺陷，则无需判断是否构成侵权责任。副作用不等于缺陷，判定缺陷需要对有用性、副作用等综合考量。当存在药品缺陷时，并不意味着医疗机构承担无过错责任。例如指示、警告缺陷与指示、警告注意义务。指示、警告缺陷上，对生产商而言，基于制造之由，直接承担产品责任；对医疗机构而言，则以此为前提，结合其他要素来综合判断是否违反指示、警告的注意义务。前者是无过错责任，后者是过错责任。

当然，除此之外，亦需要通过设立救济基金直接补偿模式来扩大补偿范围，为受害者提供充分救济。〔1〕即，解决医疗产品缺陷问题，不是一般侵权责任与产品责任的纯粹责任判断所能承受的，应当结合基金、保险等制度来共同解决。侵权法中对医疗责任的规定并不能涵盖药品缺陷责任，产品责任法规定亦不能完全规制产品缺陷责任。这就需要相关司法解释进一步明确药品缺陷责任的判断基准，特别是与医生医疗侵权责任的关系。期待药品缺陷责任相关司法解释。但值得注意的是，对于不可预测的副作用等引起人身伤害的，虽然可以通过社会救济进行救助（如台湾地区药害救济法），但产品责任与侵权责任的作用应首先得到充分发挥。

---

〔1〕 以疫苗伤害救济为例，关于各国疫苗伤害救济之方法，刘洪华：《我国疫苗伤害救济的路径选择和制度构想》，《法学评论》2015 年第 1 期。

医疗诉讼法与专业鉴定

鉴定于诉讼外医患纠纷解决机制之必要性探讨

杨哲铭*

摘　要：在我国台湾，医患纠纷日益增加，由于医疗业务上的过失，可能同时会有刑事责任及民事责任，医师因此选择逃离高危险科别，也筑起防御医疗的高墙，社会各界一直努力希望建立医疗纠纷处理的特别法，加重诉讼外医患纠纷解决机制的角色，台湾卫生福利部门自2012年开始实施"鼓励医疗机构办理生育事故争议试办计划"，以鼓励医患双方自行和解。虽然该计划强调审议过程不作有无过失之认定或鉴定，却又排除救济生育事故明显可完全归责于机构或病方，所以社会上"没有真相何以补偿"的质疑出现。

美国是最早推动诉讼外医患纠纷解决机制的国家，因为医患纠纷属于民事纠纷，有关医患纠纷解决机制的改革，多半由各州进行立法管制。各州的做法不一，鉴定与否并不是政府机构的责任，主要是由双方当事人各自提出专家证人。如果法律要求州政府强制调解或仲裁，调解或仲裁小组通常包含医疗专业人员，这时候的调解或仲裁还是提供了类似鉴定的功能。

在我国大陆，根据《医疗事故处理条例》，卫生行政部门接到医疗机构关于重大医疗过失的报告或者当事人要求处理医疗事故争议的申请后，对需要进行医疗事故技术鉴定的，应交由医学会负责医疗事故技术鉴定工作；医患双方协商解决医疗事故争议，需要进行医疗事故技术鉴定的，也可以由双方当事人共同委托医学会鉴定。由此表明，不论是在诉讼上或是诉讼外的纠纷解决机制中，都提供了鉴定。

台湾仲裁或调解，强调应审究事实真相及双方争议之所在，并得为必要之调查，也就是有类似鉴定的成分在其中，但病方不会认同已有鉴定。且依据台湾医疗法，卫生福利部门只接受司法或检察机关之委托鉴定。理论上，在台湾双方当事人也可以共同委托相关医学会进行鉴定，但是没有医学会会接受当事人的委托。

台湾的"鼓励医疗机构办理生育事故争议试办计划"，形式上是要求就事故之争议须由机构与病人达成协议，再由政府给予机构以一定经费之鼓励，但须排除生育事故明显可完全归责于机构或病方，并把这样的任务交由生育事故审议委员会审查，却又强调审议过程不作有无过失之认定或鉴定。所以虽无鉴定之名，却有某种程度上的鉴定之实。

在医患纠纷鉴定制度上，以行政机构参与的程度来说，由台湾提供诉讼上的鉴定到诉讼外的准鉴定，到大陆不论在诉讼上或是诉讼外都提供鉴定。如果让医患双方更容易使用具

* 杨哲铭：台北医学大学医务管理学系教授兼系主任、双和医院核子医学科主任、医事法律学会理事长；台北医学院医学士、美国印第安纳大学法学博士及美国约翰霍浦金斯大学医务管理博士。

公信力的鉴定，是否会有利于诉讼外医患纠纷解决机制的推广，值得进一步的探讨。

关键词： 医患纠纷　医疗事故　诉讼外纠纷解决机制　鉴定

一、为何要谈诉讼外医患纠纷解决机制——台湾观点

所谓诉讼外纠纷解决机制就是一般国际上所指的 Alternative Dispute Resolution (ADR)，是指不进入诉讼可以解决纠纷。纠纷是民事上的概念，当双方当事人有争议需要解决，可以靠诉讼厘清双方的权利义务，也可以不兴讼，以其他方式解决，最常见的诉讼外的纠纷解决机制，不外乎是调解及仲裁。

纠纷有很多种，可能是土地纠纷，可能是知识产权的纠纷，这些纠纷都可以靠诉讼外机制来解决，医患纠纷作为纠纷的一种，当然可以靠诉讼外机制来解决，只是医患纠纷有其特点，所以诉讼外医患纠纷解决机制在设计上，有值得特别讨论的地方。

台湾地区医患纠纷有逐年提升状况，根据卫生福利部门（简称“卫福部”）统计，医疗纠纷鉴定案件，从 1987 年的 145 件，到 2011 年已有 547 件，大幅成长 3.8 倍。医师因此选择逃离高危险科别，造成“五大皆空”，所谓五大系指内科、外科、妇产科、儿科、急诊医学科；医师筑起防御医疗（defensive medicine）的高墙，多开检查、少接困难病人，以策安全。[1]

台湾地区医师还要面对医疗过失的刑责问题，在台湾有所谓“以刑逼民”之说，因为在台湾刑事诉讼二审辩论终结前，都可以提起附带民事诉讼，由于诉讼上的方便性，多数医患纠纷案件都会循此管道进行诉讼。

在台湾地区，因犯罪而受损害之人，于刑事诉讼程序，对于被告及依“民法”负损害赔偿责任之人，可以提起附带民事诉讼请求回复其损害。[2] 附带民事诉讼之提起，以刑事诉讼程序之存在为前提，旨在利用刑事诉讼程序调查所得诉讼数据，以达诉讼经济之目的。依此规定，附带民事诉讼之原告为因犯罪而受损害之人，被告为刑事诉讼之被告及依民法负赔偿责任之人。附带民事诉讼请求之范围，依“民法”之规定。[3] 提起附带民事诉讼，应于刑事诉讼起诉后第二审辩论终结前提起。附带民事诉讼之审理，应于审理刑事诉讼后进行审理。但审判长如认为适当者，亦得同时调查。[4] 审判长就刑事诉讼所调查之证据，视为就附带民事诉讼亦经调查。附带民事诉讼之判决，应以刑事诉讼判决所认定之事实为据，并与刑事诉讼同时判决。[5] 附带民事诉讼除法院实体判决外，如刑事诉讼谕知无罪、免诉或不受理之判决者，应以判决驳回原告之诉。但经原告申请时，应将附带民事诉讼移送管辖法院之民

---

〔1〕 黄惠玲：《傻子精神牵起医病和谐的手》，《天下杂志》2014 年第 541 期。http://www.cw.com.tw/article/article.action? id=5056033.

〔2〕 “刑事诉讼法”第 487 条第 1 项（2014 年 1 月 29 日）。

〔3〕 “刑事诉讼法”第 487 条第 2 项（2014 年 1 月 29 日）。

〔4〕 “刑事诉讼法”第 496 条（2014 年 1 月 29 日）。

〔5〕 “刑事诉讼法”第 501 条（2014 年 1 月 29 日）。

事庭。案件如移送民事庭,应缴纳裁判费用。[1] 附带民事诉讼,法院确认系繁杂,非经长久时日不能终结其审判者,得以合议裁定移送该法院之民事庭。此项移送民事庭之案件,免纳裁判费。[2] 一审附带民事诉讼所为之判决,除非是合议裁定移送该法院之民事庭,非对刑事诉讼之判决有上诉时,不得上诉。

由于医患纠纷日益增加,在台湾地区一直有"去刑化"或是"刑事责任合理化"的呼声,也有专家学者建议针对医疗纠纷处理立特别法,这些特别法多半会加入诉讼外医患纠纷解决机制,可能会有强制调解、强制仲裁,或是针对医疗事故给予补偿或是救济。最新的发展之一,是"卫福部"自 2012 年 10 月启动的"鼓励医疗机构办理生育事故争议事件试办计划"[3],计划期程为 2012 年至 2014 年,该计划的重点如下:

(一) 生育事故救济条件

系指医疗机构或助产机构(简称"机构")于周产期之医疗与助产过程中,已依该机构专业基准施予必要之诊断、治疗或助产措施,仍致孕产妇或胎儿、新生儿死亡或符合相当于身心障碍者权益保障法所定中度以上障碍之生育事故事件。该事件须经机构与病人双方达成协议,机构同意给予病方金钱或其他适当方式之协助,由政府对该机构给予一定经费之鼓励。

(二) 生育事故救济条件之排除

生育事故除须满足上开所列救济条件外,并应无具备下列情事:

1. 流产致孕产妇与胎儿之不良结果。
2. 36 周前因早产、重大先天畸形或基因缺陷所致胎儿死亡(含胎死腹中)或新生儿之不良结果。
3. 因怀孕或生育所致孕产妇心理或精神损害不良结果者。
4. 对于生育事故明显可完全归责于机构或病方者。
5. 怀孕期间有参与人体试验情事者。

(三) 生育事故救济审议

生育事故事件审议将由公正之第三者组成审议委员会审查是否合于救济条件并核定救济金额,审议过程不作有无过失之认定或鉴定。

符合生育事故救济条件之申请案,生育事故审议会视个案事实发生情节审定救济金额。该金额的上限如下,且不得逾机构与病方签署达成协议之额度:

1. 孕产妇死亡:新台币 200 万元以内。
2. 胎儿、新生儿死亡:新台币 30 万元以内。
3. 孕产妇或新生儿极重度障碍:每人新台币 150 万元以内。
4. 孕产妇或新生儿重度障碍:每人新台币 130 万元以内。

---

[1] "刑事诉讼法"第 503 条第 1 项及第 3 项(2014 年 1 月 29 日)。
[2] "刑事诉讼法"第 504 条第 1 项前段及第 2 项(2014 年 1 月 29 日)。
[3] 2003 年 5 月 16 日台湾"卫署"医字第 1020211043 号修正。

5. 孕产妇或新生儿中度障碍：每人新台币110万元以内。

根据“卫福部”统计，截至2014年3月21日，全台已有303家医疗机构加入生育事故救济试办计划，共受理171件申请案件，审定137件，其中有116件符合救济要件，包括产妇44人、新生儿55人以及胎儿17件，救济金额达新台币1亿1451万元。[1] “卫福部”部长邱文达指出，试办计划实施迄今，产科的医纠案件下降7成；同时，因为医疗纠纷减少，产科医师开始明显回流，计划成果相当显著；有鉴于此，“卫福部”决定将今年底到期的生育事故救济试办计划再延长2年，同时扩大到重大外科手术与麻醉科。[2]

不过立委仍多有疑虑，认为延长试办计划没有办法全面性解决医疗纠纷，追本溯源之道仍是应尽速通过医疗纠纷补偿法。社会团体“台湾女人联机”也表示，试办计划虽然降低了纠纷事件，但是没有降低事故发生的几率，加上只有赔偿，根本不知道过程发生什么错误，等于没有“除错机制”，政府花了钱，但同样的错误还是会发生。[3] 台湾医疗改革基金会也认为，这项计划虽然可以保障生产的妇女，却无助于检讨医疗疏失，会产生医院或医师可以不被检讨，反正有人可协助应付的道德风险；再者，医患双方须先达成和解，政府再提供和解金来补助医疗院所，产妇根本无法直接受益，该计划有变相鼓励医院和解付钱了事之嫌。[4]

该计划的处理流程是就该事故须机构与病人已经达成协议，再由政府给予机构以一定经费之鼓励，但须排除生育事故明显可完全归责于机构或病方，并把这样的任务交由生育事故审议委员会审查，却又强调审议过程不作有无过失之认定或鉴定。所以虽无鉴定之名，却有某种程度上的鉴定之实。鉴定在诉讼外医患纠纷解决机制上，到底应该扮演什么样的角色，值得进一步探讨。

二、何 谓 鉴 定

鉴定是指鉴定人运用科学技术或者专门知识，对涉及的专门性问题进行鉴别和判断并提供鉴定意见的活动。[5] 鉴定是发现事实的一环，也是一种人证。事实认定，就医疗事故而言，包含过失、伤害及因果关系的认定。鉴定是事实认定的一种方法，鉴定要回答的问题，包含过失、伤害的认定，也可能包含因果关系的认定。

---

〔1〕 魏怡嘉：《生育事故救济拟延长至105年并扩及麻醉及外科》，《自由时报》2014年4月10日。http://news.ltn.com.tw/news/life/breakingnews/985569.

〔2〕 沈雅雯：《生育救济试办拟延长2年、拟扩大至外科麻醉科》，“中央广播电台”2014年4月10日。http://www.rti.org.tw/m/news/detail/? recordId=99709.

〔3〕 沈雅雯：《生育救济试办拟延长2年、拟扩大至外科麻醉科》，“中央广播电台”2014年4月10日。http://www.rti.org.tw/m/news/detail/? recordId=99709.

〔4〕 龚继卫：《生育事故救济应有保险概念》，《国政评论》2011年8月4日。http://www.npf.org.tw/post/1/9516.

〔5〕 赵珊珊：《司法鉴定主体格局的中国模式——以刑事诉讼法为范本的分析》，北大法律信息网，2013年8月1日。http://www.acla.org.cn/html/lilunyanjiu/20130801/10426.html.

纵观世界各国，司法鉴定模式主要包括英美法系的专家证人模式(expert witness)和大陆法系的鉴定人模式[1]，两者有其相似之处，也很不同之处。

在以陪审团为事实决定者的国家，鉴定通常以专家证人及专家证言(expert testimony)的方式呈现，原告被告都可以提出个自的专家证人，由陪审团决定相信哪一部分的专家证言。但在没有陪审团制度的国家，鉴定人通常扮演的是法官助手，鉴定人是中立的，这与英美法系由控辩双方聘请，因而有阵营标签的专家证人，有本质的区别；英美法系国家的专家证人模式中存在着滥用专家证人、诉讼拖延、费用高涨等问题，在大陆法系国家，虽然说法官不一定要按照鉴定意见判决，但因为法官缺乏对专业鉴定意见审查的能力，以鉴定意见为中立意见的缺点，就是鉴定人可能会从法官的助手演变为法官的主人。[2] 当然这种以法系所做的区分并不是绝对的，比如说在澳洲就有控辩双方聘请的专家(experts engaged by parties)跟法庭指派的专家(court appointed experts)两种。[3] 复杂专业案件的审理，因果关系的认定更需要专业的帮忙，因果关系的推论有专家鉴定的科学因果关系(scientific causation)，也有一般人的推论因果关系(inference causation)，法官及陪审团代表的就是推论因果关系，不过即使是专家鉴定，也是科学因果关系结合推论因果关系，因为对个案而言都是几率问题，即使是专家也不能百分之百断言个案的因果关系。

强调诉讼外纠纷解决机制主要是为了避免诉讼的旷日废时，所以在证据的要求及专家鉴定的需求上，就不能跟诉讼一样繁琐，否则就失去鼓励诉讼外纠纷解决机制的目的。但是不论是调解或是仲裁，要让双方接受一定的结论，即使没有认定科学因果关系的专家鉴定，某种程度上也存在着因果关系推论的需要，所以科学因果关系的专家鉴定到底应不应该在诉讼外医患纠纷解决机制扮演一定角色，而且在形式及实质上是否需要跟诉讼上的专家鉴定不同，值得进一步探讨。

三、台湾相关规定及现况

诉讼外医患纠纷解决机制到底有哪些？在台湾地区，目前主要还是调解及仲裁，但是使用的其实都不多。台湾在现行制度上，医疗纠纷的民事诉讼是采用调解前置主义。因为民事诉讼事件，如能在进入诉讼程序前，谋求当事人圆满解决，止讼息争，不但可免除当事人之讼累，亦可疏减讼源，减轻法院审案负荷。因之，台湾地区的法律规定某些民事事件在起诉前应经法院调解[4]，医疗纠纷就是其中之一。医疗纠纷发生争执事件，于起诉前应经法院

[1] 赵珊珊：《司法鉴定主体格局的中国模式——以刑事诉讼法为范本的分析》，北大法律信息网，2013年8月1日。http://www.acla.org.cn/html/lilunyanjiu/20130801/10426.html.

[2] 赵珊珊：《司法鉴定主体格局的中国模式——以刑事诉讼法为范本的分析》，北大法律信息网，2013年8月1日。http://www.acla.org.cn/html/lilunyanjiu/20130801/10426.html.

[3] Law Reform Commission, Expert Witness, 2005, New South Walse Government, http://www.lawreform.lawlink.nsw.gov.au/lrc/reportsmain/lrc_r109toc.html.

[4] "民事诉讼法"第403条第1项(2012年5月8日)。

调解[1]，经调解成立之民事事件，与诉讼上成立和解有同一之效力[2]，调解成立与和解成立相同，均与确定判决有同一之效力[3]。

医患纠纷应该如何寻求调解，当然有各式各样的管道，可以完全是民间私人的机制，也有政府行政机构提供的机制，常见的如乡镇调解、卫生主管机关的调处等。在台湾地区，医疗纠纷发生后，万一私下无法达成和解，乡镇调解为可寻求协助的途径之一。各乡镇、县辖市及直辖市、市之区公所，都设调解委员会，调解民事事件、告诉乃论之刑事事件。调解委员会调解时，应有调解委员三人以上出席。但经双方同意，得由调解委员一人径行调解。申请调解，由当事人向调解委员会以书面或言词申请。一审法院审理认为，"民事诉讼法"第403条规定于起诉前应经法院调解之事件(共有11款之多，第7款后段规定医疗纠纷发生争执者，于起诉前应先申请调解)，认有成立调解之望者，得以裁定移付调解委员会调解。调解程序原则上不公开，但当事人如约定应公开者，从其约定。调解成立时，调解委员会应作成调解书。调解不成立者，当事人得申请调解委员会给予调解不成立之证明书。告诉乃论之刑事事件，经调解不成立时，乡、镇、市、区公所依申请人向调解委员会提出之申请，将调解事件移请该管检察官侦查，并视为于申请调解时，已经告诉。调解经法院核定后，当事人就该事件不得再行起诉、告诉或自诉。经法院核定之民事调解，与民事确定判决有同一之效力。民事事件已系属于法院，在判决确定前，调解成立，并经法院核定者，诉讼终结，法院不再审理。告诉乃论之刑事事件于侦查中或第一审法院辩论终结前，调解成立，并于调解书上记载当事人同意撤回，经法院核定者，视为调解成立时撤回告诉或自诉。调解委员应本和平、恳切之态度，对当事人双方为适当之劝导，并征询列席协同调解人之意见，就调解事件，酌拟公正合理办法，力谋双方之协和，对于当事人不得为任何处罚。[4] 乡镇市调解医患纠纷，需不需要某种程度的专家意见或是鉴定？依据《乡镇市调解条例》，调解应审究事实真相及双方争议之所在，得为必要之调查，并得商请有关机关协助[5]，勘验费应由当事人核实开支[6]。可见乡镇市调解委员会是可以寻求专家鉴定或是专家意见的。

另一个行政机构提供的调解机制是地方卫生主管机关提供的调处，根据台湾"医疗法"的规定，主管机关应设置医事审议委员会(简称"医审会")，依其任务分别设置各种小组，其中包含接受司法或检察机关之委托鉴定。[7] 直辖市、县(市)主管机关也应设置医事审议委员会，任务包含医疗争议之调处。[8] 也就是说卫生主管机关提供司法鉴定，而且只有司法鉴定，不是和何单位或个人都可以要求"卫福部"提供鉴定，至于地方卫生主管机关则

---

[1] "民事诉讼法"第403条第1项第7款(2012年5月8日)。
[2] "民事诉讼法"第416条第1项(2012年5月8日)。
[3] "民事诉讼法"第380条第1项(2012年5月8日)。
[4] "乡镇市调解条例"第22条(2009年12月30日)。
[5] "乡镇市调解条例"第21条(2009年12月30日)。
[6] "乡镇市调解条例"第23条(2009年12月30日)。
[7] "医疗法"第98条第1项第4款(2012年12月12日)。
[8] "医疗法"第99条第1项第3款(2012年12月12日)。

负责提供诉讼外的解决机制，即调处。但是调处是不是就不能有专家鉴定的成分在其中？以台北市而言，医疗争议调处小组应就医疗争议案件先行搜集相关资料，并得邀请医学专家或其他专业机构、人员提供或列席陈述专业意见，供调处委员作为参考，其内容对外不公开，而且列席人员仅得就专业部分提出说明，不得暗示或干预调处结果。[1] 在新北市，申请调处的案件，也会由两名具医疗背景之医审会委员审查，并提供匿名审查意见书供调处委员参考。[2] 虽然各县市作法并不一致，但是可见专家意见的提供，还是有人认为对于调解是有帮助的。

调解是如此，仲裁当然更是有此需求，根据"仲裁法"，当事人就仲裁程序未约定者，适用本规定；未规定者，仲裁庭得准用"民事诉讼法"之程序进行。[3] 而且仲裁庭应予当事人充分陈述机会，并就当事人所提主张为必要之调查。[4] 既准用"民事诉讼法"，并且要调查，如果医疗纠纷诉诸仲裁，专家鉴定势不可免。

四、我国大陆相关法规及现况

我国大陆的民事诉讼法中，医疗事故技术鉴定结论属于证据材料，是七种民事证据材料中的鉴定结论，医学专家的鉴定结论有很强的证明力。[5]

在国务院颁行的《医疗事故处理条例》中的第三章规范医疗事故的技术鉴定，根据该条例第 20 条，卫生行政部门接到医疗机构关于重大医疗过失行为的报告或者医疗事故争议当事人要求处理医疗事故争议的申请后，对需要进行医疗事故技术鉴定的，应当交由负责医疗事故技术鉴定工作的医学会组织鉴定；医患双方协商解决医疗事故争议，需要进行医疗事故技术鉴定的，由双方当事人共同委托负责医疗事故技术鉴定工作的医学会组织鉴定。该条例第 46 条，发生医疗事故的赔偿等民事责任争议，医患双方可以协商解决；不愿意协商或者协商不成的，当事人可以向卫生行政部门提出调解申请，也可以直接向人民法院提起民事诉讼。也就是说在协商或是调解之前，在我国大陆都是可以申请鉴定的。设区的市级地方医学会和省、自治区、直辖市直接管辖的县(市)地方医学会负责组织首次医疗事故技术鉴定工作。省、自治区、直辖市地方医学会负责组织再次鉴定工作。必要时，中华医学会可以组织疑难、复杂并在全国有重大影响的医疗事故争议的技术鉴定工作。根据第 29 条，负责组织医疗事故技术鉴定工作的医学会应当自接到当事人提交的有关医疗事故技术鉴定的材料、书面陈述及答辩之日起 45 日内组织鉴定并出具医疗事故技术鉴定书。负责组织医疗事故技术鉴定工作的医学会可以向双方当事人调查取证。根据第 34 条，医疗事故技术鉴定，可

〔1〕 台北市医疗争议调处自治条例第 15 条(2013 年 7 月 16 日)

〔2〕 张嘉训：《现行医疗纠纷调处北区经验分享》，《台湾医界》2014 年第 57 卷第 5 期，第 248 页。

〔3〕 "仲裁法"第 19 条(2009 年 12 月 30 日)。

〔4〕 "仲裁法"第 23 条(2009 年 12 月 30 日)。

〔5〕 赵西巨：《医事法研究》，法律出版社，2008 年，第 367 页。

以收取鉴定费用。经鉴定，属于医疗事故的，鉴定费用由医疗机构支付；不属于医疗事故的，鉴定费用由提出医疗事故处理申请的一方支付。

根据《医疗事故技术鉴定暂行办法》[1]第36条之规定，专家鉴定组应当综合分析医疗过失行为在导致医疗事故损害后果中的作用、患者原有疾病状况等因素，判定医疗过失行为的责任程度。医疗事故中医疗过失行为责任程度分为：

（一）完全责任，指医疗事故损害后果完全由医疗过失行为造成。

（二）主要责任，指医疗事故损害后果主要由医疗过失行为造成，其他因素起次要作用。

（三）次要责任，指医疗事故损害后果主要由其他因素造成，医疗过失行为起次要作用。

（四）轻微责任，指医疗事故损害后果绝大部分由其他因素造成，医疗过失行为起轻微作用。

在诉讼外的机制中，如调解，一样也是有提出鉴定的可能，根据《人民调解法》[2]第20条之规定，人民调解员根据调解纠纷的需要，在征得当事人的同意后，可以邀请当事人的亲属、邻里、同事等参与调解，也可以邀请具有专门知识、特定经验的人员或者有关社会组织的人员参与调解。如果是仲裁更是需要鉴定，根据《中华人民共和国仲裁法》[3]第44条，仲裁庭对专门性问题认为需要鉴定的，可以交由当事人约定的鉴定部门鉴定，也可以由仲裁庭指定的鉴定部门鉴定。根据当事人的请求或者仲裁庭的要求，鉴定部门应当派鉴定人参加开庭。当事人经仲裁庭许可，可以向鉴定人提问。

五、国际相关法规及现况

在美国各州都有各自的证据法则，不过大抵相去不远，在民事纠纷之中，所谓的鉴定不外乎是双方提出专家证人(expert witness)，以专家证言(expert testimony)的方式呈现。以佛罗里达州(Florida)证据法为例，有助于陪审团了解证据或决定事实争点的科学、技术或其他专业知识，可以作为意见(opinion)证据，也就是说专家证言是一种意见证据。[4]

一般而言，专家证人意见证据需要满足四个要件：需有助于事实审判者、需为适格之专家、须于审判中提出、证据产生不公平偏见的危险须不超过证据之可能价值。[5] 而且专家对于应由陪审团决定的最终争点(an ultimate issue to be decided by the trier of fact)，也可以提出意见。[6] 所以在医患纠纷的民事诉讼中，专家证人对于过失、伤害，包含因果关系都可以提供意见，作为证据之一。

在一个使用陪审团的国家，陪审团负责决定事实，因果关系的决定是事实判断的一部

[1] 中华人民共和国卫生部令第30号发布，实施日期：2002年9月1日。

[2] 颁布日期：2010年8月28日，实施日期：2011年1月1日，发布单位：全国人大常委会。

[3] 颁布日期：2009年8月27日，实施日期：2009年8月27日，发布单位：全国人大常委会。

[4] 陈佑治：《佛罗里达证据法逐条释义》，芦苇图书出版有限公司，2006年，第275页。

[5] 陈佑治：《佛罗里达证据法逐条释义》，芦苇图书出版有限公司，2006年，第276页。

[6] 陈佑治：《佛罗里达证据法逐条释义》，芦苇图书出版有限公司，2006年，第278页。

分，因果关系的判断可以有推论(inference)判断及科学(scientific)判断，虽然专业鉴定一般被认为是科学判断，但其实还是科学加上推论，因为科学的判断归根结底是统计几率的推论，就个案而言，还是不能断言有百分之百的因果关系。[1] 陪审团如何看待专家的证言，就跟对待所有的证人一样，经由交叉诘问，陪审团可以决定是否相信专家的证言。[2]

在美国的医患纠纷诉讼中，政府机构并不提供任何形式的鉴定，但是如果是诉讼外医患纠纷解决机制，特别是政府强制需要进行的诉讼外机制，是否有任何程度的鉴定参与其中呢？这些机制在美国主要也是州法管辖，各州作法也有不同。

以马里兰州(Maryland)为例，该州州政府1976年起，成立医患纠纷仲裁办公室(Health Claims Arbitration Office)，在2005年改名为医患纠纷诉讼外解决机制办公室(Health Care Alternative Dispute Resolution Office)，主要就是进行强制仲裁。每一个案件由三名仲裁人组成仲裁小组，成员必须一名是律师、一名是医事人员、一名是社会公正人士，对仲裁结果不满意，可以上诉至一审法院，虽说是强制仲裁，但是只要病患方能够提出合格专家证明(certificate of merit)，病人的伤害是医疗机构偏离照护标准(departure from the standard of care)所造成，就可以免除(waiver)强制仲裁；医患纠纷诉讼外解决机制办公室的功能除了有强制仲裁的功能之外，进入诉讼之后，如果双方同意，法院可以要求该办公室针对案件进行中立的评估(neutral case evaluation)。[3] 所以说在美国，专家鉴定意见虽然主要是由控辩双方各自提出，但是在有特别立法的医患纠纷诉讼外解决机制中，透过医事人员参与其中，行政机构某种程度上提供了专家意见。

马里兰州的运作方式，似乎成效有限，因为一开始是强制仲裁，1987年改为双方同意就可以直接进入诉讼，1995年又改为现行的只要一方能够提出合格的专家证明，就可以免除强制仲裁，直接进入诉讼，近年来80%的案件都是直接进入诉讼；会成效不彰，主要还是大家对这个机制不信任，许多人认为问题是政府以每小时25美元的水平来聘任医事人员参与仲裁，够资格的医师不会愿意花时间参与，没有好的专家意见，导致质量不佳的仲裁，大家自然不相信这个制度。归根究底就是没有具公信力的鉴定，很难强迫大家接受仲裁。[4] 但是如果不是仲裁，而是调解呢，有人认为调解员应避免对争议做评断，不论是法律、事实或是专家意见，当然这牵涉到所指的诉讼外解决机制的内涵到底是什么？以澳洲为例，可能包含，调停(mediation)，中间人评估(neutral evaluation)，仲裁(arbitration)，专家决定(expert deter-

---

〔1〕 Russel Brown. The possibility of "inference causation": Inferring cause-in-fact and the nature of legal fact findings. (2010) McGill L. J. 1 at p. 18.

〔2〕 Learned Hand, Historical and Practical Considerations regarding Expert Testimony, Harvard Law Review, Vol. 15, No. 1 (May, 1901), pp. 40-58, at p. 53. https://archive.org/details/jstor-1322532.

〔3〕 Maryland State Archives, Health Care Alternative Dispute Resolution Office, Feb. 19, 2013, http://msa.maryland.gov/msa/mdmanual/25ind/html/42healc.html.

〔4〕 Fred Schulte and M. William Salganik. Malpractice arbitration in Md. called a failure. November 27, 2004. The Baltimore Sun. http://articles.baltimoresun.com/2004-11-27/news/0411270354_1_arbitration-malpractice-task-force.

mination),协调(negotiation),等等。[1] 医患纠纷是专业度较高的纠纷,即使是一般的协调,常常无法避免专家的意见要扮演一定的角色,才能说服双方各让一步,不坚持己见寻求和解。

六、法律议题分析

甲、没有真相可以解决医患纠纷吗

诉讼外医患纠纷解决机制的主要目的是纷争的解决,不是发掘真相。所以没有真相,当然可以解决医患纠纷,纠纷双方就是因为体认真相发掘困难,愿意搁置争议、异中求同,所以可以不进法庭就把纠纷圆满解决。

但这毕竟是揖让而升、下而饮,君子之争的理想状态,在医患纠纷的现实世界里,病人及家属通常都会认为真相被医疗机构隐瞒了,所以追求真相常常是患者及其家属的主要诉求,所以没有某种程度的专业认定,往往很难善了。美国马里兰州的强制仲裁机制,就因为病方对参与的专家不信任,往往被绕过,没有办法发挥实际功能。

这么说来,如果有具可近性也具公信力的鉴定机制,应该有助于诉讼外医患纠纷解决。支持者认为,医患纠纷中医疗工作者有过失的是少数,多半是病患或是家属对医疗结果不满意,透过鉴定,可以让家属及早接受现实,应该可以促进医患纠纷诉讼外解决。不支持者则认为,诉讼外纠纷解决机制的基础就是因为探究真相不易,旷日废时,希望双方不坚持己见,各让一步以快速解决纠纷,如果还进行鉴定,拖长时间,跟诉讼无异,而且一旦有过失与否的判断,得理的一方更不可能饶人,更难和解。

虽说没有真相一样可以解决纠纷,但是有真相可能有助于快速解决。发掘真相并不容易,可是我们不见得要有百分之百的真相,也许只需要百分之六十的真相,就有助于解决诉讼外医患纠纷。

乙、诉讼上的鉴定和诉讼外的鉴定有不同吗

诉讼外医患纠纷解决机制到底有哪些?目前主要还是调解及仲裁,是不是需要作事实或是因果关系的认定,随着采用机制的不同,也有不同。

台湾正在推动的生育事故救济,以政府介入的程度来看,其实就是调解与仲裁外的手段,以救济补偿的方式来解决生育事故产生的医疗纠纷。形式上是就该事故须机构与病人已经达成协议,再由政府给予机构以一定经费之鼓励。符合生育事故救济的必要条件,是机构于周产期之医疗与助产过程中,已依该机构专业基准施予必要之诊断、治疗或助产措施,所以必须要认定机构已予必要之诊断、治疗或助产措施,但又必须排除生育事故明显可完全归责于机构或病方,也就是还要认定是否有明显可完全归责于机构的过失,并把这样的任务

[1] New South Walse Law Reform Commission, Dispute Resolution: frameworks in New South Wales, April 2014, http://www.lawreform.lawlink.nsw.gov.au/agdbasev7wr/_assets/lrc/m731654l13/cp16.pdf.

交由生育事故审议委员会审查,但卫福部却又强调审议过程不作有无过失之认定或鉴定。所以虽无鉴定之名,却有某种程度上的鉴定之实。

即便申请救济的先决条件是机构已与病方和解,但是如果经审议之后,生育事故审议委员会决定有明显可完全归责于机构的过失,而不给予救济,这时候病家可能又会提起诉讼,一旦诉讼系属,"卫福部"医审会应法院或是检察机关请求鉴定,如果鉴定结果是机构无过失,产生诉讼外医患纠纷解决机制的鉴定结果跟诉讼中鉴定的结果不一致,这个时候可能会让这个救济审议的机制,失去公信力。

目前我国大陆官方的鉴定机制,可近性较高。台湾官方的鉴定机制,虽然运作上和大陆相近,比美国的官方机制来的完善,但是可近性较差,专家意见的呈现,诉讼上及诉讼外基本上是走不同路径,诉讼外专家意见置入的严谨度较低,时间及成本相对较为经济,名义或许不同,但同一案件可能有多次实质上的鉴定。

在台湾,当局要推广官方的鉴定并不容易,就如同美国一般,医师参与鉴定的诱因不高,又怕得罪人,多一事不如少一事,即便现行状况"卫福部"只参与司法鉴定,"卫福部"也不容易找到医师参与,都是靠医院评鉴标准将参与医审会的司法鉴定列为医学中心等级的必备项目,才勉强能应付现有的需求,如果要进一步扩大接受大家的申请,可能也是力有未逮。但是如果让诉讼上的鉴定和诉讼外的鉴定,都是同一具公信力的机制,也许更能鼓励医患双方寻求诉讼外解决医疗纠纷。

七、结　论

台湾正在推动的生育事故救济,以政府介入的程度来看,其实就是调解与仲裁外的手段,以救济补偿的方式来解决生育事故产生的医疗纠纷。必须要认定机构已予必要之诊断、治疗或助产措施,但又必须排除生育事故明显可完全归责于机构或病方者,并把这样的任务交由生育事故审议委员会审查,却又强调审议过程不作有无过失之认定或鉴定。所以虽无鉴定之名,却有鉴定之实。在医患纠纷鉴定制度上,以行政机构参与的程度来说,有美国只是很低度的参与在调解或是仲裁上,有台湾的提供诉讼上的鉴定到诉讼外的准鉴定,到中国大陆不论在诉讼上或是诉讼外都提供鉴定。如果让医患双方更容易使用具公信力的鉴定,是否会有利于诉讼外医患纠纷解决机制的推广,值得进一步的探讨。

《侵权责任法》实施后医疗损害鉴定乱象及制度设计研究

王金宝[*]

摘　要：《侵权责任法》第七章虽然规定了“医疗损害责任”，但并未规定医疗损害鉴定制度。本文在总结医疗损害鉴定乱象纷呈局面的基础上，明确指出：在现行法律体系下，医学会及其鉴定专家库成员在未获得司法鉴定执业许可前，无组织及参加医疗损害鉴定的合法资格；所有要求人民法院委托医学会进行医疗损害鉴定的规定，均无任何法律依据，应予以废止。本文进一步提出了建立我国医疗损害鉴定制度应当遵循的法律性和科学性高度统一的原则、我国统一而完善的医疗损害鉴定制度基本框架以及在相关制度未建立前的过渡时期进行医疗损害鉴定的基本思路，并建议改革医疗损害责任纠纷案件的审判体制，探索建立相对集中的一审案件管辖、专业合议庭规范审理的审判模式。

关键词：司法鉴定　医疗损害鉴定　法医临床鉴定　集中管辖

引　言

2009年12月26日，第十一届全国人大常委会第十二次会议讨论通过了《中华人民共和国侵权责任法》(以下简称为《侵权责任法》)，并于2010年7月1日起施行。

根据该法第七章的规定，医疗损害责任属于过错责任。而过错责任确定中的两个关键因素，即医疗行为是否存在过错，以及医疗行为与患者人身损害后果之间是否存在因果关系，均属于《民事诉讼法》第七十六条所称的“专门性问题”，是当事人可以向人民法院申请鉴定，或当事人未申请鉴定，人民法院认为需要鉴定的范畴。

对上述“专门性问题”所进行的鉴定，《最高人民法院关于适用〈中华人民共和国侵权责任法〉若干问题的通知》(以下简称为《最高法院适用侵权责任法通知》)称之为“医疗损害鉴定”。对该两“专门性问题”所作出的鉴定结论或鉴定意见在司法实践中往往具有医疗损害责任纠纷案件准判决书的作用，案件审理的结果，即医疗机构应否承担赔偿责任及其民事责任程度，患者的生命健康权益所遭受的损害能否得到合理的保护，几乎均与之直接相关。因此，医疗损害鉴定意见毫无疑问属于医疗损害责任纠纷案件的核心证据。

* 王金宝：1987年7月毕业于原南京铁道医学院临床医学系，获医学学士学位；1990年7月在该院获医学硕士学位；1999年4月起从事律师工作，现为江苏建康律师事务所律师、首席合伙人、事务所主任；长期兼任南京市律师协会医疗纠纷法律业务委员会主任；长期从事各类医药法律服务。

但是，《侵权责任法》并未直接而明确地规定医疗损害鉴定制度，全国人大法工委民法室编著的《侵权责任法》权威解读本中，也没有任何关于医疗损害鉴定的文字表述，即没有任何关于立法精神的体现，只是明确"医疗损害责任"的调整范围涵盖了"医疗事故和非医疗事故"〔1〕。这就给非全国人大及其常委会的立法主体以及不同的利益主体留下广泛的操作和想象的空间。

一、《侵权责任法》实施后医疗损害鉴定之乱象

正因为医疗损害鉴定意见和之前的医疗事故鉴定结论以及法医学司法鉴定意见一样，一直属于医疗损害赔偿纠纷案件的核心证据，因此，《侵权责任法》实施前后，与医疗损害责任确定有关的国家及地方各权力部门，包括原卫生部、最高人民法院，以及并无司法解释或具有司法解释性质文件制定权限的地方各级人民法院（以高级人民法院为主），纷纷出台了有关的意见、通知或指导意见，直接对医疗损害鉴定作出了具体规定。

但令人遗憾的是，这些规定虽然很具体，在实践中已经较长时间作为医疗损害鉴定实施的依据，但这些规定相互之间不一致，并且乱象纷呈。有的规定完全没有法律依据，有的则完全与上位法相悖，有的不当地剥夺了当事人的正当诉权。为了维护国家法制统一，正确实施法律，促进公正司法，笔者首先对医疗损害鉴定的乱象作全面回顾和总结。

（一）原卫生部先声夺人，"逐退群星与残月"

2010 年 6 月 28 日，即《侵权责任法》正式施行前三日，原卫生部下发了《关于做好〈侵权责任法〉贯彻实施工作的通知》（卫医管发〔2010〕61 号）。该通知在最后部分明确要求：对于司法机关或医患双方共同委托的医疗损害责任技术鉴定，医学会应当受理，并可参照《医疗事故技术鉴定暂行办法》等有关规定，依法组织鉴定。医疗损害责任技术鉴定分级参照《医疗事故分级标准（试行）》执行。

这是首次将对前述两"专门性问题"所作的鉴定称为"医疗损害责任技术鉴定"。但是，原卫生部的上述要求和规定，没有任何法律依据（详见下述）。

（二）最高法院欲言又止，"犹抱琵琶半遮面"

2010 年 6 月 30 日，即《侵权责任法》颁布已半年余后，正式施行前一日，也即原卫生部《关于做好〈侵权责任法〉贯彻实施工作的通知》下发后两日，最高人民法院终于以法发〔2010〕23 号下发了《最高法院适用侵权责任法通知》。在这通篇只有五百余字，且并非正式司法解释，而只是具有司法解释性质的司法文件中，关于对医疗纠纷案件涉及的上述"专门性问题"进行鉴定的规定如下："三、人民法院适用侵权责任法审理民事纠纷案件，根据当事人的申请或者依职权决定进行医疗损害鉴定的，按照《全国人民代表大会常务委员会关于司法鉴定管理问题的决定》（以下简称为《全国人大常委会司法鉴定管理决定》）、《人民法院对外委托司法鉴定管理规定》及国家有关部门的规定组织鉴定。"

〔1〕 王利明：《中华人民共和国侵权责任法解读》，中国法制出版社，2010 年，第 267－273 页。

上述区区一百二十字的规定，涉及了以下三个问题：一是人民法院就医疗损害责任委托进行的鉴定称为“医疗损害鉴定”；二是医疗损害鉴定依当事人的申请，或者当事人未申请鉴定，人民法院认为需要鉴定的，依职权决定进行；三是组织进行医疗损害鉴定的法律依据是《全国人大常委会司法鉴定管理决定》《人民法院对外委托司法鉴定管理规定》及国家有关部门的规定，即涉及进行医疗损害鉴定的鉴定机构及鉴定人的选择问题。

上述三个问题中，第一及第二均不会产生异议，对案件的实体审理结果均无实质性影响。只有第三个问题，因《侵权责任法》并未涉及，才是真正需要最高人民法院予以明确解释和规定的，是医疗损害责任纠纷案件中关乎全局的关键环节，是关乎医患双方当事人的合法诉权能否得到平等保护，关乎国家法制统一能否得到维护，法律能否得到正确实施，公正司法能否得到促进的核心问题。

但恰恰是在上述第三个关键问题上，最高法院打起了太极拳，欲言又止，“犹抱琵琶半遮面”，一方面规定应按照《全国人大常委会司法鉴定管理决定》及《人民法院对外委托司法鉴定管理规定》组织医疗损害鉴定，另一方面又在组织鉴定的法律依据中增加了含义不清、令人费解的“国家有关部门的规定”，致使医疗损害责任纠纷案件中的关键环节医疗损害鉴定的实施，至今依然乱象纷呈，没有任何改观。所谓的“国家有关部门”，究竟是指国务院司法行政部门，还是国务院卫生行政部门（注：笔者以为其他部门应与医疗损害鉴定无关），还是两者兼有，令人不得而知。

按照《最高法院适用侵权责任法通知》的上述文字规定以及可能的理解方式，对于人民法院委托进行的医疗损害鉴定，鉴定机构的选择至少可以有以下四种情形：

一是人民法院完全委托社会鉴定机构组织进行医疗损害鉴定，进行医疗事故技术鉴定的医学会不在选择之列。医患双方当事人均同意选择医学会进行鉴定除外；

二是人民法院完全委托进行医疗事故技术鉴定的医学会组织进行医疗损害鉴定，社会鉴定机构不在选择之列。医患双方当事人均同意选择社会鉴定机构进行鉴定除外；

三是医学会以及社会鉴定机构均可接受委托进行医疗损害鉴定，由负有举证责任的当事人做出选择，具体机构由医患双方共同协商确定，或随机抽签决定；

四是负有举证责任的当事人如果申请医疗事故司法鉴定，人民法院只能委托医学会组织进行鉴定。

（三）地方法院各自为政，“东边日出西边雨”

《最高人民法院关于适用侵权责任法通知》发布后，许多地方高级人民法院及部分中级法院陆续出台了以医疗损害鉴定为核心的贯彻实施《侵权责任法》的相关通知、规定、指导意见或审判纪要，作为相应管辖区域各级人民法院委托进行医疗损害鉴定的原则。由这些地方各级法院的规定可以看出，前述人民法院委托进行医疗损害鉴定，关于鉴定机构的选择至少可有的四种情形均存在。更有甚者，在部分地区，这种规定已经成为法院只委托医学会进行医疗损害鉴定，而不准许当事人要求社会鉴定机构进行鉴定的“尚方宝剑”。

1. 浙江省高级人民法院《关于审理医疗纠纷案件若干问题的意见（试行）》（自 2010 年 7 月 1 日起施行）中规定：可以委托医学会或其他司法鉴定机构进行医疗损害鉴定，两类机构具有平等的备选权利，但对司法鉴定机构鉴定人员要求具有相应临床专科知识和经验。

由此可见，浙江省高级人民法院将医学会和社会鉴定机构置于平等的备选地位，既实现了基本的程序公正，又保障了当事人，尤其是负有举证责任当事人的正当诉权。为此，浙江省高院还专门下发了《浙江省高级人民法院关于规范委托医疗损害鉴定的通知》(浙高法〔2010〕264 号)，并对司法鉴定机构鉴定人员提出了相应的资质要求。

2. 江苏省高级人民法院 2010 年 7 月 9 日颁布的《关于做好〈中华人民共和国侵权责任法〉实施后医疗损害鉴定工作的通知》规定：医疗损害鉴定应委托医学会组织专家进行，当事人均同意委托其他司法鉴定机构进行医疗损害鉴定的，应予准许。

由上述规定可见，江苏省高级人民法院虽然有"当事人均同意委托其他司法鉴定机构进行医疗损害鉴定的，应予准许"的表述，但众所周知，没有任何一家医疗机构会同意由社会鉴定机构进行鉴定，司法实践中更未出现过一个案例。

不仅如此，2010 年 10 月 11 日江苏省高院和江苏省卫生厅联合制定了《关于医疗损害鉴定工作的若干意见(试行)》(苏高法审委〔2010〕16 号)，对各级医学会进行医疗损害鉴定进行具体规定，其中明确将《最高人民法院关于适用侵权责任法通知》以及卫生部《关于做好〈侵权责任法〉贯彻实施工作的通知》(卫医管发〔2010〕61 号)作为医学会组织医疗损害鉴定的依据。

3. 北京市高级人民法院《关于审理医疗损害赔偿纠纷案件若干问题的指导意见(试行)》(自 2010 年 11 月 18 日起施行)：以委托有资质的司法鉴定机构进行医疗损害鉴定为原则，以委托医学会进行鉴定为补充。

笔者以为，北京市高级人民法院的规定最为符合《最高人民法院关于适用侵权责任法通知》的原则精神。

4. 上海市高级人民法院关于印发《上海法院关于委托医疗损害司法鉴定若干问题的暂行规定》的通知(自 2011 年 1 月 1 日起施行)：除双方当事人协商一致以外，医疗损害鉴定应由法院依职权委托医学会组织专家进行鉴定；医学会认为无法鉴定，法院可依据《人民法院对外委托司法鉴定管理规定》另行委托具有资质的司法鉴定机构组织鉴定。

由以上规定可知，上海市高级人民法院和江苏省高级人民法院的做法原则一致。

5. 广东省高级人民法院 2011 年 11 月 17 日发布的《关于人民法院委托医疗损害鉴定若干问题的意见(试行)》：可以委托医学会或司法鉴定机构进行医疗损害鉴定，两类机构具有平等的备选权利，但对司法鉴定机构鉴定人员有相应临床医学专业技术职称要求，或有具有相应专业技术职称的临床医学专家出具书面意见。

由此可见，广东高级人民法院和浙江高级人民法院的做法基本一致。

6. 安徽省高级人民法院《关于审理医疗纠纷案件若干问题的指导意见》(自 2011 年 11 月 22 日起施行)：医疗损害鉴定包括医疗事故鉴定和医疗过错鉴定；应当委托医学会进行医疗事故技术鉴定；可以委托医学会或具有相应资质的司法鉴定机构进行医疗过错鉴定。

虽然安徽省高级人民法院有上述规定，《侵权责任法》实施后，笔者所在的律师事务所承办了多起安徽省内的医疗损害责任纠纷案件，并未出现人民法院委托医学会进行医疗事故技术鉴定或医疗过错鉴定的案例，而是由人民法院根据当事人的申请，直接委托具有相应资质的司法鉴定机构进行鉴定。

二、医学会组织的医疗损害鉴定之评析

在现行法律体系下，医学会及其医疗事故技术鉴定专家库成员在未获得司法鉴定执业许可前，无组织及参与医疗损害鉴定的资格，只能进行医疗事故技术鉴定。要求人民法院委托医学会以及医学会受理人民法院委托组织进行医疗损害鉴定的所有规定，均无任何法律依据，应当予以废止。

（一）原卫生部《关于做好〈侵权责任法〉贯彻实施工作的通知》中所作的医学会应当受理并组织实施司法机关委托的医疗损害责任技术鉴定的规定，毫无法律依据，当然是无效的

理由之一：医学会能够组织进行的两项鉴定工作——医疗事故技术鉴定和预防接种异常反应技术鉴定，以及原卫生部发布第30号令《医疗事故技术鉴定暂行办法》和第60号令《预防接种异常反应鉴定办法》，均是源自于行政法规《医疗事故处理条例》和《疫苗流通和预防接种管理条例》的明确授权，但任一法律和行政法规，包括《民事诉讼法》《侵权责任法》《全国人大常委会司法鉴定管理决定》以及《医疗事故处理条例》等，均未规定或授权医学会可以组织进行人民法院委托的司法鉴定——医疗损害鉴定。

理由之二：国务院卫生行政部门的工作职责和立法权限中，并无可以独立规定或授权医学会进行人民法院委托的司法鉴定——医疗损害鉴定的权力。

理由之三：中华医学会及其地方分会是医学科学技术工作者自愿组成并依法登记成立的学术性、公益性、非营利性法人社团，若无法律法规的明确授权，并无自我增加进行医疗损害鉴定的业务或职能。

理由之四：最高人民法院及地方各级人民法院在没有法律明确规定的情形下，无权规定进行医疗事故技术鉴定的医学会可以进行医疗损害鉴定。

（二）最高人民法院在既无法律规定，也无有关立法精神的前提下，无权以司法解释形式规定进行医疗事故技术鉴定的医学会可以组织医疗损害鉴定

《最高人民法院关于司法解释工作的规定》（法发〔2007〕12号）第二条及第三条规定：人民法院在审判工作中具体应用法律的问题，由最高人民法院作出司法解释；司法解释应当根据法律和有关立法精神，结合审判工作实际需要制定。因此，最高人民法院作出司法解释的前提是已有法律规定或有关立法精神。但人民法院在审判工作中具体应用法律时遇到了问题，应由最高法院，而不是地方各级法院包括高级人民法院予以具体解释，因为只有最高人民法院具有司法解释权。需要说明的是，这里的“法律”是狭义的，仅指全国人大及其常委会制定的法律或具有法律性质的文件。

但是，《侵权责任法》作为全国人大常委会制定的法律，并未规定医疗损害鉴定制度，更未规定医学会可以组织进行医疗损害鉴定，因此并不存在人民法院在审判工作中具体应用法律的问题。全国人大法工委民法室编著的《侵权责任法》权威解读本中，也没有任何关于

可以授权医学会进行医疗损害鉴定的文字表述，即没有任何有关立法精神的体现，只是明确“医疗损害责任”的调整范围涵盖了“医疗事故和非医疗事故”[1]。虽然在立法层面存在缺憾，但是在此情形下，最高法院若直接或间接规定医学会可以组织进行医疗损害鉴定，就是创设法律，显然超越了司法解释的权限。

（三）根据《民事诉讼法》关于对专门性问题进行鉴定的规定，进行医疗事故技术鉴定的医学会及其专家库成员没有法医临床鉴定资格，无权进行医疗损害鉴定

2013年1月1日起施行的新《民事诉讼法》第七十六条规定：当事人可以就查明事实的专门性问题向人民法院申请鉴定。当事人申请鉴定的，由双方当事人协商确定具备资格的鉴定人；协商不成的，由人民法院指定。当事人未申请鉴定，人民法院对专门性问题认为需要鉴定的，应当委托具备资格的鉴定人进行鉴定。

这里显然存在对法条应用的理解问题，即在医疗损害责任纠纷案件中，如何解释“具备资格的鉴定人”？鉴定人应具备何种资格，才能合法地进行医疗损害鉴定？对此，最高人民法院是可以依法作出相应的司法解释。但至今最高法院在新《民事诉讼法》施行一年多后，没有任何作为，而是任由地方法院各自为政。全国人大法工委编著的《中华人民共和国民事诉讼法释义》[2]以及最高人民法院民事诉讼法修改研究小组编著的《〈中华人民共和国民事诉讼法〉修改条文理解与适用》[3]，对此也无任何说明或释义。

笔者认为，新《民事诉讼法》第七十六条所规定的“具备资格的鉴定人”，首先必须具备进行司法鉴定的鉴定人资格，这是其法律性的必然要求；其次必须具备进行医疗纠纷司法鉴定的资格要求，这是医疗损害鉴定科学性的必然要求。由于目前我国进行医疗纠纷司法鉴定的资质并非一级资质，无需专门认定，而是从属于法医临床鉴定，因此具备法医临床鉴定资质的鉴定人即有开展医疗纠纷鉴定的资质。

不言自明的是：当前状况下完全符合《民事诉讼法》第七十六条所规定的具备医疗损害鉴定资格的鉴定人，只能是在有法医临床鉴定资质的社会鉴定机构中执业，并具备法医临床鉴定资质的司法鉴定人。而医学会作为鉴定机构，只能依据《医疗事故处理条例》及《医疗事故技术鉴定暂行办法》的规定，开展卫生行政部门或医患双方共同委托的医疗事故技术鉴定，其鉴定专家库中的鉴定专家只能作为医疗事故技术鉴定的鉴定人，而不是医疗损害鉴定的鉴定人。

因此，在新《民事诉讼法》背景下，人民法院委托进行医疗损害鉴定符合法律规定的做法只能是：无论是基于对鉴定事项负有举证责任的当事人的申请，还是基于人民法院依据职权作出的决定，人民法院均不应委托医学会，而应委托有资质的社会鉴定机构进行鉴定。当然，医学会及其医疗事故鉴定专家库成员取得了司法鉴定执业许可，则另当别论。

笔者并不赞成有的学者提出的“《侵权责任法》在立法层面使《医疗事故处理条例》失去

---

[1] 王利明：《中华人民共和国侵权责任法解读》，中国法制出版社，2010年，第267－273页。

[2] 王利明：《中华人民共和国民事诉讼法释义（最新修订版）》，法律出版社，2012年，第168－171页。

[3] 奚晓明：《中华人民共和国民事诉讼法（修改条文理解与适用）》，人民法院出版社，2012年，第153－168页。

了法律效力，并使《医疗事故处理条例》规定的医疗事故技术鉴定机构失去了存在的法律依据”的看法[1]。事实是：《医疗事故处理条例》作为行政法规并未被废止，而是继续有效并实际发挥作用；各级医学会接受卫生行政部门或医患双方的共同委托，组织的医疗事故技术鉴定程序仍然在正常运行。

（四）地方各级人民法院关于医疗损害鉴定所作出的任何带有司法解释性质的规定都是非法和无效的，应当立即予以废止

以上所列的地方各高级人民法院发布实施的关于医疗损害鉴定的所有规定，均是具有司法解释性质的文件，在所辖区域具有最高执行力。但是，无论其内容如何，所有这些规定均是非法和无效的。理由也很简单：因为任一地方法院均无司法解释权，在人民法院系列中，司法解释权仅归最高人民法院。

为了维护国家法制统一，正确实施法律，促进公正司法，按照2011年全国人大常委会工作报告和立法工作计划关于督促和指导最高人民法院、最高人民检察院开展司法解释集中清理工作的总体部署和要求，最高人民法院和最高人民检察院再次于2012年1月18日联合下发了《关于地方人民法院、人民检察院不得制定司法解释性质文件的通知》（法发〔2012〕2号）。通知明确规定如下：

根据全国人大常委会《关于加强法律解释工作的决议》的有关规定，人民法院在审判工作中具体应用法律的问题，由最高人民法院作出解释；人民检察院在检察工作中具体应用法律的问题，由最高人民检察院作出解释。自本通知下发之日起，地方人民法院、人民检察院一律不得制定在本辖区普遍适用的、涉及具体应用法律问题的“指导意见”“规定”等司法解释性质文件，制定的其他规范性文件不得在法律文书中援引。

地方人民法院、人民检察院对于制定的带有司法解释性质的文件，应当自行清理。凡是与法律、法规及司法解释的规定相抵触以及不适应经济社会发展要求的司法解释性质文件，应当予以废止；清理工作应当于2012年3月底以前完成。

总之，前述各地高级人民法院以及部分中级法院要求审理医疗损害责任纠纷的人民法院委托医学会进行医疗损害鉴定，均无任何法律依据，而且与上位法律以及最高法院司法解释相抵触，均应予以废止。如果医疗损害责任纠纷案件审理中确需制定相关司法解释的，应由各高级人民法院向最高人民法院提出制定司法解释的建议或者对法律应用问题进行请示，而不是越俎代庖。

三、医疗损害鉴定制度的原则

公平正义是司法工作的生命线，也是社会和谐稳定的基石。目前社会矛盾的现状，迫切需要发挥司法权利救济、定分止争的作用。应当要不断提高司法公信力，努力让人民群众在

---

〔1〕 肖柳珍，王慧君：《〈侵权责任法〉背景下的医疗损害鉴定制度研究》，《广西大学学报（哲学社会科学版）》2010年第32卷第6期，第36－40页。

每一起案件中都能感受到公平正义，让司法成为维护社会公平正义的最后一道防线[1]。

多年以来，医疗纠纷始终是社会各界普遍关注的热点问题，医疗纠纷案件的妥善处理不仅关乎医患双方的合法权益，更关乎社会公共利益。在医疗损害责任纠纷案件的审理中，医疗损害鉴定意见又是最核心的证据，因此，为了维护国家法制统一，正确实施法律，促进公正司法，尽快废止各省高级人民法院及部分中级人民法院所作出的要求人民法院委托医学会进行医疗损害鉴定的所有带有司法解释性质的文件，尽快结束《侵权责任法》施行后医疗损害鉴定的混乱局面，尽快建立一套合法而又科学、统一而又完善的医疗损害鉴定制度，并深化医疗损害责任纠纷案件审判方式改革，已经成为当务之急。为此，笔者首先提出如下建立我国医疗损害鉴定制度应当遵循的原则。

（一）医疗损害鉴定必须体现法律性和科学性高度统一

医疗损害鉴定属于人民法院委托进行的司法鉴定，和其他需要进行鉴定的专门性问题一样，是一种协助司法机关解决诉讼中某些专门性问题的科学认识活动，旨在补充司法人员专门领域知识之不足，以达到正确判断之目的。他既具有科学性的内容，又具有法律性的要求，体现了法律性与科学性的统一。

就其科学性而言，具体的鉴定活动是由掌握专门科学知识和技能的鉴定人运用科学知识、方法、手段，借助科学技术设备进行科学鉴别判断活动；鉴定的结果直接涉及的是从科学角度推理、概括的结论，而非法律性的评价。

就其法律性而言，鉴定主体必须具有法定的资格；鉴定人的鉴定活动不能脱离法律程序；鉴定的结果必须依照法律规定的方式提出，并终将被运用到法律性质的活动即诉讼中[2]。

（二）医疗损害鉴定必须严格遵守现行法律规定

医疗损害鉴定首先必须具有的属性就是其法律性。因此，为了合法开展医疗损害鉴定，必须充分把握与执行医疗损害鉴定相关的现行法律规定。否则，医疗损害鉴定意见的合法性就难以得到保障，甚至是毫无合法性可言。在国家关于医疗损害鉴定相关法律规定发布实施后，依照新法优于旧法、特别法优于普通法、上位法优于下位法的原则适用法律。

（三）必须清楚界定医疗损害鉴定的科学性评价标准

医学发展至今，已经形成了较为完备、门类齐全的基本知识和基本理论，对于绝大多数疾病、绝大多数临床表现（症状和体征）已经形成了系统而成熟的诊疗护理规范和临床技术操作规范，医疗卫生管理的法律、行政法规、部门规章以及各级各类规范性管理文件日臻系统而完善。1994 年 9 月 1 日即已施行的国务院《医疗机构管理条例》第二十五条已经明确规定："医疗机构执业，必须遵守有关法律、法规和医疗技术规范"；同日施行的卫生部《医疗机

〔1〕 孟建柱：《深化司法体制改革》//《中共中央关于全面深化改革若干重大问题的决定》辅导读本，人民出版社，2013 年，第 52 页。

〔2〕 奚晓明：《中华人民共和国民事诉讼法（修改条文理解与适用）》，人民法院出版社，2012 年，第 153 -168 页。

构管理条例实施细则》也已在第五十七条明确规定：医疗机构应当经常对医务人员进行“基础理论、基本知识、基本技能”的训练与考核，把“严格要求、严密组织、严谨态度”落到各项工作中。而且，医疗损害鉴定的主要任务，是判断医务人员在诊疗活动中是否尽到了与当时的医疗水平相应的诊疗义务，这是一种依据诊疗行为发生当时的医疗水平所作的回顾性，而非前瞻性评价。

因此，对于作为兼具法律性和科学性于一体的医疗损害鉴定，制定统一的科学性评价标准，即明确鉴定的依据，不仅具有必要性，而且具有可行性。否则，鉴定依据的个人主观性和随意性，必将严重影响鉴定意见的科学性。这在之前的医疗事故鉴定、医疗损害鉴定以及医疗过错司法鉴定中都时有发生。

笔者认为，作为鉴定依据的诊疗护理规范常规，必须具有制定主体的合法性、记载内容的权威性、普遍适用性以及一定阶段的稳定性，尤其是卫生部委托中华医学会编著的系列《临床诊疗指南》和《临床技术操作规范》，以及高等医学院校教材等是必须作为鉴定依据的。具体做法，有学者已经提出了合理而有效的建议，笔者予以赞同[1]。

四、构建统一完善的医疗损害鉴定制度框架

基于《侵权责任法》实施后我国目前医疗损害鉴定存在的混乱局面，可以确定我国尚未形成统一而完善的医疗损害鉴定制度。笔者依据上述医疗损害鉴定制度建立的原则，提出如下我国统一而完善的医疗损害鉴定制度基本框架。

（一）由全国人大常委会制定专门法律作出具体或原则规定，再由最高人民法院在必要时单独作出司法解释，或联合国务院司法行政部门、国务院卫生行政部门就医疗损害鉴定的启动、鉴定的科学性评价体系和标准、鉴定人及鉴定机构的资格认定及管理等具体问题作出明确而具体的规定

基于医疗行为的高度专业性，医疗行为实施对象的高度普遍性，医疗行为难以避免的风险性，长期以来医疗纠纷的发生及处理持续作为社会热点问题的现实，以及将来仍将大量存在的高度可能性，为了平等维护医患双方的合法权益，维护社会公共利益，笔者认为应当进行顶层设计，参照《道路交通安全法》，从国家层面立法，即由全国人大常委会制定专门的法律如《医疗安全法》，对医疗损害责任纠纷案件的医疗损害鉴定作出具体或原则性的规定，并兼实体和程序规定于一体。也可参照《全国人大常委会司法鉴定管理决定》，由全国人大常委会专门针对医疗损害鉴定作出规定，如《全国人大常委会关于医疗损害鉴定管理问题的决定》。

在如上制定的法律中，无论是各级医学会及其专家库成员，还是社会鉴定机构及其执业鉴定人，亦或是单独设立的医疗损害鉴定机构及其鉴定人，甚至是具有鉴定资质的独立鉴定人，均可规定为有合法资格进行医疗损害鉴定的鉴定机构以及鉴定人。医疗损害鉴定的鉴

〔1〕 睢素利：《关于完善我国医疗损害鉴定制度的探讨》，《中国医院》2013年第17卷第9期，第46－48页。

定资格应作为一级鉴定资格进行认定，而不应同目前隶属于法医临床鉴定项下(目前司法部文件称为“医疗纠纷鉴定”)，即有学者提出的“医疗损害鉴定特别许可制度”〔1〕。

同时笔者认为，无论是哪一类鉴定主体，只要其鉴定人具有法定资格，鉴定意见做到了真正意义上的法律性和科学性的统一，就应当采信作为定案的根据。而且鉴定主体的多元化，不仅保障了当事人依据新《民事诉讼法》第七十六条“协商确定具备资格的鉴定人”的选择权，更能促使各类鉴定主体更好地开展鉴定工作。有竞争才会有动力，有动力才会有进步；“一花独放不是春，百花齐放春满园”。

若全国人大常委会制定的上述法律规定较为原则，具体实施中操作性尚不强，最高人民法院应当根据法律规定或立法精神，及时作出司法解释。或在法律实施过程中，人民法院在审判工作中遇到具体应用法律的问题，再报请最高人民法院作出相应司法解释。最高法院也只有在法律有明确规定或有明确的立法精神的前提下，才能就其应用进一步作出司法解释，否则就是超越权限而创设法律。

对于医疗损害鉴定的启动、鉴定的科学性评价体系和标准(即鉴定依据)、鉴定人及鉴定机构的资格认定及管理等具体问题，应由最高人民法院联合国务院司法行政部门、国务院卫生行政部门作出具体规定。

笔者作出上述建议的法律依据是 2000 年 7 月 1 日起施行的《中华人民共和国立法法》(以下简称为《立法法》)2005 年 10 月 1 日起施行的《全国人大常委会司法鉴定管理决定》以及 2007 年 4 月 1 日起施行的《最高人民法院关于司法解释工作的规定》。

根据《立法法》第八条的规定，民事基本制度、诉讼和仲裁制度以及必须由全国人民代表大会及其常务委员会制定法律的其他事项等十类事项，只能制定法律。同时，《立法法》第九条又明确规定：本法第八条规定的事项尚未制定法律的，全国人民代表大会及其常务委员会有权作出决定，授权国务院可以根据实际需要，对其中的部分事项先制定行政法规，但是有关犯罪和刑罚、对公民政治权利的剥夺和限制人身自由的强制措施和处罚、司法制度等事项除外。医疗损害鉴定制度作为诉讼制度，属于司法制度的一种，因此国务院无权制定相应的行政法规。

《全国人大常委会司法鉴定管理决定》规定：法律对前款规定事项(注：指国家对从事司法鉴定业务的鉴定人和鉴定机构实行登记管理制度)的鉴定人和鉴定机构的管理另有规定的，从其规定。

(二) 充分利用现行体制下各级医学会医疗事故技术鉴定专家库的巨大技术和专业优势，以及具有医疗纠纷鉴定资质的法医学司法鉴定人熟练掌握和运用司法鉴定法律性以及具有基本科学性保障的特点，形成临床技术专家和法医司法鉴定专家两结合的鉴定人遴选机制，鉴定意见实行鉴定人负责制，以确保鉴定意见的法律性和科学性的统一

医疗事故技术鉴定专家库有着巨大的技术和专业优势，自不必说。医疗损害的分析也

---

〔1〕 肖柳珍，王慧君：《〈侵权责任法〉背景下的医疗损害鉴定制度研究》，《广西大学学报(哲学社会科学版)》2010 年第 32 卷第 6 期，第 36 - 40 页。

必须建立在充分医学知识的基础上。然而,过度的医疗权威或医疗专家至上的鉴定模式,难免会使鉴定结论"医边倒"。因为医疗专家由于思维定势的影响,更多的是关注医疗的风险性,因此常常通过一些力所能及的行为来保护同行〔1〕。因此,必须采取临床技术专家和法医司法鉴定专家两结合的鉴定人遴选机制。

有作者提出的"司法鉴定机构的鉴定能力和水平远远不够""社会中介司法鉴定机构内的鉴定人员对鉴定的标准没有较强的把握""鉴定的客观性和公正性也无法保障"的意见〔2〕,对此,笔者不认可。目前医学界普遍存在的司法鉴定的专家不懂临床医学,没有能力进行医疗损害鉴定的看法,这种看法值得商榷。大量的司法鉴定实践证明,恰恰是经过法医学司法鉴定的案件往往都能案结事了,而由医学会鉴定的不少案件存在当事人不断进行申诉、抗诉、涉法涉诉信访等情形。笔者对此有深刻的体会。

根据《民事诉讼法》第七十六条的规定,医疗损害鉴定应实行鉴定人负责制,而不是目前医学会鉴定采用的合议制,这是合法鉴定的前提之一。根据《民事诉讼法》第七十七条"鉴定人应当提出书面鉴定意见,在鉴定书上签名或者盖章"的规定,也应当施行鉴定人负责制。《司法鉴定程序通则》第四条则更加明确规定:司法鉴定实行鉴定人负责制度。实行鉴定人负责制时,应设立首席鉴定人(相当于专家鉴定组组长)。有鉴定资格的临床专家或法医临床鉴定专家均可担任首席鉴定人。

(三) 具有完备的医疗损害鉴定配套制度

建立完备的医疗损害鉴定配套制度,不仅是鉴定意见法律属性的客观需要,更能从制度层面为鉴定意见的科学性提供保障。笔者认为主要的配套制度应当包括鉴定材料的先行审查制度、鉴定人及鉴定机构的回避制度、有条件的异地鉴定制度、听证制度、鉴定人出庭作证制度以及监督和问责制度等。

五、过渡期相关医疗损害鉴定的规制思路

自现在起至上述统一而完善的医疗损害鉴定制度建立的期间,属于过渡时期。为了确保过渡时期的医疗损害鉴定能够合法而有序地进行,同样达到法律性和科学性的统一,笔者提出如下规制思路。

(一) 应尽快废止各省(市)高级人民法院及部分中级人民法院所作出的要求人民法院委托医学会进行医疗损害鉴定的所有带有司法解释性质的文件,尽快结束《侵权责任法》施行后,部分省(市)医疗损害鉴定启动程序非法和鉴定主体非法的局面

如本文前述,各省(市)高级人民法院及部分中级人民法院所作出的要求人民法院委托

〔1〕 肖柳珍,王慧君:《〈侵权责任法〉背景下的医疗损害鉴定制度研究》,《广西大学学报(哲学社会科学版)》2010 年第 32 卷第 6 期,第 36 - 40 页。

〔2〕 王黎曼:《论侵权法背景下我国医疗损害鉴定制度的完善》,《中国法医学杂志》2012 年第 27 期,第 32 - 34 页。

医学会进行医疗损害鉴定的所有带有司法解释性质的文件，不仅与《最高法院适用侵权责任法通知》这一司法解释相抵触，规定应委托医学会进行医疗损害鉴定没有任何法律依据，而且与新《民事诉讼法》对于“专门性问题”应当委托“具备资格的鉴定人”进行鉴定的规定明显相悖。各制定主体应当主动予以废止，并及时向社会公布。

只有尽早废止这些与法律、法规及司法解释的规定相抵触的司法解释性质文件，医疗损害鉴定才能尽早走上真正依法进行的轨道。

（二）省级司法行政主管部门应当对具有法医临床鉴定资质的社会鉴定机构是否实际具备医疗损害鉴定的能力进行重新评估，施行医疗损害鉴定特别许可制度

虽然从形式角度讲，具备法医临床鉴定资质的社会鉴定机构已具有了进行医疗纠纷鉴定，即进行医疗损害鉴定的资质，但鉴定力量良莠不齐的现象客观存在。确有不少机构，尤其是某些既不具有医疗机构作为技术支撑，鉴定人本人原来的执业经历又完全不能满足鉴定要求的社会鉴定机构，以及有些二级医院申办的司法鉴定机构，其显然不具备鉴定案情本来已经较为复杂的医疗纠纷案件的能力。

因此，为了满足现实医疗损害鉴定工作的需要，省级司法行政主管部门应当对辖区内具有法医临床鉴定资质的社会鉴定机构是否实际具备医疗损害鉴定的能力进行重新评估，即施行医疗损害鉴定特别许可制度，并在专门作出资格认定后向社会公布，以备当事人选择或人民法院指定。

值得一提的是：即便在目前状态下，在委托社会鉴定机构进行医疗损害鉴定时，很多法院，如安徽省内的法院，也已经十分重视审核鉴定机构的实际资质和能力。

（三）市和省两级医学会以及其建立的医疗事故技术鉴定专家库成员若要合法开展医疗损害鉴定，应当依照《全国人大常委会司法鉴定管理决定》等规定到省级司法行政主管部门进行注册登记，并取得执业许可

医学会及其专家库成员只有在取得相应的司法鉴定执业许可后，才能成为《民事诉讼法》所规定的具备法医临床鉴定资格的鉴定机构和鉴定人，也才可以和具备资格的社会鉴定机构一起接受当事人的协商选择或接受人民法院的指定，开展医疗损害鉴定。

未经省级司法行政主管部门的执业许可，医学会及其医疗事故技术鉴定专家库成员则没有进行医疗损害鉴定的合法资质，不能进行医疗损害鉴定。

（四）根据医学会及其专家库成员是否已获得司法执业许可，确定进行医疗损害鉴定的机构及鉴定人

现行《民事诉讼法》第七十六条规定：当事人可以就查明事实的专门性问题向人民法院申请鉴定。当事人申请鉴定的，由双方当事人协商确定具备资格的鉴定人；协商不成的，由人民法院指定。当事人未申请鉴定，人民法院对专门性问题认为需要鉴定的，应当委托具备资格的鉴定人进行鉴定。据此，笔者将过渡时期的医疗损害鉴定模式作如下归纳。

1. 医学会及其专家库成员已获得司法执业许可情形下的医疗损害鉴定模式。

（1）当事人申请医疗损害鉴定，应先由双方当事人在医学会和一个或数个具有鉴定资格的社会鉴定机构之间进行协商确定；协商不成的，由人民法院指定。人民法院既可指定医学会，也可指定某一社会鉴定机构进行医疗损害鉴定。

（2）当事人未申请鉴定，人民法院认为需要进行医疗损害鉴定的，既可委托医学会，也可委托具有鉴定资格的社会鉴定机构进行鉴定。

2. 医学会及其专家库成员未申请司法执业许可情形下的医疗损害鉴定模式。

（1）当事人申请医疗损害鉴定，应先由双方当事人在两个或以上具有鉴定资格的社会鉴定机构之间进行协商确定，医学会不在备选机构名单之列；协商不成的，由人民法院指定。人民法院只能指定社会鉴定机构，而不能指定医学会进行医疗损害鉴定。

（2）当事人未申请鉴定，人民法院认为需要进行医疗损害鉴定的，应委托具有鉴定资格的社会鉴定机构进行鉴定。人民法院不能依职权委托医学会进行医疗损害鉴定。

六、改革医疗损害责任纠纷案件审判体制

探索建立相对集中一审案件管辖、专业合议庭规范审理的审判模式，以进一步促进医疗损害鉴定法律性和科学性的高度统一，让司法真正成为维护社会公平正义的最后一道防线。

医疗损害责任纠纷案件的案情复杂性和高度专业性，要求审判人员应具有较高的专业审判素质，不仅要精通普通法律，也要了解甚至掌握医疗专业法律，更要具有相对完备或系统的医学专业知识，能够对案件事实，尤其是专家鉴定意见进行实质性审查。

目前的现状是：案件由被诉医疗机构所在地基层法院管辖，除了少数法院具有相对说得过去的专业审判能力外，绝大多数法官都只是唯鉴定结论（意见）是从，鉴定结论（意见）几乎就是准判决书，法官似乎成了账房先生。即便鉴定人出庭作证接受质询，无论现场质询效果如何，“搞不清”“听不懂”的现状，也只能使之流于形式。

此外，相对于一般民事纠纷，除了少数医疗资源集中的中心城区，大部分基层法院年案件受理数均不多，甚至很少。这也是不少法院法官缺少审判经验的重要因素之一。

为此，笔者强烈建议，应按照《中共中央关于全面深化改革若干重大问题的决定》所提出的“探索建立与行政区划适当分离的司法管辖制度，保证国家法律统一正确实施”的总目标和总要求，在有条件的地级市（区）探索建立相对集中一审案件管辖，并在此基础上建立一支专业化的法官队伍，每一有管辖权的基层法院均由专业合议庭进行规范审理，或至少审判长是专业的审判人员的审判模式。

这一审判方式的改革，不仅可以消除或者减轻地方保护因素，有利于案件的公正审理，提高司法审判的效率和公信力；有利于统一案件审理标准，保证国家法律统一正确实施，维护法律的尊严和司法裁决的权威；更有利于维护各方当事人的合法权益，让司法真正成为维护社会公平正义的最后一道防线。

此外，笔者以为，上述审判方式的改革也可以倒逼医疗损害鉴定的法律性和科学性。

论医疗鉴定制度的司法完善

赵　波　郑雪倩　刘剑平*

摘　要：在医疗侵权案件的审理过程中，司法鉴定对于案件的审理、责任的划分起到了至关重要、甚至是决定性的作用。然而由于司法鉴定改革进程缓慢，加之临床诊疗活动极强的专业性，使得当事人对医疗司法鉴定书的质证与法院最终的审核与采信对于医疗侵权案件的审理有着极为重要的作用。

关键词：医疗鉴定　医疗侵权　司法完善

医疗损害责任纠纷作为《侵权责任法》规定的一种特殊侵权类型，基于临床诊疗活动极强的专业性，往往需要进行司法鉴定来帮助法院查明事实、明辨是非。遗憾的是，目前司法实践中，临床诊疗问题的司法鉴定却是由法医主导的，因其对临床经验及知识不甚了解，鉴定过程中往往只是凭借对相关诊疗规范、医学文献的机械理解就做出了鉴定结论。本文意在从司法的角度，分析医疗鉴定中所存在的问题，并提出相应的完善建议。

一、案例分析

（一）案例简介

患者因头晕、头痛近1月，步态不稳、反应迟钝10余天入住某三甲医院神经外科，诊断为鞍区占位，脑积水。之前曾于2002年、2007年、2009年因"鞍区占位"在外院三次行伽马刀治疗，2011年行"经鼻鞍区占位切除术"，术后病理为"脊索瘤"。入院前4天在当地医院行核磁共振检查示鞍区占位，脑积水。入院后完善常规检查，并签署手术同意书后，在全麻下行"冠状切口右额开颅纵裂入路鞍区肿瘤切除术"，术中大出血，术后转入ICU病房，给予脱水降颅压、营养脑细胞、促醒抗感染等治疗，但神志仍然昏迷。术后第二天行头部CT检查示：左侧大面积脑梗塞。经积极治疗，患者病情仍逐渐加重，脑水肿、脑疝形成，于术后第7天抢救无效去世。家属认为医院存在过错而诉之法院，要求赔偿。一审经某司法鉴定机构鉴定，认为："院方术前检查欠完善，未对患者行脑血管造影，脑血管造影能够了解肿瘤血供，有利于术中出血的控制。院方术前意识到手术可能存在出血的风险，但未行脑血管造影检查，视为过失。该过失行为可增加手术出血的风险，不利于术中出血的控制。医疗过失参与度考虑为C级（理论系数值25%，参考范围20%—40%）。"医院对此鉴定结论不认可，并申

* 赵波：北京华卫律师事务所律师；郑雪倩：北京华卫律师事务所主任；刘剑平：北京华卫律师事务所律师。

请鉴定人出庭接受质询，但一审法院最终还是采信了该鉴定结论，判决医院承担25%责任，共计赔偿患者各项损失三十余万元。医院不服而提起上诉，二审法院就双方争议的焦点问题"脊索瘤术前脑血管造影检查是否为手术操作规范"展开了认真、积极地调查。医院认为脊索瘤术前脑血管造影检查并非诊疗规范，也非专家共识，只是鉴定专家的个人意见，其所在医院级别和个人技术职称与上诉人相同，其权威性高于上诉人的专家意见没有法律依据，故申请法院召开该专业领域的专家论证会，以明确脊索瘤术前脑血管造影检查是多数专家的意见还是个别专家的意见。但患方以召开专家论证会没有法律明文规定，法院无权组织为由而反对。法院就此向一审鉴定机构发函要求明确下列该问题，鉴定机构回函称："脊索瘤"手术目前没有相应诊疗规范，也无专家共识，只是参与鉴定的专家根据自身临床经验做出的意见。有鉴于此，法院要求鉴定人出庭接受了双方及法庭的质询，并最终据此做出了终审判决：驳回患方的全部诉讼请求。

（二）由法院判决所引发的思考

本案中，二审法院的判决具有重大的现实意义，现摘录如下："鉴定意见所认定的医院术前未做脑血管造影检查，属于不作为的侵权行为。确定不作为侵权行为的前提是行为人负有特定的作为义务，这种特定的作为义务是法律所要求的具体义务。特定的法定义务的来源为法律的直接规定、来自业务上或者职务上的要求和来自行为人先前的行为。具体到医疗侵权领域，应以医疗卫生管理法律、行政法规、部门规章和诊疗护理规范作为判断法定作为义务的来源，而不考虑个体的因素、个人的意见。鉴于诊疗活动关系患者的生命和健康，当现有诊疗规范针对某些疑难罕见疾病尚未有明文诊疗操作规范时，应当将判断医疗机构或医务人员高度注意义务的标准延伸至该行业的专家共识或多数专家意见。在本案中，鉴定意见已明确脊索瘤手术前的脑血管造影检查并非诊疗规范，也无专家共识，而系个别专家根据自身临床经验做出，故认定医院存在未做脑血管造影的不作为诊疗侵权行为，缺乏法律依据，系鉴定机构错误地理解了法律中关于违反注意义务从而判断过失的规定，对此，本院不予采信。申言之，如果以个别临床医生的意见作为判定法定作为义务的来源，将会使法律失去预见性和稳定性的功能，不符合法律指定的目的和功能。"

该判决令人鼓舞，因为这意味着法院不再简单地只对鉴定结论进行形式上或程序上的审核，而开始行使法律赋予的权力，认真履行从程序上、实体上全面审核证据的职责，更好地维护法律的公平、公正。也提示医疗侵权案件的当事人要充分利用法律赋予的权力，对鉴定结论进行有针对性的质证，从而帮助法院查清事实、纠正鉴定结论。

二、当前医疗鉴定制度的法律构建

（一）有关医疗鉴定制度的法律规定及其存在的问题

根据《中华人民共和国民事诉讼法》第七十六条："当事人可以就查明事实的专门性问题向人民法院申请鉴定。当事人申请鉴定的，由双方当事人协商确定具备资格的鉴定人。协商不成的，由人民法院指定。当事人未申请鉴定，人民法院对专门性问题认为需要鉴定的，应当委托具备资格的鉴定人进行鉴定。"《全国人民代表大会常务委员会关于司法鉴定管理问题的决定》第一条规定：司法鉴定是指在诉讼活动中鉴定人运用科学技术或者专门知识对诉讼涉及的专门性问题进行鉴别和判断并提供鉴定意见的活动。这些规定主要说明两个问题：第一，专门性问题需要鉴定；第二，鉴定人必须具备专门知识和相应的资格。显然，医疗纠纷涉及专业性极强的临床医学问题，需要鉴定是毋庸置疑的，但鉴定人的资格问题却存在广泛争议。笔者认为，任何专门性的鉴定必须是同行鉴定同行，这是鉴定的基本原则。至于被质疑的同行相互包庇、袒护、可能存在不公的问题，应当通过合理的、公正的程序设计来解决，而不是违反基本原则让外行来鉴定内行，这必然导致外行的、不科学的鉴定结论。

2011年5月25日最高人民法院发布了《关于统一医疗损害责任纠纷适用法律的通知》，明确要求医疗纠纷案件统一适用《侵权责任法》，相关鉴定也不再由医学会负责，统一由法院委托或医患双方共同商定有资质的司法鉴定机构进行。由于国家对从事司法鉴定业务的鉴定人和鉴定机构实行登记管理制度，进行登记的大都是法医类专家而鲜有临床医学专家，因此临床诊疗问题的司法鉴定实际是由法医主导的。虽然某些地方司法鉴定行业协会要求司法鉴定人"针对案件中的难点或较强的专业技术问题，可以邀请相关临床专业高级技术职称的专家，共同参与医疗过失的技术判断"，但实践中，法医鉴定人的意见往往占主导作用，有的甚至根本不请相关临床专家参与。这样的鉴定往往令人难以理解和接受，甚感束手无策。法医和临床医学是截然不同的专业学科，甚至同是临床医学，还存在门类众多、专业差别极大的一级学科、二级学科，不同临床学科之间都可以彼此相对称为外行，何况法医相对于临床医学，将很容易导致鉴定结论的不准确，甚至是错误。

（二）鉴定结论的救济途径和实践中所存在的问题

对于鉴定结论，法律规定了当事人的一些救济途径：申请对鉴定结论书面质询、鉴定人出庭质询、专家证人出庭，甚至申请重新鉴定。但限于现有司法程序，司法鉴定很大程度上是"一鉴终局"，因为没有规定上一级鉴定机构的审核程序，类似医疗事故鉴定程序的县（区）级、省（直辖市）级医学会和中华医学会的分级鉴定程序。同时，由于缺乏对鉴定人和鉴定机构的保护机制，鉴定人面临被鉴定人（主要是患方）的巨大压力，鉴定人很难、也很少更改鉴定结论，法官也只进行形式上的审查，即审查：鉴定程序是否违法，如鉴定人的资质、是否受贿、鉴定材料是否经过质证等，而不进行实质内容的审查，理由是法官不具备医学专业知识。这样就造成了司法鉴定"一鉴终局""审判被鉴定绑架"的怪象。

（三）医疗鉴定制度的司法完善

实际上，在现有的法律规定下，法官是有权力、有能力对司法鉴定结论进行实体审查的。根据《最高人民法院关于民事诉讼证据的若干规定》第六十四条：审判人员应当依照法定程序，全面、客观地审核证据，依据法律的规定，遵循法官职业道德，运用逻辑推理和日常生活经验，对证据有无证明力和证明力大小独立进行判断，并公开判断的理由和结果。这说明，法官有权对司法鉴定结论进行实体审查，这也是法官的职责。同时，新修订的《民事诉讼法》"第七十八条：当事人对鉴定意见有异议或者人民法院认为鉴定人有必要出庭的，鉴定人应当出庭作证"及"第七十九条：当事人可以申请人民法院通知有专门知识的人出庭，就鉴定人作出的鉴定意见或者专业问题提出意见”使得法官在专家的帮助下有能力对司法鉴定结论进行实体审查。

案例中二审法院的判决对于鉴定制度的司法完善无疑是意义重大的，然而这毕竟只是个案，想让临床医学司法鉴定更为科学、公正，必须从制度、程序上对司法鉴定进行更为科学、合理的设计，比如坚持专业性原则（鉴定必须由相关临床专家主导）、回避原则（可以在相邻省市异地鉴定等），建立司法鉴定的审核监督机制、鉴定人和鉴定机构的保护机制等。毕竟只有更为科学、合理、权威的鉴定，才能让法官、当事人乃至整个社会大众对医疗纠纷的本质有着清楚的认识，树立正确的是非观念，维护当事人的合法权益，有利于整个医疗行业的健康发展。

医疗损害鉴定制度重构的若干问题

顾加栋　姜柏生*

摘　要：医疗损害鉴定制度重构应以实现鉴定的客观性、可及性为目标。客观性依赖于鉴定人能力提升、鉴定人地位中立、鉴定程序优化及监督机制完善，可及性依赖于鉴定队伍的壮大以及良性竞争。医疗损害鉴定应当实行鉴定人负责制，鉴定人员的资格应当符合特别规定。司法鉴定机构及医学会均应当被赋予医疗损害鉴定的资格，以促进良性竞争；鉴定机构应当设专家库，鉴定规则应当符合法定条件；应当充分发挥司法审查对医疗损害鉴定活动的监督功能。

关键词：医疗损害　医疗损害鉴定　司法鉴定　司法审查

现行鉴定制度存在诸多缺陷，甚至出现了与《民事诉讼法》相关规定脱节的现象，给医疗纠纷处理带来了诸多不良影响。医疗损害鉴定制度改革多年来一直为学界关注，但贴近实践的研究成果并不多，制度改革的进度也不尽如人意。笔者结合近年来医疗损害鉴定实践的新动向，以鉴定报告应有的客观性、公正性为目标，探讨制度完善的若干关键问题。

一、制度重构必要性分析

1. 鉴定人资格存疑

基于各地法院多年来各自形成的司法惯例，司法鉴定机构和市级以上地方医学会都有机会承担医疗损害鉴定任务，但却又都没有明确的法律规定赋予其鉴定资格。司法鉴定机构虽然可以从事法医临床鉴定，但传统观念认为，"法医临床鉴定"并不是指称"临床医学鉴定"，而是指与法医学相关的临床判断，如伤残等级及因果关系等。而地方及中华医学会虽然依据《医疗事故处理条例》承担医疗事故鉴定任务，但在《侵权责任法》实施后，医疗事故鉴定回归到行政责任追究程序的层面，与医疗损害审判没有必然关联。在《民事诉讼法》对鉴定制度做了修订后，人们对医学会专家组成员的出庭作证能力提出质疑，而且专家库中的临床专家并无国家机关或权威部门赋予的鉴定人资格。

2. 结论可信度不足

从实际效果看，两类鉴定各有优势，又都存在令人不安的现象。司法鉴定的公正性为社会大众（尤其是患方）所认可，但其鉴定能力及鉴定机制存在缺陷。[1] 在审判实践中出现了

---

* 顾加栋：南京医科大学医政学院副教授；姜柏生：南京医科大学医政学院教授。

〔1〕 何毅：《医疗损害责任鉴定制度研究》，西南财经大学硕士论文，2010 年，第 21 - 22 页。

"查教科书做鉴定""和稀泥"的情况。在科学抽取鉴定专家的基础上,医学会专家组对医疗过错的判定能力值得肯定。但事实上,专家遴选的科学性一直难以保证。在鉴定会召开之前,参会专家身份保密,所有当事人均无从了解专家信息,回避原则无法很好贯彻。又由于同一地区的专家多半相互熟识,基于"补台不拆台"的想法,鉴定专家主观公正性就打了折扣。

3. 鉴定人出庭制度难以贯彻

基于医学的科学性及医疗实践的复杂性,鉴定人出庭便于为当事人答疑解惑、定纷止争。新修订的《民事诉讼法》对鉴定人出庭也有明确规定。但在既往审判实践中,鉴定人出庭的为数极少。医学会组织的医疗鉴定中,鉴定专家并无出庭接受质证的法定义务,大部分专家又缺乏出庭经验,专家们往往不愿出庭。[1] 在《民事诉讼法》修行之前,司法鉴定机构也很少出庭作证。究其原因,时间成本是重要的一个方面。但是,在鉴定机制不成熟的情况下,面对医方临床医生质询,司法鉴定人的作证能力其实也很有限。加之法律对医疗损害鉴定出庭作证并无明确规定,司法鉴定人往往以书面答复代替出庭作证。

4. 鉴定成本过高

与公正性需求相比,鉴定成本问题也不能小视。由于人们对鉴定公正性存疑,在医学会初次鉴定后,申请再次鉴定成为惯例。无论再次鉴定是由省级医学会组织,还是由司法鉴定机构组织,都造成了时间成本和经济成本的浪费。由于管辖的医院过多,医学会开展的鉴定,其期限偏长。在司法鉴定机构组织鉴定的模式下,值得信赖的鉴定机构往往集中在大型城市,这类机构的鉴定任务非常繁重,等待时间同样漫长。医疗损害案件有时还涉及后续治疗费用,患方往往备受煎熬。

二、制度重构之目标应然性分析

医疗损害鉴定本质上属于司法鉴定。实践中一直有将医疗技术鉴定排除在司法鉴定范畴之外的做法[2],并进而强调医疗技术鉴定应当只能由医学会等行业组织进行。应该说,以《医疗事故处理条例》为依据开展的医疗事故鉴定,其在鉴定目的、鉴定事项、鉴定程序等方面确实存在特殊性。但是,其本质上属于行政责任追究程序的一部分,与民事赔偿无关。换言之,将医疗事故鉴定排除在司法鉴定之外是可以的,但是将诉讼中与医疗过错相关的鉴定排除在司法鉴定之外没有道理。诉讼中的医疗技术鉴定其功能在于查明专业性案件事实,与其他类型案件中的专业性问题的查明方式没有本质差异。因此,司法鉴定的理论、规则与价值目标应当同样适用于医疗损害鉴定。实践当中,部分法院将医疗事故鉴定报告作为认定医疗侵权的证据,以医疗事故鉴定代替本应有的医疗司法鉴定,从而将社会鉴定机构排除在医疗司法鉴定之外。这种状况亟需改变。

鉴定人具有充分的鉴定能力是保证鉴定结论客观公正的首要条件。每个领域的鉴定都有

---

〔1〕 官健:《医疗纠纷鉴定体制的反思与重建》,西南政法大学硕士论文,2010 年,第 11 页。

〔2〕 杨立新:《医疗侵权法律与适用》,法律出版社,2008 年,第 168 - 169 页。

其特定的理论和方法。作为医疗损害案件的鉴定人,不仅要有鉴定科学的一般知识,还应当有与鉴定事项相关的专业理论知识,并且应当对相关临床技术规范和临床实践有所掌握。只有这样,才能独立开展鉴定。人们对司法鉴定机构鉴定人的鉴定能力存疑的逻辑就是,不同执业范围的临床医生其所擅长的领域尚且有所不同,更何况法医并非临床医生。在医疗损害鉴定中,如果没有执业范围与医疗纠纷所涉及领域一致的临床医生参加,在技术快速发展的当下,很多临床问题无法查清。医学会组织的医疗损害鉴定中存在的问题则是,临床专家对法律因果关系等问题的判断能力与现实需要之间尚存在差距,尤其表现在医务人员不作为所致损害的案件当中。实践中存在不少医学鉴定专家与审判人员对因果关系判断相左的情形。[1]

鉴定结论的客观性还依赖于鉴定程序的科学性。医疗损害鉴定活动应当有鉴定人遴选的合理机制,并保证当事人享有充分的参与权利。当下的医疗损害司法鉴定的程序缺陷非常明显。医学会开展医疗损害鉴定的,均按照《医疗事故处理条例》及卫生部相关规章规定的医疗事故鉴定程序进行。该程序中的专家回避制度、合议制度等制度设计常常为医疗行业组织称道,但事实上仍然存在不足。例如,其采用的合议制度似乎能起到集思广益的作用,但实际上却导致了鉴定主体不明,责任承担主体不明[2],鉴定报告的客观性自然就难以保证。而司法鉴定机构开展的医疗损害鉴定中,本应邀请临床专家参与鉴定,但由于缺少强制规定,司法鉴定机构多不愿邀请足够专家参加鉴定活动,召开听证会的机构为数更少。

鉴定结论的客观性也依赖于鉴定主体的中立性。《医疗事故处理条例》规定的鉴定专家回避制度可算是保障中立性的一项措施。然而,由于鉴定专家来源的局限性以及医学会角色的特殊性,鉴定主体中立性并未充分实现。在医疗损害司法鉴定中,基于鉴定机构选择的抽签程序以及鉴定人信息可以公开查询,中立性有了一定的保证。但是,由于鉴定机构自负盈亏,鉴定中实际上存在着"谁付费、保护谁"的现象。笔者以为,中立性的实现首先有赖于鉴定主体社会地位的中立,不能与医患双方有任何先天性的关联;其次,鉴定机构之间还应当形成一种良性竞争关系,垄断或恶性竞争都影响其中立性的实现;另外,还应当建立科学的鉴定机构及鉴定人的遴选机制,如回避规则、异地鉴定规则等等。

鉴定结论的客观性同样依赖于外部监督机制的建立,尤其是司法审查机制。错误的鉴定报告不应当被采纳,而且鉴定人还应当视情况承担一定的法律责任。新修订的《民事诉讼法》首次规定,对于鉴定人拒不出庭作证的,鉴定费用应当退还。未来应当将司法审查制度与技术鉴定失误的法律责任联系起来,包括民事赔偿责任、行政责任乃至刑事责任。目前存在的问题是审判人员忽视自己的司法审查职责,司法审查制度并未被充分执行。

在满足客观性要求的基础上,医疗损害鉴定的制度设计还应当降低当事人的时间成本和经济成本,保证应有的可及性。可及性的提升主要依赖于鉴定机构和鉴定队伍的适度发展及良性竞争秩序的形成,既要消除垄断,又要避免恶性竞争。

---

〔1〕"宋小妹等诉南京脑科医院、江苏省人民医院因延迟会诊致患者死亡赔偿案",江苏省高级人民法院审判委员会主办,《参阅案例》2008 年第 9 期,第 13 页。

〔2〕李立:《论医疗事故技术鉴定人制度之完善》,《中国司法鉴定》,2012 年,第 86 - 89 页。

三、制度重构之关键点

1. 鉴定人准入：具有临床医学、法医学综合知识的人方可成为医疗损害鉴定人

医疗损害鉴定人应当具有全面的医疗损害鉴定基本知识。除了应具有一般鉴定人的道德品质水平和社会经验以外，医疗损害鉴定人应当同时具备相关学科的医疗理论、临床实践与法医学相关知识。但是，基于临床医学的复杂性，要求鉴定人上述诸方面的知识都很丰富是不现实的，鉴定过程中的专家听证必不可少。他们的应有能力既不同于临床专家，也不同于司法鉴定人，临床医学水平不需要与特定专业的高级专家媲美，法医学方面的水平也不需要达到资深司法鉴定人的水平，但是其在具体的案件中应当有能力与专家们充分交流，并把握和判断相关的问题。既往的医疗事故鉴定，其召开专家组会议的方式有其形式合理性，但是如果没有复合知识结构人员主持鉴定会，各方专家意见的整合就成为一项难题。为此，国家应当建立以培训、考核为基础的准入制度。〔1〕对申请参加鉴定人遴选的专业人士进行综合知识的培训和考核，内容应当包括临床理论与实践的基本问题、法医学理论、法学基本理论。当他们担任医疗损害鉴定人之后，借助临床专家之力，就具备了查清医疗侵权事实的基本条件。

2. 鉴定机构设置改革：医学会和司法鉴定机构公平分担医疗损害鉴定任务

如前所述，关于医疗损害鉴定承担机构的法律规定目前尚不明确，医学会及司法鉴定机构承担医疗损害鉴定的法律依据均不充分。大部分学者认为，医学会基于其与医疗行业之间的密切关联，不宜作为损害鉴定的受托鉴定机构，应当由社会司法鉴定机构承担医疗损害鉴定任务。〔2〕笔者以为，在鉴定体制得到完善之后，医学会及社会司法鉴定机构均可以作为鉴定受托方。在合理的鉴定体制之下，医学会的公正性可以得到保障。〔3〕譬如，当前江苏、上海等地试行的医疗损害异地鉴定模式（省内不同地区间的异地鉴定、省际间的异地委托）对鉴定的公正性就有很好的改进。对于司法鉴定机构而言，笔者认为，法律应当明确地赋予它们医疗损害鉴定权。但不容忽视的是，司法鉴定机构的鉴定能力和诚信度的确参差不齐，也有学者坚持认为司法鉴定机构因此应当被排除在外。〔4〕笔者认为，应当针对司法鉴定机构设置准入制度，只有鉴定能力达到一定标准的才有资格承担医疗损害鉴定任务。从鉴定的实践看，在大中型城市的科研院所成立的鉴定机构鉴定能力还是值得肯定的。为了适应医疗损害鉴定的需要，司法鉴定机构除了应当完善医疗损害鉴定的规则以外，法律还应当要求其组建医疗损害鉴定专家库，以满足鉴定听证会的需要。只有配备了相关科目临床鉴定专家库的司法鉴定机构才有能被赋予鉴定权。

在司法鉴定机构和医学会均被明确赋予了鉴定权之后，医疗鉴定垄断的状况得以解除，

〔1〕 李虹：《构建我国统一的医疗损害赔偿责任鉴定体制》，《中国卫生法制》，2006 年，第 31 - 32 页。
〔2〕 杨立新：《医疗侵权法律与适用》，法律出版社，2008 年，第 168 - 169 页。
〔3〕 孙业群：《司法鉴定制度改革研究》，法律出版社，2002 年，第 195 页。
〔4〕 蔡晓霞：《医疗事故鉴定相关问题分析》，《中国卫生事业管理》，2007 年，第 679 - 681 页。

各地医学会及较大数量的司法鉴定机构均具有了鉴定权。鉴定机构选择权交给审判机构或当事人，逐步形成医疗损害鉴定良性竞争秩序，辅以完善的机构选择机制和鉴定规则，有理由相信医疗损害鉴定的科学性、公正性与可及性得以实现。

3. 鉴定规则改革：推行医疗损害鉴定强制听证制度及医疗损害鉴定人负责制

无论是医学会的医疗损害鉴定还是司法鉴定机构的医疗损害鉴定都已经形成了由案件受理到结论送达的基本鉴定步骤。但是，无论上述哪种鉴定模式，在鉴定程序和规则上都还存在很大的改善空间。诚如有学者述及，医学会的鉴定模式在专家选择制度、两级鉴定制度都存在缺陷。〔1〕笔者认为，最为关键的是，国家有关部门应当抛弃医学会鉴定模式下的"合议制"，改行以临床专家听证为基础的医疗损害鉴定人负责制。由具有法定资质的鉴定人担任医疗损害鉴定负责人，临床专家则可以作为鉴定辅助人，后者提出意见供鉴定人参考，但对最终报告没有决定权，也不对鉴定报告承担其他责任。听证制度的运作与医学会的专家组合议在形式上基本没有差异，不同的是，医学会鉴定专家组组长并无特别的权利和职责，医疗损害鉴定人则对鉴定报告承担最终责任。如此，更能够做到权责分明，对提高鉴定报告质量有益。这样的听证制度以及医疗损害鉴定人负责制应当在开展医疗损害鉴定的机构中强制性执行。

4. 鉴定结论司法审查改革：以鉴定人出庭、专家证人制度为基础，提升司法审查的有效性

《最高人民法院关于民事诉讼证据的若干规定》第二十七条规定，"结论明显依据不足的"的鉴定报告应当准许重新鉴定。但是，判断鉴定结论"依据是否明显不足"是相当专业的任务，医疗损害案件当中尤为明显。实践中，少部分审判人员视鉴定报告为尚方宝剑，认为有了鉴定报告就等于"证据充分"了，而怠于行使审查权。还有观点认为，审判人员对专业问题并没有司法审查的能力，故而对专业问题无权进行评判。〔2〕由此导致的结果是，技术鉴定代替了审判，不少人因鉴定报告蒙冤。除了依靠审判人员专业水平提升以外，专家证人制度、鉴定人出庭制度的完善也有利于司法审查的开展。新的《民事诉讼法》对鉴定人出庭有了新的规定，鉴定人无正当理由拒不出庭的，鉴定报告不得采信。在完善鉴定人负责制基础之上，鉴定人出庭能力上的难题将得以解决。再辅以专家证人制度，审判人员对鉴定报告科学性问题的司法审查工作应该是能够顺利开展的。

医疗损害鉴定制度改革是一项系统工程，上述四项制度是当前医疗损害鉴定中急需解决的核心问题，改革还会涉及鉴定委托制度、鉴定检材审查制度、鉴定人权利义务制度等问题。笔者以为，将上述四项制度作为纽带，通过一系列制度的逐步完善，医疗损害诉讼的公平正义之光终将会普照到每位当事人的身上。

---

〔1〕 睢素利：《论医疗事故技术鉴定机制的完善》，《法律与医学》2007 年第 14 卷第 3 期，第 217－218 页。

〔2〕 张军主编：《中国司法鉴定制度改革与完善研究》，中国政法大学出版社，2008 年，第 71 页。

医疗纠纷诉讼中举证责任分配制度的公平性重构

——兼谈法官自由心证在证明标准中适用的限度

张天明*

摘　要：我国医疗纠纷处理在《侵权责任法》出台之后，逐步由“二元”处理机制向“一元”处理机制转变，医疗纠纷诉讼中举证责任分配制度根据不同时期有关医疗纠纷的法律法规及相关司法解释经历了三个往复的不同阶段，但各阶段的举证责任分配制度皆有其不合理或规定过于原则之处，笔者尝试对各阶段举证责任分配制度的梳理并提出在医疗损害赔偿责任纠纷诉讼中举证责任分配制度的转化重构设想。并结合“盖然性”分层理论探讨分析法官分配证明责任中其自由心证在证明标准中适用的限度，以期缓和医患双方在医疗侵权责任纠纷案件中的对立，有效解决案件审判中的难题。

关键词：医疗纠纷　举证责任分配　盖然性分层　法官自由心证　证明标准

只有那些以某种具体的和妥协的方式将刚性与灵活性完美结合在一起的法律制度才是真正伟大的法律制度。

——埃德加·博登海默

在司法实践中，医疗纠纷〔1〕案件相较于其他类型民事纠纷案件而言，具有高度专业性、证据认定难、审理难度大、周期长、矛盾化解难等特点。由于医患双方角色的不同及两者对医疗服务标准的理解和要求的差异，加之医患沟通、医德医风、社会舆论引导等多方面的原因，医疗纠纷案件数量呈现几何级增长趋势，医患关系持续紧张并不断升级，严重干扰医疗机构正常秩序的恶性事件时有发生。〔2〕 如何正确审理医疗纠纷案件，保障与平衡患者与医方的权益、维护社会的稳定秩序成为当前全国法院面临的紧迫难题。举证责任被称为“诉讼

* 张天明：福建省三明市中级人民法院民一庭，助理审判员，电子邮箱：562149055@qq.com。

〔1〕 根据《医疗纠纷预防与处理条例(送审稿)》第二条规定“医疗纠纷，是指医患双方当事人因诊疗活动引发的争议。”其所采用的为狭义医疗纠纷概念，不包括非因诊疗行为而引发的一般民事纠纷。即“患者或其代理人与医疗机构或医务人员在形成了法律关系的基础上，在诊疗护理过程中就医疗行为的需求、采取的手段、期望的结果及双方权利义务的认识上产生分歧，并以损害赔偿为主要请求的民事纠纷。”常林：《法医学》，中国人民大学出版社，2008 年，第 225 页。

〔2〕 2011 年 5 月上饶市人民医院发生医患纠纷，患者家属纠集近百人封堵医院，殴打医生；2012 年 11 月 19 日，安徽医科大学第二附属医院五名一户人员被人砍伤，一人死亡；2012 年 11 月 29 日天津中医药大学附属第一医院一名医生被人用斧头砍伤致死……中华医学会曾对全国 326 家医院进行调查，医疗纠纷发生率高达 98%。多地发生多起由医疗纠纷引发的恶性刑事案件，在社会中不断传播、发酵。

的脊梁”，贯穿于案件审理全过程，在医疗纠纷诉讼中，举证责任分配事关医患双方实际利益，也是诉讼成败的关键性问题。其是指民事诉讼当事人对自己的诉讼主张，有提供证据加以证明的责任，若当事人对自己的主张不能提供证据或提供证据不能证明自己的主张，将可能导致对自己的不利判决，承担举证不能的败诉后果。[1] 其包括行为意义上的举证责任和结果意义上的举证责任。

一、异质规定：医疗纠纷举证责任分配制度的异化与往复

医疗纠纷处理机制在《侵权责任法》出台之前，呈现“二元化”模式，即医疗事故适用《医疗事故处理条例》，而非医疗事故则适用《民法通则》。《侵权责任法》的实施标志着一元化处理机制的形成，但其对医疗损害责任的原则性规定导致在司法实践中有时仍需要复归到原先二元化下的法律规定中来寻求医疗纠纷解决的具体依据。[2] 我国立法对医疗纠纷诉讼举证责任分配制度以《医疗事故处理办法》《最高人民法院关于民事诉讼证据的若干规定》《侵权责任法》为分界，大致分为往复且异化的三个阶段：

1. 严格过错责任原则：谁主张谁举证

改革开放前，限于我国经济体制的需要和经济发展水平、医疗水平较低，医疗纠纷案件相对较少，大量医疗纠纷解决机制通过卫生行政部门处理即可解决，少数纠纷以诉讼方式进行，案件审理也不注重医疗鉴定。1978 年至上世纪 80 年代后期，“随着全国法制建设的开展，对医疗纠纷的处理也逐步走向理性、有序，医疗卫生系统‘医法结合’处理医疗纠纷呈现雏形。”[3]国务院于 1986 年出台《医疗事故处理办法》使得患者和医疗机构及其医务人员各自权益变得有据可依，首次明确了“医疗事故”的概念并规定对医疗事故诉讼采取严格过错责任原则，在举证责任上即为“谁主张、谁举证”。然而，患者要达到法律所规定的损害程度且承担对医方具有过错的举证责任才能主张损害赔偿，在司法实践中，常有举证不能而致败诉现象，患者的利益难以得到维护。

2. 过错推定原则：举证责任倒置

2002 年出台的《最高人民法院关于民事诉讼证据的若干规定》(简称《证据规定》)第四条第八项规定“因医疗行为引起的侵权诉讼，由医疗机构就医疗行为与损害结果之间不存在因果关系及不存在医疗过错承担举证责任。”亦即“举证责任倒置”，《证据规定》考虑到受害患者对医疗专业知识了解不足及病历等重要证据在医疗机构的实际控制之下，为保护受害患者，采用向患者倾斜保护的原则，患者仅需要对事实性问题承担举证责任，而医疗机构要对“过错”“因果关系”承担实质性的举证责任。《证据规定》在降低受害患者举证责任的同时

---

〔1〕 江伟：《民事诉讼法学原理》，中国人民大学出版社，2000 年，第 500 页。

〔2〕 张英：《一元处理机制下医疗损害责任制度研究》，吉林大学博士学位论文，2012 年，第 2 页。

〔3〕 李卓凝，张转利：《医法结合是医疗纠纷鉴定的必然趋势》，《中国司法鉴定》2009 年第 6 期，第 74 页。

加重了医疗机构的责任，使其陷入不利的诉讼地位，并导致医疗机构为保存证据以使自己处于有利地位而实行过度检查和保守医疗，“大处方”“看病贵”现象由此产生，最终损害患者的利益及阻碍医疗事业的发展。

3. 区分的归责原则：多元举证责任分配

2010年颁布实施的《侵权责任法》丰富了医疗损害责任的类型，相较于《医疗事故处理条例》增加了医疗伦理损害责任和医疗产品损害责任，第54条对一般的医疗损害责任规定了过错责任原则，第58条规定有条件的过错推定原则，第55、56、61、62、63条医疗伦理损害的过错推定原则及第59条医疗产品损害的无过错责任原则，以此平衡各方的利益关系。“《侵权责任法》在总结人民法院裁判经验的基础上，参考借鉴发达国家和地区关于‘过错客观化’的判例学说，专设若干法律条文明确规定判断过错的客观标准，以方便法庭正确判断过错，避免将举证责任和举证不能的后果简单地化归属于任何一方所可能造成的不公正结果。”〔1〕在通常情况下，医疗过失及过失与损害之间的因果关系的证明应由受害患者承担，仅在法定情形下才实行过错推定，但是受害者往往缺乏相应的医疗知识，证据由医疗机构保存，加之受害患者对医疗机构的不信任及法律意识的缺乏，导致在医疗损害责任纠纷案件中处于弱势地位，我国《侵权责任法》在举证责任制度上，彻底扭转了医疗机构的不利的诉讼地位，但也出现了“矫枉过正”的后果，在一定程度上损害了受害患者的利益，使受害患者诉讼地位降低，违反了诉讼武器平等原则〔2〕，这似乎又回到了最初的严格过错责任阶段。

二、同质要求：医疗纠纷举证责任分配制度的公平建构

证明责任分配规则隐藏在实体法律规范的背后，是实体法律规范的投影，立法者对每一调整当事人之间权利义务关系的法律规范都作了关于证明责任分配规则的预置，这种预置可能是明示的方式，也可能是非明示的方式。〔3〕我国医疗纠纷举证责任在不同时期采用不同的分配范式，但均存在自身的缺陷而导致来回往复折返。为平衡医患双方当事人的利益，在现有举证责任分配不能完全顾及受害方利益的前提下，应当对举证责任分配制度进行公平重构。“……配置应当有利于真实地再现有争议的案件事实，而不是为此设置障碍。”〔4〕笔者认为，在举证责任分配制度中应当建立公平合理的转换机制或举证责任缓和制度〔5〕以

〔1〕 梁慧星：《论侵权责任法中的医疗损害责任》，《法商研究》2010年第6期，第36页。

〔2〕 杨立新：《〈侵权责任法〉改革医疗损害责任制度的成功与不足》，《中国人民大学学报》2010年第4期，第14页。

〔3〕 陈刚：《证明责任法研究》，中国人民大学出版社，2000年，第116页。

〔4〕 李浩：《民事证明责任研究》，法律出版社，2003年，第130页。

〔5〕 举证责任缓和制度，是指在证明规则规定由原告承担举证责任而原告举证困难或者举证不能的情况下，为了保护作为弱势一方的原告的合法权益，缓和由原告承担全部举证责任的严峻行使，在原告承担一定的举证责任并且证明达到一定程度时，法院便实行有条件的事实推定，推定原告所主张的事实成立，从而转由被告承担举证责任，被告能够证明所推定的事实不成立的，则推翻该推定，如果不能证明的，推定事实成立。杨立新：《医疗损害责任研究》，法律出版社，2009年，第106页。

平衡医患双方利益。

（一）举证责任缓和适用的条件

举证责任缓和是一种有效平衡受害患者与医疗机构之间举证能力差别、体现诉讼“平等武装”的诉讼规则。其主要适用于过错和因果关系的证明上，存在于案件审判法官的自由心证之中。一般侵权案件以过错责任为归责原则，在举证责任上采用“谁主张，谁举证”的规则，即由患方承担证明其诉讼请求成立的责任。《侵权责任法》第54条规定了医疗损害责任案件适用该规则，如果受害患者能够提供证明存在损害事实及医疗行为与损害结果具有因果关系，就不应“转换”。仅在特定条件下，为减轻患者一方的举证责任负担才应予以适用，把属于患者的证明责任转换至医方，由医方就其诊疗行为不存在过失、诊疗行为与损害后果之间不存在因果关系承担证明责任。具体来说，法官在审理医疗纠纷案件审理中适用举证责任转换规则必须同时符合以下条件：

1. 受害患者的先证明义务。在案件审理实践中，由患方先就存在诊疗行为、损害后果、因果关系及医疗机构存在过错等进行举证证明，由法官结合案情决定适用举证责任转换规则，对案件实行推定的因果关系。它表明在案件审理中患者已就诊疗行为对其伤害存在过错的可能性较大，在此情况下应减轻患方的举证责任转而由医方承担举证责任。

2. 患方举证能力已穷尽。即患方因客观条件限制，其在证明“过错”及“因果关系”方面无法达到使法官内心确信的要求，无法进行进一步的举证，应将举证责任予以“转换”，视为其举证已完成，应由医方承担其“无过错”和“不存在因果关系”承担举证证明责任。

3. 患者已举证证明“过错”“因果关系”的可能性较大。在案件审理过程中，如已有证据已经显示医方在诊疗过程中的存在过错及其过错与患者损害存在因果关系的可能性较大，应适用转换规则。

（二）具体规则的构建

各国在医疗损害纠纷举证责任问题上，在诉讼中患方因无法证明存在损害事实及具有因果关系而可能会面临败诉裁判的情况下，都有一个重要的平衡和协调因实行过错责任原则给患方带来不利后果的保护方法，例如，英美法采取的“事实自证”原则、日本采取的“大概推定”原则以及我国台湾地区采取的举证责任缓和规则等更有利于保护受害患者的利益。[1] 就医疗损害赔偿案件适用举证责任缓和规则的具体建构而言，主要包括：

1. 在医疗损害事实的推定上采用“事实自证”原则。“事实自证”是英美法国家在过失侵权案件中常用规则，其目的是在缺乏充分直接证据的情况下，法官仅依据间接证据则推定事实的存在。在医疗侵权纠纷案件中，对医疗损害的事实采用“事实自证”原则，在受害患者以间接证据证明达到足以使法官推定损害事实存在时，依患者所提供的间接证据让事实自己说话。然而，由于诊疗行为的高度专业性及患者个体的差异，并非所有诊疗活动所造成伤害均适用“事实自证”，而主要适用于手术后遗留医疗用品，或操作医疗器械所致的损害，或实施某种特别复杂的医疗行为过程中所致的损害，患方因无法辨认或无法解释对其造成这

〔1〕 杨立新：《侵权责任法条文背后的故事与难题》，法律出版社，2011年，第206-207页。

种损害的情形。[1] 该原则成立要件之一是就引起损害的除医疗机构外的原因已被证据排除。[2] 对医疗机构提出确实证据就患者损害事实并非由其诊疗行为所引起的损害,则不能适用该原则。

2. 在因果关系的推定上采用"大概推定"原则。"大概推定"原则是日本法上的举证责任原则,是指在侵权损害责任案件中,依据一般情况判断认为不是因为有过失损害不至于发生,此时原告能证明损害已发生,并且存在不是因为过失损害不至于发生的情形,就可以大概推定被告有过失,被告必须就其没有过失的事实提出反证,否则将受到不利的裁判。[3] 案件审理中,法官依据"事实自证"原则已就损害基础性事实推定其成立,转而由医方承担就诊疗行为与损害事实不存在因果关系的证明责任,在医方不能举证证明的情况下,法官依据"大概推定"的自由心证推定具有因果关系。《侵权责任法》第 58 条规定了三种推定医疗机构有过错的情形,但该条系行为已违反法律法规而直接认定而不是假定存在因果关系,其系不存在医方反证可推翻的直接规定。

3. 专家辅助人设置的必要。在医疗侵权纠纷这种高度专业性和技术性案件中,就所涉及的专业性问题并非法官所能知晓,应当设立专家辅助人制度,由专家辅助人就医疗专业性问题提供权威和科学的意见并接受法官及对方当事人的质询。专家辅助人意见是一种类似于鉴定意见的主观判断,但其不具有鉴定意见的形式要件,所以不属于鉴定意见的范畴;所发表的意见是就案件所涉及专门性问题进行评论、判断,而不是就案件的客观事实进行陈述,所以也不属于证人证言。[4] 由于我国医疗鉴定仍处于双轨制,鉴定机构在诉讼中的特殊地位难以完全中立,"不愿轻易判断确实存在某种专业上的疏忽、轻率或者不注意。"[5]出于有利于案件纠纷的解决及平衡医患双方举证能力的不平等,应根据《证据规定》第 61 条及其他相关法律法规的要求设置专家辅助人制度。

三、主观裁量:医疗纠纷举证责任分配中法官自由心证的限度

如前所述,在医疗侵权损害赔偿案件中法官根据双方的举证程度基于自由裁量适用举证责任缓和规则。证据自由裁量的着眼点在于法官运用证据认定案件事实过程中所具有的自由选择的权力,而自由心证是通过对证据的取舍和判断来认定案件事实。法官的自由裁

---

[1] 艾尔肯:《医疗损害举证责任之缓和规则》,《北方法学》第 8 卷总第 47 期,第 34 页。

[2] "事实自证"原则成立必须同时具备三个要件:第一,该事件是在没有过失情况下便通常不会发生的一种事件;第二,其他可能的原因,包括原告与第三人的行为已被充分排除;第三,所表明的过失是处在被告对原告所负义务的范围之内。许传玺、石宏、和育东译:《侵权法重述第二版:条文部分》,法律出版社,2012 年,第 136 页。

[3] 艾尔肯:《医疗损害举证责任之缓和规则》,《北方法学》第 8 卷总第 47 期,第 35 页。

[4] 黄尔梅:《准确把握立法精神确保法律正确实施——最高人民法院刑事诉讼法司法解释稿简介》,卞建林、谭世贵主编:《新刑事事诉讼法的理解与实施》,中国人民公安大学出版社,2013 年,第14 页。

[5] 陈忠五:《法国法上医疗过错的举证责任》,《医疗过失举证责任之比较》,华中科技大学出版社,2010 年,第 110 页。

量权是自由心证原则的权力基础，而自由心证原则可视为法官在认定案件事实享有自由裁量权的基本表现。〔1〕我国系成文法国家，随着证明责任理论的不断发展，我国从排斥将分配举证责任的权力交给案件审理法官逐步过渡到赋予法官在分配证明责任时应具有一定裁量权。《证据规定》第七条“在法律没有具体规定，依本规定及其他司法解释无法确定举证责任承担时，人民法院可以根据公平原则和诚实信用原则，综合当事人举证能力等因素确定举证责任的承担。”即是明显例证，其有利于克服成文法的内在缺陷，具体包括法律语言的模糊性、法律调整时效的滞后性、法律规则的抽象性、法律价值的冲突性等，以实现个案的公平正义。〔2〕诉讼证明需要法官运用思维对证据进行分析判断，证明标准不像自然科学中的标准那样一目了然，带有模糊性的特征，它是一个弹性的范围，具体到哪个程度才算证明力明显较大，才算达到了证明要求呢？需要法律的细化规范才能明确。

（一）证明标准的盖然性分层

证明标准作为法律标尺，需要法官运用经验知识与逻辑思维进行判断，具有主观性和模糊性，在医疗纠纷这种具有高度专业性的案件审判当中，期证明标准更具有不确定性。《证据规定》第73条“双方当事人对同一事实分别举出相反的证据，但都没有足够的依据否定对方证据的，人民法院应当结合案件情况，判断一方提供证据的证明力是否明显大于另一方提供证据的证明力，并对证明力较大的证据予以确认。”该司法解释的制定者最高法院明确指出：“本条司法解释确定了‘高度盖然性’的民事诉讼证明标准。”〔3〕“高度盖然性”已成为我国学界对于证明标准的通说，本文所探讨的医疗纠纷适用举证责任缓和规则时患者所应达到证明标准的程度如何应当具有一定的衡量标准。

1. 以数字划分为方式的数量化

埃克罗夫以数字量化来说明证明度：1%—24%＝非常不可能；25%—49%＝不太可能；51%—74%＝大致可能；75%—99%＝非常可能；0%＝绝对不可能；50%＝完全不清楚；100%＝绝对可能。并将达到或超过75%作为符合证明要求的界限。〔4〕我国也有学者提出量化证明标准的观点，将待证事实证明的程度分为：51%—74%表明事实大概是这样；75%—84%表明事实在一般情况下成立；85%—99%表明事实几乎就是这样。〔5〕

2. 以语言描述为方式的等级化

汉斯·普维庭用语言描述将盖然性分成三类：第一类，一项事实主张相对可能性很大，也就是赞成比反对的多；第二类，一项事实主张具备非常可能的盖然性，一个理性的人不再怀疑或者看起来其他的可能性都被排除了；第三类，一项事实主张具备显然的可能性，主张

〔1〕程春华：《论法官的自由心证与法官对证据自由裁量》，《比较法研究》2009年第1期，第71页。

〔2〕黄韵：《论民事证明责任分配中的法官自由裁量权》，华南理工大学2013年硕士学位论文，第1页。

〔3〕最高人民法院民事审判第一庭：《民事诉讼证据司法解释的理解与适用》，中国法制出版社，2002年，第353页。

〔4〕李浩：《民事诉讼证明标准的再思考》，《法商研究》1999年第5期，第19页。

〔5〕王靖：《高度盖然性证明标准研究》，湖南大学硕士学位论文，2007年，第25页。

的事实是如此明显，按照人们的一般常识是不会有疑问的。[1] 日本学者中岛弘道把心证分为微弱的心证、盖然的心证、盖然的确信心证和必然的心证四级。[2]

比较数量化和等级化这两种方式，表面上看起来数字化好像更具操作性，但实际上这种量化缺乏实践依据，没有人能够指出，法官怎样才能将他的评价转换成一定的数值。在域外证明标准理论中，有英国的“灵活证明标准”、美国的“例外证明标准”、德国的“表见证明”、日本的“大概推定”等。笔者认为，对“盖然性”证明标准可分为提高的证明程度（极高的盖然性）、普通的证明程度（很高的盖然性）、降低的证明程度（较高的盖然性）三个层次，医疗纠纷案件中患者的先证明程度应当达到降低的证明程度即较高的盖然性标准才能适用转换规则，由医方承担反证明责任。

（二）法官自由心证的规制

“尽管证据裁判主义是现代诉讼的理性选择，但这种主要依靠法官或民事纠纷裁决者个人的主观意识与经验知识来对事实‘碎片’进行必要的挑选与组合，以最终确定民事纠纷事实的过程不可避免地要带来另外一个问题，即如何在最大限度上抑制裁决者主观随意性，以保证通过事实‘碎片’重构案件事实与客观事实之间的差异降至最低，并在最大限度上发现及还原民事纠纷的真相。”[3]法官适用举证责任转换规则或者缓和原则，对法官个人自由心证的监督规制，笔者建议如下：

1. 过程制约：证明标准心证的程序性公开

“心证的程序性公开，具体是指法官将他在诉讼审理（从阅览起诉状开始）所形成的广义上的心证在法庭上或程序中，向当事人或利害关系人开示、披露，使其有所知悉、认识或理解。”[4]心证程序性公开可以克服法官心证形成过程中的偏差和随意性，引导当事人正确地主张和充分举证，防止突袭性裁判。

我国目前没有心证程序性公开的规定，在审判实践中部分法官在当事人提交的证据不足以认定其主张的时候会要求当事人进一步提交证据。但由于没有法律规范，大多法官对程序性公开的内容和方式不能合理把握，有的甚至异化为对裁判结果发表倾向性意见。

2. 结果公开：强化裁判文书中适用证明标准的说理

在裁判文书中详细阐述根据“盖然性”标准认定适用转换规则的理由，可以方便当事人理解法官认定案件事实过程中适用的证明标准，认识到自己所承担的举证责任与诉讼风险之间的关系，从而认同裁判结果，做到胜败皆服。另一方面，也有利于上级法院和社会公众监督法官严格按照“高度盖然性”证明标准认定案件事实，保障司法公正。

3. 判例引导：典型案件证明标准的案例指导

“盖然性”标准本身是一个弹性的标准，尽管对其进行层次划分可以提高其操作性，但是

---

〔1〕 汉斯·普维庭著，吴越译：《现代证明责任问题》，法律出版社，2006 年，第 106 - 107 页。

〔2〕 毕玉谦：《证明标准研究》，《诉讼法论丛》第 3 卷，法律出版社，1999 年，第 462 页。

〔3〕 程春华：《论法官的自由心证与法官对证据自由裁量》，《比较法研究》2009 年第 1 期，第 70 页。

〔4〕 邱联恭：《程序选择权论》，三民书局，2000 年，第 143 页。

法律规定不可能囊括所有的情况，因此证明标准的具体适用都要根据案件事实的差异，由法官运用专业知识和逻辑思维去把握。为了尽量缩小不同法官适用证明标准的差异，将一些典型情况下证明标准的把握尺度通过判例的方式确定下来，作为法官今后对类似案件证明标准适用的参照，可以规范法官的自由裁量，有效地消除“同案异判”现象。

余　论

有时候规则制定的疏忽、遗漏或者过于原则，将导致许多问题无法可依或不具有操作性，然而作为中立裁判者的法官又不能拒绝裁判，其必须考虑其他因素以作出合理合法的答案。“此时案件裁量的正当性领域就不囿于法律实证主义者情有独钟的规则本身，规则及案件的特点决定法官在裁量证据时不可避免地要动用自己的主观能动性。但需注意的是承认主观能动性并不等于可以率性而为。”〔1〕医疗纠纷案件中，必须对医患双方举证责任分配进行公平的建构，达到双方“武器平等”，同时也最有利于纠纷的解决，缓和医患之间紧张关系。

〔1〕 程春华：《论法官的自由心证与法官对证据自由裁量》，《比较法研究》2009年第1期，第71页。

试论医疗损害责任认定中的心证

贡永红　安媛媛　洪　霞*

摘　要：《侵权责任法》对医疗损害责任进行了专章规定，对医疗损害赔偿纠纷案件的审判实践起到了关键的指引作用，但是在民事审判领域，对于此类案件的审理仍然是难点，笔者试图通过法官内心心证的角度，对认定医疗损害责任的相关问题进行认真的思考，试图对今后的审判实践提供一些有益的参考。

关键词：心证　医疗损害　鉴定　推定责任

医疗损害赔偿纠纷案件一直是民事审判领域的难点，难点之一就在于对医疗损害责任的法律认定，实践中还出现了对所谓"模糊区域"[1]医疗损害责任的法律认定问题，因此需要结合审判实践，对医疗损害责任的认定问题进行不断的思考和总结。法官应当在审理过程中尊重专业鉴定的价值和结论，但是不能迷信亦不能盲从专业鉴定的意见，因为法律上的认定应当较专业鉴定更为周延、谨慎，体现对科学的尊重和对人性的关怀。审理此类案件，实际上没有十分固定的模式，必须结合具体的案件予以认真的分析和认定，除了需要适用相关法律，尤其是侵权责任法的规定外，还不可避免的需要法官使用适当的内心心证，以作出准确适当的裁量。

一、心证之一——对医疗损害本身的认识

要审理好医疗损害赔偿纠纷案件，对医疗损害责任作出适当的认定，需要法官对医疗损害本身建立清醒的认知，这种认知应当成为一种内心确信，作为综合考虑评判的基础。目前对于医疗损害的定义在学界尚未形成一致的观点，基于对现实法律及医疗实践的考量，笔者认为，概括而言在侵权责任法语境中的"医疗损害"应泛指为在诊疗活动中产生的不必要的负面结果。对这个概念的理解应当注意以下两个方面：

(一) 注意把握时空范畴

侵权责任法将医疗损害的范围限定于在"诊疗活动中"，根据字面意思来理解，医疗损害应当是发生于"诊疗活动中"的损害，而不是简单的发生于"医疗机构中"。也就是说发生于

---

* 贡永红：南京市中级人民法院民一庭庭长；安媛媛：南京市中级人民法院民一庭助理审判员；洪霞：南京市中级人民法院民一庭审判长。

〔1〕 关注此类问题的学者提出"模糊区域"这一概念，认为发生医疗损害的原因多种多样，且尚有无法认知的原因造成的医疗损害，以及凭借现有技术能力无法查清行为人有无过错或者虽能查清有过错，却无法认定该过错对医疗损害结果的原因力的情况。因此存在着这样一个尚无法完全定义周全的"模糊区域"。

医疗机构外的损害如系诊疗活动所致，应成立本法律语境中的医疗损害，而发生于医疗机构内的损害如非系诊疗活动所致，不应当成立侵权责任法语境中的医疗损害。

（二）注意医疗损害之“损害”的特殊性

1. 特殊性之一——须排除疾病本身所致的损害

从法理而言，医疗损害应当排除疾病本身所致的人身损害并无疑义，但实践中，即便专业鉴定报告也很少对此两类损害进行专业分析，导致法官亦很难区分此两类损害或难以判断医疗损害对于最后损害后果的原因力大小，往往将最后的损害后果全部归结为医疗损害。

2. 特殊性之二——须排除因正当医疗行为所致的损害

鉴于医学科学本身的复杂性及医疗行为对象的特殊性，医疗行为的复杂性和风险性不言而喻，故损害其实亦难以避免，兼之医疗行为要正常开展、实施，必然会触及、影响患者的隐私、身体、心理等各个方面，在此情况下，甚至可以认为医疗行为的前提是某种损害。

因正当的医疗行为而产生的损害是应获得相应的豁免的，即医疗损害之“损害”应当是不必要的损害，而非医疗行为所致的必然或难以避免之损害。建立这样一种认知有助于法官把握好责任认定及责任分配的衡平，为在更广义的层面上实现公正奠定坚实的基础。

3. 特殊性之三——损害之综合性

在侵权责任法的语境中的医疗损害（除《侵权责任法》第六十二条中所列的损害外）应当是以身体损害为基础，再考虑精神损害和财产利益的一种综合损害。也就是说如果没有明确的身体损害情形，不宜仅主张精神损害和财产利益的损失，比如不可仅以治疗无效为由主张精神损害或返还医疗费等财产损失。

二、心证之二——对专业鉴定报告及结论的把握

排除审判实践中出现的一些无法鉴定、难以鉴定的情形（目前通常适用证据规则来做出裁量），往往需要借助专业鉴定报告的描述及结论来判断是否存在医疗损害后果、医疗机构及其医务人员的医疗行为是否存在过错及过错的程度以及医疗行为的过错与医疗损害后果之间是否存在因果关系及存在因果关系的程度。

（一）困难之情形

对专业鉴定报告及结论的把握常常是法官感到颇为困难的地方，许多法官只能做到引述报告原文，采纳或不采纳鉴定结论，很难通过鉴定报告所载的分析、描述意见真正确立对争议医疗行为的总体认识，尤其是在出现以下情形时：（1）鉴定报告的描述本身语焉不详或模糊笼统；（2）鉴定报告的描述和鉴定的分析结论存在矛盾；（3）相关专业鉴定报告描述基本一致，但结论存在分歧；（4）相关专业鉴定报告对相同问题做出不同表述，但结论一致；（5）相关专业鉴定报告对相同问题做出不同表述，结论亦不一致。

（二）心证之必要

我们应当坦率地承认法律不能解决一切问题，我们也应当明白鉴定不能厘清所有的争议，不能寄希望于相关专业鉴定能够完全解决医疗损害责任的认定问题，不能简单地用新的

鉴定结论来推翻旧的鉴定结论，不同的鉴定结论可能正反映医学界本身对争议的医疗行为是否正当、规范亦有争议，毕竟医学是一门科学，专家的鉴定意见亦往往是源于自己经验的主观判断，存在不同意见和争议在所难免。面对各种鉴定报告，法官的鉴别和思考不可缺失，心证的运用成为一种当然的必要。

（三）心证之运用

尽管大多数的法官对于医学科学的认知是有限的，但这并不妨碍法官对专业鉴定报告的分析把握，因为法官的认定本身并非从医学专业上进行认定，而是对这样一份专业证据进行法律分析，对其逻辑思路进行法律上因果关系的评判。曾有这样一个案例，专业鉴定报告分析意见称医疗机构诊断明确，治疗符合常规，医疗行为无过错，损害是由于患者的病情发展所致，鉴定结论为不构成医疗事故。患者除认为鉴定结论不能接受外，提不出其他意见和证据。面对这样的情况，可能有些法官会认为案件事实已经清楚，可以对责任作出认定，继而进行裁判。但这个案子的办案法官在仔细翻看鉴定报告后发现专业鉴定报告描述部分的陈述与分析意见所称并不完全一致，专业鉴定的描述部分并没有陈述能够得出诊断明确这一结论的依据，法官又认真翻阅了病历，发现在整个诊疗过程中，医疗机构并未就患者的病情作出一个明确的诊断，虽然在医疗实践中诊断是可以不断修正的，但患者最后的出院诊断（即最终诊断）亦不是专业鉴定报告上所称的那个明确的诊断。在这种情况下，由于诊断有不明确之处，对患者的治疗是否适当就值得商榷，当然与医疗损害后果是否存在因果关系还应当具体分析。

在实际运用心证的过程中，法官应当考虑各个证据的证明力，在重视专业鉴定意见的同时，也要重视其他证据的证明力，尤其应当重视病历这一证据，排除篡改、灭失等情形，病历资料一般是对诊疗过程较为客观的反映。我们并不强调也不要求法官能够看懂病历的所有记载，但法官应当通过对病历的查阅和分析，形成对诊疗过程的基本认知。

通过对专业机构鉴定思路的分析，对一般的诊疗行为而言，需要评判三个方面，一是诊断是否明确；二是治疗是否符合常规；三是是否履行了必要的告知义务，是否尊重了患者的知情权和选择权。法官在运用心证的过程中也应当注意把握这三个方面。如果一份专业鉴定报告能够较为清晰的说明这三个方面的问题，并提供相应的依据，法官从心证的角度可以基本建立起对这一证据的确信。如果专业鉴定报告没有回答这三个方面的问题，或者尽管回答了相应问题，却没有确实的依据，不能与病历等其他证据的记载相印证，法官就应当找出各个证据在逻辑上的矛盾点，通过更深入的调查研究或者重新鉴定来进一步建立对诊疗过程的科学认知。如果存在不同的鉴定报告或结论，也应当首先从这样的思路来考量，剔除不予考虑或不予采纳的部分，在此基础上再分析不同鉴定报告的异同点，分析得出不同结论的依据，最后综合进行分析认定。

三、心证之三——对推定医疗损害责任的思考

根据《侵权责任法》第五十八条的规定，医疗损害实行部分推定过错责任原则。笔者认为在对医疗损害责任进行推定认定时，需要法官运用适当的心证，对于侵权责任法未予明确

规定的部分进行适当的补强理解。

（一）对于推定过错的第一种情形，即医疗机构有“违反法律、行政法规、规章以及其他有关诊疗规范的规定”，应当从心证的角度做狭义理解。“违反法律、行政法规、规章”的范围十分宽泛，如果医疗机构违反的是与诊疗行为无关的法律、行政法规、规章，而推定其应当承担医疗损害责任显然并不适当，较为合理的理解应当是医疗机构存在违反诊疗方面的法律、行政法规、规章的情况，才可适用该条款。

（二）对“违反诊疗规范”的再解读。诊疗规范一般来源于对诊疗常规的提炼、总结，但问题在于诊疗规范将人视为是一样的，而实际上人和人是不完全一样的，总有一些人要游离于常规之外，因此某些不常规、超越常规的诊疗行为可能对某些患者而言却是正确的治疗方式。医务人员是否要在明知患者体质特异的情况下仍严格按诊疗规范治疗呢？可能如此做无须承担赔偿责任，但是有悖于维护患者生命、健康权益的最终目的。因此，对违反诊疗规范的行为，可以考虑在医疗机构或者医务人员能够证明采取该行为是必要的，且取得了患者的知情同意的情况下，从心证的角度，不宜直接推定医疗机构有过错。

（三）患者在多家医疗机构就诊，如能确定某一（些）医疗机构的过错与患者的医疗损害具有因果关系，其他医疗机构即便存在可推定过错的行为，从心证的角度，实不宜推定其他医疗机构有过错。患者在多家医院就诊的情况是较为常见的，其医疗损害可能由某一（些）医疗机构的医疗行为导致（多见），也可能与所有其就诊医疗机构的医疗行为有关（很少见）。如已明确须承担过错责任的医疗机构，还推定其他医疗机构须承担医疗损害责任，实践中既难以把握尺度，又难以分配各家医疗机构承担过错赔偿责任的份额，很容易造成裁量标准的混乱。

（四）认真辨明未提供病历的情形，不宜轻易认定具有隐匿、拒绝提供病历的情形。在实践过程中，如医疗机构确有合理依据无法提供病历，从心证的角度，不宜推定其有过错。如医疗机构有证据证明因患方抢夺、毁损、不可抗力、已尽到防盗窃注意义务仍发生的偷盗或启用正常防护程序的电子病历系统因遭遇病毒或黑客攻击无法恢复数据等原因无法提供病历，不宜认定为具有隐匿、拒绝提供病历的情形。如因此类情况，导致过错难以认定，而确有实际医疗损害的情况下，可考虑由医疗机构给予患方适当的补偿。如因患方原因导致无法提供病历的，可以责令患方承担相关举证责任。

（五）对超过保存期限的病历予以销毁，从心证的角度分析，不宜推定医疗机构有过错。对超过保存期限的病历予以销毁是实践中的惯用手段，法律亦无强制规定对超过保存期限的病历不能销毁。医疗实践中，对病历保存期限是有明确规定的，一般要求门诊病历保存期限不少于15年，住院病历保存30年，死亡病历长期保存，临床试验中的资料保存至临床试验终止后5年，临床输血资料保存10年。

从广义的角度而言，对于医疗损害责任的认定，实际是一个十分复杂的问题，涉及伦理道德、医学科学等各个领域，法律也只是其中的一个方面，但不同于其他领域的是，法官需要在每一个具体案件中对此作出明确的分析认定，这是对法官智慧的考验，也要求法官在审判实践的过程中不断的学习、总结，在恰当使用心证、综合运用审判经验的基础上，对医疗损害责任作出较为准确的判断，为实现利益的平衡，维护社会的公平正义作出应有的贡献！

医疗损害赔偿案件的法律适用

王 松*

摘 要：医疗损害赔偿案件的妥善审理，事关医患双方利益的保护和医疗事业的健康发展。本文以《侵权责任法》及其实践发展为基础，对案由确定、归责原则、委托鉴定、赔偿标准等法律适用疑难问题进行了细化阐释。准确使用医疗损害责任和医疗服务合同纠纷两类案由，合理确定原告诉请和审理思路。归责原则包括：一般情形适用过错责任，三种特殊情形适用过错推定责任，医疗产品责任适用无过错责任。医疗过错鉴定具有举足轻重的作用，文章对是委托医学会还是社会司法鉴定机构鉴定、如何委托鉴定、鉴定人如何出庭接受质询等问题进行了探讨。《医疗事故处理条例》与《侵权责任法》有冲突的，优先适用《侵权责任法》的规定。不再区分医疗事故与非医疗事故，统一适用《侵权责任法》规定的赔偿范围和标准。

关键词：医疗损害赔偿　案由　归责原则　鉴定　赔偿标准

近年来，医疗纠纷逐年增多，愈演愈烈，甚至多次出现暴力伤医事件，不仅干扰正常医疗秩序，而且直接影响社会稳定。医疗损害赔偿案件也被公认为是人民法院民事审判工作中的难点，社会各界普遍关注。审理此类案件的总体思路和理念是，要通过司法审判引导构建和谐医患关系，维护社会稳定。既要通过举证证明责任、证明标准等法律技术手段充分保护患者的合法权益，也要注意医学面对的领域永远是未知大于已知、医护人员的职业特殊性和病患复杂性等特点，为医学发展和医疗水平的提高提供司法保障。本文拟对该类案件的法律适用疑难问题进行探讨，以期依法保护医患双方的合法权益，促进医疗事业的健康发展。

一、关于案由的确定

(一) 关于诊疗活动的界定

《侵权责任法》第7章规定的“诊疗活动”，包括诊断、治疗、护理等环节，根据《医疗机构管理条例实施细则》第88条的规定，诊疗活动是指通过各种检查，使用药物、器械及手术等方法，对疾病作出判断和消除疾病、缓解病情、减轻痛苦、改善功能、延长生命、帮助患者恢复健康的行为。对诊疗活动应当准确理解，并不是只有医疗才是诊疗活动，例如，在医院进行的身体检查，在医院进行的医疗器械的植入，对患者的观察、诊断、治疗、护理、康复等，也都是诊疗活动，不能认为身体检查、身体康复等并不进行治疗而不是诊疗活动。医疗机构进行

* 王松：江苏师范大学法政学院法律硕士研究生导师。本文系最高人民法院2014年度审判理论一般课题“医患关系司法调整研究”的阶段性成果。

的影像、病理、超声、心电图等诊断性活动也是诊疗活动。同样是美容行为，医疗美容是运用手术、药物、医疗器械以及其他具有创伤性或者侵入性的医学技术方法，对人的容貌和人体各部位形态进行的修复与再塑，因此属于诊疗活动；而生活美容则通过运用化妆品、保健品和非医疗器械等非医疗性手段，对人体进行诸如皮肤护理、按摩等带有保养或保健性的非侵入性的美容护理，是一种非医疗行为或者说商业服务行为，因为生活美容引起的损害赔偿纠纷按一般人身损害赔偿纠纷处理。

以下四种情形不是诊疗活动，而属于非医疗行为：一是医院与诊疗行为无关的设施有瑕疵导致患者摔伤或患者在医院自杀、自残；二是医院与诊疗行为无关的管理有瑕疵导致损害，如抱错婴儿；三是医生非因履行医疗职务行为而故意伤害患者，如以患者做实验；四是非法行医致人伤害。对于非医疗行为产生的人身损害赔偿责任，适用《侵权责任法》关于人身损害赔偿的一般规定。

（二）关于医疗损害责任和医疗服务合同纠纷案由的界定

案由是民事案件名称的组成部分，反映案件所涉及的民事法律关系的性质。正确确定案由，是准确适用法律的前提和基础。最高人民法院《民事案件案由规定》（法〔2011〕41 号，2011 年 2 月 18 日）将医疗纠纷案由明确为医疗损害责任纠纷和医疗服务合同纠纷两类，前者下附第四级案由“侵害患者知情同意权责任纠纷”“医疗产品责任纠纷”，为侵权责任，是指医疗机构在诊疗护理工作中，因医务人员诊疗护理过失，直接造成病人死亡、残废、组织器官损伤导致功能障碍事故而引起对受侵害人的赔偿纠纷，主要以侵权法相关规定为裁判依据；后者为违约责任，是医疗机构与患者之间就明确相互权利义务关系的合同纠纷，如医院和患者约定实施人工辅助生育后改变治疗技术方案致治疗失败〔1〕、医院孕期检查未尽充分注意义务致残疾小孩出生、医院追索医疗费纠纷等，主要以当事人的合同约定和合同法相关规定为裁判依据。侵权责任和违约责任在适用中具有较大差异，在义务来源、构成要件（归责原则）、免责要件、责任形式、责任范围、对第三人的责任、诉讼时效、诉讼管辖、举证责任和诉讼利益的性质等方面存在区别，对两类责任的不同选择将会影响当事人的权利义务。〔2〕人民法院在确定医疗纠纷案件案由时，应根据当事人的诉讼请求，准确使用医疗损害责任和医疗服务合同纠纷这两个案由。

对此应当注意以下四点：

1. 固定原告诉讼请求。诉讼请求关涉案件审理的具体对象与范围，原告的诉讼请求应当明确、具体，便于实际履行，在此基础上根据原告主张法律关系的性质确定案由。原告诉讼请求不明确、不充分、不正确的，应释明要求其予以明确。

---

〔1〕 如郑雪峰、陈国青诉江苏省人民医院医疗服务合同纠纷案，载《最高人民法院公报》2004 年第 8 期。该案裁判摘要：公共医疗卫生服务机构履行医疗服务合同时，在非紧急情况下，未经同意擅自改变合同双方约定的医疗方案，属于《合同法》第 107 条规定的履行合同义务不符合约定的行为，由此造成合同相对方的损失，依法应当承担赔偿责任。

〔2〕 两种责任的具体区别、界定和处理，王松：《侵权责任法若干问题的理解与适用》，李后龙主编：《审判实务热点、难点问题解析》，人民法院出版社，2013 年，第 24－30 页。

2. 在请求权基础竞合时，应依原告选择的诉讼请求确定案由和裁判。《合同法》第122条明确承认违约责任与侵权责任的竞合，赋予当事人选择起诉诉由的权利。受害人只能在违约责任和侵权责任中选择一种责任形式提出请求，法院也只能满足受害人的一种请求，而不能使两种责任同时并用。

3. 原告诉讼请求不明确或诉讼请求、理由矛盾的处理。此时，应释明要求原告明确诉讼请求，原告拒不明确的，裁定驳回其起诉。具体来说，首先，对于请求权基础不明的案件，要求原告明确起诉依据的具体法律关系，说明不同法律关系将适用不同的法律，如果起诉的法律依据不明，法院无法进行审理；也可以通过举例的方式或是提示选择的方式帮助当事人进行选择。其次，经释明当事人仍不能明确的，告知法院根据其提出的诉讼请求、事实理由，认定其起诉依据的是某项法律关系，以及做出上述判断的相应理由；告知其有权同意或是拒绝按照法院认定的该项法律关系进行审理，如果同意法院认定，法院将按此继续审理，如果不同意法院认定而又不能明确起诉依据的，法院将认为起诉没有具体理由，进而裁定驳回起诉。

4. 原告诉请与法院认识不一致的处理。在原告诉讼请求与法院认定的法律关系性质不一致时，依照《最高人民法院关于民事诉讼证据的若干规定》(简称《民事证据规定》)第35条的规定，应释明要求原告变更诉讼请求，原告拒不变更的，依法判决驳回其诉讼请求。

以医院产前检查未尽充分注意义务致孕妇生育缺陷婴儿为例，医院在进行产前医学检查过程中因未尽勤勉和忠诚义务导致检查结论失实，致使信赖该项检查结果的合同相对人生育缺陷婴儿，额外增加抚育、护理和治疗费用，蒙受纯粹财产上损失，构成加害给付，根据《合同法》第107条的规定，医院应当承担相应的违约损害赔偿责任。合同相对人以侵权为由提起诉讼，因对此类纯粹财产上损害现行法律规定尚无相应的请求权基础规范，侵权诉讼不能成立，人民法院应当就此向当事人释明，告知其以正确的案由起诉。[1]

二、关于医疗损害赔偿纠纷的归责原则

根据《侵权责任法》的规定，医疗损害赔偿纠纷应当区分具体情形，分别适用以下归责原则。

(一) 一般情形：过错责任原则

《侵权责任法》第54条规定："患者在诊疗活动中受到损害，医疗机构及其医务人员有过错的，由医疗机构承担赔偿责任。"该条规定基于诊疗活动具有未知性、特异性和专业性的特点，为避免一律实行过错推定将助长保守医疗，不利于医学科学进步的弊端，规定对诊疗活动引起的纠纷，应当适用一般过错责任。医疗机构及其医务人员有过错的，医疗机构才承担

---

〔1〕 医院产前检查存在的瑕疵并未直接对原告人身权益造成损害，胎儿缺陷与产前检查亦不存在因果关系，检查费、分娩治疗费等损失属于与权利侵害和其他人格利益侵害无关的纯粹财产上损失(纯粹经济损失)。我国侵权法没有就纯粹财产上损害赔偿提供相应的请求权基础规范，原告只能就此获得违约损害赔偿的救济，而不能获得侵权损害赔偿的救济，当然也不能构成违约责任与侵权责任的请求权竞合，原告不能提起侵权之诉。陈现杰：《因产前检查疏失导致缺陷儿出生相关医疗机构应否承担侵权责任》，《民事审判指导与参考》2008年第3集总第35集，法律出版社，2009年，第153页。

赔偿责任，原则上由原告承担过错的举证责任，不再适用《民事证据规定》第4条关于举证责任倒置的规定。当然，判断医疗机构是否存在过错，为避免将举证责任和举证不能的后果简单化地归属于任何一方所可能造成的不公正，可以参考《侵权责任法》其他条文规定标准部分转移举证责任综合认定，包括第55条（医务人员的说明义务和取得患者书面同意的规定）、第57条（一般注意义务判断标准）、第58条（推定过错）、第60条（医疗机构免责事由）。[1]例如，患者主张医疗机构未尽到《侵权责任法》第55条第1款规定的说明义务并取得患者书面同意的，由医疗机构承担已尽到相关说明义务并取得相关书面同意的举证义务，患者应就其与医疗机构之间存在诊疗关系、存在医疗损害后果、医疗机构未尽到相关说明义务与医疗损害后果之间存在关联性承担举证责任。

（二）三种特殊情形：过错推定原则

由于医疗机构具备专业知识和技术手段，掌握相关的证据材料，具有较强的证据能力，患者则处于相对弱势地位，证明医务人员存在过错比较困难，患者往往因举证不能而无法获得相应的赔偿，为了平衡医患双方的利益，《侵权责任法》第58条规定，患者有损害，因下列情形之一的，推定医疗机构有过错：1. 违反法律、行政法规、规章以及其他有关诊疗规范的规定；2. 隐匿或者拒绝提供与纠纷有关的病历资料；3. 伪造、篡改或者销毁病历资料。以上三种情形下，实行过错推定。这里的“推定”，属于“不可推翻的推定”，只要查明有这三种情形之一，即应认定医疗机构有过错。原则上，对是否存在上述情形由患者一方证明，必要时（如患者因家庭困难无法申请鉴定导致不能完成举证）人民法院可以依职权调查取证（如委托鉴定）。

关于患者对病历真实性提出质疑的处理问题。病历资料是治疗过程的原始依据，直接反映医务人员在医疗活动中对患者病情的认识和处理意见，直接关系到医疗行为是否符合规定的规程，是医疗损害鉴定和赔偿诉讼中最为主要和关键的证据。《执业医师法》第23条明确规定不得隐匿、伪造或者销毁病历资料及有关资料。患者对医疗机构提供的病历真实性提出异议的，可以采取以下处理方法：

1. 患者对病历资料及其他进行医疗鉴定所需材料的真实性、完整性提出异议的，应当在委托鉴定之前，组织双方当事人对病历材料进行质证。患者应当明确提出异议内容，并提供相应证据，医疗机构对患者提出的异议负有答辩和解释的义务。人民法院根据当事人举证、质证的具体情况进行审查，确有必要的，应当告知当事人申请文件检验。经文件检验确认后，方可委托进行医疗损害责任技术鉴定。

2. 医疗机构主张病历的涂改、添补部分并不影响病历实质内容的，应当对涂改、添补部分不影响病历实质内容承担举证责任。例如病历书写仅存在错别字、未按病历规范格式书写等形式瑕疵的，不影响对病历资料真实性的认定。

3. 确定病历存在瑕疵的，可以通过咨询专家、委托文件检验、病历评估、电子病历鉴定或由鉴定专家初步判断来认定瑕疵病历是否对于鉴定有实质性影响：(1) 没有实质性影响

〔1〕 梁慧星：《民事解答录》，人民法院出版社，2015年，第125页。

的，可以进行相关鉴定，但瑕疵部分应视情予以排除，不作为鉴定依据；(2) 有实质性影响，造成鉴定无法进行的，则应终止鉴定，此时如果是因为医疗机构过错造成瑕疵病历的，由医疗机构承担举证不能的后果。

4. 确定病历材料存在瑕疵，医学会鉴定专家认定瑕疵病历对鉴定没有实质性影响，在瑕疵病历部分不作为鉴定依据的基础上仍可继续进行鉴定，但患者以病历有瑕疵为由拒不配合鉴定，导致鉴定无法进行的，区分以下情形分别处理：

(1) 医疗机构明显违反法律、行政法规、规章以及其他有关诊疗规范的规定，无需通过鉴定即可确定医疗机构应当承担侵权责任的，人民法院可以直接认定医疗机构的医疗行为具有过错，判决其承担侵权责任；

(2) 医疗机构没有明显违反法律、行政法规、规章以及其他有关诊疗规范的规定，不经过鉴定不能确定医疗机构是否承担侵权责任的，此时没有鉴定意见，根据已有的证据，人民法院不能直接认定医疗行为具有过错，应当要求患者参加鉴定，并向其释明拒绝鉴定所可能承担的法律后果。如果患者本身成为唯一检材，该患者不配合对其本身进行鉴定，导致鉴定无法实施，而法院根据其他证据，无法对案件事实，即医疗行为是否存在过错以及过错医疗行为与患者的损害后果之间是否存在因果关系等事实作出判断时，可以根据证明妨碍理论，适用《民事证据规定》第 75 条“有证据证明一方当事人持有证据无正当理由拒不提供，如果对方当事人主张该证据的内容不利于证据持有人，可以推定该主张成立”的规定，判决由拒绝配合鉴定的一方当事人承担不利的后果。

(三) 医疗产品责任情形：无过错责任原则

《侵权责任法》第 59 条规定了医疗产品责任：“因药品、消毒药剂、医疗器械的缺陷，或者输入不合格的血液造成患者损害的，患者可以向生产者或者血液提供机构请求赔偿，也可以向医疗机构请求赔偿。患者向医疗机构请求赔偿的，医疗机构赔偿后，有权向负有责任的生产者或者血液提供机构追偿。”该条规定与第 43 条关于产品责任的规定一致，明确医疗产品责任具有产品责任性质，适用无过错责任原则，患者一方对产品缺陷、损害结果、因果关系承担举证责任，无需证明医疗产品的生产者、医疗机构有过错，并可以选择医疗机构和医疗产品生产者承担责任，显然更利于保护患者的利益。

医疗产品责任纠纷无须考察医疗过错情况，其核心问题是医疗产品是否存在质量缺陷的认定，一般也需要通过鉴定的方式来认定。如果由于植入的医疗器械在患者体内无法取出，无法进行科学分析和鉴定的，人民法院可以查明以下事实：首先，患者植入的医疗器械是否达到一般同类产品的使用年限，由此证明该医疗器械是否存在质量缺陷；其次，被告(生产者、销售者或医疗机构)能否证明该医疗器械未达到一般同类产品的使用年限，是原告自身原因造成的。如果被告无法举证证明，即视为该医疗器械存在质量缺陷。〔1〕

应当明确的是，《侵权责任法》第 59 条将医疗机构视为产品的销售者，医疗机构对患者

〔1〕 最高人民法院侵权责任法研究小组编：《〈中华人民共和国侵权责任法〉条文理解与适用》，人民法院出版社，2010 年，第 417 页。

承担的是无过错责任原则，其不能以没有过错为由对抗患者的赔偿请求。当然，相对于产品的生产者，医疗机构承担的则是过错责任原则，其对患者承担赔偿责任后，如果没有过错则可以向生产者进行追偿。[1]患者一方同时起诉产品的生产者和医疗机构且请求权成立的，依法判决生产者和医疗机构承担连带赔偿责任，除生产者和医疗机构就相互间责任达成一致外，原则上不处理其内部责任。[2]未造成医疗产品缺陷或者血液不合格不应负终局责任的当事人承担赔偿责任后，有权向造成医疗产品缺陷或者血液不合格的其他当事人追偿。

三、关于医疗损害责任技术鉴定

医疗过错鉴定在医疗损害赔偿案件中具有举足轻重的作用，因为医疗纠纷案件具有高度的专业性，而法官一般不具有可以判断医疗行为是否存在过错的能力，由具有专业知识的专家进行医疗过错鉴定是目前判决结案的医疗纠纷案件几乎必经的程序。从审判结果来看，在很大程度上鉴定意见决定了案件的结果。《侵权责任法》实施后，构成医疗事故已不再是医疗损害责任的构成要件，委托医疗事故技术鉴定已没有必要，取而代之的是医疗损害责任技术鉴定，内容主要包括：医疗行为是否违反诊疗规范、医疗行为与损害后果之间是否存在因果关系、医疗过错行为在损害后果中的责任比例等。需要探讨的是委托医学会还是社会司法鉴定机构进行鉴定、如何委托鉴定、鉴定人如何出庭接受质询等问题。

（一）是委托医学会还是社会司法鉴定机构进行鉴定

医疗损害责任技术鉴定不同于传统的法医学鉴定的最大特点，在于其不是对尸体、活体或物证进行鉴定，而是对医疗行为进行鉴定，是对过去已经完成的医疗行为进行重建和技术分析的过程，通过病历资料、当事人陈述、病理解剖资料等方式，对于医疗行为是否符合诊疗规范、技术规程加以剖析。这就要求鉴定人员要懂得临床学科的理论和知识，具有该学科的实际操作经验和经历，而且要全面掌握该技术领域的技术规范和行业习惯。[3]因此，该类鉴定很大程度上依赖于临床经验，必须由较高医学理论水平和丰富临床经验的医学专家作出专业判断，而一般的社会司法鉴定机构恰恰缺乏这种鉴定人员。医学会的专家库成员更具有临床经验，对整个的诊疗过程比一般的司法鉴定人员更清楚，认定起来更客观、更公正。而且社会司法鉴定机构在鉴定时也往往要邀请具有临床经验的专家和医生，而这些专家和医生也往往就是医学会的专家库成员。社会各界普遍反映，医学会鉴定有专业性、科学性、客观性的特点，且收费相对低廉。因此，利用医学会的鉴定资源，改进鉴定方法，以医学会鉴

---

〔1〕 广州市中级人民法院(2008)穗中法民一终字第3082号任光荣等诉中山大学附属第三医院、广东医药保健品有限公司、齐齐哈尔第二制药有限公司、广州金蘅源医药贸易有限公司医疗产责任纠纷案民事判决书指出，依据《产品质量法》第42、43条，任贞朝因注射亮菌甲素注射液而死亡，齐二药公司作为生产者应承担无过错责任；中山三院、金蘅源公司、医保公司作为销售者，不能以其没有过错为由免予对任贞朝的死亡承担赔偿责任。案例载《中国审判》2010年第10期。

〔2〕 陈特主编：《医师法纂解与疑案评析》，知识产权出版社，2015年，第113页。

〔3〕 沈志先主编：《侵权案件审判精要》，法律出版社，2013年，第420页。

经法庭许可，当事人或专家辅助人围绕鉴定意见可以向鉴定人发问，审判人员根据案件审理需要可以向鉴定人询问。鉴定人应根据鉴定意见如实陈述和回答问题，其在法庭上所作陈述代表出具该份鉴定意见书的鉴定人集体意见。鉴定专家确因特殊原因无法出庭的，经人民法院准许，可以书面答复当事人的质询。

4. 鉴定意见的审查。人民法院应综合出庭鉴定人所作陈述、书面回复意见、各方当事人、专家辅助人对鉴定人的质询意见和专家辅助人的专业意见，对鉴定意见是否采信进行审查。[1]鉴定人或其代表既不出庭接受质询也不进行书面答复的，或者结合质询、书面答复仍不能排除对鉴定意见的合理怀疑的，人民法院可不予采信相关鉴定意见，相关鉴定费用可视情要求鉴定机构退还。

四、《医疗事故处理条例》是否继续适用

医疗损害赔偿项目和赔偿标准法律适用的二元化，是过去相当长一段时期内司法实践中最棘手的问题，有的法院适用 2002 年国务院《医疗事故处理条例》，有的适用《民法通则》和《最高人民法院关于审理人身损害赔偿案件适用法律若干问题的解释》（以下简称《人身损害赔偿司法解释》）。由于《医疗事故处理条例》规定的赔偿范围比较窄，标准比较低，就出现了医院过错较重，患者损失较大，由于鉴定为医疗事故，按照《医疗事故处理条例》的规定赔偿额比较低；而医方过错较轻，患者损害较小，不构成医疗事故但有医疗过错，适用《人身损害赔偿司法解释》的规定反而赔偿额更高。[2]

《侵权责任法》专设第七章“医疗损害责任”，从内容上包含了医疗侵权责任的概念和构成、医疗过错的认定原则、医疗过错推定的条件、医疗机构免予赔偿的事由、医疗产品责任、医疗机构制作并管理病历的责任、患者的知情同意权及其保障、患者的知情权与隐私权，同时对过度医疗和“医闹”做了禁止性规定。《侵权责任法》的颁布实施，统一了医疗纠纷民事处理法律，从诉讼案由和法律适用上将医疗侵权诉讼由二元向一元转归。

有的观点认为，《侵权责任法》已经生效，《医疗事故处理条例》有关医疗损害侵权责任的规定将同时丧失效力。笔者认为，《医疗事故处理条例》与《侵权责任法》不同，前者是行政法规，主要包括医疗事故的行政处理、民事赔偿责任和医患双方调取、固定证据的权利义务等

---

〔1〕《杭州市中级人民法院关于医疗损害责任纠纷案件鉴定人出庭制度的操作细则》（2013 年 5 月 1 日，杭中法〔2013〕69 号），《民事审判指导与参考》，人民法院出版社，2014 年，第 1 辑总第 57 辑，第 239－242 页。

〔2〕 如余恩惠、李赞、李芊与重庆西南医院医疗损害赔偿纠纷再审案，涉案医疗行为并未进行医疗事故鉴定，原告要求医院承担死亡赔偿金，原审判决适用《医疗事故处理条例》进行审理，认为原告关于死亡赔偿金的诉讼请求没有法律依据，完全不支持死亡赔偿金的诉讼请求。最高人民法院再审认为：本案应当适用《民法通则》和《人身损害赔偿司法解释》计算死亡赔偿金，再根据医院的过错程度确定其承担数额，据此改判医院支付原告死亡赔偿金的 40%。张先明：《最高法院公布七起保障民生典型案例》，《人民法院报》2014 年 2 月 18 日第 3 版。

内容；后者是民事法律，两者的冲突之处主要在于医疗事故的民事赔偿方面，在其他方面并无当然的冲突。可以说，《侵权责任法》的颁布实施，只是作为民事法律概念的医疗事故不再存在，但作为行政管理概念的医疗事故继续存在，而且医疗事故处理法律制度作为行政机关对医疗机构、医务人员医政管理的重要法律制度必须继续存续，仅依据《执业医师法》《医疗机构管理条例》《护士条例》等法规，还不能完全覆盖各种医务人员诊疗行为中违法行为的行政责任。例如对医患双方在证据调取和固定方面的权利义务，《侵权责任法》只在第 61 条第 2 款中有原则性的规定，“患者要求查阅、复制前款规定的病历资料的，医疗机构应当提供”，这不能全面地解决证据调取、固定的问题，而《医疗事故处理条例》则有较为详细的规定。因此，《医疗事故处理条例》仍有其法律适用意义，其与《侵权责任法》的冲突尚不足以让其当然地、全部地失效。在立法部门明确废止《医疗事故处理条例》前仍然是有效的，至于其与《侵权责任法》在医疗侵权损害赔偿方面的冲突，应当适用“上位法优于下位法”的冲突规则解决，即二者有冲突的，优先适用《侵权责任法》的规定。[1] 2015 年 10 月 30 日，国务院法制办公室网站发布《医疗纠纷预防与处理条例（送审稿）》，公开征求意见。送审稿作为行政法规，关注预防和行政处理医疗纠纷这两个方面，继续保留了医疗事故的概念，有利于发挥行政机关对医疗违法行为的纠正作用。

五、关于医疗损害赔偿标准

《医疗事故处理条例》和《侵权责任法》对医疗损害赔偿标准都有规定，两者在民事赔偿上的条款有冲突。笔者认为，法律的效力高于行政法规的效力，《医疗事故处理条例》与《侵权责任法》规定不一致的，应当适用后者的规定。立法者也指出，医疗纠纷案件处理中法律适用二元化现象，损害了我国法制的严肃性和统一性，影响司法公正，加剧了医患矛盾。为此，《侵权责任法》中专设医疗损害责任一章，调整范围涵盖了前述的医疗事故和非医疗事故。患者在诊疗活动中受到损害的，都统一适用《侵权责任法》的各项规定，消除二元化现象。[2]因此，《侵权责任法》虽然没有明确规定医疗损害赔偿的范围和标准，但不明确规定就是说医疗损害赔偿范围和标准没有特别规定，与其他侵权类型完全一样。该法的颁布实施，解决了司法实践中赔偿标准二元化问题，不再区分医疗事故与非医疗事故。人民法院在审理医疗损害赔偿纠纷案件时，应统一适用《侵权责任法》关于赔偿范围和标准的规定。[3]也就是按照《侵权责任法》第 16 条的规定，在造成人身损害的情况下，应当赔偿医疗费、护理费、交通费、误工费等，实践中还应当包括住院伙食补助费、营养费等，造成残疾的还应当赔偿残疾生活辅助具费和残疾赔偿金，造成死亡的还应当赔偿丧葬费和死亡赔偿金等。

〔1〕 单国军：《医疗损害》，中国法制出版社，2010 年，第 44 页。

〔2〕 王利明主编：《中华人民共和国侵权责任法释义》，法律出版社，2010 年，第 276 页。

〔3〕 最高人民法院侵权责任法研究小组编著：《〈中华人民共和国侵权责任法〉条文理解与适用》，人民法院出版社，2010 年，第 393 页。

医疗纠纷预防处理机制与医疗损害风险分担

台湾医疗纠纷之医事审议制度与改革建议

葛　谨*

前　言

我国台湾在日本殖民统治时期(1895—1945)鲜少医疗纠纷〔1〕,1945年10月以后,法院就错误的以"刑法"代替"民法"(civil law)处理医疗纠纷,刑事法院主要判决理由为:"应注意未注意,诊断错误,治疗错误,检查错误,延误时间,过失致死,未送患者至省立医院等。"医疗纠纷案件于法院审理时,因法官多数未具备医学相关知识,须依赖专家鉴定,探寻相关证据协助法院审理。1953年至1987年之"医事鉴定"原由台湾省医师公会负责,医师公会亦将鉴定摘要公布于"台湾医界"。〔2〕1987年"医疗法"实施以后,改由"卫生署"〔3〕设立医事审议委员会(简称医审会)办理,改称"医事审议"〔4〕,只接受司法或检察机关之委托,不负责证据之调查或搜集,其组成委员排除民意代表与医疗法人代表,且法学专家及社会人士之比例,不得少于三分之一。〔5〕审议内容列为机密而不公布。唯法院于判决时,经常将"医事审议"等同"医事鉴定"。〔6〕

* 葛谨:台北荣民总医院内科部临床毒物与职业医学科主治医师/东吴大学法律学系兼任助理教授。

〔1〕 杨金虎:《七十回忆(下)》,龙文出版社,1990年,第521页。

〔2〕 吴基福:《台湾医师公会三十三年史》,台北"中华民国医师公会全国联合会",1980年。

〔3〕 "中央卫生及社会福利主管机关"之组织型态,历经北伐、抗战等政局动荡亦随之迭有更动,自1928年4月,北京政府成立内政部卫生司后,随后历经多次改组,过程如下:1. 1928年11月改为"卫生部"。2. 1935年4月改为"内政部卫生署"。3. 1936年11月改为"行政院卫生署"。4. 1938年4月改为"内政部卫生署"。5. 1940年4月改为"行政院卫生署"。6. 1947年5月改为"卫生部"。7. 1949年5月改为"内政部卫生署"。8. 1949年8月改为"内政部卫生司"。国民党败退台湾后,将总管全台卫生行政机关称为"行政院卫生署"。2013年7月23日升格为"卫生福利部",并将原"卫生署"署内21个单位与任务编组、5个所属机关、"内政部社会司"、儿童局、家庭暴力及性侵害防治委员会、"国民年金监理会"以及"教育部国立中国医药研究所"等单位,一起整并为8司6处及6个所属三级机关(构)。所属三级机关为:"疾病管制署""食品药物管理署""中央健康保险署""国民健康署""社会及家庭署"及"国家中医药研究所"。台湾地区"卫生福利部"网站(http://www. mohw. gov. tw/CHT/Ministry/)。2014/04/09 visited.

〔4〕 台湾地区的"医疗法"第98条:"'中央主管机关'应设置医事审议委员会,依其任务分别设置各种小组,其任务如下:一、医疗制度之改进。二、医疗技术之审议。三、人体试验之审议。四、司法或检察机关之委托鉴定。五、专科医师制度之改进。六、医德之促进。七、一定规模以上大型医院设立或扩充之审议。八、其他有关医事之审议。前项医事审议委员会之组织、会议等相关规定,由'中央主管机关'定之。"

〔5〕 台湾地区的"医疗法"第100条:"前二条之医事审议委员会委员,应就不具民意代表、医疗法人代表身份之医事、法学专家、学者及社会人士遴聘之,其中法学专家及社会人士之比例,不得少于三分之一。"

〔6〕 葛谨:《台湾医疗纠纷不受刑事诉讼之理由》,《台湾医界》2007年第50卷第8期,第379-383页。

讼自2002年2月已兼采当事人主义之"改良式当事人进行主义",依司法院释字第582号解释,"宪法"第十六条保障人民之诉讼权,就刑事被告而言,对质诘问权为其在诉讼上应享有之基本人权与防御权,故为"医师被告之基本与绝对权"。[1] 为尊重司法,维护医师被告对质诘问权,鉴定报告除应公开外,卫生福利部门亦应考虑建立"公诉鉴定人制度",在法庭上许以医师被告之对质诘问权。[2],至法院刑事庭接受医师被告之对质诘问[3],避免误会与冤抑。[4]

---

〔1〕 林辉煌:《对质诘问权与传闻法则——比较法之探索(上)》,《法令月刊》2007年第58卷第4期,第454-483页。林辉煌:《对质诘问权与传闻法则——比较法之探索(下)》,《法令月刊》2007年第58期第5期,第619-635页。张丽卿:《医疗纠纷鉴定与对质诘问权》,"最高法院"刑事鉴定法学术研讨会,2007年,第43-62页。

〔2〕 对质诘问权为医师被告在诉讼上应享有之基本人权与防御权,为"基本与绝对权",自然应予维持,以符法制,台湾地区卫生福利部门医事审议委员会之书面鉴定结果似可比照"公诉检察官"之意旨,由"卫生署"选任指派之"公诉鉴定人"代表出席,至法院刑事庭接受医师被告之对质诘问,避免误会与冤抑。库克诉罗利案为对质诘问权之始,库克(Sir Edward Coke 1552—1634)并未提出任何不利于罗利(Sir Walter Raleigh 1552—1618)叛国的证据,仅有Lord Cobham承认与罗利共同策划推翻詹姆士一世(James I)改立其堂兄弟Arabella Stuart。Zane MJ/刘昕,胡凝译:《法律的故事(the story of law)》第4版,商周出版社,2012年,第292-298页。Aronson M. Sir Walter Ralegh and the quest for El Dorado. New York. Clarion Books. 2000: 161-186.

〔3〕 子夏曰:"君子信而后劳其民;未信,则以为厉己也。信而后谏;未信,则以为谤己也。"鉴定人鉴定后反而成为被告,足令人视鉴定为畏途,实例参考台湾高等法院台中分院2006年度医上字第12号民事判决与台湾士林地方法院2008年度声判字第94号刑事裁定(鉴定医师另被败诉人控告伪造文书),台湾嘉义地方法院2009年度诉更字第2号民事判决(法律系专任教师鉴定题目为"论定性概念于'最高法院'判决之运用研析"论文是否具原创性,亦被败诉人控告),"公诉鉴定人"似可比照"公诉检察官"不受反诉之保护意旨,给予有限度之司法保障,方可开始建立完善机制与制度。

〔4〕 明代吏治不佳,刑罚不公,只为增加皇帝威势,创设四种刑法制度。《明史·刑法志》:"刑法有创之自明,不衷古制者,廷杖、东西厂、锦衣卫、镇抚司狱是已。是数者,杀人之惨而不丽于法,踵而行之,至没造而极。举朝野命,一听之武夫、宦竖之手,良可叹也!""东厂"成立于明永乐十八年(1420年),废于明崇祯十七年(1644年),由司礼掌印太监(或秉笔太监)直接掌控。因受皇帝信任与授权,有缉事、告劾、拘拿、审讯、监禁、移送、拟罪、监视审讯、会审大狱之权,因常滥权妄为,对明朝政治与司法造成严重破坏,是明代司法审判制度的弊政,深为明人所痛恨。那思陆:《明代中央司法审判制度》,正典出版文化有限公司,2002年,第100-144页。葛谨:《诈领共犯——台湾新竹地方法院2012年度审易字第789号刑事判决评释》,《台北市医师公会会刊》2013年第57卷第6期,第24-28页。"锦衣卫",《明史·职官志》:"京卫有上直卫,有南、北京卫,品秩并同。各有掌印,有敛书。其以恩荫寄禄,无定员。凡上直卫亲军指挥使司,二十有六。曰锦衣卫,曰旗手卫,曰金吾前卫,曰金吾后卫,曰羽林左卫,曰羽林右卫,曰府军卫,曰府军左卫,曰府军右卫,曰府军前卫,曰府军后卫,曰虎贲左卫。是为上十二卫,洪武中置。曰金吾左卫,曰金吾右卫,曰羽林前卫,曰燕山左卫,曰燕山右卫,曰燕山前卫,曰大兴左卫,曰济阳卫,曰济州卫,曰通州卫。是为上十卫,永乐中置。曰腾骧左卫,曰腾骧右卫,曰武骧左卫,曰武骧右卫。宣德八年置。"锦衣卫原为军事机关,因皇帝信任,而有侦缉、拘提、监禁、审讯、移送、拟罪、执行之权。东厂与锦衣卫合称"厂卫"。《明史·刑法志》:"厂卫未有不相结者,狱情轻重,厂能得于内,而外廷有扞格者,卫则东西两司房访缉之,北司拷问之,锻炼周内,始送法司。即东厂所获,亦必移镇抚再鞫,而后刑部得拟其罪。故厂势强,则卫附之,厂势稍弱,则卫反气凌其上。"廷杖、锦衣卫是明太祖朱元璋(1328—1398)所设,东厂(1420—1644)是明成祖朱棣(1360—1424)所设,西厂(1476—1482)则是明宪宗朱见深(1447—1487)所设。明武宗朱厚照(1491—1521)另设凌驾于东厂西厂之上的内厂(1506—1510)。然西厂、内厂存在时间短,只有东厂、锦衣卫一直延续到明朝灭亡。秘密审理与移送刑罚实为明朝二大弊政,竟于台湾地区医事审议制度内复活,自宜尽速改正。

医事过失审查原则："刑事过失"(criminal negligence)之审查要件实务上与英、美两国并无不同，要件有四，即"照顾责任""违反照顾义务""因果关系"与"损害之事实"。英、美两国法院皆针对此四要件，邀请专家证人作证，建立"案例"，我国医事鉴定报告似应分项论述医师违反之四个过失要件之证据，较为妥适。我国不但现代医学由西方传入，刑事与民事法律也系继受自欧美等国，相关之刑事法理与医学原理自无不同之理，建议医事鉴定应仿欧、美，分段论述医师违反照顾义务之标准与有无因果关系之证据，方为妥适。本文建议鉴定单位要依下列四点逐一审理：被告对原告有无"照顾责任"(duty of care)、被告有无"违反照顾义务"(breach of standard of care)、损害与过失有无因果关系(causality)、损害之事实(damage)四者。[1] "过失责任"成立与否，法院应指示鉴定单位依"过失责任"四项审查原则逐一审理。

医事审查六分法：英美等国追究医事人员责任，至少要先区分"适任""健康""伦理""安全""行政""法律"等责任，不会只使用"二分法"(dichotomy)。若是"不适任""不健康""不合伦理""不符医院安全"之案件，事涉"医疗品质与病人安全"，卫生行政机关应该介入调查。"不适任者"(incompetent)命受相当之训练，考核合格方能继续行医；"不健康者"限制继续行医(例如罹患传染病)，或是无法继续行医(例如失智)；"不符医院安全"之案件(例如输血错误)，系医院责任，卫生行政机关更应及早介入调查，而非直接交由法院惩办医师；另外，若是适用"双效原则"[2]或"应否转诊"之"伦理责任"之事件，医师要有伤害之"故意"，才负担法律责任。

改革怪异现象：依1986年之"医疗法"第98条，台湾地区卫生福利部门被动接受司法机关医疗纠纷之委托鉴定，造成"刑事调查"与"行政审查"之怪异现象，与世界各国之"行政调查"与"刑事审查"方式殊异。医疗纠纷刑事与民事过失责任本就有所不同，台湾对"医疗纠纷"之处理，行政单位似已放弃"行政调查"，而"委以刑事"处理，乃形成"超严格"之怪异现象。[3] 举例而言，"道路交通事故"依《道路交通管理处罚条例》第92条第四项规定授权订定之《道路交通事故处理办法》第3条，发生道路交通事故，除无人受伤或死亡且当事人当场自行和解者外，应通知警察机关。《道路交通事故处理办法》第9条，"警察机关对道路交通事故现场，应就下列事项详加勘察、搜证、询问关系人，据以分析研判，一是事故地点、通向、

[1] Tan SY. Medical Malpractice. New Jersey, World Scientific, 2006. p. 21 - 27. Sanbar SS, Firestone MH, Buckner F, et al: Legal Medicine. (6th edition) American College of Legal Medicine. Philadelphia, Mosby (2004).

[2] 葛谨：《双效原则——评台湾南投地方法院2006年度诉字第26号刑事判决》，《台湾医界》2008年第51卷第11期，第487 - 490页。

[3] 例如："全民健康保险法"第72条："以不正当行为或以虚伪之证明、报告、陈述而领取保险给付或申报医疗费用者，按其领取之保险给付或医疗费用处以二倍罚锾；其涉及刑责者，移送司法机关办理。"若缺乏制度保障，容易有行政与司法滥权之现象。台湾地区高等法院2002年度上易字第390号刑事判决、台北高等行政法院判决2007年度诉字第3018号、台湾地区高等法院2007年度上易字第2020号刑事判决、台湾地区南投地方法院2006年度诉字第26号刑事判决。葛谨：《刑事与行政分际——"最高法院"2005年度台上字第2274号刑事判决评释》，《台湾医界》2011年第54卷第8期，第471 - 473页。

交通情况及周围环境状况。二是地面因事故形成之各项痕迹及散落物状况。三是驾驶人身心状况与人、车损伤之痕迹、程度及附着物之状况。四是事故当事人、车辆位置及形态。五是事故过程中之人、车动态及各关系地点。"道路交通事故如有人受伤或死亡,交通警察负责勘察、搜证、分析研判,并非一律由"刑事调查"。另外"飞航事故调查法"第11条:"飞航事故发生后,飞安会应指定飞安调查官一人担任主任调查官,由其召集成立专案调查小组全权负责指挥飞航事故调查,并邀请相关机关代表及专家参与。"各国"飞航事故""交通事故"与"医疗纠纷"率以"行政调查"为先,机师、司机与医师方能安于其位。所以台湾医疗纠纷"刑事调查"为先之制度,相关怪异,卫生行政主管若能早日"改弦易辙",坚持程序正义与制度保障,方能解医于倒悬。[1] 本文认为卫生行政罚与刑罚应有较为清晰之界限较妥,过去不少卫生行政行为错误造成医师无辜受罚甚至加上刑罚烙印(criminal stigma)者[2],卫生行政人员应更审慎,避免违宪[3]、冤死[4]、冤狱[5]与国家赔偿[6]。

尊重医师裁量权:台湾地区"司法院"释字第613号解释:"权力分立制衡原则系民主宪政国家实施宪政的一项宪法基本原则。各民主宪政国家即基此原则,在宪法中将政府的权力予以垂直及水平地分配给不同政府部门行使,以避免权力集中于单一机关而易流于专擅与滥权。而权力除分由不同政府部门职掌外,并设计维持不同权力间的均衡,使彼此监督与牵制,进一步防止权力的集中与滥权。""而根据禁止扩权原则,须检视一权力机关是否以削弱其他宪法机关的权力作为扩张自身权力之代价,以判定其行为是否违反权力分立制衡原则。""权力分立本身不是目的,维护自由和某种程度的政府分工才是关键。"释字第585号解释:"不得侵犯其他宪法机关之权力核心范围,或对其他宪法机关权力之行使造成实质妨碍"。"权力分立论"(doctrine of separation of power)为现代法治国家宪法建构之基本原理,以分权制衡之原则,防患政府权力集中而滥权(power abused),以达成确保人民自由权

---

〔1〕 李志宏、施肇荣:《诊断证明书与医事审议(医疗鉴定)——医疗法律案例解读系列4》,《台湾医界》2009年第52卷,第354-358页。

〔2〕 台湾地区高等法院2002年度上易字第390号刑事判决(无照行医的例外)。葛谨:《言论自由——台北高等行政法院判决2007年度诉字第3018号评释》,《台湾医界》2011年第54卷第4期,第226-229页。葛谨:《刑事与行政分际——"最高法院"2005年度台上字第2274号刑事判决评释》,《台湾医界》2011年第54卷第8期,第471-473页。

〔3〕 台湾地区"司法院"大法官释字第711号解释。李志宏:《医疗法律生活化系列(9)——大法官释宪与药师业务》,《台北市医师公会会刊》2013年第57卷第9期,第72-76期。

〔4〕 葛谨:《捐肝遗恨——人体器官移植条例之修正浅见》,《台北市医师公会会刊》2008年第52卷第12期,第23-24页。

〔5〕 葛谨:《承受诉讼违法——"最高法院"2002年度台上字第5042号刑事判决评释》,《月旦法学》2010年第184期,第220-248页。

〔6〕 刑罚烙印让医师失去"良医证"与"良民证"外,亦永远难以面对家人与同侪,所以在"正当法律行为"与"犯罪行为"间应要清楚外,移送医师刑事惩罚之程序应更加严谨(要达到严格证明而非任意证明,更非自由心证)。Green G. The end of stigma? Changes in the social experience of long-term illness. Oxon, Routledge, 2009, 123-124. 林钰雄:《严格证明与刑事证据》,新学林出版有限公司,2002年,第3-42页。李明滨:《医疗刑责合理化促进医病双赢》,《台湾医界》2012年第55卷第4期,第185-186页。

利之目的。“医事鉴定”不同于“医学评论”，医事鉴定涉及法律的评价，医学评论则可促进医学的相互激荡进而产生医学进步，如把医学评论当成医事鉴定，则易使法院误认确有医疗疏失而为医师败诉之判决，这就是所谓“医医相害”[1]，当医界前辈握有医事鉴定之责时，最好同时衡量相关法律规定。司法单位与指派之鉴定人员亦应尊重医师之裁量权，似应分别“医事鉴定”与“医学评论”之不同，不应以事后诸葛之态度，过度介入医师裁量权之核心。

五、结　语

台湾法院过去常以“应注意、能注意、而不注意之主观构成要件”，未讨论因果关系，就入人于罪，难谓妥适；“刑法”第 22 条亦有“业务上正当行为，不罚”之明文；加上医疗鉴定报告书仅为原告（检察官）之意见，不是传闻之例外[2]，医事审议委员会若要医界安心执业，避免五大皆空，应有维护医师尊严之行政改革作为。[3] 改革之前，盼望审议委员能做到“二个拒绝，一个不要，一个尊重”。[4]

〔1〕 王资竣：《医医相害——台湾地区高等法院 2011 年度医上诉字第 6 号刑事判决》，《荣总学讯》2012 年第 183 期，第 28－31 页。王亮钧，葛谨：《罪证有疑——“最高法院”2012 年度台上字第 6119 号刑事判决读后心得》，《台北市医师公会会刊》2013 年第 56 卷第 7 期，第 14－17 页。

〔2〕 张丽卿：《传闻证据与医疗鉴定报告书》，《“中华法学”》2008 年第 14 期，第 61－86 页。李佳玟：《鉴定报告与传闻例外——“最高法院”近年相关裁判之评释》，《政大法学评论》2008 年第 101 期，第 193－254 页。

〔3〕 李明滨：《拯救医界“空”难，从“法”开始》，《台湾医界》2012 年第 55 卷第 7 期，第 359－360 页。李明滨：《守得云开见月明，打造医病双赢新时代》，《台湾医界》2012 年第 55 卷第 10 期，第 526－527 页。苏清泉：《唯医者得免于恐惧时》，《台湾医界》2013 年第 56 卷第 8 期，第 417－418 页。苏清泉：《医疗零暴力保障病人权益》，《台湾医界》2013 年第 56 卷第 9 期，第 474－475 页。

〔4〕 “拒绝诱导诘问，拒绝假设性问题，不要以结果论断过程，尊重医疗裁量权。”葛谨：《二个拒绝，一个不要——对医事审议初审医师的建议》，《台湾医界》2013 年第 56 卷第 6 期，第 341－342 页。

医患纠纷的裁决

——专业化合议庭的构建

李菊萍　吴续辉*

摘　要： 医患纠纷的裁决显著的特征是专业性强，为了解决医疗诉讼存在的诸多问题，应以审判专业化的角度为突破口，在审判实践中尝试建立医疗纠纷专业化合议庭，以其独特的运行模式和法官专业的背景知识保证医疗纠纷案件公正有效率的审理，从而有效化解医患矛盾。

关键词： 医患纠纷　解决路径　专业化合议庭

一、问题的提出

（一）现状：医患矛盾依旧，医患纠纷加剧

卫生部数据显示，目前，全国每年发生的医疗纠纷逾百万起，每家医疗机构平均每年发生医疗纠纷的数量在 40 起左右，医疗纠纷发生率增长幅度超过 100%。[1] 最高医疗纠纷赔偿案例已经突破了 500 万元。[2] 随着医生被患者砍杀等恶性事件接二连三地出现，医生的职业安全遭到了很多质疑，不少医生表示压力巨大，并不愿意子女再学医。整个医疗行业对医患纠纷谈及色变。

医患纠纷的裁决最终会影响到整个社会医学的进步并最终影响到整个社会公民的健康保障水平。医学是一个需要不断地试错从而获得进步的行业，是一个始终无法获得最精确的认识的科学领域。医患纠纷的裁决如果过于强调医生在其中所要承担的责任，就会降低医生进行尝试性创新的积极性，如果没有把握便采取消极的治疗方案，则人类对于医学的认识将受到巨大的局限。从这个意义上讲，医患纠纷的裁决将对医学的创新氛围产生深刻的影响，进而影响到人类对于疾病的认识和克服能力。如果形成了一种医学不敢创新、畏惧失误的恶性循环，将延缓医学的进步，并最终需要全体社会来承担这个负面的后果。

笔者认为在医患纠纷不断增加的社会背景下，以什么样的方式来裁决医患纠纷，从而有效化解医患纠纷，需要具备哪些基本的条件和功能，如何实现彼此间的合作和衔接？在裁决过程中，如何面对和处理不同的意见，才能够在有效化解医患纠纷，构建出一种长远的能够

---

* 李菊萍：西北政法大学法学研究所；吴继辉：西北政法大学法学研究所。本文系西安市重点课题“医患纠纷解决机制创新研究”（项目编号 201408）的研究成果。

〔1〕 陈治，余国庆，刘丹：《医患关系第三方管理研究》，《医学与社会》2012 年第 25 卷第 12 期。

〔2〕 刘蹇：《医疗利益纠纷——现状、案例与对策》，中国人民公安大学出版社，2012 年，第 152 页。

促进医患关系良性发展，医疗环境和技术不断改善的科学机制？

（二）医患纠纷的解决路径

我国《医疗事故处理条例》中明确规定的医患纠纷处理方式有三种，分别是医患双方自行协商、申请卫生行政部门调解和向法院提出诉讼。该条例颁布实施后，医疗纠纷的处理状况仍不乐观，因此学界关于医患纠纷解决机制的研究一直没有停止。和解、诉讼、仲裁三种纠纷解决方式应对医疗纠纷各具优势。和解无需任何第三方介入，医患双方直接达成一致，是成本最低、效率较高的纠纷解决方式。但是医患双方往往很难达成理想的协议，往往要通过诉讼进行解决医患纠纷。然而，医疗纠纷诉讼在审判实践中还存在着很多问题，由于“法官是法律专家，但不是专业性很强的领域的行业专家，因此，涉及专业性很强的问题的时候，法官往往无法判断。”〔1〕这就很可能导致法官对相同或相似案件事实证据认定的不一致，从而导致法律适用的不统一，最终使得医事审判实践中同案不同判的现象屡屡发生，这严重损害了司法权威，也使得医患纠纷矛盾日益尖锐。由于医患纠纷案件的证据不好把握，加上我国的医疗鉴定体系混乱，致使医患纠纷案件的审理需要大量调查。“调查占用大量时间，一般医疗纠纷案件的审理周期都在一年以上”。〔2〕为了解决医疗诉讼存在的诸多问题，应以审判专业化的角度为突破口，构建医疗纠纷专业化合议庭，“法院应当选拔培训一些有医学专业背景的法官，组建专业合议庭，由其专门审理医疗侵权案件”。〔3〕

（三）专业化合议庭构建的意义

第一，促进医患双方权利的保障，使患者能够在医疗不幸的情况下得到合理的补偿，使医院及其医务工作者能够专心治病救人，免受“医闹”等不合理因素的过多干扰。

第二，医患纠纷中，专业化合议庭的裁决，全面系统地总结目前各地在医患纠纷化解中的主要做法，为医患纠纷的化解提供政策建议和支持。

第三，对医患纠纷的有效化解，增强政府在新形势下以多元的手段协同社会力量来化解冲突、控制社会局势的治理能力，维持社会秩序，促进社会和谐。

二、医患纠纷专业化合议庭构建之依据和价值

（一）医疗纠纷专业化合议庭构建之依据

1. 社会分工细化的必然要求

社会分工的细化是当今社会发展的必然趋势和潮流，法官的产生就是社会分工细化很好的佐证。在早期人类社会的生活秩序中，纠纷大多数是靠有威望的长者、族长来解决的，因为当时的社会关系比较简单，这就使得没有经过专门法律训练但是有充足的社会经验的人可以很好的解决纷争。随着社会经济的不断发展，社会结构和社会生活变得越来越复杂，

〔1〕 林文学：《医疗纠纷解决机制研究》，法律出版社，2008 年。

〔2〕 林文学：《医疗纠纷解决机制研究》，法律出版社，2008 年。

〔3〕 郭升选，李菊萍：《论医疗注意义务与医疗过失的认定》，《法律科学》2008 年第 3 期。

人们之间的利益和矛盾多样化，社会规范也变得越来越抽象和概括，这就使人们面对自己专业领域外的事物时感到茫然。术业有专攻，人们越来越认识到培养一批专门解决纠纷的法律专家的重要性，至此，法官应运而生，法官开始职业化，区别于其他职业。

法官这一职业在同其他社会职业分离的时候，自己内部也在进行着细致的分化。在司法制度比较发达的国家，法院内部的专业化分工尤为明显，比如英国在民事法院和刑事法院系统之外，还特别设置了专门法院，主要有枢密院（Privy Council）、反垄断法院（The Restrictive Practice Court）、验尸官法院（Coroners' Courts）、专业法庭（The Tribunals Service）和军事法庭（Courts Martial）。日本设立了与地方法院并列的专门处理少年违法犯罪案件和家庭纠纷案件的家庭法院，"家庭法院的法官每人可配备 3 至 4 名家庭法院的调查官，调查官从社会学、心理学、教育学的大学毕业生中选拔，并通过最高法院举行的考试。1957 年最高法院为家庭法院调查官设立了'研究训练所'，对他们进行专门训练"。虽然中国的司法制度建设起步较晚，但是，随着社会经济的发展和社会分工的不断细化，我们也在不断进行着有益探索。最高法院制定的《关于加强法官职业化建设的若干意见》，第八条规定"实行审判工作的专业化分工，着力培养法官不同岗位所需要的业务特长，使他们尽快成为一定领域的人才"。而且，我国有些地方法院已经成功构建了贪污贿赂案件专业化合议庭、知识产权专业化合议庭、涉外民事案件专业化合议庭等专业化审判组织，并且运行状况良好，收到了很好的司法和社会效果。

2. 我国司法体制改革的应有之义

司法改革是我国政治体制改革的重要组成部分，其目的是坚持从国情出发，在借鉴人类法治文明的基础上，探索建立并不断完善中国特色司法制度，为经济发展和社会和谐提供有力的司法保障。从党的十六大吹响"推进司法体制改革"的号角到党的十七大作出"深化司法体制改革"的部署，"看得见的公正""能感受的高效""被认同的权威"在日益深化的司法体制改革中成为现实。十八届四中全会强调要"推进以审判为中心的诉讼体制改革""建设高素质法治专门队伍""推进法治专门队伍正规化、专业化、职业化"。其中司法责任制是司法改革的重要内容之一，以完善主审法官责任制、合议庭办案责任制为抓手，突出法官办案主体地位，严格案件责任追究。并且在今后选任法官方面，尝试建立省一级法官遴选委员会，从专业角度提出法官人选。最高人民法院修订后的《人民法院第四个五年改革纲要（2014—2018）》强调要优化人民法院职权配置，健全审判权利运行机制，推进法院人员正规化、专业化、职业化建设。从我国司法体制改革的内容可以看出，落实审判责任，进行法官职业化建设，是保证司法公平公正的重要环节。随着我国经济的不断发展，利益的不断调整，使得主体间的纠纷日益增多，而且纠纷的多样性和复杂化越来越明显，为了在纠纷的处理过程中尽量达到"帕累托最优"或"帕累托次优"效应（在某项调整中，所有主体都能获益，为"帕累托最优"；只有部分主体获益且其他主体的利益不受损害，则为"帕累托次优"），我们就需要组建一支高素质专业化的法官队伍。司法权是惩罚犯罪和裁决私人讼争的权利，它以调查和裁决为内容，即在调查事实的基础上，根据认定的事实适用法律。[1] 所以，在具有专业性案件的审理中，法官对案件证据和事实的认定就对判决的正当性显得尤为重要。基于同样的案件事实给予同样的判决结果，才能使人们感受到“看得见的公正”，可以看出，医疗纠纷专业化合议庭的构建是我国司法体制改革的应有之义。

3. 医疗纠纷及其审判依据特殊性的科学选择

医患纠纷是指“医患双方对医疗后果及其原因认识不一致而发生的争议。”[2]而现代医学认为疾病的发生、发展与转归是多种因素合力所致的，这决定了医学科学的不确定性和风险性。当患方对医疗结果不满意时，医患纠纷的产生在所难免。医学不是一门精确的自然科学，所以每项不确定因素都可能成为医疗风险发生的诱因。医患纠纷拥有区别于其他民事纠纷的独一无二的特点，其中医患纠纷专业性强是其最显著的特征。“对医学专业领域上的问题，普通人很难对医患纠纷的性质、因果关系作出准确的判断。特别是在医疗事故引起的纠纷中表现得尤为明显，常依赖医学专家的鉴定。”[3]在我国司法实践中，作为医患纠纷审理依据的法律法规有《侵权责任法》、国务院制定的《医疗事故处理条例》、卫生部颁布的《医疗事故技术鉴定暂行办法》、《医疗事故分级标准（试行）》等一系列配套规章。可以看出，我国医患纠纷的审理依据众多且复杂，更为要害的是，《医疗事故处理条例》第二条规定“本条例所称医疗事故，是指医疗机构及其医务人员在医疗活动中，违反医疗卫生管理法律、行政法规、部门规章和诊疗护理规范、常规，过失造成患者人身损害的事故”。但是，诊疗护理规范是非本专业的医生难以知晓的，一旦医患纠纷发生诉诸法院，法官也很难判断医生的诊疗行为是否符合诊疗护理规范的要求。医患纠纷的特殊性和审判的复杂性，可以得出结论，要使医患纠纷得到公平公正效率的解决，必须得建立一支既通晓医患纠纷审理法律法规又掌握医疗专业知识的高素质法官队伍。“医事争议的发生不仅涉及法律问题，而且往往涉及复杂的医学专业技术问题。医药活动不仅要遵守法律规范，同时要遵守医学科学技术规范。因此正确认定和处理医事争议，特别是医疗事故争议，不仅要严格遵守医事法律规范，同时必须遵守符合医学科学理论及医学科学技术特点的全部规律。”[4]而医疗纠纷专业化合议庭的构建则是解决上述问题的有力举措。

4. 建立医疗诉讼专业化法官队伍的重要途径

法律职业主体相似的知识结构背景和价值判断会使得他们对法律的公正性认识趋向于一致，法官在审理案件的过程中就会运用统一的思维标准来实现类似案件的类似处理。然而，在司法实践中，由于法官的学历、经历和年龄的不同，导致法官的司法理念不尽相同，体现在对同一案件事实的认定、法律适用和裁决都会有所不同。[5] 由于我国法律职业主体的

[1] 徐正东，刘博：《医事争议处理法学》，四川大学出版社，2011 年，第 22 页。

[2] 林文学：《医疗纠纷解决机制研究》，法律出版社，2008 年。

[3] 林文学：《医疗纠纷解决机制研究》，法律出版社，2008 年。

[4] 李健，温磊：《专业化合议庭现状解析及设立要素的思考》，《山东审判》2003 年第 19 卷第 154 期。

[5] 康宝奇：《合议庭专业化：对法官职业化建设的一种理性思考与实践》，《人民司法》2007 年第 25 期。

成分过于复杂，知识背景缺乏同质性，所以对同一事实可能作出不同的认定，从而得出不同的结论，最终有损法律的确定性和司法权威，特别是针对专业性较强的医患纠纷案件，案件的事实和证据往往较难认定，如果法官的知识结构单一、价值判断不一致，就很难做出合理的判决，所以打造解决医患纠纷的专家型法官队伍就显得额外重要。而专业化合议庭的构建恰恰为法官思维同质化、知识结构的一体化搭建了一个平台，同一专业化合议庭的审判人员经过特定的专业化训练，知识结构基本趋同，加上特定角色的不断历练，对特定案件的价值判断也基本一致，最终实现法律适用的大同。专家型法官与复合型法官是新时代社会分工进一步细化的必然要求，而专业化合议庭则是打造专家型法官的重要途径。[1]

(二) 医疗纠纷专业化合议庭构建之价值

1. 保障医疗纠纷案件审理的公正与效率

司法是人们解决纠纷的终极性手段，是守护社会公正的最后一道防线，公平正义乃法律的灵魂。诉讼是化解医患冲突最权威的方式，它通过严格的程序制度和权威的裁判使医患冲突得到最高强制力的解决方案。但由于医患纠纷的特殊性，医患纠纷诉讼具有“证据认定难、短期结案难、矛盾化解难、法律适用难、鉴定采信难”等公认难题。尤其是在医患纠纷发生后，患者往往着急获得补偿，没有足够的耐心去等待长期的诉讼程序，而且花费的费用也是一笔不小的开销，司法对证据的强调使患者由于技术和信息弱势而居于不利地位，所以走法律程序去化解医患纠纷的案例数量很少。有研究表明，2003—2008 年间，我国医疗纠纷以诉讼程序解决的纠纷案不到 20%，以非诉讼程序解决的纠纷案则高达 80%。[2] 这样就使得“医闹”现象频频发生，打杀医务人员、围堵医院的恶性事件更是屡屡发生。

爱德华·考文曾经说过，法官乃会说话的法律，法律乃沉默的法官。可见，作为社会正义最后一道防线守门人的法官，在维护司法公正和权威方面发挥着至关重要的作用。“职业技能的缺乏，就会导致对类似案件的处理结果却有很大的差别，这就大大损害了我们的司法权威”。[3] 因此，打造专业的法官队伍也就显得十分重要，打造专业化法官队伍，构建专业化合议庭审理具有专业知识的案件对推进司法统一适用，维护公正权威的司法形象具有重大意义。

诉讼制度作为一项基本的社会制度，自然需要社会资源的投入来支撑它的运行，此种社会资源就是司法成本，司法成本是需要从社会中汲取的，司法的运作存在司法成本和司法效益的问题，也就是司法效率。司法效率是指通过充分、合理运用司法资源，降低司法成本，以最小的司法成本获得最大的成果。[4]

所以，在诉讼制度中建立专业的合议庭能够很好地平衡司法公正和司法效率的关系，让法律在社会生活中的最大价值得到发挥。这种模式应用在医患纠纷诉讼中，不仅可以使医

---

〔1〕 陈治，余国庆，刘丹：《医患关系第三方管理研究》，《医学与社会》2012 年第 25 卷第 12 期。
〔2〕 信春鹰：《法官职业化与法院管理司法化》，《当代法官》，第三届成都法院院长论坛专刊。
〔3〕《人民司法》编辑部编：《中国司法改革十个热点问题》，人民法院出版社，2003 年。
〔4〕 梁晓峰：《论医疗鉴定与司法鉴定之差异》，《中共郑州市委党校学报》2007 年第 1 期。

患纠纷得到公平的解决，而且可以缩短医患纠纷案件的审理周期，使每个医患纠纷案件的审理都达到最高的性价比。

2. 维护法官对医疗纠纷案件认定的独立地位

目前，我国实行医疗证据鉴定的双轨制度，医疗证据鉴定的双轨制度是指在医疗诉讼中，医疗事故赔偿之诉的证据鉴定是采取医学会组织的医疗事故技术鉴定，而医疗人身损害赔偿之诉是采取法院委托的司法过错鉴定制度。这两种鉴定制度的启动主体、鉴定主体、鉴定组织者、鉴定内容和鉴定所要解决的问题，以及鉴定的监督机制均有明显不同。[1] 一方面，我国《医疗事故处理条例》将医疗事故鉴定的实施权授予隶属于卫生行政部门的各级医疗事故鉴定委员会，而卫生行政部门与医疗机构有着直接的利害关系，这就使医疗事故鉴定委员会的中立性值得商榷。另一方面，由于法官对医学专业知识的缺乏，几乎都会将医患纠纷的案件全都提交司法鉴定，法官对鉴定的过分依赖，对案件的因果关系缺乏直接的判断能力，导致对医患纠纷案件的审判进入一个尴尬的境地。使得医患矛盾日益剧增。在德国，法官可以直接通过自己的专业知识对案件进行准确的判断，“如果所寻找的结果可以从专业知识中直接得出，而不需要进行有专门知识要求的运用，法庭(审判组织的某一成员)也可以自己通过研究专业文献获取必要的专业知识。”[2]因此，如果法官有专业的医学知识，就可以对案件的事实进行认定，而不必委托司法鉴定，这样不但提高了诉讼效率，而且保障了司法审判的独立性，由此看来，专业化合议庭的构建十分必要。

3. 更有利于促进医疗纠纷案件的调解

法院调解也叫诉讼调解，是指在审判人员的主持下，民事诉讼的当事人自愿平等的进行协商、达成协议、解决纠纷的活动，它是法院行使审判权的一种辅助方式，其目的是“获得与判决相同或相近似的法律上正确的处理结果，同时又可以避免判决所具有的高成本和强制性。”[3]法院调解一旦成立，所制作的调解书与判决具有同等执行力，如果一方当事人不履行，对方当事人可以请求法院强制执行。法院调解不但可以获得与法院判决相似的法律结果，而且便于及时审结案件，节省司法资源，在当事人之间达到互谅互让之结果，促进社会和谐。法院调解民事纠纷一直被认为是多年来民事审判工作的成功经验之一，因而应当继承和发扬。[4] 在专业性较强和法律规定单薄而政策性较强的案件的调解中，如何达到让双方当事人都满意的结果，关系到民事纠纷能不能得到及时地解决，当事人的合法权益能不能得到及时地维护。特别是医患纠纷案件，“实行长期专业化审判，确保审判人员在掌握一定的医学知识的基础上，切实做到在主持调解时既能说服患者，又能指出医疗机构的过失。”[5]这样，由专业背景知识的法官所组成的合议庭就会在案件的调解中充分发挥集体智慧。“由

[1] BGH NJW 1993 2378；1984，2419。

[2] 李浩：《民事审判中的调审分离》，《法学研究》1996 年第 18 卷第 4 期。

[3] 江伟，杨荣新：《民事诉讼机制的变革》，人民法院出版社，1998 年，第 383 页。

[4] 肖建国：《民事诉讼程序价值论》，中国人民大学出版社，2000 年，第 710 页。

[5] 林文学：《医疗纠纷解决机制研究》，法律出版社，2008 年。

于合议庭成员精通各类专门案件，能够把握案情脉络，对受理案件精辟解剖，对症下药，审理方向明确，故在当事人面前有较强的信服力和权威，能够争取当事人的主动配合，所以案件调解率较高”。〔1〕可见，此时具有专业背景的法官对此类案件进行调解就会呈现出很大优势，专业化合议庭的构建是实现医疗纠纷有效率解决的重要途径。

三、医患纠纷专业化合议庭的构建设想

（一）医患纠纷裁决对第三方属性的基本要求

要确保医患纠纷化解途径的公平性和效率性，就需要选择适当的主体来作为医患纠纷裁决的第三方，从而有效化解医患矛盾，维护社会和谐发展。如果按照此要求，从逻辑上去分析医患纠纷裁决主体应当具备的特征，至少应当包括如下五种最基本的要素。

1. 中立性

医患纠纷的裁决主体最关键的一个特征是必须具备中立性。这种中立性要求其行为不受行政机关的干预、不受医患纠纷场外因素的干预，而是根据事实和相关政策法规独立作出公平公正的判断。只有保证第三方主体的中立性，其调解才具有立场上的合理性，才可能获得冲突双方的认可和支持，也可以说，中立性是保证调解“公正性”的基础。医患纠纷发生时往往是乱麻一团，患者往往通过各种手段来赢得社会同情、舆论支持，让医院束手无策，给地方政府加压，最后逼迫医院签下城下之盟。同时，患者不满、卫生部门无法平息、医院回避或是过分依赖保险、保险公司想尽可能压低理赔数额，各方利益交织在一起往往僵持不下，而正是由于各自都与矛盾中的利益或多或少涉及，所以其中任何一方想提出继续向前发展的方案都不容易被认可，调解进程只能停滞不前。这种复杂情况就客观上要求介入调解的组织必须完全保证其中立性，才有可能被各方主体所共同认可，也才有打破僵局的可能性。

2. 专业性

医患纠纷的化解和裁决不同于传统乡村社会中“和事佬”对民间纠纷的调解，其基础是扎实全面的专业知识，这是保证其判断准确性、科学性的基础。由于医患纠纷中双方各不让步的前提是对造成医疗后果的原因认识不同，而不单单是沟通不畅的原因，所以，如何将专业的判断用合理的方式表达出来，并获得患者的认可，这是化解医患纠纷的一个重要基础。只有对事实的认识趋同，至少保持到一定区间，才可能对医患纠纷的赔偿额度等问题形成可能的一致。

3. 权威性

第三方主体对医患纠纷原因的判断，对各方责任的推断，对赔偿额度的建议，都应当具有一定的权威性。这种权威性一方面基于第三方主体作出的是专业的判断，同时包含着在医学技术推断上的专业性和在法律解释和适用上的专业性，另一方面基于第三方主体客观

〔1〕 康宝奇：《合议庭专业化：对法官职业化建设的一种理性思考与实践》，《人民司法》2007 年第 25 期。

的、中立的、超然的地位和立场。而且,第三方的权威性还需要一些法律法规的支持,即这种判断具有合法性,是公共权力机构所支持的。

4. 非营利性

对于冲突的化解和裁决之组织而言,营利性与公正性在根本上是无法兼得的,为保证医患纠纷处置和裁决的公平性,第三方在根本目标定位上,就决不能以营利为目的,否则一切的公平、公正和效率只会是水中的月亮。

5. 持续性

由于医患纠纷本身是社会的一个常见现象,从古至今,国内外都无法避免医患纠纷。从社会实际来看,其规模也相对稳定,所以,要切实得到化解医患纠纷的效果,对医患纠纷进行有效公正地裁决,就必须保证该第三方是一种常设机构,或者其资金来源必须具有较稳定的基础。

(二) 构想

医患纠纷专业化合议庭的建立是有充分的理论和现实基础的,但是医患纠纷专业化合议庭的具体构建又关系到此合议庭能否在现实的审判中发挥真正的作用,模式的设计是否科学,是否能够与我国目前的医患纠纷诉讼实现无缝对接,直接关系到医患纠纷专业化合议庭设计的成败。为此笔者认为,切实可行的具有现实操作性的设计规范必不可少。

1. 专业化合议庭设立的范围

应该明确建立医患纠纷专业化合议庭的范围,我国的审判程序实行四级两审终审制,那么,是否需要在我国司法系统的四级法院的每一个法院都建立医患纠纷专业化合议庭呢,答案当然是否定的。尽管我国目前医疗纠纷诉讼数量不断增长,但是非诉机制仍然能够分流一部分医疗纠纷案件,这就会在一定程度上缓解诉讼压力。而且,一般侵权案件可以由被告所在地方法院管辖,也可以由侵权行为发生地和侵权结果发生地的法院管辖,医疗侵权案件作为侵权案件的一个种类,其侵权行为的实施和侵权结果的发生大都是在医院,所以在一般情况下可以选择辖区内集中了多家医院的法院建立医患纠纷专业化合议庭。并且,由于医疗诉讼当事人中的患方不管是在经济能力上还是在信息获取能力上都处于弱势,所以很有必要在具备条件的基层法院设立医患纠纷专业化合议庭,这样有利于患方以最小的经济成本解决纠纷,也有利于实现司法效率的最大化。另外,由于我国的审判程序实行两审终审,为了对医患纠纷案件进行高质量的把关,在中级人民法院、高级人民法院和最高人民法院建立医患纠纷专业化合议庭也是十分必要的。

2. 法官的选择

在进行医患纠纷专业化合议庭的构建时,法官的选择至关重要。因为医患纠纷审判对专业化的要求极高,那么这就需要高素质的法官来胜任此项工作。由于教育体制的原因,我国的法律人才培养模式比较滞后,这就导致了我国大部分法律工作者的知识结构比较单一,基本不具有除法学以外的背景专业。在司法实践中,很多需要专业知识才能够解决的案件大都被认定为疑难案件对待,为了解决案件,往往需要咨询具有专业知识的专家教授,但是,简单的听取一些专家意见根本不能对案件的事实或证据达到深刻的理解,法律知识和专业知识的简单罗列,不能使案件得到最好的解决。这样看来,调整法官的知识结构显得至关重要,培养具有医学和法律专业背景的法官,是优化法官知识结构的重要途径。在现有的法官队伍中,可以遴选有医学背景知识或者对医学知识感兴趣的法官进行培训,使其能够熟练运用背景知识认定案件。在法官的选任方面,如果具备任职资格的人员具有专业背景知识,可以作为优先考虑的一项条件。还可以在大学的医学院增设法学专业,为专业化法官的建设提供充足的后备军。条件成熟以后,通过建立医疗纠纷专业型法官人才储备库,为专业化合议庭的建设选拔人才。法官具有了医学和法学专业双重背景,在审理案件的过程中,就能对涉案纠纷事实达到准确的认识和判断,这时就已经不再是法学和医学知识粗糙的堆砌,而是两种知识的互相渗透,精妙融合。所以,在进行医疗纠纷专业化合议庭的构建时,如何培养和选择具有医学专业背景的法官,是非常重要的一步。

3. 陪审员的选择

医患纠纷专业化合议庭所谋求的是具有双重背景知识的高标准人才,所以在设立之初,它就拒绝了非专业因素的存在。有人认为,在我国基层法院有着广泛市场的陪审制必然受到冲击。如何把由知识精英构成的合议庭和以社会外援为特征的陪审制融合到一块,是我们面临的一个重大问题。组成专业化合议庭的法官是不可能掌握所有的医学知识的,人生而有涯,而知也无涯,以有涯追无涯,殆矣,医学专业体系复杂,门类繁多,是一门不断发展的科学,我们不可能要求法官掌握全部医疗知识。而我国陪审员的选择虽然具有范围的广泛性,但是并不一定排斥特定主体的专业性,在专业法官仍然不能清楚认定医患纠纷事实的情况下,邀请医学专业领域内的专家学者或者有经验的临床医师作为陪审员来参与审判。所以,专业化合议庭的构建是可以和我国陪审制达到很好的衔接的,所要做的只是限定选择陪审员的范围。专家陪审员在案件的审理过程中可以对某个证据提出异议并给出意见,然后由合议庭对此项证据作出取舍,这样就有利于法官对案件事实的准确把握,从而作出正确的判决。关于专家陪审员的选择,可以筛选在理论界和实务界具有过硬医疗专业知识的人员,建立医疗纠纷专业陪审员专家库,在遇到医患纠纷疑难案件时从专家库中随机选择,但是应该排除此前已经参与过此案件鉴定的专家,以避免先入为主的意见影响案件审理。

4. 专业化合议庭职责的强化

合议庭是一种法定的带有普遍性的审判组织形式。其科学性在于发挥合议庭成员的集体智慧,群策群力,避免片面和专断,防止司法腐败。[17]然而,在我国现阶段的司法实践中,经常出现"合而不议""审而不判"的现象。究其原因,一是案件的承办人在合议庭内部的过度操作,二是合议庭与法院各级负责单位和负责人的错综复杂的行政关系。这种审判中存在的障碍不但损害了司法独立,增加了诉讼成本,阻碍了司法的公正,专业化合议庭所审理案件的专业性特征使得其对这项改革有着极其迫切的要求。就医患纠纷案件专业化合议庭职责强化的具体方面来说,第一,医患纠纷专业化合议庭的每个成员必须对所审理案件的事实证据认定,法律适用等作出全面评议,不能简单附和。合议庭内部的判决结果以少数服从多数的原则作出,真正做到以多数人的意见为准。第二,划清医患纠纷专业化合议庭与庭长、院长、审判委员会的职责和权限。一方面,把审判权下放给专业化合议庭,逐渐取消案件审理的领导审批制度，由合议庭直接对案件作出判决，不再受审判委员会的干扰。另一方面，要转变庭长、院长的领导方式，由对具体案件的指导转变为对宏观工作的指导上来。由于医疗纠纷案件本身所具有的专业性特征，决定了此类案件的专业审理法官必须是独立不受干扰的，否则就很难达到案件审理的公正性，所以，强化医疗纠纷专业化合议庭的职责非常重要。

5. 审判法庭的设置

医患纠纷专业化合议庭建立后，能否解决我国目前现行模式解决不了的医患纠纷，涉及此合议庭建立的价值问题。为了在审理过程中的举证质证阶段能够顺利进行，审判法庭内部应该配置相应的人体模型和读片照明台等设备，让原告和被告在法庭举证质证阶段能够清晰形象地展示涉案证据，充分利用视觉效果深刻理解和把握案件经过。这样，就容易使医、患当事人双方在证据问题上达成一致意见，缩短案件的审理周期，也能够使庭审更有计划地进行，实现案件的计划审理。同时，由于合议庭对医疗专业知识准确的把握，且如果双方代理人也都是对医疗诉讼有着丰富经验的律师，加上方便的硬件设备，这就能够减少合议庭对鉴定结论的依赖，减轻医患双方当事人负担，提高司法的公信力。

当前，医患纠纷是一个世界性的难题，处于全面转型期的中国社会，各种矛盾争相迸发，医疗领域的冲突更是让人触目惊心，医患纠纷能否妥善解决直接关系到和谐社会的建设。建立医患纠纷专业化合议庭，不但可以最大程度地保护医患双方当事人的合法利益，而且可以提高司法公信力，保障我国医疗卫生事业的健康发展。

医疗纠纷处理之法制与实务

——台中经验

林义龙*

一、前　言

病人与医疗机构的法律关系由医疗契约之成立而产生，通说为委任契约，病人是委任人，有给付报酬之义务；医疗机构是受任人，有提供适当医疗服务与报告病情之义务。实务上，以病人向医疗机构办理挂号手续，视为双方合意之缔约行为。当医疗机构被病家认为未能提供适当医疗服务或尽充分报告义务时，则容易产生医疗纠纷。

如果问现在的医师：执业上最关心的事情是什么？根据学者研究报告下列两项名列前茅：1.“如何应付全民健康保险的种种规定以避免申复做白工”；2. 如何保护自己以避免被病人告几乎是每一位医师的标准答案。医疗纠纷（医闹）已经变成医师的梦魇，如何处理医疗纠纷是每一位医师应该具备的知识与能力。

二、医疗纠纷之概况

学者研究报告指出，医师执业发生医疗纠纷之比例，一生执业至今有 44.1%，最近五年有 26.3%，最近一年 10.8%。〔1〕将近一半的医师在执业生涯会碰上医疗纠纷的困扰与折磨，尤其是高风险科别几率更大，难怪会面临五大皆空〔2〕之人力危机。

根据台湾地区“行政院卫生署”“医事审议委员会医事鉴定小组”所做的医疗纠纷鉴定，医疗纠纷案件数成长快速：1987 年 4 月至 1998 年 12 月的 12 年间，医审会总共鉴定 1859 件。1987 年至 1995 年间每年大约 130 件，1996 年就有 225 件，几乎增加了一倍。1997 年为 236 件，2002 年达 456 件。2003 年后仍然持续攀升，2011 年达 586 件。医纠科别分布为内科1 274 件、外科 1 647 件、妇产科 651 件、小儿科 274 件、急诊科 241 件，五大科合计 4 087 件，占总件数 4714 件的比例为 86.7%，显见数据证明医纠案件确实高度集中在救命的五大科别无误。

不过，医审会的医疗纠纷鉴定只以法院或检察机关的委托案件为限，而大多数的医疗纠

* 林义龙：台中市医事法学会理事长，台湾“中国医药大学”医事法律暨医学伦理讲师。

〔1〕 陈荣基等：《台湾医疗纠纷之现况与处理》，《健康世界》，1993 年。

〔2〕 内科、外科、妇产科、小儿科与急诊科等救命科别，因纠纷机会大且法院判决赔偿金额高达 3000 多万新台币，导致年轻医师怯于投入，造成人力吃紧，形成恶性循环之窘境与医疗品质之隐忧。

纷案件并不会进入诉讼程序,真正会进入诉讼程序的比例大约只有十分之一。以 2001 年为例,台湾地区应该就发生大约四千件以上的医疗纠纷案件。[1] 但是鉴定结果为医生有疏失或者可能有疏失者,不到两成。医师有疏失者 11.8%,可能有疏失者占 6.5%,总计约 18.4%。在 18.4%被鉴定有疏失的案件,最后判决医师有罪的却只占 4.7%,显现出高侦查率,高起诉率,低定罪率的风貌,造成司法资源浪费在非难性低的医疗案件,被社会所诟病。

先有医疗事故之发生,因医病双方认知不同,产生争议,才形成医疗纠纷事件。认为医疗纠纷事件中之医疗行为有医疗疏失存在,经法律评价确定才成立医疗业务过失刑责与侵权及债务不履行责任。继之进行刑事责任追诉与民事损害赔偿诉讼,为目前台湾处理医疗纠纷的常见态样。

台湾地区医疗纠纷诉讼尚存在"以刑逼民"之歪风,医审会接受司法机关委托鉴定案件近 80%为刑事案件。[2] 为何以刑逼民之诉讼策略蔚为风气,分析其原因,主要是下列三点:1. 刑事告诉免缴诉讼裁判费。2. 检察官以公权力发动侦查即起诉后负举证责任。3. 刑事附带民事诉讼,民事部分亦免缴诉讼裁判费。刑事诉讼采取严格证据主义,判决有罪不易,已如前述,以致采取刑附民之诉讼方式欲达到判决民事损害赔偿之目的往往落空[3]。较理想之诉讼方式应采取直接民事起诉,以达成厘清责任与取得损害赔偿之目的,病家的公平正义诉求才易实现。刑事起诉虽能威吓医师心理,但医师力拼无罪之结果,导致病家容易民事败诉。故律师理应有勇气劝谕病家,优先采民事诉讼解决医疗纠纷,方能匡正错误社会风气,造福人群。

三、医疗纠纷之定义

广义的医疗纠纷是指"病人与医疗机构或其医事人员之争议均属之"。狭义的医疗纠纷是指"病人因接受医疗行为致生与医疗机构或其医事人员之争议均属之"。台湾的医疗纠纷并无相关定义与规范,过去都采广义之定义处理争议。但因医疗纠纷案件数目逐年飙高,造成高风险科别人力流失之窘境,主管机关为解决问题,已提出"医疗纠纷处理及医疗事故补偿法草案"(简称"草案")在立法机关审议中[4]。"草案"第三条定义"医疗纠纷"系指病人认医疗行为有不良结果,而应由医事人员或医疗(事)机构负责所生争议。"医疗事故"则指医疗行为与病人发生死亡或重大伤害之结果,有因果关系或因果关系难以排除之情事。

---

[1] 若依照国际间最负盛名的哈佛研究之实证数据来推估台湾一年住院病患所可能遭受到的医疗伤害,约在 8 万件左右,其中 2 万件为过失行为所造成。(杨秀仪,2003)

[2] 2002—2011 医审会接受司法机关委托鉴定案件数 4 714 件,其中刑事案件鉴定 3 728 件,比率占 79%,可见系属法院(含法院及检察署)之诉讼多属刑事案件。

[3] 刑事附带民事诉讼,其诉讼程序为刑事先行,且刑事认定原因事实拘束后行民事,故刑事判决无罪,则附带民事亦判决免赔,控方失败之风险极高。

[4] "医疗纠纷处理及医疗事故补偿法草案"共 57 条,已审议通过 41 条,尚余有争议 16 条,多属"补偿法"基金条文。

目前本“草案”规定已经立法机关一读会通过，未来若经三读通过立法施行，则医疗纠纷定义确定改采狭义定义，则行政机关处理医疗纠纷调解与医疗事故补偿案件将有明确法律依据。

四、医疗纠纷之解决方式

（一）多元途径

台湾地区发生医疗纠纷时，解决争议之途径多元，常见者如下列：1. 医疗院所申诉管道；2. 健康保险署；3. 县市卫生局；4. 县市医师公会；5. 民意代表服务处；6. 乡镇市区公所调解委员会；7. 法院或仲裁协会。

（二）不同程序

1. 和解制度

和解(negotiation)是当事人约定互相让步，以终止纷争或防止纷争发生之契约（“民法”第七三六条），以当事人之合意，自行解决纷争，其性质为任意性，无强制力。和解有使当事人所抛弃之权利消灭及使当事人取得和解契约所定明权利之效力（“民法”第七三七条），此为“诉讼外和解”，有别于“民事诉讼法”第三七七条之“诉讼上和解”。如当事人一方不履行和解契约而有债务不履行时，必须另行向法院提起诉讼。

2. 调解制度

调解是当事人之纷争无法经由当事人双方之洽谈而达成和解时，当事人可以共同委诸第三人居中调和排解之制度。当事人对于他方之申请调解，有自由决定配合之权。如愿采行调解程序，对于第三人就调解事件酌拟公正合理办法力求和谐之调解方案，亦有自由决定是否接受之权，其性质为任意调解，无强制力。《乡镇市调解条例》第二十四条第一项：“调解经法院核定后，当事人就该事件不得再行起诉、告诉或自诉”；第二项：“经法院核定之民事调解，与民事确定判决有同一效力。”

一般调解（调处）、调解委员会调解与司法调解之差异如下：

一般调解是指当事人直接向医疗院所所在地的卫生局（调处）、医师公会或相关的消费者团体提出申请（调解），其调解成立之法律效力较为薄弱，因当事人违约时，可以向法院提起债务不履行之诉讼。

调解委员会调解是指当事人向区公所的调解委员会申请调解，凡是民事赔偿及刑事过失伤害案件，均可申请调解，其调解成立所制作的调解书经法院核定后，与确定判决有同一效力。

司法调解是指依“民事诉讼法”第403条第一项第七款规定，医疗纠纷于提起民事诉讼前，应先经法院调解，由法官与调解委员于法院调解其纷争。司法调解是法定的强制调解，调解笔录的效力与确定判决相同，仅适用于民事案件。实务上，各地方法院几乎未依照前述规定进行调解。原因是法官通常认为符合“民事诉讼法”第406条第一项第一、二款之规定：不能调解或显无调解必要或调解显无成立之望者；经其他法定调解机关调解未成立者。

前置调解制度

目前在立法机关审议中的"医疗纠纷处理及医疗事故补偿法草案"第十条:"病人或其他依法得提起民事诉讼之人,未依法申请调解者,不得提起医疗纠纷事件之民事诉讼。未依前项规定申(声)请调解径行起诉者,法院应裁定移付管辖之调解会先行调解,或依民事诉讼法第四百二十四条第一项规定办理。"本条文规定之调解即为前置调解制度,可以在管辖之调解会或法院进行调解。也就是原来任意调解之性质将变更为程序强制之属性,希望透过本程序能减少诉讼案件数量。

3. 法院诉讼

当事人之纷争,无法经由双方当事人之自行洽谈而得到解决,亦无法透过第三人之居中调和排解,最后只有诉诸法院,由法官依据"民事诉讼法"所定之诉讼程序,作成判决,历经上诉等救济程序而告确定。一方起诉,他方非应诉不可,相对人对于进行诉讼与否,并无自主决定权。

医疗纠纷的法律诉讼,因其起诉目的及事件属性不同,可分为民事诉讼及刑事诉讼。民事诉讼主要在请求金钱损害赔偿,刑事诉讼主要在追究医护人员业务过失致病患伤亡的刑事责任。

医事审判专业化

依"医疗法"第83条之规定,"司法院"应指定法院设立医事专业法庭,可使医疗纠纷的处理更具专业性。"司法院"指定台北地院、新北(板桥)地院、台中地院、高雄地院、台湾高等法院、台中高分院及高雄高分院设置医事专业法庭办理医疗纠纷诉讼案件,迄今已届满10年。第二届台中医法论坛[1]将于2014年9月21日在台中荣民总医院举行,其中有一主题即为"医事专业法庭10年成效探讨",作为检讨与改进之依据。

4. 仲裁制度

"民法"之"私法自治原则,契约自由原则",得设立私法纷争自主解决之制度。当事人基于仲裁协议(Arbitral Agreement),于纷争发生前订立"仲裁条款"(Arbitral clause)或纷争发生后订立"仲裁契约"Arbitral Contract),将其由一定法律关系或一定法律关系所生之争议,提付"仲裁人"(Arbitrator)所组成的"仲裁庭"(Arbitral Court),经由"仲裁程序"(Arbitral Proceedings)作成于当事人间终局确定且有拘束力之"仲裁判断"(Arbitral Award)。

医疗纠纷仲裁

仲裁是指由争议的当事人以合意方式,将其纷争交由第三人为仲裁人加以判断,借以解决纷争的制度。"仲裁法"第1条规定"有关现在或将来之争议,当事人得订立仲裁协议,约定由仲裁人一人或单数之数人成立仲裁庭仲裁之。"仲裁效力是指仲裁的结果与法院的确定判决有同一效力,申请法院裁定后得为强制执行名义,是一种介于以情理为主的调解及以法

〔1〕 第一届台中医法论坛已于2013年9月1日在台中"中国医药大学"举行,总主题为"台湾台中地方法院医疗诉讼前调解及医疗咨询与医疗鉴定试办制度"研讨,成果丰硕,各地方法院已陆续跟进试办中,改变医疗诉讼之品质与速度,成效卓著。

理为主的诉讼间的中庸方案。得交付仲裁的案件必须是“依法得和解”的争议，意即只有民事纷争与告诉乃论的刑事案件(如已提起告诉，则必须撤回告诉)才得交付仲裁。

“医疗纠纷处理及医疗事故补偿法草案”并无仲裁条文，仅在第九条立法说明二、(四)调解不成立时，当事人如合意申请仲裁，得依现行“仲裁法”规定进行仲裁。为使病人或家属获得、了解更多诉讼外解决纠纷途径，考量将现行相关解决纷争，包含前述仲裁程序，纳入规范。

五、台中经验——台中市医师公会医疗纠纷调解及互助金概况

2012 年 8 月底前之台中市医疗纠纷处理程序，绝大多数案件当事人都是先向台中市政府卫生局提出调解申请。若民众同意由公会调解，则卫生局将调解案件移由相关医师公会进行第一次调解[1]。如果调解成立，该案件即予结案。如果调解不成立，则移回卫生局依程序进行第二次调解。如果调解成立，该案件办理结案。如果调解不成立，由当事人自行决定是否继续循法律途径解决纷争，如诉讼或仲裁等。

台中市医师公会理事会办理调解程序，并另设立互助金管理委员会负责审议申请互助金补助事宜。调解成立之案件，依互助金补助办法给予会员补助金若干。

台中市医师公会调解概况

台中市医师公会自 1996—2013 年医疗纠纷调解案件共 477 件，其中属医学中心(三甲医院)218 件，占 46%；区域、地区医院 121 件，占 25%；基层诊所 138 件，占 29%。显然医学中心案件比例偏高，可能原因为重症与急症病人较多之故。477 件中，属五大科案件 402 件，占率 84%，可见五大科高风险之说，并非无据。

台中市医师公会调解概况

2011 年度调解件数共计 10 件，其中 3 件调解成立(30%)，5 件调解不成立(50%)，2 件撤案(20%)；医疗院所分级统计，医学中心 4 件，地区医院、区域医院 1 件，基层诊所 5 件。

2012 年度调解件数共计 22 件，其中 9 件调解成立(41%)，12 件调解不成立(55%)，1 件撤案(4%)；医疗院所分级统计，医学中心 13 件，地区医院、区域医院 6 件，基层诊所 3 件。

2013 年度调解件数共计 14 件，其中 10 件调解成立(71.43%)，4 件调解不成立(28.57%)；医疗院所分级统计，医学中心 5 件，区域医院 1 件，地区医院 0 件，基层诊所 8 件。

台中市医师公会医师互助金概况

台中市医师公会医师互助金制度是在 2007 年 9 月 1 日开办，公会会员年缴 3 000 元互助金，即享互助资格。会员一旦发生医疗纠纷事件，可请公会在第一时间提供协助，且可申请在公会调解或公会承认之单位调解。公会另提拨 500 万元为互助金基金，互助内容为每会员每一案件补助上限 20 万元，全年上限 30 万元。自 2013 年 5 月 29 日起提高为每会员

[1] 台中市医师、牙医师及中医师公会等县市六大医师公会进行第一次调解。

每一案件补助上限 30 万元，全年上限 50 万元。补偿后次年该会员互助金调高为 6 000 元(以上金额单位为 NTD)。

台中市医师公会互助金参与人数约 500 人左右，历年参加人数在 499—566 人之间。自 2007 年 9 月 1 日—2013 年 12 月 31 日互助金补偿核发情形如下：申请案件数 36 件，医院 15 件(中心 6，地区 9)，诊所 21 件，符合条件 31 件，合计补偿金额 284 万元，平均每件补偿约 9.2 万元；其中医院 150.6 万元，诊所 133.4 万元。内有 1 家地区医院(4 位医师)共申请 5 件，补偿 55 万元；1 家诊所(1 位医师)共申请 6 件，补偿 35.8 万元。互助金历年总收入约 1 100万元(3687×3 000)，总补偿 284 万元，总计结余约 1 300 万元(1 100－284＋500)。互助金每年持续累积节余，金额越来越大，应该开始思考订定连续参加达一定年限以上且未曾申请补助者，于退休或退会时得退回若干互助金之办法，以达成公平原则，回馈会员。

六、台中经验——台中市政府卫生局医纠调处及关怀小组概况

台中市政府卫生局调处制度

台中市政府卫生局调处医疗纠纷案件是依据“医疗法”第 99 条[1]规定办理，在当事人向卫生局提出调处申请后排程，通知双方到场接受调处，结果是调处成立或不成立。

台中市政府卫生局医疗纠纷调解概况

卫生局事先安排调解委员，委员共分为资深医师调委、律师调委和专科医师调委三类，视案情内容需要排定二至三位调委进行调解。资深医师调委都是公会、协会、学会干部(理事长、理监事、秘书长等)，因其参与公共事务及见多识广，有人脉，较善沟通与协调，有利调解成功。律师调委则取其具有法律专长，可以折服当事人，或作诉讼评估，促成双方让步。专科医师调委乃因纠纷科别之专科医师可对医疗过程作专家检视，协助厘清争议。卫生局视需要委由医师公会推派专科医师调委，协助调解工作之进行。卫生局排定调处日期后，通知双方当事人到场并依法向医疗机构调取相关病历复制本供委员检视，调处以一次为限[2]。

自 2009 年至 2013 年 6 月共调解 226 案件，调解成立 89 件，成功率约四成比例，因未把移付公会调解成立之案件加回，实际调解成功率应该更高。

医纠调委个别差异性分析统计

以台中市政府卫生局 2011、2012、2013 年 6 月底止调解案件资料为样本，分析统计律师调委、资深医师调委个别调解成功率之相关因素。2011(73)、2012(65)、2013(40)实际调解案数 178 件，平均调解成功率 40%，“卫生署”统计各县市卫生局平均调解成功率约 20%。显然双调委，甚至三调委制度有助于调解成功之实益。案件占率西医：牙医：中医＝

〔1〕 “医疗法”第 99 条：“地方主管机关应设置医事审议委员会负责医疗争议之调处。”

〔2〕 台中市政府卫生局医纠调处每案以一次为限，因每年大约 100 件，若不设限，允许重复调处，该局之人力、物力无法负荷，法规亦无调处次数之规定，各地卫生局可自行决定。

86%：12%：2%(案件数153：21：4)。调解成功，则律师调委、资深医师调委分别登记成功一次，故总成功次数会大于案件数。牙医案件及中医案件之牙医及中医调委另行分析统计。

统计分析时剔除调委两年半调解案件数不大于5件之委员，因其样本数太小。14位律师调委经剔除后，列入样本有7男3女共10位；18位资深医师调委经剔除后，列入样本有11男共11位。7位男律师调委之调解成功率介于18%(2/11)—54%(7/13)之间，3位女律师调委之调解成功率分别为36%(9/25)、38%(3/8)、44%(11/25)，性别因素影响似不明显。11位男资深医师调委之调解成功率介于0%(0/8)—58%(18/31)之间，落差颇大。由于是随机安排调解案件，结果显示有个别差异性存在。律师调委(7男3女)之平均调解成功率为40%，正落在曲线中央，分布平均，应无个别差异性存在。11位男资深医师调委之平均调解成功率48%(扣除0%之极端值)，落点亦接近中央，应无个别差异性存在。唯0%(0/8)之出现，代表意义与因素，有待进一步分析探讨。牙医调委9位，总共调解21案，成功12案，成功率57%，高于总成功率40%，是否可认为严重度较低，故调解成功机会相对较高。中医调委2位，总共调解4案，成功1案，成功率25%，因样本数少，不再探讨。

医疗纠纷关怀小组

台湾地区"立法院卫生环境福利委员会"审议通过的"医疗纠纷处理及医疗事故补偿法草案"第四条："一百床以上医院应设置医疗纠纷关怀小组，于医疗纠纷事件发生时二个工作日内，负责向病人、家属或其代理人说明、沟通，并提供协助及关怀服务。一百床以下医院应指定专业人员为前项之说明、沟通、协助及关怀服务。诊所及其他医事机构发生医疗纠纷时，应委由当地专业团体负责提供前两项之关怀服务。医疗纠纷关怀小组之成员应包含法律、医学、心理、社会工作及地方主管机关等相关专业训练人员。如病人、家属或其代理人有听觉、言语功能障碍或其他障碍致沟通困难时，应由受有相关训练之成员负责说明、沟通与关怀。主管机关应编列预算，办理强化医疗(事)机构关怀人员说明、沟通及关怀之训练讲习，促进医疗纠纷之解决。"

台湾地区卫福部门医疗网计划——辅导医疗机构成立医疗纠纷关怀小组(2013年起)

中区医疗网(台中、彰化、南投三县市)由台中市政府卫生局主办执行2013本计划，辅导每县市各五家地区型医院成立医纠关怀小组，建立制度与程序并实际运作。目前15家地区医院都顺利完成建置与运作，2013年11月5日在台中裕元酒店举办成果发表会，各县市医院互相观摩学习与检讨，成效卓著，收获良多。台湾地区卫福部门已决定本计划2014年继续办理，按三县市比例选取10家医院，不限地区医院为对象，区域级医院也可加入，本计划正在执行中。

七、台中经验——台中地方法院医疗纠纷诉讼前调解、咨询与鉴定试办计划

2012年9月1日起，若案件系属民事法院时，则依照试办计划规定移付调解庭强制调

解，调解不成立时，才可续行诉讼程序。法院医疗调解采行双调委制，一位法律专业调委，一位医疗专业调委。医疗专家咨询委员由公会与医学中心（三甲）推荐，台中地院聘任，法官视需要进行医疗专业咨询。鉴定则由四家医学中心接受法院委托鉴定，其相关程序与格式，比照“卫服部医审会”鉴定办理。

试办计划缘起

2012年5月17日台中市医师公会“妥速处理医疗纠纷之方法座谈会——以争点整理、调解及刑罚谦抑慎重起诉为中心”座谈会。2012年6月14日台中市医师公会“由医疗调处到医疗调解”座谈会。2012年7月19日台中地院“医疗诉讼解决之道——以试办医疗调解、专家咨询为中心”会议，决议台中市医界参加本院“试办医疗调解、医疗咨询、医疗鉴定”计划，确定医疗调解委员名额22名、医疗咨询委员名额60名，医疗鉴定机关为台中荣民总医院、中国医大附设医院、中山医大附设医院、彰化基督教医院（后来邀请加入）。2012年8月21日试办医疗调解开办典礼。2012年9月12日试办医疗咨询、医疗鉴定开办典礼及医疗咨询案件咨询小组成立大会。试办计划依据为“民事诉讼法”第403条第1项第7款〔1〕与“司法院”订定之“法院加强办理民事调解事件实施要点”。

医疗纠纷诉讼前调解

调解方式采双调委制，即由1位医疗专业调解委员及1位法律专业调解委员（法院退休庭长、法官及1位法官、4位司法事务官合计10位）共同调解。医疗专业调解委员来源按卫生局医疗纠纷调解案件数比例，由台中市各医师公会推荐具有医疗专业及调解专长（多为现任或曾任公会理、监事以上干部）之医师组成，合计22位（第二任增为27位）〔2〕。

案件来源分为一般调解系民事医疗诉讼依法应进行强制调解者。立即调解系刑庭法官审判中、检察官侦查中移付调解者。移付调解系民事医疗诉讼中，法官认有调解之望而移付调解。转介调解系医师公会、卫生局医疗调处及各医学中心医疗纠纷认有调解成立之望者。

医疗鉴定试办

医疗鉴定试办是依据“民事诉讼法”第326、328条及“刑事诉讼法”第198、208条规定办理。医疗鉴定非仅限“卫福部医审会”办理，性质上属经机关委任有鉴定职务。另依据乃受本院（台中地院）嘱托医疗鉴定之医学中心性质上属于“具鉴定所需特别学识经验”者。各医学中心鉴定小组成员应有法律或社会公正人士参与。各医学中心之医疗鉴定为机关鉴定，原则上不派员到院（出庭）说明，如有不清楚时，再函询以书面说明之。

台中地方法院试办成效——医疗纠纷调解、医疗专家咨询、医疗鉴定

2013年9月1日在“中国医药大学”立夫教学大楼地下一楼国际会议厅举办“第一届台中医法论坛”，由台中地院、中国医大附医、东海大学法律学院、台湾本土法学杂志、台中市医

〔1〕“民事诉讼法”第403条第1项第7款：“下列事件，除有第406条第1项各款所定情形之一者外，于起诉前应经法院调解：……七 因道路交通事故或医疗纠纷发生争执者。”

〔2〕第二任医疗调委增聘5人，为心脏外科、神经外科、整形外科等专科医师，但调委专科医师化，是否妥适，颇值得商榷。

师公会、大台中医师公会、台中市医事法学会联合主办。

截至2013年7月调解成效统计为调解件数45件，已终结32件，调解成立17件(53.1%)；调解成立17件中，有鉴定10件中，调解成立8件(80%)，未鉴定22件中，调解成立9件(40.1%)。若统计至2013年11月，经鉴定案件调解成立比例下降至66.7%，是否仍然意味有鉴定案件较易调解成功？经深入分析，有惊人结果，发现鉴定结果绝大多数并无医疗疏失，但医疗机构为免讼累，还是采取息事宁人，酌予道义性补偿达成和解。会吵的孩子有糖吃，医疗机构既无疏失，却仍要补偿病家，本文认为此风不可长！

台中地方法院试办——后续发展

高雄地院已于2013年8月1日仿效台中地院全面实施医疗纠纷试办计划，法律调委由资深律师担任。医疗鉴定必要时，可跨区鉴定。彰化地院已加入台中地院计划(医疗鉴定部分)。北三院(台北、新北、士林)、新竹地院、台南地院已研议将实施医疗纠纷调解，咨询及鉴定制度另行商议，花莲地院亦有意愿跟进，显示本试办计划已在各地方开花，即将陆续进入结果阶段。

八、医疗纠纷处理法制——行政

台湾地区设医事审议委员会医事鉴定小组办理司法或检察机关委托鉴定(“医疗法”第98条中央审议委员会)；地方设医事审议委员会办理医疗争议之调处(“医疗法”第99条各级地方医事审议委员会)；医疗过失损害赔偿责任(“医疗法”第82条医疗责任)排除医疗行为之消费者保护法无过失赔偿责任之适用；医事专业法庭办理医事纠纷诉讼案件(“医疗法”第83条医事专业法庭)规范法院应由专庭专业人员办理。

医疗纠纷处理法制——刑事

医疗过失刑责包括业务过失致死罪、致重伤罪、致轻伤罪等，分别处五年、三年、一年以下有期徒刑、拘役、或罚金。(“刑法”第276、284条)。其构成要件为：1. 医疗业务上有过失；2. 发生死亡、重伤或轻伤之结果；3. 两者间成立相当因果关系。

医疗纠纷处理法制——民事

民事责任分行为人责任与医疗机构责任，行为人责任多以“民法”第一百八十四条(独立侵权行为之责任)、第一百八十五条(共同侵权行为责任)、第二百二十四条(履行辅助人之故意过失)等处理。医疗机构责任则以“民法”第一百八十八条第一项(雇用人之责任)、第二百二十六条(给付不能之效力——损害赔偿与一部履行之拒绝)、第二百二十七条(不完全给付之效果)等处理。

九、结　　语

医疗纠纷处理以时间区分，可分为事前(纠纷发生前)阶段，应有预防措施，如病历记载翔实、正确、清晰(病历委员会)、告知后同意之落实(医教委员会)、医疗品质提升与病人安全维护(品安委员会)等;事中(纠纷发生后至解决前)阶段应视时机,1. 启动关怀小组(降低冲突,消弭于无形),2. 启动协商谈判小组(正视病人伤害结果,减轻医疗机构伤害),3. 被动诉讼程序或合意仲裁程序(合理赔偿病人伤亡,厘清事实真相);事后(纠纷解决后)阶段则应办理根本原因分析(Root Cause Analysis)与教育训练与经验传承。

医疗纠纷之处理,预防胜于治疗。一旦不幸发生纠纷,解决方案依序为和解、调解(处)、医疗仲裁,最后不得已,才走上医疗诉讼之途。若走入医疗诉讼,则应了解重要影响因素有二,分别为医疗鉴定与赔偿平均期望值。鉴定不等于真相,医审会第一次鉴定有医疗疏失,再次鉴定仍然有疏失者比例为46.1%,两次鉴定都有疏失者,第三次鉴定仍有疏失者比例为42.9%,可见医疗鉴定之困难与不确定性。若欲借由鉴定报告得到真相,似乎非常不可靠。第一次鉴定无医疗疏失,再次鉴定仍然无疏失者比例高达90%,两次鉴定都无疏失者,第三次鉴定仍无疏失者比例更是高达95.3%[1]。判赔金额平均期望值,系以获得法院判决赔偿的中位数乘以获得赔偿的机会,期望值分别为轻伤81 944元、重伤783 806元、死亡466 048元。既然判赔金额不多,则调解时应可引用本数据作为劝谕双方当事人慎重思考,当有助于促进调解之成立。

医疗纠纷调处经验分享

台中经验内有独创的新制度、新尝试,施行以来确有绩效,既能协助当事人脱离困境,也能达到纾解讼源之结果。以下心得仅供各界参考:医师公会设立互助金制度是有效的;法院调解可减少诉讼。调解委员的养成非一蹴可成,需要专业素养与经验累积。调解委员除医疗专业外,最好具备基本相关规定的知识,在判断案情时,可能会有不同切入点。调解委员要审时度势,因势利导,必要时可采取判断式调解技巧。调解要能知悉陪同者的角色、地位与善用其影响力促成和解。调解委员要有热忱、不怕艰难的傻劲,要抱持作公益的心态。最后提醒调委,小心不要"躬亲变事主"!

〔1〕 吴俊颖:《重覆鉴定树状图(1987—2006)》,"卫生署"医审会鉴定案件3 563件。

医疗纠纷预防与解决的日本法经验

高　翔*

一、引　言

2002年颁布的《医疗事故处理条例》，性质上属于规范医疗机构及医务人员在医疗活动中构成医疗事故的行政法规，而在实践当中由于医疗机构及其医务人员的过失造成患者损害的情形，并不一定都能构成医疗事故。2010年实施的《侵权责任法》采用了医疗损害赔偿责任的概念，在医疗纠纷中是否构成医疗事故，不再是判断医疗机构承担民事赔偿责任的标准，因此在民事赔偿领域所发挥的作用越来越不明显。然而，从对医疗机构及其医务人员进行有效管理、追究因违反管理性法律法规而构成医疗事故，明确医疗机构及其医务人员的行政责任的角度出发，在医疗纠纷的框架下保留医疗事故的概念仍然具有重要意义。基于上述背景，国家卫计委起草了《医疗纠纷预防与处理条例(送审稿)》(简称《送审稿》)，以期对相关制度、概念进一步统一和完善。但在国务院向社会各界就本稿征求意见的过程中，出现了一些批评意见，本文也正是针对《送审稿》中的部分内容，考察日本在预防与解决医疗纠纷这一问题上的制度设计与安排，希望能够得到一定的参考。

在日本，发生医疗事故进而产生医疗纠纷时，在法律上可能涉及的问题包括刑事审判中是否成立业务上过失致死伤罪(日本刑法第211条)；民事诉讼中因诊疗行为而造成的损害是否可以向医疗机构请求承担债务不履行责任(日本民法415条)及侵权责任(日本民法709条)；作为行政处分，该医疗事故是否可以成为具有管理权的厚生劳动省医政局的处分对象。此外，在医学界及法学界，围绕医疗事故发生后的民事纠纷的解决手段，具体涉及从法律上解决医疗纠纷的各种方式的优劣、引入诉讼之外的方式(ADR)解决医疗纠纷的意义与形式等问题，也是被关注并讨论的重要领域之一。

二、医疗纠纷的民事诉讼解决

现代医疗技术的发展可以用日新月异来形容，在医疗服务过程中，医师对患者的诊疗只是其中的一个部分，医疗过程还包括运用高科技制造的各种医疗器械以及药物的治疗。从此角度考虑，医疗本身是伴随着高度风险性的活动，发生不良后果的可能性无法完全避免，在医疗活动中即便是某一个环节出现的小失误，对患者来说可能最终会带来无法挽回

* 高翔：东南大学法学院副教授，法学博士，研究方向：民法、医事法。

的后果。

伴随着医疗的市场化因素的增加、患者权利意识的不断提高，在医患之间基于对医疗的科学性与局限性的认知而产生的信息不对称，以及信任关系的缺失而导致的各种纠纷也在成倍增长。根据广州中院在2015年5月发布的《广州医疗纠纷诉讼情况白皮书》显示，2005年至2009年广州市基层法院受理一审医疗纠纷案件727件，而2010年至2014年同类案件数量上升至1131件。受限于法官对医学专业知识的欠缺，在判断医疗行为是否具有过错时，往往需要借助医学鉴定，导致与普通民商事案件相比审理期限较长。[1]

在日本也存在同样的问题，根据日本最高法院2014年的统计，2005至2014年间地方法院与简易法院，医疗诉讼的平均审理期限为22个月以上，从案件最终的审理结果来看，作出判决的案件占受理案件总数的35%—38%，而调解结案的比例达到47%—53%。[2] 导致出现这种局面的原因，被认为包括患者在证据收集上的困难性、诉讼的长期化以及诉讼费用的增加等问题。[3]

随着《审判迅速化法》(裁判の迅速化に関する法律)的制定与施行，结合医疗诉讼的特质，日本各地法院也展开对诉讼过程变更的尝试。自2001年度开始，东京、大阪、名古屋、千叶、福冈、札幌等地方法院设置了医疗集中部(相当于合议庭)，根据新的《民事诉讼法》的规定实施计划审理[4]以及集中证据调查[5]。通过对诉讼制度的改革，实现了在医疗诉讼中审理期间的缩短。医疗集中部在医疗纠纷诉讼的审理开始之前，对双方当事人的诉讼代理人分发《关于医疗过错诉讼进行的要求》的指南，使双方当事人基本了解审理的过程和要求。在证据调查环节，考虑到医疗诉讼的特殊性，通常实施集中证据调查。根据此种方式，原告与被告可以在同一天进行询问，因此具有减少重复询问促进审理进程，以及容易获取心证的优点。如果情况允许，法院也会采取对原告方的协助医师与被告医疗机构的主治医师同时进行对质询问的方式。此外，医疗集中部对争议焦点的整理一般在辩论准备程序中进行，在准备程序中法院会将准备事项、预定等进行简单的记载，以卡片的形式交付于双方当事人。[6]

此外，作为民事诉讼的形式，在判决之外还存在和解(法院调解)，因为调解书本身具有与法院判决同样的效力，最近调解的比例也在不断增加。

---

〔1〕 广州市中级人民法院：《广州医疗纠纷诉讼情况白皮书》(2010—2014年)，第3页。

〔2〕 日本最高法院关于医疗关系诉讼的统计，http://www.courts.go.jp/saikosai/vcms_lf/201505ijikankei1.pdf。

〔3〕 [日]植木哲：《医疗の法律学》(第3版)，有斐阁，2007年，第37页。

〔4〕 日本《民事诉讼法》第147条之2、第147条之3。

〔5〕 日本《民事诉讼法》第182条。

〔6〕 医疗诉讼对策委员会：《医疗集中部における审理の实情について》，判例タイムズ1072号，第23-38页。

三、医疗纠纷的诉讼外解决机制的尝试

(一) 医疗纠纷民事诉讼解决的局限性

在发生当事人无法预见的不良事件时，以“过错”概念为前提，针对医疗从业者的责任，只能通过事后评价而达成的现行诉讼制度，并不一定是解决医疗纠纷的最为有效的途径。其中最为重要的理由之一，被认为是会带来医务人员的保守应对，即防御性医疗现象或萎缩医疗现象。而防御性医疗或萎缩医疗，对于患者而言，只会产生无法及时接受最适合治疗的不利后果。在日本，医疗机构发生医疗事故后，包括相关信息的公开及向患者(亲属)道歉等初期的应对已经有相当程度的改善，而诉讼则成为具有否定性影响的阻碍。例如某些诊疗科室医师的减少、回避急救等风险较高的倾向、关于并发症或副作用的报告的剧减等现象，作为医疗诉讼的否定性影响在医疗的各个领域蔓延。另一方面，对于患者(亲属)来说能否因诉讼而满足其要求，事实上也并非如此。比起法律上的事实认定，对患者(亲属)更为重要的或许是在考虑感情因素的基础上，对于医疗事故或医疗过失的真相查明，以及医疗机构及医务人员的真诚道歉与应对。而对于医患双方均有重要意义的——预防今后同类事件再次发生为目的的分析与经验总结，并不能期待通过具有对立关系的诉讼来实现。从这个角度来看，虽然诉讼提供了法律上的解决，但无法从根本上化解医疗纠纷。〔1〕

日本自 1999 年接连发生了一系列的医疗事故〔2〕，通过媒体的报道引起了社会的高度关注，在医疗界与法律界也开始针对医疗事故的调查、患者的补偿制度等问题展开了各种讨论。在国家层面，2001 年 4 月日本厚生劳动省医政局设置了医疗安全推进室，从完善医疗机构管理的角度开始检讨医疗安全的对策。此外，基于对医疗纠纷急剧增加的预想，以及前述民事诉讼在医疗纠纷处理方面的局限性，日本在 2004 年 12 月制定了《关于促进利用诉讼外纠纷解决程序的法律》，期待通过民间的纠纷解决机构处理日益增长的医疗纠纷。

(二) 日本学术会议法学委员会医疗事故分科会报告

2008 年 2 月，以早稻田大学和田仁孝教授为中心的“日本学术会议”〔3〕下设的“法学委员会医疗事故纠纷处理机制分科委员会”，基于日本国内医疗纠纷频发的状况，提出了“迈向完善医疗事故综合性纠纷解决机制”的报告。从报告的内容来看，首先分析并指出日本国内

---

〔1〕 [日]和田仁孝：《裁判外纷争处理の现状とその问题点》，《日本外科学会雜志》第 109 卷第 3 号，第 163 页。

〔2〕 第一件是 1999 年 1 月 11 日发生的“横滨市立大学附属医院患者错认事件”，在运送患者至手术室时，将两名分别需要实施心脏手术与肺部手术的患者错认，导致患者接受了与自己毫无相干的手术。第二件是 1999 年 2 月 11 日发生的“都立广尾医院事件”，在对术后患者通过点滴投入抗生素后，误将消毒液当成抗凝剂使用，导致患者死亡。

〔3〕 日本学术会议是隶属于内阁总理管辖，独立于日本政府的特别机关，主要承担两个职能：(1) 审议与科学有关的重要事项，并谋求其实现；(2) 策划关于科学研究的联系，并提高其效率。具体内容涉及对政府提出政策性建议、进行与科学相关的国际活动、构筑科学家之间的网络、启发对科学作用的舆论。

医疗实践由于医疗纠纷民事诉讼的增加、加强刑事程序干预的现象，被认为是导致医疗机构或医务人员的萎缩性、防御性应对，以及加速了诉讼风险较高的诊室（例如产科、外科等）中医师流失的主要原因之一。而作为医疗行为的对象，患者的身体及其状态具有无法完全预测的特质，医疗行为本身则时常伴随着高度的风险，在实施医疗行为时需要根据医务人员的注意程度来弥补风险存在一定的界限。以通常的"过错"概念为前提，来评价伴随风险的医疗行为是否合理，是殊值反思的问题。发生无法预测的不良事件之后，追究医疗机构或医务人员的过错责任达到对患者救济的目的，往往借助于诉讼的方式来实现，然而诉讼中的事实认定与医疗事故发生前后整个过程的调查与澄清，存在伦理上的区别，也并不能自然地防止医疗事故的再次发生，可以说这一观点已经成为学界的共识。

面对上述现状，报告指出，围绕医疗事故[1]的处理，应当从依赖以诉讼为主的传统司法制度，逐渐转变为构建能够回应医患双方的需要且具有实用性的医疗事故纠纷解决机制。分科委员会基于下述原因，提出了以 ADR（Alternative Dispute Resolution）为中心，构建医疗事故纠纷解决体制的思路。(1) 不拘泥于现行法对医疗事故评价构造的制约，(2) 即使设置以金钱补偿为中心的无过错救济制度仍旧存在医患关系调整的问题，(3) 有效利用死因查明制度的结果并携手促进纠纷解决，从上述角度考虑，ADR 都具有制度上的优势[2]。以下根据报告的内容，对各部分进行简要的介绍。

1. 关于日本国内 ADR 的动向

在讨论医疗 ADR 之前，报告从日本国内司法实践中各领域对于 ADR 制度的需求这一角度，在一般论意义上对日本 ADR 制度的动向进行了概览。ADR 制度的完善是日本作为司法制度改革的一环被提出的，也反映了日本社会构造的变化以及在日本传统的法律环境下司法的功能有待完善的问题。作为促进 ADR 的利用为目的经过了反复讨论的结果，2007 年 4 月起《关于促进利用诉讼外纠纷解决程序的法律》——即 ADR 法开始正式施行。在日本，ADR 其实是一个新旧交织的问题，无论是从律师人数较少等制度环境方面来看，还是从回避通过权利义务断然地处理纠纷这一文化倾向来看，寻求诉讼上的解决仅限于部分情况[3]，而作为代替性纠纷解决方式，法院提供的民事调解、家事调解，以及由行政机关设立的各种 ADR 都发挥了一定的作用。

2. ADR 与诉讼制度的相互关系

在 ADR 与诉讼制度之间的相互关系的问题上，是将两者视为补充、协作关系，还是各自

〔1〕 在报告中，将"医疗事故"定义为："不问医疗从业者的过错、过失的有无，在与医疗有关的场所，在医疗的全部过程中发生的所有人身事故"。日本学术会议法学委员会医疗事故纷争处理システム分科会：《医疗事故をめぐる统合的纷争解决システムの整备へ向けて》，2008 年 2 月 14 日，第 2 页。

〔2〕《医疗事故をめぐる统合的纷争解决システムの整备へ向けて》，第 2 页。

〔3〕 关于日本社会在解决纠纷时，尽量回避诉讼这一倾向，最早源于日本学者川岛武宜的著述《日本人的法意识》。在 2000 年 3 月，名古屋大学法学部的加藤雅信教授为代表的法意识国际比较研究会对日本人的法意识展开的调查结果显示，在特定情况下选择诉讼外其他方式解决纠纷的占多数。[日]法意识国际比较研究会：《"日本人の法意识"调查基本报告书》，《法政论集》第 187 号。

具有鲜明特征保持独立存在的关系，报告从这两个视角区分“法志向型 ADR”与“对话自主型 ADR”进行了考察。

（1）法志向型 ADR

第一个视角是从诉讼制度作为纠纷解决体制中基础性制度的认识出发，将 ADR 置于对诉讼进行补充、完善地位的观点。根据这一观点，ADR 被认为其目标是尽其所能提供近似于诉讼应当提供的“依法上权利的解决”。虽然诉讼在程序上和实体上都是最完善的纠纷解决程序，但无论是对当事人还是社会而言，一定程度上存在高成本低效率的缺点，而 ADR 正是弥补这些缺点的制度。具体而言，a）减轻法院案多的负担、b）扩大实现正义的可能、c）完善专业性领域（医疗、建筑等）的 ADR 制度，作为 ADR 制度的目标理念，以补充诉讼制度的局限性而产生的不足的形式，力求提升社会整体的纠纷解决能力，实现正义与救济。[1]

2007 年 4 月起施行的 ADR 法中，将 ADR 定义为进行“依据法律的解决”的机构，对于民间 ADR 采取了法务大臣给予认证[2]、认证条件中包含应具备取得律师建议的体制等方面的内容[3]，可以理解为是以法志向型 ADR 为设想的立法。此外，日本律师联合会针对 ADR 的建议的应然状态，发表了程序上“与律师共同实施”为原则的指引，更加突出了依照诉讼的色彩。然而，在 ADR 法的立法过程中，对于法志向型 ADR 的理念也有过非常激烈的反论意见，其主要依据则是源自对话自律型 ADR 的理念。

（2）对话自主型 ADR

第二种 ADR 的理念，与上述法志向型 ADR 的理念形成鲜明对比，其不同之处在于与传统司法或法上的问题解决保持距离，推动促进当事人自主性创造的问题解决过程。需要强调的是，在此种 ADR 中向当事人提供的程序及最终的处理结果，并非必然与法上的解决相关联，而是对于在诉讼中无法提供的根据当事人需要作出的回应，具有其独特性。在涉及内容、程序的公正问题上，需要在程序实施的过程中通过当事人不断地进行自主性的构建与修正。

对话自主型 ADR 的理念，主要是建立在为当事人提供以意思自治为基础的对话平台的观点之上的。此外，对于实际的纠纷当事人而言，诉讼制度所提供的法上的解决与当事人自身所负担的纠纷与苦恼的现实状况存在乖离，只不过是自上而下的狭隘的解决，因此在追求此种理念时，应当作为尊重当事人自身积极自主地克服问题的过程，这样一种程序来构筑 ADR。

（3）对于多样化 ADR 的需求

从社会的发展和当事人的具体情况来看，ADR 可以从效率性、专业性以及情感或关系的角度，满足不同的需求。

首先，从 ADR 的利用上能够满足效率性的需求。无论是对于利用者还是社会，ADR 都

---

〔1〕《医疗事故をめぐる统合的纷争解决システムの整备へ向けて》，第 3 页。

〔2〕《裁判外纷争解决手続きの利用の促进に関する法律》第 5 条。

〔3〕《裁判外纷争解决手続きの利用の促进に関する法律》第 6 条之 4。

能够降低经济上以及时间上的成本，向社会的不同人群提供高效率的“正义”。作为保障程序的代价，当事人不得不负担诉讼带来的高昂成本，而作为其代替品，对于提供价廉、迅速、简便的解决方式的 ADR 的需求，不仅限于小额诉讼或简易诉讼，也包括更加广泛的一般性纠纷。从效率性的观点出发，可以说与将其置于传统的司法制度之间的协作这一位置的法志向型 ADR 理念具有相似性。

其次，ADR 能够满足纠纷解决中对于专业性判断能力的需求。医疗纠纷的领域，可以说是其典型事例，随着科学、工学、医疗技术的发展，事实认定变得困难、传统的一般性诉讼程序及构造已经无法进行适当处理的纠纷不断增加，相较于不具备科技或医疗的精细知识背景的法官，掌握该领域专业知识的第三方的参与，能够对纠纷解决提供更多的助力。

最后，ADR 能够满足纠纷中重要的也是诉讼制度提供的解决无法应对的“情感”需求。诉讼制度对于纠纷当事人之间的情感上的冲突或关系调整等法律之外的纠纷解决需求，无法提供灵活的应对，当事人寻求此种无法得到满足的需求，可以称为情感或关系的需求。医疗事故中受到损害的患者所寻求的情感上的纠葛的应对、预防事故再发的对策、道歉或具有诚意的应对都可以归结为此种需求。在纠纷中即使无法满足当事人多样化的需求，但仍然可以通过一定的灵活处置来进行应对，ADR 正是对于此种多样化的需求具有灵活应对性的制度。

以上观点，可以说构建了与超越对传统司法的补充，与其保持一定距离并追求具有独自性的纠纷解决机能的对话自主型 ADR 的关联可能性。

3. 医疗纠纷领域中 ADR 的可能性

在日本的医疗事故的领域，ADR 的设置与利用较为迟缓，曾经是不太活跃的领域。医师会中设置的调解委员会是唯一的 ADR 机构，仅受理医疗机构提出的申请，且在作出对医疗事故负有责任的判断之前，不能进行医疗保险的赔付，作为 ADR 具有非常多的限制。

这样的背景被认为是与下列医疗事故特有的性质具有关联。

第一，事实认定的专业性。“基于过错的事故”这一概念与并发症等“不可抗力的事故”的概念的切分存在困难，具体的判断如果不在诉讼中进行则无法准确评价。

第二，病历、护理记录等成为证据的各类资料掌握在医疗机构手中，患方如果想取得或公开资料，需要通过证据保全程序、文书提出命令等法律手段，而以自主型解决为前提的 ADR 能否实现存在疑问。

第三，情感对立非常激烈的纠纷类型中，当事人之间通过自主性解决已经变得非常困难，利用 ADR 进行解决基本没有把握。

第四，医疗事故的案例中，损害赔偿数额高的情况较多，这种情况正说明问题非常严重，当事人之间也比较容易产生激烈的对立，从这方面来看也不适用 ADR。

第五，医师与患者之间的关系以具有家长主义的依存关系为特征，对于患者来说将医师作为相对人向纠纷解决机关提出申诉这一行为本身存在相当大的犹豫心理。

(1) 医疗事故 ADR 的各种模式

第一种是之前提到的法志向型 ADR，ADR 法的第 3 条中，将 ADR 定义为“通过法的解决为目的的程序”,可以说意图将诉讼志向的解决扩张到民间的合意形成型程序上来。ADR的此种法志向的构想,在法学与实务领域可以说根深蒂固,对医疗事故ADR的领域也产生了极大的影响。

首先,前述医疗事故纠纷的特征,即“事实认定的困难”、“举证能力(获取证据、专业性)的不均衡”、“情感对立的激烈程度”,在医疗事故纠纷的解决中考虑到以上问题时,容易产生“诉讼是最适合最完备的纠纷解决程序”的观点。正是因为事实认定困难,通过鉴定及缜密的证据调查而进行的认定就越是必要;举证能力存在差异,保障双方对等性的诉讼程序就越是必须;正是因为激烈的情感对立导致当事人之间的纠纷解决不可能,裁断性的解决才变得不可或缺。而这正是以法志向型ADR为前提的思考方式,因此,医疗事故ADR即使无法实现如诉讼般同样的精细度,但在可能的限度内准确地认定事实,进行法律适用,最终达到提供在法律上同样也是合理的解决这一目标。正是由于将此种法律上的解决作为方向来进行制度设计,才使得纠纷当事人能够在安心、信赖的基础上利用ADR。这也可以说是法志向型医疗事故ADR的基本特征。[1]

第二种是基于对话自主型ADR的理念展开的实践。如前所述,与法志向型ADR不同,对话自主型ADR更加重视对纠纷当事人需求的回应,当事人在诉讼中无法得到应对的问题,通过此种模式尽可能地提供解决方案。例如患方存在与医疗机构或医师直接对话的意愿,希望医方能够拿出避免此类事故再次发生的对策方案,在此类情况下,对于患方来说与最终结果相比,更加希望得到医方在此过程中的真诚应对。相对于法志向型模式中因为情感对立的激烈而考虑由第三方介入并作出评价的必要性,在此种模式中强调正因为存在情感上的对立才有尝试对话的必要,从思路上来说与前者完全相反。通过完全保持中立性的第三方的居间,实现患者要求医疗机构作出真诚应对与说明以及道歉的需求的功能。因此,在纠纷的初期阶段,或者医疗机构内部的调解(mediation)无法解决的阶段,能够期待促进患方与医疗机构之间的自主性解决。与以法上的判断为前提的“非有即无”的认定不同,第三方能够根据事实作出比例性的评价,但需要其具备与法律家的素养完全不同的调解的专业技巧。[2]

4. 关于医疗事故ADR方向性的建议

报告在介绍了美国和英国的医疗纠纷解决制度之后,根据前述日本的实际状况提出了构筑医疗事故ADR的建议。医疗事故纠纷的形态、当事人中特别是患方的需求存在各种各样的情况,因此不能通过单一的制度,而是根据需求的多样性,采取构建应对不同纠纷解决手段的体系性制度的思路。

(1) 作为体系性制度的医疗事故纠纷解决制度

根据医疗事故当事人的需求及纠纷的展开过程,医疗事故纠纷解决体制应当按照以下多元化的机构及程序作为网络来进行构建。

---

〔1〕《医疗事故をめぐる统合的纷争解决システムの整备へ向けて》,第7页。

〔2〕《医疗事故をめぐる统合的纷争解决システムの整备へ向けて》,第10页。

a. 院内医疗纠纷调解员的配置

首先，在事故发生后医疗机构内部应当作出及时、适当的应对。实现这一目标，需要医疗机构在其内部，设置相应的程序，从医疗事故发生的初期阶段开始，需要对患方配置能够真诚地提供关照及支援的人才。

b. 第三方医疗 ADR 机构的培育及完善

对于在院内调解无法解决的情况，或是不适于院内解决的情况，必须要完善第三方 ADR 机构的处理。重视患者与医疗机构面对面进行对话的需求，促进患者同医疗机构通过自主型纠纷解决的对话自主型 ADR，与经过一定的事实认定能够提供简便迅速的法律上的解决的法志向型 ADR，并非相互排斥，根据不同纠纷的进程以及不同当事人的需求进行应对，期待构建两种 ADR 相互之间功能补充的协作关系。

c. 诉讼的改革

通过以上方式仍然无法解决的情况，或医疗机构不进行配合的情况下，维持诉讼制度的功能就成为必要。只不过，对于当事人来说在改善利用诉讼的方式的同时，对于诉讼中围绕医疗事故纠纷解决而适用的法的应然状态，需要进行根本性的讨论。

(2) 院内初期应对体制的设置

无论是从日本，还是其他国家的情况来看，医疗机构内部配置作为初期应对人才的医疗纠纷调解员的这一现象，说明在医疗实践中，对于此类人才的需求普遍存在，并且与患者的需求也相吻合。然而，现实中的问题是，具备此类专长的人才往往兼顾医疗安全管理者的角色，有可能因为较多的负担而降低院内调解的效果。在促进院内医疗纠纷调解员制度，鼓励医疗机关主动设置时，国家应当提供一定的支援。

(3) 第三方 ADR 机构的设置与协作网络的构建

在上述内容中讨论的对话自主型 ADR 与法志向型 ADR，两者显而易见地对应着不同的患方的需求，在纠纷的进程上也存在明显的区别。院内初期的应对无法有效处理时，马上转向律师寻求建议并进行诉讼，并不符合多数患者的需求，而不具备胜算的诉讼产生的风险也无法消除。相反，仅通过对话自主型 ADR 而无法解决的情况下，会产生同样的问题。如果患方仅针对"事实认定""法律上的评价"有强烈的要求，通过对话自主型 ADR 内部的医疗专家及律师的评价程序也能实现，但如果涉及死亡事件，则考虑与死因查明制度、法志向型 ADR 之间的协作将会更有利于纠纷的解决[1]。

因此，将上述具有不同方向性的 ADR 作为体系进行整合，根据患方需求的多样性，纠纷的进程作出适当调整的"具有灵活性的 ADR 体制"，应当成为医疗事故 ADR 的构建方向。

(三) 医疗 ADR 的实际运用状况

上述报告中，分析了日本国内 ADR 与传统诉讼之间的相互关系与定位，根据日本 ADR 法的规定，提出了法志向型 ADR 与对话自主型 ADR 的构想，并分别探讨了两者在运用于医疗纠纷解决中的可能性。而实践中，ADR 并非完全按照报告中提出的模式在运行，以下

---

〔1〕《医疗事故をめぐる统合的纷争解决システムの整备へ向けて》，第 17 页。

对于不同类型的 ADR 进行简要介绍。

1. 医师会主导型 ADR

在医疗纠纷转移至诉讼程序之前，医师与患者之间存在各种各样的对话及交涉，在此过程中医方会要求通过医疗事故保险进行处理，需要向各地的医师会设置的医疗纠纷审查会（也被称为纠纷处理委员会）提出适用申请。其结果，以该纠纷的解决为目的决定适用哪一种保险，基于审查会中对事故有责、无责的判断，根据审理结果适用医疗事故保险。

能够向医疗纠纷审查会提出申请的，从医疗事故保险的属性上，仅限于该医师会的会员（医师）。因此，作为调解申请人和纠纷当事人的患方其申请的权利得不到认可，对于医疗从业人员以外的人来说，对其公平性、中立性、透明性都存在疑问。

为了消除此种疑问，茨城县医师会，自 2006 年 4 月起，设立医疗问题中立处理委员会，区别于医师会内部的医疗纠纷处理委员会，开始运作医师会主导型 ADR，以回应患方的不满。通过这一 ADR，对医疗结果不满的人无论是谁都可以成为申请人，通过由律师、专家、市民代表以及医师组成的中立处理委员会进行的纠纷处理，使患方可以享受斡旋、调解的便利。

2. 律师会主导型 ADR

日本律师联合会以“ADR 的调查研究，各律师会的诉讼外纠纷解决机构的联络与调整”为目的，于 2001 年 9 月设立了“ADR 中心”，并根据近年来的状况，于 2008 年 6 月之后，在 ADR 中心内设置了“医疗 ADR 特别部会”，现在已经有 12 家律师会设置了“医疗 ADR”。[1] 在医疗 ADR 中，并非从始至终只对医疗行为是否存在过失进行责任认定，通过患方与医方双方的对话，力争实现对双方而言最为妥当的解决。为了达到这一目标，需要对医疗纠纷具有充分了解及经验丰富的律师，在 ADR 中作为仲裁人候选者，并根据各地的实际情况，听取第三方医师的意见，在对双方当事人的主张确切理解的基础上，提供妥当的解决。

律师会主导型 ADR 的特征，可以总结为模仿民事裁判中对审模式，代替法院的民事调解，由一方具有患方代理人经验的仲裁委员与另一方具有医方代理人经验的仲裁委员，以对话方式为基础进行的斡旋、调解的方式。换言之，医疗纠纷的处理专家的律师作为医患双方的仲裁委员进行纠纷的处理，在此过程中需要寻求医疗专家的协力。

3. NPO（非营利组织）法人主导型

作为医疗纠纷处理中第三种型态，ADR 的主体应当脱离对医疗主体的组织（医师会）及律师主体的组织（律师会）的依存关系，而由具有专业性、中立性的第三方主体的 NPO 法人承担其功能。在千叶县设置的“特定非营利法人医事纠纷研究会”即为此类。这一组织作为医疗 ADR 机构已于 2009 年 12 月接受了法务大臣的认证，并进行了登记。

此种 ADR 的特征是以医疗咨询为主体，采取使面向医疗纠纷处理的斡旋、调解进行连动的方式，在进入医疗纠纷的斡旋、调解之前，通过专家（医师、看护师）进行彻底的医疗咨

---

〔1〕 日本弁护士连合会 ADRセンター：《仲裁 ADR 统计年报》2014 版。

询,采取了所谓的医疗咨询前置主义。因此,医疗纠纷的大部分(70%—80%)通过专家的医疗咨询得到了解决,剩余无法处理的事例再由医师、律师、相关领域专家组成的调解委员会通过斡旋、调解进行处理〔1〕。在此种ADR中,作为医疗问题进行咨询的情形包括:① 能够追究医疗机构及其医务人员责任的“医疗过错”的事例,② 与医疗机构及其医务人员的责任无关,在医疗场所发生的所谓“医疗事故”的事例,③ 咨询者自身主张为“医疗事故”,但其真实情况是涉及咨询者日常生活方面或精神方面存在问题的事例,作为“其他事例”〔2〕。

四、医疗法的改正与医疗事故调查制度

医疗事故发生时,无论是追究医务人员的刑事责任还是请求医疗机构承担损害赔偿的民事责任都属于事后的处理阶段,而在事故原因查明及预防事故再次发生的问题上,无法做出有效的回应。考虑到这一问题的重要性,厚生劳动省在2011年12月设置了“关于医疗事故调查构造等现状的讨论会议”,将医疗事故的调查构造的现状、以预防再次发生为目的的构造的现状作为讨论的课题,经过13次讨论,于2013年5月29日提出了“关于医疗事故调查的构造等问题的基本现状”的报告,而这一报告也成为了2014年日本医疗法改正的伏笔〔3〕。

本次医疗法改正中最核心的内容是,从医疗事故的原因查明以及预防再次发生的观点出发,在发生医疗事故(仅限于死亡、死产事故)时,医疗机构的管理者① 就该事故向医疗事故调查与支援中心进行报告并向患者遗属进行说明,② 迅速组织院内调查,并将调查结果向医疗事故调查与支援中心报告,同时必须向患者遗属作出预先的说明〔4〕。

事故调查制度的原本的目的是对于医疗事故的原因查明与预防再发,从而确保医疗安全的实现。但是如果原因查明的程序适当,对于患者遗属与医疗机构之间的纠纷解决也会产生一定的作用。在事故调查制度中期待发挥重要作用的是新设置的“医疗事故调查与支援中心”,作为具有独立性、中立性、透明性、专业性的第三方民间组织,其承担对医疗机构的院内调查方法等要求提供建议、对院内调查结果的报告进行确认与分析、应遗属或医疗机构提出的要求进行事故调查、普及预防医疗事故再发的政策、对涉及医疗事故调查相关的人员的培训等功能。需要特别注意的是,对于医疗机构提交的院内调查以及其本身对医疗事故的调查,“其目的在于防止医疗事故的再次发生,并非进行医疗事故中是否存在医疗过失的认定”〔5〕。可以说在医疗事故的预防与处理上,与前述医疗ADR的第三方机构进行了功能上的区分。

〔1〕 [日]植木哲:“医疗ADRの现在とこれから”,《法律のひろば》2014年第67卷第11号,第6页。
〔2〕 植木,前揭“医疗ADRの现在とこれから”,第8页。
〔3〕 植木,前揭“医疗ADRの现在とこれから”,第9页。
〔4〕 日本《医疗法》第6条之10,第6条之11。
〔5〕 [日]植木哲:“医疗ADRの现在とこれから”,《法律のひろば》2014年第67卷第11号,第10页。

五、启　示

虽然日本的医患纠纷并没有发展到类似于我国"医闹"这般激烈的程度，在产生因医疗事故而引起的纠纷时，确定事故责任固然是法律制度设计中一个重要的方面，但是，从另外的角度考虑，对于患方而言即便在制度设计上救济的途径非常完善，但仍然没有人希望发生医疗事故，再多的损害赔偿或补偿也无法弥补对患者及其亲属带来的精神损害与心理创伤。从日本在解决医疗纠纷问题上的思路与发展过程中的经验来看，能够带给我们一定的启示。

首先，需要认识到对于医疗纠纷处理的问题，传统的诉讼制度具有的局限性，应当构建符合患者多样化需求的诉讼外纠纷解决机制（医疗 ADR）。如前所述，在发生医疗事故或医疗过失引起的纠纷时，对于患者而言医疗机构坦诚的道歉与应对是化解双方矛盾的基础（而现实往往是医疗机构认为只要向患方道歉就有可能被追究法律责任，因此坚持不主动道歉和积极应对，从而导致纠纷和矛盾的激化的情况应该不在少数）。并且部分患者还希望自身的遭遇从医疗的改善和经验总结的角度得到医疗机构的积极反馈，毕竟因为医疗事故或医疗过失而失去生命的情况相对较少，绝大部分患者还存在继续治疗的问题。通过医疗 ADR 具有的针对性、灵活性的解决方式，在道歉、预防再发、后续治疗的合意等问题解决上，与诉讼制度相比，具有更大的实现可能性。

《送审稿》中也明确了构建"以人民调解为主，多种诉讼外纠纷解决机制有机结合的医疗预防与处理制度"[1]的原则，但在各个制度中仍然存在较多的问题。医患协商虽然尊重了当事人的意思自治，但对于患方来说存在专业知识欠缺、信息不对称的劣势，达成的协商结果在公平性及合理性上存在疑问。从功能上看，人民调解委员会类似于日本的第三方医疗 ADR 机构，但条例中并未明确具体的设立条件，其性质如何、在人员构成上如何保持中立性与专业性、与其他制度形成有效协作的互动关系（例如认定医疗机构的医疗事故后医疗保险的赔付）等问题都需要进一步探讨。

其次，在医疗纠纷预防的问题上，日本通过建立医疗事故调查制度实现医疗事故的查明与再次发生的预防，为了保持调查的透明性、中立性、公正性专门设立了医疗事故调查的第三方机构，从而在制度上保证了患方对了解事故真相的要求，也避免了将事故原因查明与责任认定的功能集中在同一个机构上而造成的负担。但需要注意的是，医疗事故调查的目的并非在于对医疗机构或医务人员的责任追究，因此强调医疗机构需要具有对自身行为带来的提升医疗安全与品质的理解，以及职业责任的自觉性。虽然《送审稿》也规定了医疗机构应当落实院内相关的管理制度，建立医患沟通的渠道，制定防范与处理医疗纠纷发生的预案，以及向卫生行政部分进行报告等制度。但对于如何解决制度公正性的问题，需要在参考其他国家的制度设计的基础上，结合我国实际提出具有实现可能性的方案。

---

[1] 《医疗纠纷预防与处理条例》（送审稿）第四条。

我国医疗责任保险模式论

陈玉玲*

摘　要： 我国医疗责任保险发展历史长、进展缓慢，存在强制保险规范依据效力位阶低、保险限额不能满足投保人需求、信息不对称逆选择影响费率厘定、保险人控制抗辩与和解权与其保险服务不匹配、保险事故认定机制存在不足等问题。比较世界各国不同医疗损害社会化分担模式，提出我国医疗责任保险应当采行强制保险模式，这符合国家政策导向，扩大保险资金池规模，满足医护人员的保险需求。医疗责任保险是准公共产品，在市场失灵时实施强制保险制度具有思想基础、人文基础，并能促进公共利益保护。

关键词： 医疗责任保险　防御性医疗　强制保险　准公共产品　风险社会化分担

一、我国医疗责任保险制度与运行存在的问题

现阶段，我国的医疗责任保险发展处于停滞不前的瓶颈阶段。自云南省1998年最早开办医疗责任保险至今已有18年的历史，2008年3月起全国部分省、市政府陆续发布政府令，采用政府推动的方式推进实施医院集体签单购买医疗责任保险，至今也有7年之久。目前该险种的发展情况是，仍然有公立医院明确表示不愿意参加保险，公立医院投保比例逐年下降。保险公司不断提高保险费率，医院的投保费用连年上涨，而保险公司却声称连年亏损，对承保也不积极。问题的根源不仅在于保险的经营问题，更是由于强制医院购买责任保险的规范依据、保险服务、保险事故认定与理赔机制、险种设计等多方面存在要改进和完善之处。

（一）规范性文件的效力位阶低

根据卫生部、国家中医药管理局、中国保监会《关于推动医疗责任保险有关问题的通知》（卫医发〔2007〕204号），有的省市人民政府陆续发布组织实施文件，甘肃、河南、上海、北京、江苏等省市以及宁波、苏州、南京等多城市政府发布通知并出台实施医疗责任保险方案，要求必须参加医疗责任保险的医院范围略有不同，有的是要求二级以上公立医疗机构必须参加统一的责任保险，有的是要求城镇职工基本医疗保险定点医疗机构必须医疗事故责任保险，进一步地，江苏、宁夏等省将是否参加医疗责任保险作为“平安医院”考核评价指标之一，海南省将之作为“平安医院”考核一票否决的依据。2010年2月卫生部等五部委联合发布

* 陈玉玲：东南大学法学院副教授、法学博士，研究方向：民商法学，医事法学。本文是“医疗损害社会化分担机制的法律问题研究”（项目号：10BFX080）的研究成果。

《关于公立医院改革试点的指导意见》中，提出要大力发展医疗意外伤害保险和医疗责任保险，营造良好医疗执业环境。但是，这些国家卫生主管部门、保险监督管理委员会等发布的指导意见、通过等，作为规范性文件，并不能代替行政法规，也不具有行政法规的效力层级。各部委制定规章应当以法律为依据，但是法律对于什么样的事项应由国务院行政法规作出规定不甚清楚，经常发生规章"升格""挤占"行政法规的现象。同时，由于行政管理体制等诸多原因，导致原本应当由行政法规规定的事项"降格"为部门规章来制定规范，造成法律规范位阶的混乱，客观上影响部门规章的实施效果。

医院迫于行政管理压力购买医疗责任保险不是长久之计。假如医院对卫生局行政命令不予理睬、院内一致决定不参加医责险，包括卫生局在内的任何行政机关是无法干预医院法人的独立自主权。2008 年 4 月江苏省南京市启动在宁医院集体签约购买医疗责任保险，然而，时至 2012 年江苏省医院院长管理会议上，院长们纷纷表示对医疗责任保险制度的失望。南京市某医院负责人解释说，2008 年医院向人保公司投保 60 多万元，当年保险理赔 60 多万元，基本持平。因为赔付比例高，按照人保公司规定的续保保费上调系数，第二年保费涨到 89.7 万元。当年，医院赔付给患者 136 万元，保险公司只给"报销"130 万元，这还不包括为之牵扯的人力成本——找保险公司索赔，要提供各种材料，手续繁杂，赔付款到位很迟。射阳县某医院院长解释道，盐城大小医院都参加医疗责任险，但投的多、赔的少，2010 年医院负担保费 40 多万元，人保公司仅理赔十几万元，保险公司只对法院判决医院负有赔偿责任的案件理赔，赔付比例为 80%。医院面临的主要问题是每年处理的 20 多起医患纠纷，患者愿意打官司的仅一两成，多数靠医患"私了"，通过医疗纠纷调解委员会的调解达成的赔偿协议，保险公司不予理赔或者大打折扣。2011 年医院决定不再参加责任保险，对医院而言，年均对患者赔付也只有 20 多万元。[1]

2014 年 7 月 9 日，国家卫生计生委、司法部、财政部和中国保监会、国家中医药管理局五个部位联合印发《关于加强医疗责任保险工作的意见》(以下简称《意见》)，主要是针对全国各地接连发生暴力伤害医务人员、扰乱医疗秩序的案件，引起社会关注。五部委按照"预防为主、标本兼治、打防并举、健全机制"的原则，从严厉打击涉医违法犯罪、维护正常医疗秩序与医疗纠纷预防和处理两个方面目的出发，提出建立完善以人民调解为主体，院内调解、人民调解、司法调解、医疗风险分担机制有机结合的"三调解一保险"制度体系，寄望于通过积极建立以医疗责任保险为主，医疗风险互助金、医疗意外险等多种形式并存、互为补充的医疗风险分担机制，引导调解组织的力量，将医疗纠纷处理从医疗机构内引导到医疗机构外，初步形成医疗纠纷第三方调解与第三方赔付的调赔结合方式。2015 年 11 月 30 日国务院法制办公室公布《医疗纠纷预防与处理条例(送审稿)》(以下简称《送审稿》)公开征求意见稿，主要内容是关于医疗预防与处理的规范，其中第 47 条提出要建立完善完善医疗风险分担机制，第 48 条提出保险机构列席医疗纠纷人民调解委员会调解工作，第 49 条对保险合同以及

[1] 孙巡，仲崇山，李玲：《医院与保险公司都不满医疗责任险左右不讨好》，[EB/OL]，江苏网，http://www.zgjsrx.com/，2012/08/29。

费率机制、理赔依据等提出规范原则。《送审稿》是对于现有的调整有关医疗纠纷处理、人民调解和医疗责任保险的规范性文件以行政法规形式作出规定，涉及医疗责任保险制度规范的内容需要完善和细化。

（二）保险限额不能满足投保人需求

现行“医疗责任保险格式合同”（以下简称“格式条款”）约定的限额赔偿标准过低，不能有效分散医疗责任风险。“格式条款”约定免赔额、赔付比例、每人每次和年度累计额限额，超过部分医院自负。医院投保初衷是希望医疗损害赔偿费用全额由保险公司承担，医院每年实际获得的保险赔付都远远低于医院实际向患者赔付的金额，对于一家年收入超过8亿元的大型三级甲等医院，医院平均每年向患者的赔付额在400万元左右，而医疗责任保险年度赔付累计限额250万，剩余的150万需要医院自己出钱赔付，医疗责任保险分散责任风险容量有限。按照“格式条款”，一般住院医疗事故每人每笔赔偿金额最高限额是20万元，对一些重大医疗责任事故的赔偿，医院认为20万的赔偿对医院来说没有很大意义。患者在获得保险公司赔偿后继续向医院索赔，保险的安定功能与分散风险功能没有得到体现。

（三）信息不对称下的逆选择影响费率厘定

由于医疗专业性强，保险公司不能有效区分哪些专业科室、哪种诊疗行为以及哪些医师的责任风险性更大，目前中国人民财产保险公司人保的医疗责任保险厘定费率的标准是区分医护人员岗位（手术科室与非手术科室）计算，于是，有的医院将手术科室纳入保险，故意将非手术科室人员名单减少发生逆选择（涉及告知义务的部分另行讨论）。全国每个县都建立有人民医院和中医院各一家，同样都是二级甲等医院，县级中医院业务风险比综合性人民医院的小，但根据人保保险费计算办法，二者区分不大，县中医院自然不愿意加入保险，风险较大的科室和医院愿意加入保险，呈现逆选择。

保险公司风险评估基础资料欠缺，精算技术落后。保险公司不了解医院以往发生医疗事故的信息，几乎没有历史经验数据，而这些经验数据是确定承保条件与费率的依据。有关医疗机构的类别、级别、性质及业务范围的资料信息获取比较容易，但是医疗机构经营和风险管理水平、风险管理制度执行情况、医技人员实际数量、素质与技术水平、医院实际使用的病床数、加床情况、门诊、手术、住院人数，尤其是以往医疗损害赔偿情况、索赔情况及处理结果等信息，保险公司无法通过“投保询问告知”式的表格获得基础资料，只能初步划分不同等级医院、床位数、医务人员数量收取保费，有的细化到依据手术与非手术科室和医务人员的职称核算保费。有的医院只给高风险科室投保，部分小型联合门诊、低风险科室不参保，参保的高风险医疗机构和科室医务人员存在不如实告知风险的行为，由此，保险公司的费率评估不合理。

（四）保险人控制抗辩与和解权与其保险服务不匹配

责任保险原本是可以使被保险人免受因必须抗辩受害人提出的各种形式的索赔而不得不承受的紧张（strain）、不便（inconvenience）和劳顿（harassment），但是医疗责任保险中保险公司不能全程负责理赔，只最后的保险理赔上行使最终的控制权，动辄减少被保险人与患方达成的和解协议数额，医院处于被动地位，医院一面要与患者谈判，一面要与保险公司谈判，因保险公司要求出具各种证明、鉴定等理赔申请文件，比医院直接赔偿繁琐，额外增加理赔工作量和工作难度。

（五）保险事故认定机制继承了医疗侵权认定机制中的不足

现行医疗责任保险事故认定存在两种倾向：一是完全依赖鉴定机构对于侵权责任认定结果。导致原本可以通过和解解决的案件因为需要鉴定而拉长事故处理时间，患者得不到及时赔付，医院天天应付患者索赔。二是对于鉴定结论不予采信，保险公司完全按照有利于自己的角度解释选择适用鉴定结论。《侵权责任法》实施后，各地法院对于医疗损害鉴定仍然存在医疗损害鉴定与司法鉴定重复鉴定问题。即使判决文书下达，保险公司与医疗机构就保险理赔中不同鉴定结论的采信存在分歧，加剧医疗责任保险理赔中的困难。“格式条款”规定一定数额（各地不等，有的 1 万，有的 3 万）之下的小额赔付可以调解协议为依据理赔，但是超过一定数额的赔案，必须依据有专业医疗损害鉴定结论，保险公司基于控制理赔的做法可以理解，但如此使得患者和医院在等待鉴定结论期间仍然相互纠缠，患者不能及时获得赔付，有的医院现行垫付款项事后得不到保险理赔。更进一步，如果医疗损害鉴定结论“不构成医疗损害责任”的，法院判决还是基于人道主义，判令医院承担一定赔偿，按照“格式条款”，医院得不到赔付。对此，医院认为理赔必须以鉴定结论为据不合理，保险公司应当尽早介入医疗纠纷处理工作。

医疗纠纷调解机构的调解行为不规范，事故理赔的责任性质认定不清。医疗纠纷调解委员会作为区司法局的派出机构，进行医疗纠纷第三方调解，具有公信力，不仅能为相对弱势的患者争取利益，而且可减少医患冲突对医院秩序的干扰，调解达成的医患协议为保险公司理赔提供了依据，医疗纠纷第三方调解被作为制度创新在全国各地推广，力图建立保险和医疗安全良性互动机制。但是，经过几年的时间证明医疗纠纷调解中心人员人数有限，聘用的曾经在医院管理岗位工作的退休人员和公检法退休人员，对于患者提出的高额赔偿，没有精力与患者多次沟通，医疗机构为尽早解脱，单方作出应允，然后再通知保险公司；有的地区是聘用年轻工作人员，但调解中心实行工资与效益挂钩，所以调解工作人员在调解中尽量压低患者的利益，保险公司无法辨识赔偿的合法合理性，存在高估或者压低赔偿标准的情况。

对于复杂的医疗索赔可能构成医疗事故责任的案件，更是责任性质界定不清，医院担心案件被认定为医疗事故，会被卫生局施以行政处罚，影响医院等级评分，还要被卫生局科以行政处罚，会倾向于多赔钱了结，结果出现调解结案的赔偿数额比类似的损害结果情况下经过诉讼判决的数额高，这样的结果显然有失公平。

保险公司如果没有独立于医疗机构的保险事故认定机制，难于真正掌控理赔。与机动车事故责任的认定相比，医疗损害责任认定要复杂得多。机动车事故发生前，受害人人身和财务处于完好状态，事故发生的原因凭借生活常识即可获知，交通事故发生之后的事实情形处于相对静止状态，2—3 名交警依据事故发生留下的物证痕迹基本可以现场确定责任归属。然而，医疗损害是多因一果，损害发生前患者已有疾病在身，损害发生后，人体一直处于好转或者恶化的动态之中（除非立即发生死亡），经过一段期间再来确认责任划分，不是医学专家概莫能担当此任。

(六) 险种单一、医疗意外险被工具化

一般患者不会购买人身意外险，但是因为就医风险加大，应当提供患者购买医疗意外保险的产品，受益人是患者本人或其家属，医院在其中充当桥梁的作用，为患者自己购买保险提供专业意见。如果病人发生医疗损害事故，即使医院对该事故负有侵权责任，保险公司对病患家属之理赔亦与医院责任减免无关，该赔偿金不抵扣医院的赔偿责任。然而，这些能够为患者分担医疗损害的保险产品如母子平安险、手术意外保险、麻醉保险等意外险，几乎没有相应的保险产品销售。

保险公司运营中，除了医疗责任保险产品，为减少亏损或多营利，设计了一些附加险，如医疗机构场所责任保险(必保)、医务人员遭受伤害责任保险(备选)和医务人员法定传染病责任保险(备选)、医疗意外责任保险(必保)。实际上医疗机构公共场所设施缺陷致害很少发生，医务人员遭受伤害责任保险和医务人员法定传染病责任保险实际为广义职业伤害保险，属于工伤保险应予以理赔的范围，无需医院再行购买商业保险。而医疗意外险与医疗责任难于区分，使得医疗意外险成为了解决难缠案件和逃避处罚的工具。

目前医疗责任保险将"医疗意外险"纳入附加险强制搭售的做法，这不单纯是保险费由谁负担的问题，而是医疗损害无责任却承担风险的问题，既然医疗机构诊疗行为没有过失，即使发生意外损害，医疗机构不承担责任，也就无需购买医疗意外险来赔付患者，这与医疗侵权损害赔偿适用过错归责原则的基本原理不相符，短期看来是迎合医疗机构需求，但是医疗意外险运行中逐步暴露出的问题，进一步证明"医疗意外险"不利于医疗责任保险的稳健发展。试以实例说明：某 70 多岁男性患者因肝癌住某医院一月余，术前医生告知具体手术范围将要因切开后观察再行决定，术中发现肿瘤组织距离大血管很近，如若将肿瘤组织剥离过程中大出血，患者可能死在手术台上，医生将可以切除的肿瘤组织切除后关腹，手术记录完整。术后 2 个月患者再次入院检查，发现肿瘤组织再生。院内专家会诊认为，受到医疗技术的局限性，术前 B 超等技术检查无法清晰判断肿瘤与大血管的粘合程度，当初手术符合指症、手术方案和操作无误。此为典型的医疗技术无法达成心愿的案例，既不属于医疗意外也不属于医疗责任事故，但是患者长期占据病床、不缴费不治疗。医患多次沟通无果，只得纳入"医疗意外"理赔。另一方面存在医疗责任事故，因为患者得到医疗意外理赔而放弃追责，医疗意外险帮助医疗机构避开医疗事故责任定性和行政处罚。

此外，保险公司人才、经验缺乏，难于控制理赔风险，医疗责任险赔付率高达 140%至 180%，即医院投保 100 万元，保险公司就亏 40 万元至 80 万元保险公司不愿意直接面对医疗纠纷中的患者，直接对医患达成的赔偿协议打折理赔，导致保险理赔依据不足。[1]

---

[1] 孙巡，仲崇山，李玲：《医院与保险公司都不满医疗责任险左右不讨好》，[EB/OL]，江苏网，http://www.zgjsrx.com/，2012/08/29。

二、解决问题的思路

1. 区分医疗责任保险与医疗侵权法律不同领域问题

医疗责任保险出现的诸多问题，并不都是医疗责任保险本身存在的，解决这些问题的思路应当从社会系统角度找寻办法。首先保险定则需要侵权责任法来界定哪些情形下构成医疗过失责任。《侵权责任法》颁行后，有关医疗侵权责任认定的法律规定留有诸多问题。例如，如何解释适用《侵权责任法》第58条关于过错推定制度的规定，至今全国的法院没有统一的做法，这充分反映出法律政策对于侵权法律制度的影响，以至于《侵权责任法》对于医疗侵权的因果关系的推定制度、证明缓和制度立法没有作规定。《侵权责任法》第58条连接实体法与程序法，必然导致举证责任分配规则的适用问题，侵权责任法没有将医疗行为过错推定与因果关系的举证责任分配一体考虑实为遗憾[1]，其次，医疗侵权法立法定位是要提供合理的赔偿与救济体系，这取决于法律环境和法律文化，以及对受到医疗损害的患者的保护要维持在一个合理的水平上，要建立快速纠纷解决机制，激励医患双方达成和解协议的体系。再者，对于医院和医师来说，侵权法应当是可以用来解释一种更为复杂的自然过错的理解、一项更少的带有惩罚性目的的纠纷解决依据和指引。对于患者而言，寻求非正式的纠纷解决途径应当被禁止，患者权利意识的增强应当被看作是对促进法律实施、社会和谐有正面作用的因素，申言之，“医闹”不能成为医疗责任保险的解决目标和最终责任承担者。

2. 一般纯粹处理风险的方法之分析

一般处理纯粹的风险有四种基本方法：回避、减少、自留和转移，在给定的情形下，由危险本身的性质决定哪种方法最合适。

在医疗责任领域，只有在满足面临危险的医生个人或者医院的财务安全需要的基本前提下，各种方法中最适当、最廉价的那种才被选用。回避的方法基本不可行，依据医院管理制度的首诊负责制，医院不能拒绝前来就医的患者，即使医院没有能力诊治，也必须采取急救措施之后进行转诊，只要患者与医院存在医疗服务行为，医院就回避不了这类危重病患。减少的方法是指医院积极采取风险管理措施，通过提高医院管理水平，减少事故发生的可能性，但是仍然回避不了所有风险，事故的发生总有一定概率。风险自留的办法，可行的前提条件医院有足够财力负担责任，这对于大型医疗机构来说可以考虑采取这个办法，但是对中小医院来说不可行，具体分析将在后文论述。转移办法是医院或者医务人员将可能发生的医疗责任风险转移给保险公司。医疗风险具有意外的、偶然的、纯粹的、大量同质的特点，医疗风险造成的损失有重大性和分散性，符合保险要求。

3. 对医疗责任保险准确定位与定性

制定法律对医疗责任保险定性与定位作出制度安排，解决医疗责任保险发展瓶颈、强化

〔1〕 陈玉玲：《实体与程序的链接——侵权责任法第58条医疗过错推定之检讨》，《南京大学法律评论》，2012年，第155页。

保险工具在医疗损害赔偿中的应用。

首先，国家在处理医疗责任保险的职能上的定位，是要建立一个包含现有的医疗责任保险承保公司在内的完整的运作平台，建立激励规则以确保医疗责任保险市场有一个高效、能够负担得起的医疗责任保险险种，满足不同层次的医疗责任风险分散需求。其次，在保险的定位上，将医疗责任保险定位为政策性保险，建立国家扶持制度；在保险的实施模式上，将医疗责任保险定性为强制保险。强制实施医疗责任保险的最低限额保险，对于保险人、投保对象、保险合同的内容以及保险监管等问题作出规定。再次，在组织实施模式上，逐步由商业保险公司运营过渡到由专业保险公司运营，立法对于专业保险公司进行规范，对保险事故认定机制、人员专业不足、提供医疗索赔的抗辩服务等问题作出规定。

此外，加强医疗风险管理，建立一套完善的、独立于医疗机构、医师的医疗过错分析制度和运作体制。应用电子技术保存医疗健康档案，提高患者安全标准，建立完善可行的知情同意理论和制度，加强医院管理和医师医疗风险防范和风险管理，严格医师的纪律体系，对少数严重过失的医师停止执业处罚落实到位。

三、不同医疗责任保险模式分析

医疗责任保险模式包括组织模式、实施模式和制度模式。组织模式是指采用何种机制提供医疗责任保险，当今世界各国采用的组织模式可以分为商业保险公司、互助保险基金和社会保险三种。商业保险模式是医疗责任保险由商业保险公司承保，利用市场机制运行的保险模式。医疗机构或医师缴纳保费，在发生保险合同约定的保险事故时，保险公司承担赔偿责任。互助保险模式是指具有共同医疗责任风险的医疗机构或医务人员为获得保险保障而共同设立的保险组织。医疗责任保险的互助保险模式可以是相互公司的形式，如美国的医疗责任相互保险公司，也可以是非公司的形式，如英国的医师维权联合会、医师保护协会等组织。医疗责任保险的社会保险模式是指由政府来组织医疗责任保险的实施模式，具有社会保险的基本性质，在瑞典、新西兰等北欧主要采用社会保险模式，保险范围是无过失保险。实施模式是指政府对于推行医疗责任保险的管理模式，分为强制保险和自愿保险。

依据是否允许可替代的其他方式上，强制保险模式可以再分为单轨制和双轨制。单轨制是指没有其他可供选择的机会和方式，只能参加保险；双轨制是指除了保险之外，可以选择其他方式，诸如提交保证金的担保方式。

（一）外国医疗责任保险模式评析

1. 互助型、专业型医疗责任保险组织模式

互助型医疗责任保险公司，又称相互保险公司（Mutual Insurance Company），代表国家是英国和美国。美国各州都建立有医疗责任保险公司，比如，根据“纽约州保险法”第 28 章第 55 条（Article 55. Medical Malpractice Insurance Association）成立的医疗责任保险协会是非营利性组织，具有法律主体资格，是经由所有医疗责任保险的保险人书面授权建立的，每个保险人作为协会的成员才能在本州开展个人人身损害责任赔偿的保险业务。这些保险

公司有两种模式：第一种是政府投保型的商业保险。我国香港特区的医疗责任保险即为此种。这一模式的特点是：医院的投入和支出主要是靠政府保障，政府靠税收支持医疗事业，因此医院和医生的医疗责任保险费用由政府支付，向商业保险公司投保。发生医疗损害赔偿后，经相关的调解委员会调解，调解不成由法院审理判决，赔偿费用由保险公司支付。第二种是医师互助型责任保险。在英国医师互助型责任保险主要由三个机构提供，即医师维权联合会(Medical Defense Union)、医师保护协会(Medical Protection Society)和国民医疗服务诉讼委员会(National. Health Service Litigation Authority)。这些互助型责任保险机构不仅仅提供责任保险，而且提供包括法律咨询、辩护以及承担法律辩护费用和责任赔偿在内的全方位的医疗法律服务。〔1〕 在加拿大，加拿大医疗保护协会(the Canadian Protective Association, CMPA)是非营利性医疗互助防卫组织，为加拿大大约95%的执业医师提供教育、咨询、法律辩护和赔偿服务。加拿大医疗保护协会成立于1901年，并于1913年根据一项议会法案进行了公司化。加拿大医疗保护协会一百多年来的长期经验证明，这种模式在加拿大的成功和可持续发展。协会有全额资金保障机制保证资金来源，因而在保险精算方面是很可靠的，费用是根据医师的专业和执业地域进行风险评估精算来收取的，费用额度会通过成熟的资金调整机制根据投资的盈亏进行调整。根据历史数据和当前趋势会为将来承担赔偿责任而预留资金储备。该协会不限制对患者的赔偿额度，为成员提供了帮助。另外，该协会还支持整个医疗系统改善患者安全状况和医疗风险管理方面的努力。〔2〕

2. 医师协会组织保险模式

医师协会承保医疗责任保险模式的代表国家是日本。日本医师会(Japan Medical Association, JMA)为其会员提供医疗责任保险，JMA属于一种行业自治组织，有一个以全国为范围的社团法人——日本医学协会，以都道府县为范围的都道府县医学协会有47个。日本的医生取得医师资格注册后，就可自由参加各地的医学协会。日本医学协会作为一个团体与保险公司(由东京海上火灾保险公司等5家损害保险公司承保)签订合同，作为总承保人对已参加保险的会员医生的医疗过失负有赔偿责任。医师协会与保险公司紧密配合，成立联合调查委员会，对医疗纠纷实况进行调查，并将调查情况交由赔偿责任委员会进行审查。审查由10名(法律4名，其余为医学专家)审查员审议按照少数服从多数原则确定决议。审议内容包括是否应当承担赔偿责任、赔偿数额等。日本除JMA提供JMA保险外，地方医师会为其会员提供补充职业责任保险，以填补JMA保险的免赔额。大多数医生在购买JMA保险的同时也购买补充保险来补充承保范围和免赔额。日本医生加入JMA购买医疗责任保险是自愿的，不受法律强制，有的学术团体或医生个体选择直接向商业保险公司投保医疗责任保险。由于JMA保险的保险费率要低于商业保险，日本国内的大多数医生都

〔1〕 戴庆康：《英国医生互助性责任保险评述》，《南京医科大学学报(社会科学版)》2003年第1卷，第19页。

〔2〕 OECD. Medical malpractice: prevention, insurance and coverage options. 2006:12.

选择此种形式。[1]

3. 综合性赔偿的社会保险模式

在北欧的一些国家，建立有全面的人身意外损害赔偿的社会保险体系，医疗损害与其他机动车损害等一样，都纳入意外损害保险体系中。新西兰医疗事故保险从1972年开始（1974年生效）由新西兰事故赔偿计划提供，并由政府的意外赔付公司（Accident Compensation Corporation）进行管理。这个方案是将所有新西兰公民及来访者的工伤及非工伤、机动车伤害和医疗事故纳入进来，"医疗事故"赔偿请求的赔付资金并非由医疗执业者来提供，而是由政府和新西兰的劳动人口来共同承担。意外赔付公司管理规范进行过几次修改，从1999年开始其资金来源结构在逐渐改变，由现收现付（pay-as-you-go）向全额资金保障转变预计到2014年实现全部转变计划。新西兰立法和判例将该计划的覆盖范围扩大，最明显的是1992年和2005年7月的修法，"医疗事故"用语被"治疗伤害"取代。[2] 分为医疗错误、医疗不幸，该计划中所有错误、失误或疏忽的概念都将完全消失，该计划将覆盖所有因治疗而产生的、非正常治疗结果的伤害纳入社会保险赔付。[3]

在芬兰、丹麦和瑞典，是实行强制无过失保险制度的国家。瑞典1995年开始在区域医疗保健业拥有所有权的公共互助保险公司取代了（传统的）保险公司。[4] 在芬兰、瑞典也有类似制度，其资金来源是那些承保特定风险的私人保险公司联合起来构筑的资金池。在芬兰，1987年建立了以保证基金形式运营的保险公司联合——患者保险中心（Patient Insurance Center）承保基于无过错的医疗事故损害的广泛赔付。[5]

---

〔1〕 植木哲：《医疗法律学》，法律出版社，2003年，第42-43页。

〔2〕 Typically included: 1) Medical error: failure of health professional to observer the standard of care and skill reasonably expected in the circumstances; and 2) Medical mishap: where the patient received the right treatment and it was properly administered, but the patient had a complication that was both severe and rare. see OECD, Medical malpractice: prevention, insurance and coverage options. 2006:15.

〔3〕 OECD. Medical Malpractice: Prevention, Insurance and Coverage Options. 2006:12.

OECD. Medical Malpractice: Prevention, Insurance and Coverage Options. 2006:12.

〔4〕 The Finnish Patient Injuries Act, of 25 July 1986 states that medical malpractice insurance called "Patient insurance" (to reflect the no-fault nature of this system) should cover bodily injury sustained by patients in connection with medical treatment and health care given in Finland. Typically, insurance should provide damages (also set by regulation) for bodily injuries, which are likely to have resulted from medical treatment and which meet one of the following conditions: treatment injury, equipment-related injury, infection, accident-related injury, fire and burn injury, misdelivery of pharmaceuticals and unreasonable injury. see OECD, Medical malpractice: prevention, insurance and coverage options. 2006:16.

〔5〕 The Finnish Patient Injuries Act, of 25 July 1986 states that medical malpractice insurance called "Patient insurance" (to reflect the no-fault nature of this system) should cover bodily injury sustained by patients in connection with medical treatment and health care given in Finland. Typically, insurance should provide damages (also set by regulation) for bodily injuries, which are likely to have resulted from medical treatment and which meet one of the following conditions: treatment injury, equipment-related injury, infection, accident-related injury, fire and burn injury, misdelivery of pharmaceuticals and unreasonable injury. see OECD, Medical malpractice: prevention, insurance and coverage options. 2006:16.

北欧国家的这些国家所建立的无过错赔偿体系，运行至今，主要成功因素是这些国家有优良的社会保险传统，专业的医事保险人才，健全的社会安全网络，以及高水平的医疗质量管理体系来保障患者就医和安全。

4. 患者赔偿基金模式

在美国，截至2004年年初，印地安纳州（1975年）、堪萨斯州（1976年）、路易斯安那州（1975）、内布拉斯加州（1976）、新墨西哥（1978年）、纽约（1986年）、宾夕法尼亚州（1975年、2002年）、南卡罗来纳州（1976年）和威斯康星州（1975年）九个州建立了患者赔偿基金。[1]佛罗里达州的患者赔偿基金计划由于低估覆盖范围而在1983年关闭，尽管如此，佛罗里达州仍然对2003年4月的案件予以支付赔偿。怀俄明州立法机关已通过了创建患者赔偿基金的法案，但从来就没有正式付诸实践创建。[2]

患者赔偿基金是对于超过一定数额的赔偿由患者赔偿基金支付。患者赔偿基金的来源分为三种：第一种方式是州政府作为发起人成立的患者赔偿基金，作为稳定医疗责任保险费率、吸引医生在本州职业的政策工具。这个基本扮演超额保险人的角色，即私人保险公司提供一定基本保障水平的责任保险，对超出私人保险理赔限额赔偿责任，由该基金提供保险赔付。尽管在法律上会有宪法上的平等保护之争议，但是并没有被宣布违宪，毕竟这个基金是为了州的公共利益而设，不是限制赔偿某些患者金钱，而是为了转移大额损害赔偿责任。基金规定，只对超过10万美元的医师责任赔偿，以及超过医师投保私人保险公司，因为私人保险公司保险合同有限额约定，对超过私人保险赔偿限额的部分由基金来支付。在美国各州的患者赔偿基金形式不完全相同，有的是完全州政府作为发起人，有的是准私有化的，有的是强制性的，还有的是自愿的。事实上，建立了患者赔偿基金的州，对发生非财产性损害赔偿超过50万元的案件都是由基金支付，对医师来说构成是事实上的限额赔偿，其责任保险费率也不再增加，实现了州政府希望的稳定医师责任保险费率的目标[3]。第二种方式是医疗服务者注入资金加入基金。至于是强制医师加入还是由医师自愿选择加入，取决于各州的规定。原因是强制或任意是各有利弊。强制医师加入的有好处在于可以建立一个较大的基金池，系统就会保持活力，患者获得全额赔偿。不足之处在于，这种基金等于是从低风险的医师那里补助高风险的医师，一定程度上使得高风险的医师不在意被索赔。伊利诺斯州目前强制所有医师加入基金，可以蓄积较多的资金维持运作，使得患者获得足额赔偿。第三种方式是按照医师不同执业专业建立基金，采用固定费率的方式建立资金池。这在一定程度上也是低风险的医师给了高风险医师补贴，但是细分了专业，与第二种方式相比，高风

〔1〕 Grant McBride. MEDICAL MALPRACTICE INSURANCE IN ILLINOIS：WHERE WE′VE BEEN AND WHERE WE'RE GOING AFTER LEBRON V. GOTTLIEB MEMORIAL HOSPITAL，930 N. E. 2D 895（ILL. 2010）.

〔2〕 Sloan，Carrie A. Mathews，Christopher J. Conover ，William M. Sage. Public Medical Malpractice Insurance：An Analysis of State-operated Patient Compensation Funds. DePaul law review. 2005（54）：248.

〔3〕 Sloan，Carrie A. Mathews，Christopher J. Conover ，William M. Sage. Public Medical Malpractice Insurance：An Analysis of State-operated Patient Compensation Funds. DePaul law review. 2005（54）：248.

险的妇产科、外科要负担更多的费率，给这些专业的医师有了一定的经济压力。

（二）不同的医疗责任保险模式对医疗责任保险之影响

医疗责任保险是一个专业化程度高、风险高的险种，采用哪种模式取决于一个国家、地区的保险业发展程度、医师协会的组成能力，以及对保险业务服务的能力。美国学者对美国保险协会（the National Association of Insurance Commissioners，NAIC）1994—2006 数据研究发现，医师管理型的保险公司在风险准备金提取上表现得更为保守和准确，而这对于政府监管保险市场和信用评级带有积极的影响作用，从而减轻和避免保险费过快增加、市场混乱的不利因素。〔1〕

近年来，相互保险公司模式具有比普通保险公司模式表现出更好的优势。美国医疗责任保险在过去的 30 年里经历了三次保险价格上扬伴随市场急剧萎缩的危机，面对如此快速变化应对措施之一是建立医师股东型和医师运营型的保险实体—相互保险公司，为医师提供保险。美国保险监管机构避免这样的保险公司在区域上和业务上的高度集中会带来业务风险，鼓励这些保险公司跨州际开展保险业务。医师作为保险公司的股东、管理者，其医学专业背景使得其在处理业务中具有比一般保险公司的优越性，在保险公司的资金储备管理上误差更小，监管机构和信用评级机构也可以从这些保险公司的风险储备金的管理上评估保险公司的风险程度。

采用相互保险公司模式具有比普通保险公司模式具有优势：(1) 具有组织目标明确和信息获取机会优势。前者根据联邦法律责任风险旨在给医师提供一个稳定的费率环境和致力于侵权法改革；后者将希望寄于价值和利益最大化，更注重的是投资回报。前者是根据美国 1986 年颁布的《风险自留法案》(Federal Liability Risk Retention Act)，允许成立“特定责任互助保险公司”，医师们作为风险共同体，采用对特定的医疗风险，通过成员内部融资或合资购买第三方保险来为成员提供保护，针对评估风险管理信息予以报告，开展相关培训以降低诉讼概率，包括教育医生如何与病人更好的沟通。与传统的保险公司相比，前者少了保险经纪人公司、承保保险公司等中间环节，减少了费用开支，政策上可以获得社会和州政府的支持。(2) 较为准确地提取风险准备金。由于医师成员对于医疗风险的管控上具有专业优势，使得其核保能力较强、责任认定比较准确，在风险准备金提取上比一般保险公司更加稳健。

由于医师成立相互保险公司，在降低费率和控制医疗过失诉讼经营运行得不好。近来，医生和医院开始不断增加选择包括建立专属保险公司(Captive Insurance Company)〔2〕的

〔1〕 Yu Lei，Joan T. Schmit. Influences of Organizational Form on Medical Malpractice Insurer Operations. Connecticut Insurance Law Journal Fall，2008，15 Conn. Ins. L. J. 53.

〔2〕 Captives Glossary，CAPTIVE INS. COS. ASS'N，专属保险公司是由规模较大的企业或者类似企业集团或者公会团体，成立一个子公司，承保和管理自身的风险，在财务上作出一种应对风险的金融安排。专属保险介于商业保险与自己保险之间的保险组织，相当于母公司运用保险经营原理而建立的为自己分担风险的保险计划，这类公司的母公司有单一的母公司和集团母公司，http://www.cicaworld.com/Resources/ CaptivesGlossary.aspx，last visited 2012/10/30。

各种保险途径。他们在坚持最高额限制赔偿的前提下，可以更加快速有效地解决经鉴定认为有医疗过失的赔偿。[1] 保险公司提取风险准备金数额相当于所有尚未支出的理赔损失和损失调整支出，随着时间推移，经过多年的沉淀累积，有可能发生与先前预估的数据之间存在差异较大的情况，出现风险储备金估计误差，这个误差或正或负，影响到保险公司的财务表现、当期利润、所得税计税额。误差越大，对于保险市场价格波动影响越大，立法监管保险公司风险准备金的提取十分必要。

四、我国医疗责任保险制度模式的现实选择

我国医疗责任保险是否应当采取强制保险的模式争论已久。赞成实施强制保险模式的学者认为，强制医疗责任保险是医疗责任保险发展取向，有利于解决我国医疗责任保险市场下需求不足的问题，有利于对该市场的培育。[2] 也有学者认为自愿保险模式有利于我国的医疗责任保险市场在完全市场化的条件下逐步演进和发展，强制保险并不能解决我国医疗责任保险缓慢发展的现状。还有学者认为，我国医疗责任保险的发展应当遵循市场演进模式，目前不宜实施强制保险，主要理由有：(1) 作为机构的医院，其偿债能力远远高于医生个人；(2) 医疗纠纷中医院败诉率低，赔偿数额不高；(3) 以行政职能力量直接干预医疗责任保险市场的发展违背了行政权力的行使范围；(4) 依靠外在强制力量推动责任保险需求不具备内在张力，在行政力量疲软和缺乏可持续性的情况下，医院不愿意投保情绪反弹；(5) 应当尊重医院作为独立法人的自主权。[3]

我们认为，强制保险模式已经被证明是医疗责任保险实施模式的发展趋势，在西方医疗责任保险制度发展比较久远的国家，部分国家实行强制医疗责任保险或者责任保证机制，或者即使不是强制医疗责任保险，在医师自由职业的国家地区，医师协会或者医疗机构将医师必须参加医疗责任保险作为获得会员资格、获得工作机会的条件。选择强制保险还是商业保险模式，体现国家政策导向和法律的不同价值取向。一国的医疗责任保险采用何种组织模式，决定于该国的经济体制、医疗卫生体制、经济发展程度以及保险业发展状况，我国应当采取强制责任保险模式。

(一) 强制保险的国家政策导向：确保潜在加害人具备最低风险责任能力

我国医疗机构形式多样，农村地域广阔，偏远山区交通不便，农民收入偏低，难以支付去大城市医院看病的费用，头疼脑热自己吃药扛着，疾病严重时才去县城二级医院就医。产妇生育、常见呼吸感染和慢性病等疾病是乡镇卫生院接诊的主要病种。乡镇卫生院、卫生室、

[1] Eleanor D. Kinney. The Potential of Captive Medical Liability Insurance Carriers and Damage Caps for Medical Malpractice Reform, New England and Law Review. vol. 46: 489 - 503.

[2] 陈玉玲：《我国医疗责任保险的现状及其发展的前提条件》，《中国卫生事业管理》2002 年第 18 卷，第 345 - 346 页。

[3] 陈绍辉，袁杰：《医疗责任保险：强制抑或自愿——现实条件下的模式选择》，《上海保险》2005 年第 12 卷，第 15 - 18 页。

个人诊所分布广泛,有的医疗服务站虽然业务上隶属社区医院,但实际收入和经费支付相互独立。这些基层医疗服务提供者几乎没有独立承担大额赔偿的能力。

进一步,以农村常见的产妇生育中发生医疗过失新生儿脑瘫为例说明之。作者在北大法意法院案例库中对于2000年1月—2012年11月期间的"民事经济—侵权责任纠纷—医疗损害责任纠纷",以及"中国法院网—普通民事文书—医疗损害"为检索范围,再以含有"脑瘫""分娩"为关键词,进行检索,剔除案件资料重复和程序性裁定文书,获得有效研究数据裁判文书(包括调解书)36份。按照医疗机构类别、司法鉴定结论、医疗事故鉴定、主要赔偿项目、赔偿数额、伤残等级等方面,对这36例案件归类分析,结果是:(1)与出生有关的脑部损伤引起的原因,一方面与产妇和胎儿自身状况密切相关,如胎儿宫内窘迫、早产、难产、低体重等;另外一方面与诊疗过失有关,过失行为表现主要有:未做胎心监护、产程处理不当,新生儿窒息后抢救复苏不力,催产素使用不当等。(2)造成患儿残疾比例高、且重度残疾比例高。有伤残等级鉴定的有17例,一级伤残9例(25%)、二级4例(11.11%)、四级2例(5.6%)、五级2例(5.6%),合计47.31%,其余未作伤残鉴定,但患儿身体损害严重。(3)赔偿数额较高。最高者为陈某某诉双牌县江村镇中心卫生院、湖南省儿童医院一案,获赔1 074 224元;赔偿数额最低者为易明翔诉湖南醴陵市泗汾中心卫生院一案,获赔50 854.7,该部分费用仅包括2007年至2010年已发生的费用,尚未包括后续治疗费与后续护理费。(4)赔偿项目中主要是医疗费、交通费、后期康复费、后期护理费、鉴定费、营养费等,其中后期康复费、后期护理费占总赔偿额的权重比尤其大,以陈某某诉双牌县江村镇中心卫生院、湖南省儿童医院一案为例,后期康复费、后期护理费占总赔偿额的权重比分别约为41%和40%。(5)被告多为基层医院,其中乡镇卫生院12家、妇幼保健院5家。

根据中国卫生统计年鉴2011—卫生经费—《2010年各类医疗卫生机构收入与支出》,基层医疗卫生机构——卫生院——乡镇卫生院总收入为11 264 590万元,总支出为10 856 333万元,其中人员支出3 532 447万元,当年乡镇卫生院有37 836个,乡镇卫生院平均收入297.768万元、支出286.931万元(其中人员支出93.36万元)。根据《乡镇卫生院管理办法(试行)》《医疗机构管理条例》的相关规定,乡镇卫生院是事业单位法人,年度收支预算是根据县级人民政府卫生行政部门审核汇总,报财政部核定。乡镇卫生院的支出除去人员工资支出,只要有一例上百万赔偿或者两例几十万赔偿,医院都是无力负担。

(二)确保医疗责任保险资金池规模。

自愿保险模式运行的结果是:风险程度被高估的医疗机构有可能放弃续保,风险被低估的医疗机构要想获得续保而不得不增加保险费用,最终经过市场筛选,只剩下高风险的医疗机构,风险资金池变小,不能形成大数法则。而强制保险因为由不得投保人自己选择是否投保,在整个投保人群体里,保险只是通过平均的保险费或者有限的费率调整机制,将把风险被高估者的财富转移到风险被低估者那里,消除了逆向选择问题。根据保险理论,假使社会福利等于各主体的期望效用之和,将风险从风险厌恶者转移至风险中性者就能够提高社会福利,实现帕累托改善。更一般地说,将风险从风险厌恶程度较高的主体转移至风险厌恶程度较低的主体就会提高社会福利。[1] 从福利经济学角度分析，医疗责任保险不仅能为医疗机构带来内在利益，而且有效增加全社会的净福利。但是，由于医院、管理者、医生对于风险的厌恶程度不同，直接影响到保险需求，大中型医院接受患者多、疾病复杂、发生病死伤概率高，对于风险厌恶程度高；小医院、个体诊所接诊的病人多是常见病、患者病死伤概率低，这些小医院诊所对于风险的厌恶程度低，如果严格按照法人制度自己独立承担风险责任来看，大医院年收入亿元甚至几十亿，完全有能力自行负担责任，小医院诊所一旦发生死伤，基本无力自负责任，小诊所平时风险管理意识差，不愿意花费较大的成本防范损失，风险控制水平处于最低限度之内，不愿意花钱购买责任保险。导致的结果是：大小医院都不愿意自愿购买医疗责任保险，或者剩余高风险的医院愿意购买保险，出现逆选择。在信息不对称的保险市场中存在市场失灵现象，实施强制保险有助于社会福利改善，从而提高保险市场效率。[2]

（三）医疗机构和医护人员对医疗责任保险有需求。

医院管理者和医师对医疗责任保险有实际需求，希望该保险能够为患者提供理赔的同时，减轻职业压力、缓解经济负担。

第一，医院内部处罚机制对医生形成一定压力。医护人员隶属医疗机构，发生医疗损害赔偿事故之后，医院根据院内风险管理制度，对医师所属科室主任、副主任、医疗团队成员实施扣去奖金的个人经济处罚，额度一般不超过赔偿总额的 15%—30%。一个上百万元经济赔偿，科室主任将被扣去 2 万元收入，对科室成员形成巨大压力，即便是数额小对医师不会形成经济负担，但是医师会因此负担很强的心理压力并且其声誉会受到不良影响。

第二，“看病难、看病贵”的问题，激化医患之间的相互不信任。一般有执业十年经验的医生，对常见病依靠询问病史、查体，60%—70%的概率是可以直接作出诊断，使用临床医技设备检查时只是作为医师诊断的辅助。然而病患到医院，动辄用 CT、磁共振全身多部位检查，花费多却未必能得到医师给出的肯定答案。医生使用听诊器本就是医生的技能，正如某医学专家所言，“老年人可能是先天性心脏病患者，如果不加听诊就容易误诊；头颅 CT、超声心动图都没能发现的锁骨下动脉狭窄，通过听诊可以发现，可见听诊的临床意义重大”。[3] 但是现在医生业内都知道的潜规则“必须要使用、尽量要使用仪器设备检查”，一来表明诊断难度，二来使用医院设备获取经济收益。

第三，医生收入待遇级差大，“灰色收入”加剧医患矛盾。我国现有注册医师 205 万，全部医生在 310—330 万人之间，是中国医学和医疗保障的主力军。与主要发达国家相比，我国医生专业水平有较大差距，但在发展中国家，却首屈一指，也是我国平均受教育程度最高、最接近世界水平的行业之一。但是，最近 6 年，共有 100 多万人通过临床执业医师资格考试，有 40 万人没有注册。换句话说，这 40 万人都没有选择从事医疗行业。医生后备力量薄

---

〔1〕 斯蒂文·萨维尔，翟继光译：《事故法的经济分析》，北京大学出版社，2004 年，第 220 页。

〔2〕 周海珍：《强制保险能否提高保险市场效率》，《清华大学学报》2009 年第 1 卷，第 43 页。

〔3〕 曾昭耆：《拿起你的听诊器》，百度文库，http://wenku.baidu.com，2012/12/15。

弱的问题迟早会显现，在农村已经出现很多“有室无医”的情况，约66.7%的村卫生室只有1名村医，人数多于3人的村卫生室仅有12.5%。基层医师普遍处于低工资、高强度、高风险的生存状态。继续医学教育水平参差不齐。社会普遍存在执业医师流失、优秀注册医师改行、医生不让子女再学医的“自嘲”、社会对医疗行业缺乏基本的理解与宽容等等，这些已经造成了对医师队伍的极大伤害。医生不能从自己付出的技术劳动中获得应得的、维持其有尊严生活的合理合法收入，虽然有医保处方限额制度，但是一些医生还是有办法开立“大处方”，追求药品和医疗器械回扣、收受病患家属红包等不正当收入，严重影响和损坏了医生的声誉，加重了看病贵的问题。[1]

第四，对执业医师队伍规范化管理，医师“年检制”绝非保障医疗水平的神器。卫生部从2007年就开始实施《医师定期考核管理办法》，2013年底前在全国全面实施医师进行定期考核制度，每两年为一周期；在2016年之前，医师定期考核将逐步由按类别考核过渡到按专业考核模式，业务水平测评、工作成绩和职业道德评定，三项中任何一项不能通过评定或测评即为不合格。但是既往的考核并不少，而不断出台新的考核制度反而说明了一个问题——举措真正落到实处其实很难。

第五，社会调查显示医师和医院都有参加责任保险的愿望，但却对商业医疗责任保险不满意。有学者对医疗责任保险的需求主体调查，对北京、武汉10所医院的调查，得出结论认为，在投保的必要性上，83%的私立医院认为有必要，70%的公立医院认为有必要。综合医院整体风险均衡，投保需求不大；高风险专科医院投保需求高，社区医疗机构、私人诊所只接诊常见病，投保需求不大。[2] 实际上，我国地域广阔的私人、乡镇医院，农村边远区，患者即使病重也无法及时到达医院就诊，经济条件差的患者一般首选小医院就诊，医院的风险并不低，作者的调查没有列明被调查的医院，调查结果是否具有代表性，值得探讨，但至少可以证明医师对于责任保险的需求态度。前文已经指出。医疗责任保险费率以商业经营为原则，费率机制不合理，而强制医疗责任保险适当引入国家。

五、强制医疗责任保险模式的理论基础

强制医疗责任保险须有特别理由。强制责任保险属于强制缔约范畴，特定投保人必须投保，保险人必须承保，这是对民事活动主体缔约自由的限制。将是否参加保险与获得卫生医疗开业许可、医师护士执业许可关联，未参加责任保险将不得开业执业，这种强制手段实际是构成对医疗机构、自由执业医师行为自由和工作权利限制，并且这种限制效果与机动车强制保险不同，机动车强制保险是将人和车辆联合强制投保，如果司机风险程度高、违法被

〔1〕 姜洪镜：《“明星下嫁医生”会发生在中国吗?》，《环球医学》，http://www.g-medon.com/Item/25599.aspx，2013/03/08。

〔2〕 王琬：《10所医院医疗责任保险投保行为分析》，《中国医院统计》2008年第12卷，第348-350页。

吊扣执照，一般不会构成对其工作权利的限制，开车人可以选择其他交通工具出行。但是，如果医院、医师不参加保险，依法得不到开业许可或者执业许可，是对其法人经济行为自由、个人工作权利的限制，应有法律正当性论证。

医疗责任保险本质是保险，属于私人交易范畴，应遵循私法自治原理。自治是从理性经济人的假设出发，相信每个人会作出最有利于己的决定，而经由自由交易，有限资源即可在最低成本下产生最大效益，整体的社会福祉也自然达成。国家扮演的角色，不是公共利益的界定者，也不是市场的参与者，而只是单纯财产权的界定者及市场秩序的维护者，包括对经济活动中的争议作出裁决。台湾学者苏永钦认为，“国家管制的理念，或者从公共利益必须由国家界定，或者从市场机制在某些领域的失灵出发，国家不仅参与市场，而且干预人民的市场行为。表现在法律上，自治规范和管制规范。国家制定的自治规范不仅不须‘使知之’，甚至不必‘使由之’。管制规范是基于一定政策目的而设，主要规范对象是人民，为影响其行为，自应宣导周知，且法律的解释偏重于目的性，技术的精确性反而不是最重要的”。[1]

（一）民法社会化：强制缔约制度的思想基础

“私权应遵依公共福祉，权利之行使及义务之履行，应依诚实及信义为之，利之滥用不许之”表现出了民法社会化的趋势。[2] 现代民法体现了个人利益与社会利益所表现出的个体权利与社会义务并重的理念。民法以个体人为本位，但其伦理基础则在于人的互相尊重，在于每一个人又都是社会人，即每个人得要求他人尊重其存在及尊严，而这更须以尊重他人为前提。这一伦理原则体现在民法中，乃指个人之自由的范围及权利的行使应顾虑他人或更高的价值利益。

契约自由为个人自主发展与实现自我之重要机制，并为私法自治之基础。契约自由原则与所有权绝对原则、过失责任原则等三项原则，为近代司法三大原则。契约自由是指每个人都有机会自由决定是否订立契约的自由、与谁订立契约的自由，以及契约内容自由。缔约自由的前提条件是市场处于自由竞争环境下，交易主体提出的交易条件为相对人接受。古典契约自由理论是建立在完全自由市场的基础上，契约不涉及第三人，不会对第三人造成损害。但是当社会发展至社会组织分工精细和专业化阶段，人的自由包括契约自由必须服从于社会公共利益，尤其是在具有利益相互抵触的社会力量的较量与平衡的时候，法律有必要为了公共利益而对自由进行分配和限制，此时，社会公共利益、社会公平成为检视私人行为和利益合法性的参照，于是，现代契约自由思想注入了在尊重私人选择基础上兼顾社会公平以及公共利益的内容。与此相应，在立法中的价值取向和利益衡量中，更多地强调保护公共利益，通过公权力对契约自由加以限制。强制缔约就是对“是否订立契约的自由”（消极的契约自由）加以限制，在法律具备特定要件时，对于个人科加义务，要求与他人缔结其所希望的契约，如果有此义务而拒绝则构成违法，相对人可以依据法律要求其履行义务，并使其负担

〔1〕 苏永钦：《民法七十年之回顾展望纪念论文集（一）总则・债编》，中国政法大学出版社，2002 年，第 11 页。

〔2〕 李石山，彭欢燕：《法哲学视野中的民法现代化理论模式》，《现代法学》2004 年第 4 卷，第39 页。

赔偿义务的情形。如果国家为了实现对受害人的充分保护，通过立法强制投保人购买保险，保险人必须承保，则对受害人之赔偿就有了资金保障，充分体现国家对弱势人群的人文关怀。

（二）确保患者得到基本赔偿：强制医疗责任保险的人文基础

现代民法的核心应当是以人为本，人格尊严，人身价值和人格完整，是最高的法益。国家为了实现对于受害人的充分保护，通过立法强制投保人购买保险，是为了保护受害人的利益而设定，更多地体现了国家对社会公众利益的保护。保险是现代社会规避风险的最好工具之一，遵循民事和商事交易的基本规则，保险的主要内容属于交易主体的自治范畴，属于任意规范，各种私权及基于意思自治形成的法律行为建构私人间的法律关系。但是，任意保险之下，投保人是否购买保险、买多少保险完全由自己决定，在事故发生后，由于投保人没有购买保险或者购买的保险赔偿限额较低，就可能发生受害人无法获得充分的赔偿。于是国家有必要引入强制保险，是对民商事主体是否缔结契约的自由以及选择缔约相对人的自由的限制。

（三）准公共产品：强制医疗责任保险的经济学基础

经济学上，公共产品是与私人产品相对而言，指消费或使用上具有非竞争性以及受益上的非排他性的产品。公共品是指那些用来为整个社会共同消费的产品，在消费过程中具有非竞争性（边际成本为零、边际拥挤成本为零）和非排他性任何人都不能独占专用，要想将其他人排斥在该产品的消费之外，不允许其他人享受该产品的利益也不可能的产品，任何一个人对该产品的消费都不减少别人对它进行同样消费的物品与劳务。公共产品具有非竞争性和非排他性，准公共产品通常只具备上述两个特性中的一个，而另一个特性表现不充分。准公共产品分为两类：一类是具有非排他性和不充分的非竞争性的公共产品，如教育产品；一类是具有非竞争性特征，但非排他性不充分的准公共产品，如公共道路。〔1〕海南省政府是将医疗责任保险定性为政策性保险和准公共产品。〔2〕

（四）促进公共利益保护：强制医疗责任保险的目的正当性

公共利益在立法和司法实践中存在不同的理解。所谓公共利益，是指在一定社会条件下或特定范围内不特定多数主体利益相一致的方面，其中不特定多数主体既可能是全体社会成员，也可能不是全体社会成员，而利益范围既包括经济利益，也包括正义、公平、美德等抽象价值。〔3〕公共利益是不确定法律概念，所谓的不确定性是指“当一个法律问题或者一

---

〔1〕 维基百科网站，http://zh.wikipedia.org/wiki，2012/12/28。

〔2〕 中华人民共和国国家卫生和计划生育委员会.海南全省医院参加医疗责任保险，不断完善医患纠纷第三方调处机制[EB/OL].国家卫生计生委体制改革司网站，http://www.moh.gov.cn/tigs/index.shtml，2012/12/20。

〔3〕 余少祥：《什么是公共利益——西方法哲学中公共利益概念解析》，《江淮论坛》2010年第3卷，第89页。

个如何将法律适用于事实的问题没有任何唯一正确解答的时候，法律即是不确定的”〔1〕“按照 H. L. A. 哈特的分析，法律概念之所以会出现模糊地带，缘起于法律概念核心与法律概念边界的二分结构。概念核心指涉欲定义对象的主要特征，而概念边界涵盖了欲定义对象的其他方面。由于后者不具备与其他事物明显区分的性质，难免会出现适用时的不确定性，……不确定法律概念之适用必须渗入法律适用者之主观的价值判断，……只是，在这些学者眼中，价值评估也可循着立法者预设的目标，纳入法律问题的范畴。”〔2〕确定公共利益概念的核心与边界是确立哪些利益可以划入公共利益的范畴。在判断上把握几点：主体数量的不确定、实体上的共享性、道德上的正当性、内容上的独立性、实践上的非盈利性。首先，强制医疗责任保险制度作为一种准公共产品。其次，强制医疗责任保险可以改善不特定医患关系，维护医疗秩序。再者，强制医疗责任保险具有道德上的正当性，对于处于罹患医疗损害的患者而言，处于弱势的情景下，保险制度确保其获得基本理赔保障。最后，医疗责任保险可以减少防御性医疗，促进医学整体进步，符合公共利益界定的单个具体的医疗活动涉及的是特定医患双方的权利义务，但是医学发展的特点决定了，每一个具体的医疗活动无论失败或者成功，在整体上都具有医学上的进步意义，而医学的进步关乎不特定潜在患者的共同利益。医疗责任保险在为不幸的患者通过基本的赔偿保障的同时，增进患者、医疗机构和医师的合法权益，促进医疗卫生事业发展发展。

医疗活动的特点是高风险性、复杂性，医疗损害发生总有概率，医师普遍采取防御性医疗，加重患者医疗费用支出负担，造成有限医疗资源浪费，参加医疗责任保险，可使得医生有一定程度的安心，愿意实施风险技术，一旦出现差错，由责任保险赔付基本赔偿，减少医患纠纷，对医患双方有利，医学技术进步促进公共产品供给，造福人类。

年轻的实习医生成长为经验丰富的名医，靠的是多多见识病例和多多动手动脑实践操作，医学的点滴进步，都来自医生们对每个病例治疗经验的总结与交流，可以说一个技术娴熟高超的医师背后有很多为治疗病患成功与失败的经历，这本是医师和医学技术进步的必由之路，如果医师害怕风险、患者对医师左右不信任，长此以往，患者和医师两相受损。

比如癌症的治疗，除非有适用禁忌，理论上治疗方案有两类供患者选择：一类是手术方案，风险大、收效显著或根治；另一类是保守治疗，风险低、只能维持现状或者延长生命时间。患者想要得到医生专业判断下的最佳治疗方案的推荐意见或者指导意见，如果医生愿意，会选择冒较大的风险的情况下尝试对患者来说较好受益的治疗措施，但是，如果医师选择防御性医疗，患者可能错失最佳的手术治疗机会，而这些情况，患者很难有机会从中比较得失。

再以产科传统“内回转术”为例，“自然产与剖宫产相比，前者对于对母婴更加具有益处”这是医疗界的共识，卫生部和世界卫生组织将“孕妇自然生产占比”作为考核妇幼医疗保健

---

〔1〕 布莱恩·比克斯：《法律、语言与法律的确定性》，克拉伦敦出版社，1993 年，第 1 页。[英]蒂莫西·A·O·恩迪科特，程朝阳译：《法律中的模糊性》，北京大学出版社，2010 年，第 12 页。

〔2〕 郑春燕：《取决于行政任务的不确定法律概念定性——再问行政裁量概念的界定》，《浙江大学学报》2007 年第 3 卷，第 168 页。

质量的指标之一。我们曾经就"为什么剖宫产生育的产妇越来越多?"问题专门向妇幼专家请教,原以为医院剖宫产手术医院可以获取更多医疗收入。但是被产科专家告知,剖宫产手术必须要有手术指症,孕妇待产前的医患之间的告知同意谈话,都会告诉患者各中生产方式的风险,让患者选择。目前在二、三级医疗机构,孕妇自然生产的平均支出医疗费用要比剖宫产的花费更高,原因是对选择自然产孕妇在待产期间要使用胎心监护仪等,持续几天的各种仪器的费用要比剖宫产手术费用高。一旦产程发现胎位不正,在这个关键时刻,如果医生根据病情判断有继续采用自然产的可行性,就需要医生使用臀位牵引术、内回转术,这是风险大受益高的技术,理性医师出于趋利避害的目的,一般会选择为产妇行剖宫产术。[1] 根据物价局批复的不同医院级别产科收费标准,臀位牵引术价格为94元—147元不等、内回转术项目费用在一、二、三级医院的标准为每例分别85、102、111元。臀位牵引术和内回转术都是依靠医生在几分钟之内完成高难度技术,孕妇不用支付药品、材料、麻醉等费用,只承担基本的生产费用,更重要的是这样做可以及时救护产妇和胎儿两条人命,产妇和新生儿获得最好的身体康复条件,从中获得最大的收益。然而,现实情况是,产妇臂位娩出几乎绝迹,更不可能得到宫内回转术调整胎儿胎位后顺产。当前,导致年轻产科医师很少会使用"内回转术"治疗,这是典型的风险大、收效大的传统医疗技术逐步退出的例子,反映出的问题是——当前医患关系信任缺失、医师普遍采用防御性,导致患者无法实现利益最大化、产科医师技术退化。

(五) 医疗责任保险市场失灵: 政府规制的必要性

政府是社会福利最大化者,市场存在失灵现象,政府规制矫正市场失灵,可以使得经济资源配置达到最优以及公共利益最大化。[2] 保险业是一种担负公众利益的行业,政府要像维持银行业一样,维持保险业的稳定和发展。市场失灵主要表现为自然垄断、公共品、外部性、信息不对称引起的资源配置无效率或者不公平。[3] 而保险市场失灵发生在两种情况下:一是保险公司用降低保费方式吸引投保人,扩大市场份额,导致保险公司偿付能力不足。投保人并不知道保险公司的财务状况,一旦发生保险公司无力偿付,对广大投保人造成损失,毕竟,投保人购买保险并不是为了投资,而是为了给自己想要规避的风险买个保障;二是保险公司之间合谋达成价格垄断,导致保险费率过高,保险公司赚取超额利润,损害保险消费者利益。

医疗责任保险费率制定中,存在巨大的利益集团之间的博弈。医疗责任保险费率制定过程中,利益集团之间的博弈存在于医疗机构、保险人和经纪人之间。医疗责任保险费率制

---

〔1〕 宫内回转术是在子宫内非常小的空间要拉动胎儿,要求医生有很好的心理素质和技术。操作上不能太用力,以免拉断胎儿的脚;翻转过程中不能太勉强,以免伤及子宫;拉胎儿时,必须确保胎儿转成 prone position(面朝地),若变成 supine(面朝天)就卡在里面,无法拉出,更重要的是,几分钟内不解决问题,胎儿会窒息在子宫内。

〔2〕 詹昊:《保险市场规制的经济法分析》,中国法制出版社,2007年,第41页。

〔3〕 [美]埃米特·J·沃恩,特丽莎·M·沃恩:《危险原理与保险》,中国人民大学出版社,2002年,第100页。张锐:《中国保险监管适度性研究》,《西南财经大学》,2011年,第14页。

定过程中，保险公司提出费率定价方案，医疗机构别无选择，也没有话语权，进而影响到医疗责任保险的发展，医院不积极投保，保险公司不情愿承保。

根据“利益集团理论”，费率监管是不同利益集团借以影响经济租金分配的机制，保险费率监管是否存在以及监管程度的变化，归根结底是由保险消费集团、保险人集团、保险中介集团等诸多利益集团的政治影响力的变化决定。[1] 医疗责任保险单的特点是数额大、单数少，保险经纪人从中提取医疗责任保险的费率中占据5%甚至10%的费用，获得了规模经济效益，医疗责任保险经纪人只负责年初年底签单、年初收费，地方政府要求医疗机构集体签单投保，经纪人的工作人员需要数量不多，以保险费总收入4 000万，经纪人可获得200—400万佣金；保险理赔中，保险经纪人并不参与实质工作，最为耗时、费力、需要专业知识为后盾的医患纠纷调解工作，是由医院、调解中心、人民调解委员会工作，保险经纪人在医疗责任保险投保与理赔的工作付出与其所收取的中介费用不成比例。经纪人佣金无论是从投保人收取，还是从保险公司那里获得，这只是支付方式的不同，内在的实质是保险经纪人的劳动应当有报酬，而无论是保险公司收取的净保险费，还是保险经纪公司收取的佣金，归根结底都是由投保人承担的保险。

余　论

医疗责任保险作为医疗损害风险社会化分担的重要途径，除了强制保险法律制度本身需要完善，还应当考量其与现有转移医疗损害风险制度之间的关系，存在侵权赔偿、工伤保险、社会医疗保险、商业保险等多个赔偿来源时，如何协调平行来源之间的法律关系，需要有超越民商法部门的法律制度设计予以协调。

---

[1] 魏华林，蔡秋杰：《保险费率监管研究——兼论中国保险费率监管的悖论》，《金融研究》2005年第8卷，第171－121页。

医疗责任公益信托制度构建

——兼论《医疗纠纷预防与处理条例》创新之医疗风险分担机制

杜珍媛*

摘　要：2015年底，国务院法制办下发了《医疗纠纷预防与处理条例》征集意见及建议，该条例第四十七条对建立完善医疗风险分担机制进行了原则性规定，强调发挥保险机制的作用，规定医疗机构应当参加医疗责任保险，分担医疗损害风险。而现有的医疗责任保险制度存在低赔付率、公立医疗机构和医务人员参与医疗责任保险困难、纠纷调解缺乏中立性等问题，且我国侵权法对医疗行为的调整受传统侵权法过错责任的逻辑支配，混淆了因医疗风险所致损害与传统过错所致损害的调整模式。在传统侵权法下以过错责任作为医疗保险赔付依据，来分担医疗损害导致的风险有其制度上的困境。对于因遭遇高风险疾病或其他重大不可知疾病所致伤害，也被排除在侵权法救济之外，应重构新型的医疗损害责任的赔偿机制，以弥补在风险社会中侵权法对患者损害调整的缺失。相比较保险模式，医疗责任公益信托因其公益特性、无商业因素和医疗机构的影响以及调解与鉴定机构的中立和免费，是一种可以参考模式。

关键词：医疗纠纷　医疗风险分担　医疗责任公益信托

一、问题的引出

由于2002年颁布的《医疗事故处理条例》与《侵权责任法》(简称《侵权法》)在事故鉴定的二元制、赔偿的双重标准等诸多方面存在冲突，且《医疗事故处理条例》实施十多年以来并没有有效调节医患矛盾，制定一部新的处理医疗纠纷的规范提上了日程。2015年底，国务院法制办下发了《医疗纠纷预防与处理条例》(简称《条例》)征集意见及建议，新《条例》强调医疗纠纷预防的重要作用，确立了以人民调解为主体，院内调解和司法调解相结合，辅以医疗责任保险分担风险的机制，同时与《民法通则》《侵权责任法》和《人民调解法》有效衔接，将医疗纠纷处理与行业分开，行政处理与民事赔偿分立，把维护正常医疗秩序、构建和谐医患关系工作成果纳入法制化轨道。其中，部分省市积极探索建立以医疗责任保险为主，医疗风险互助金、医疗意外险等多种形式并存、互为补充的医疗风险分担机制，取得的成功经验被新《条例》所吸收，成为其创新亮点。

《医疗纠纷预防与处理条例》第四十七条对建立完善医疗风险分担机制进行了原则性规

* 杜珍媛：南京中医药大学经贸管理学院法学教研室，副教授；法学博士，江苏省卫生法学会理事。研究领域：医药卫生法、民商法。

定:"建立完善医疗风险分担机制,发挥保险机制在医疗纠纷处理工作中的第三方赔付和医疗风险社会化分担的作用。医疗机构应当按照有关要求参加医疗责任保险。鼓励患者参加医疗意外等保险。"医疗责任保险承保机构应当协同医疗机构、医疗纠纷人民调解组织,及时参与医疗纠纷的处理,并加强机制创新,改善服务,按照合同及时理赔。新《条例》首次引进了医疗风险分担机制,强调发挥保险机制的作用,医疗机构应当参加医疗责任保险,分担医疗损害风险。该机制以医疗责任保险为核心,但现有的医疗责任保险制度是否能切实起到分担医疗损害风险,保障患者权益的作用值得反思。中国应当对现有的无过错医疗责任改革,寻求新型医疗风险分担机制,建立多层次的赔偿体系,其改革方向应当是超越传统的侵权法领域,通过各种赔偿模式的兼容并蓄和各类社会资源的有效配置,实现医患关系的和谐和医疗事业的良性发展,使之能够有效地提高医疗质量、强化医疗伤害预防和增进患者的医疗安全。

二、创新中的困境——医疗责任保险制度的沉疴

为有效化解医疗纠纷,解决对医疗责任的赔偿问题,我国近 10 年来相继在部分省市实施了医疗责任保险,但各地现有的医疗责任保险均难以展开。浅层次的表面原因有:医疗责任保险商业因素导致低赔付率、公立医疗机构和医务人员参与医疗责任保险困难、医疗责任保险模式的第三方医疗纠纷调解机构实质是保险公司的理赔部门缺乏中立性等。究其复杂原因,国内学者对医疗责任保险与医疗侵权责任之间的关系进行了分析,认为:医疗责任保险的承保范围是医疗行为存在过失所应承担的医疗侵权损害赔偿责任。医疗侵权责任构成责任保险事故、确定保险范围是依据《侵权法》确定医疗过失赔偿责任。而医疗损害责任认定复杂而专业,2010 年 7 月 1 日实施的《侵权责任法》并没有解决医疗损害鉴定与司法鉴定重复鉴定问题,导致保险公司与医疗机构就保险理赔中不同鉴定结论的采信存在分歧,加剧了医疗责任保险理赔的困难。保险公司没有独立于医疗机构的保险事故认定机制是主要障碍。[1]

医疗责任保险制度存在的问题,在部分国家有着共通性,进一步对比分析医疗责任保险较为成熟的美国,可以发现,在传统侵权法下以过错责任作为医疗责任保险赔付依据,来分担医疗损害导致的风险有其制度上的困境。

传统侵权法遵循矫正正义,对医疗行为所致损害按过错原则追究责任,在美国以过错为责任基础的医疗责任保险体制下,医务人员害怕因医疗过失行为被追究法律责任,为了尽量降低风险,采取防御性医疗,即要么对患者采取过度医疗或提供不必要的医疗服务,要么拒绝对高危疾病患者进行治疗。[2]防御性医疗最终是以牺牲患者的利益为代价而降低医务人员的医疗责任风险,直接导致的是整个医疗行业的医疗服务质量下滑,医患矛盾加剧。

我国侵权法对医疗行为的调整受传统侵权法过错责任的逻辑支配,混淆了因医疗责任风险所致损害与传统过错所致损害的调整模式。医务人员只对医疗过失负责,不对过失以外的损害负责。但医疗行为的固有实验性和高风险性客观存在,无论医务人员如何善尽谨

慎、注意义务，依然无法克服对疾病认识的有限性以及患者的个体差异性，医疗损害的发生因而难以避免。但在我国现有侵权法调整模式之下，患者无法获得补偿和社会救济。而西方国家如美国，也对此困境进行了多次改革，通过多次的改革美国人终于意识到问题的本身不在于医疗责任保险制度和侵权法制度，历次改革的重点都旨在降低保险费和减少医疗责任诉讼，而没有涉及更为实质的问题即“医疗质量的提高”和“医疗损害赔偿的分配”，而这两个问题恰恰是以过错为基础的侵权法的深层矛盾和内在困境所在。而应当跳出这两个制度来研究医疗损害赔偿的分配。基于此，有学者主张用无过错医疗责任修正甚至代替侵权法过错赔偿模式的改革方案。无过错医疗责任主张责任的认定不再需要患者证明医生存在过失，只需存在医疗损害、损害的程度以及医疗行为与损害之间存在因果关系即可。但是，也有学者认为，根据无过错医疗责任制度确定损害赔偿的范围十分困难，很多医疗行为对人体造成的损害并不一致，要确定统一的保险赔偿范围几乎不可能。因此以医疗责任保险制度为核心，设计医疗风险分担机制仍难以有效均衡医患利益，分散医疗风险。必须克服侵权法调整的缺陷，重构新型的医疗损害责任的赔偿机制，以弥补在风险社会中侵权法对患者损害调整的缺失，保障医方治疗和医学创造的积极性，同时也保障患方基本的生命和健康权利。[3]

三、医疗责任公益信托——理论的缘起与制度设计

医患关系的紧张意味着现行医疗风险分担机制有其不合理性，对于因遭遇高风险疾病或其他重大不可知疾病所致伤害，被排除在侵权法救济之外的患者，社会应给予救济。国家需要在制度层面重新分配医患双方的权利和义务，寻求侵权法之外的新的医疗责任风险分担模式。医疗责任公益信托作为公益信托形式之一，是可行的模式，其特征在于将医疗责任赔付信托给第三方公益组织，赔偿主体由医院转移到医院外，且调解与鉴定皆由中立机构独立免费承担，可以减少医疗纠纷对医疗秩序的影响，保障基层医院医疗损害责任赔偿的经济风险，将医院提供的费用尽可能多地用于患者的赔偿。

（一）公益信托法律制度的启示

《中华人民共和国信托法》（简称《信托法》）第一章第二条明确定义：信托是指委托人基于对受托人的信任，将其财产权委托给受托人，由受托人按委托人的意愿以自己的名义，为受益人的利益或者特定目的进行管理或者处分的行为。公益信托在英美法系国家称为慈善信托，以慈善、文化、艺术、宗教或其他公益性质为目的的信托模式，公益信托制度世界各国已成为一项重要的财产管理制度。公益信托有以下法律原则和特征：(1) 所有权与受益权相分离；(2) 信托财产独立性原则；(3) 信托公示的原则；(4) 信托目的合法性原则；(5) 受托人有限责任的原则；(6) 确立了利益冲突的防范原则；(7) 受益人保护加强的原则；(8) 专业的管理与效率的原则。[4]我国《信托法》第六章中第 60 条明确指出，为了下列公共利益之一而设立的信托，属于公益信托。如：(1) 救济贫困；(2) 救助灾民；(3) 扶助残疾人；(4) 发展教育、科技、文化、艺术、体育事业；(5) 发展医疗卫生事业；(6) 发展环境保护事业和维护生

态环境;(7) 发展其他社会公益事业。并在第 61 条中明确规定"国家鼓励发展公益信托"。其中的发展医疗卫生事业,表明了公益信托制度可以用于医疗纠纷的责任分担机制中。

公益信托关系主体包括:委托人、受托人、受益人三方当事人。委托人是指公益信托中通过信托行为并为公益目的,将自己的合法财产转移给受托人,并委托为其管理和处分,从而导致公益信托关系成立的人。受托人是指公益信托中通过信托行为并为公益目的,接受委托人的委托,或者有关国家机关在国家行为中的指定,而对信托财产负有为公益进行管理和处分职责的人。在公益信托中,一般受益人在收益确定之前是不特定的某些人。因为公益信托的受益人是不特定的公众,很难以受益人的名义行使权利,故公益信托可以特设公益信托监察人,依法代表受益人的利益行使权利。由此得以借鉴,可以将公益信托的模式应用于医疗纠纷下责任分配机制,医疗机构作为委托人将一定比例的资金信托给公益信托组织,以公益信托组织的名义来处理医疗纠纷,并以受损患者为收益人进行赔偿,卫生行政机关等中立机构作为公益信托监察人,监督鉴定、赔偿以及信托资金是否合理使用等。

(二) 医疗责任公益信托可行性分析

1. 医疗责任公益信托模式的优势

首先,医疗责任公益信托模式下,医疗机构通过信托合同,将医疗责任信托给医疗责任公益信托组织,一旦医疗机构发生医疗过失事件,因医疗过失对患者造成的损害由医疗责任公益信托组织进行赔付。医疗责任赔付的主体发生转移,减少对作为赔偿主体的医院等医疗机构正常医疗工作的影响,缓和日趋紧张的医患关系。

其次,医疗责任公益信托中,为了判断医疗行为是否存在医疗过失,医疗责任公益信托组织委托独立第三方医疗纠纷调解鉴定机构进行鉴定,其鉴定经费由医疗责任公益信托组织来支付。由于去除了保险公司商业因素和医疗机构的影响,调解与鉴定机构保持中立和免费,第三方调解组织仅就其鉴定结论的客观性对医疗责任公益信托组织和信托监察人负责,因此可以客观地评价患者在医疗行为中因医疗过失受到的损害,患者快速得到合法、公正的赔偿,利于快速解决医疗纠纷。

2. 符合"公益信托"的标准

评价医疗责任公益信托是否符合"公益信托"的标准,应当评估信托目的是否具有公益性、合法性,受益人是否具有广泛性和非特定性等要求。

首先,公益信托模式废除了医疗责任保险中的商业因素的介入,使损害患者有可能获得更加合理的赔偿,维护了社会和谐,最终促进医学的发展。其次,医疗责任公益信托妥善解决医疗投诉,促进医学发展,保护患者权益的目的具有公益性、合法性,最后,受益对象具有广泛性和非特异性,即每个自然人都可能患病就医,每个接受诊疗的患者都可能面对医疗过失事件,同时每个患者都有可能成为医疗责任公益信托的受益者。

3. 具有可操作性

医疗责任公益信托符合法律政策的规定,国家鼓励并支持发展公益信托。同时也符合现实社会的需要,在政策和设置上具有可操作性。根据《信托法》的规定,公益信托的设立和受托人的确定应当经有关公益事业的管理机构批准。公益信托的信托财产及其收益不得用于非公益目的，并且公益信托应当设置信托监察人，公益事业管理机构应当检查受托人处理公益信托事务的情况及财产状况。受托人应当至少每年一次作出信托事务处理情况及财产状况报告，经信托监察人认可后，报公益事业管理机构核准，并由受托人予以公告。

(三) 医疗责任公益信托模式初探

1. 信托资金与鉴定经费来源

医疗责任公益信托资金(信托资产)可来源于每家医疗机构及其医师为解决医疗过失案件向医疗责任公益组织根据信托合同提供的资金，该资金类似于医疗责任保险中医疗机构及其医务人员向保险公司缴纳的保险费。

用于独立免费医疗责任鉴定工作的经费来源，可以从医疗机构根据信托合同交给医疗责任公益信托组织的信托资金提取。可由政府完全承担，或者由政府承担部分结合公立医院缴纳的医疗责任公益信托资金承担部分的模式。

2. 基金监察人

对于何机构可作信托监察人、信托监察人的具体职责等问题，我国《信托法》并未明确。为了监督医疗责任公益信托组织履行医疗责任信托事项，包括鉴定是否公正、赔偿是否合理、是否存在滥用信托资金等，卫生行政机关切实履行监督职能。而法定的监察权可通过建立公益基金委员会或者由检察院来行使。同时会计师事务所、律师事务所担任联合监察人。若监察人怠于履行监察权，则与违法之信托公司承担连带责任。

3. 医疗责任公益信托模式

根据《信托法》的规定和原理(详见图 1)，有学者设计了医疗责任公益信托模式图(详见图 2)。医疗机构通过信托合同，将医疗责任信托(与委托不同)给医疗责任公益信托组织，一旦医疗机构发生医疗纠纷事件，对患者造成损害，可转由医疗责任公益信托组织进行赔付。[5]为了判断医疗行为中医疗机构行为是否存在过失或不当，该医疗责任公益信托组织委托独立第三方医疗纠纷调解鉴定机构进行鉴定，其鉴定经费由医疗机构向医疗责任公益信托组织信托的财产中支付。卫生行政机关等作为基金监察人监督医疗责任公益信托组织履行医疗责任信托事项(包括鉴定是否公正，赔偿是否合理，是否存在滥用信托资金等)。

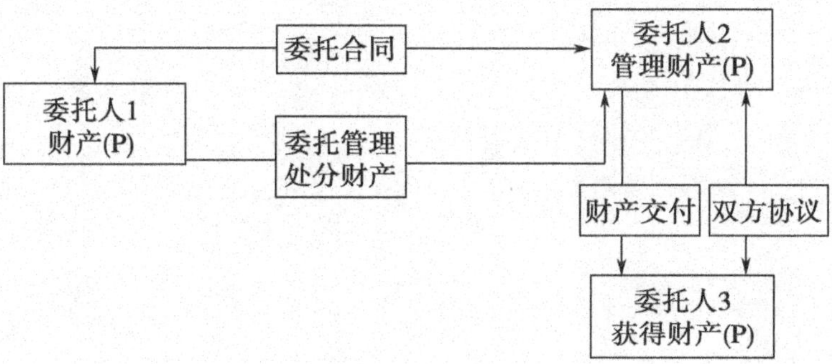

图 1 信托模式

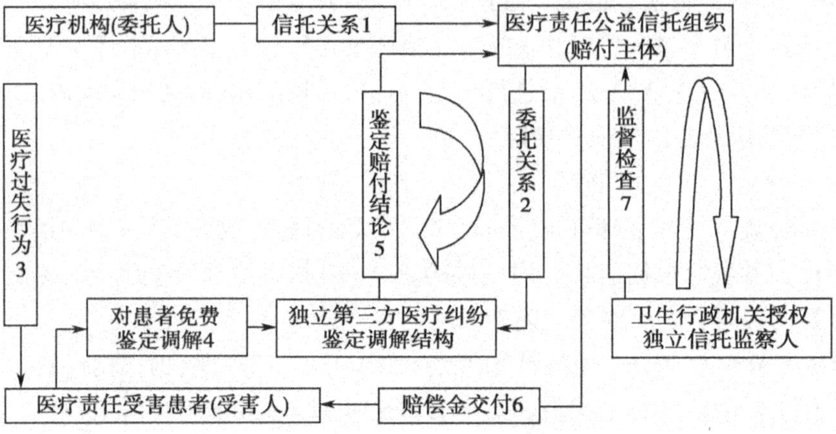

图2　医疗责任公益信托模式

参考文献：

[1] 陈玉玲. 医疗责任保险法律问题研究[D]. 武汉：武汉大学，2013.

[2] D M Studdert, M M Mello, W M Sage. Defensive Medicine among High-Risk Specialist Physicians in a Volatile Malpractice Environment[J]. ACC Current Journal Review, 2005,14(11): 2609 - 2617.

[3] 吕群蓉. 美国医疗责任保险制度困境的破解之道及其启示[J]. 法商研究，2014，(3)：152 - 160.

[4] 高向华. 公益信托法律制度对城镇医疗保险改革的启示[J]. 中国医院管理，2006，26(5)：25 - 27.

[5] 范贞，张云林，卢光明，等. 医疗责任公益信托基础理论初探[J]. 中国医院，2012，16(12)：12 - 15.

合力、博弈与愈疗：医患纠纷的非讼解决

——以厦门医调委人民监督员身份所进行的中立观察

黄鸣鹤*

摘　要：医患纠纷解决，为何曰调解的法律效果与社会效果远胜于司法判决？厦门市医调委的组合调解团队，叠床架屋还是多兵种高效组合？博弈中，被隐藏的利益与真正的诉求是什么？医患纠纷的现实之困何在，如何破解？妥协与宽容是对权利的放弃，还是一种更积极的人生态度？本文作者是一名法官，从医患纠纷调解委员会人民监督员独特的角色视野出发，对诉讼解决医疗纠纷中的人民调解委员会进行微观和透视分析。

关键词：医患纠纷　调解　第三方中立评估　修复性

引　言

厦门市医患纠纷调解委员会(下简称厦门医调委)是厦门市法律援助中心下设的公益性调解平台，系厦门市人民政府出资采购的纠纷解决公共服务项目。

从建立至今，厦门医调委一直采用“1＋3”团队调解模型(该调解模型的人员组成及角色分工，稍后展开论述)。调解组成员采用名册管理制度，纠纷发生后，当事人〔1〕可以分别从调解员、医学专家、法律专家、监督员名册中自主选择具体人员。自2014年笔者受邀列入监督员名册〔2〕，在两年多的时间内，被当事人选中参加十余次调解活动，有了近距离观察与思考的机缘。

一、医患纠纷处置与解决的难点

在各种类型的纠纷中，医患之争是公认的天字号难题：相比之下，劳动争议纠纷虽容易引发群体性纠纷，但有劳动监察部门接受投诉与维权、工会组织介入、劳动仲裁前置，加上各地的劳动争议联席会议机制和欠薪维稳代垫基金的缓冲作用，劳动争议之解决，群策群力加

---

* 黄鸣鹤：厦门市中级人民法院研究室副主任，厦门大学法学院兼职硕士生导师，厦门社科院“鹭江讲坛”报告人。

〔1〕 在实践中，主要由患者家属自主选择相关人员，医院方代表大多尊重家属的自由选择，因为在医院方代表看来，将选择权交给患者家属，有利于建立患者或其家属对调解组织的信任。

〔2〕 人民监督员名册有来自各行业的数十位人员，笔者在两年中多次被患者家属选中，足见厦门地区的百姓对法官还是有着相当的信任度。按照规则，监督员在调解过程中处于相对消极状态，这反而让笔者有更多时间进行中立的观察和思考。

制度设计之组合缓冲，情况基本不会持续发酵或失控；交通事故人身损害纠纷，若归责于机动车，有交强险及商业险分散风险、分担损失，若肇事司机逃逸，则有交通事故救助基金用于紧急救治；医患纠纷则不然，纠纷发生后，一则缺乏作为缓冲的中立第三方；二则因信息不对称加认知偏差[1]，前期沟通，结果往往加剧而非缓和矛盾；三则纠纷发生后，患者家属往往采取激烈手段表达诉求[2]，专业医闹的加入，更加剧了冲突的烈度。

二、调解如何进行

（一）调解员的角色定位

调解事实上是一场由调解员主持、当事人共同参与、在谈判、较量、博弈、妥协和创造性思维的过程中寻求纠纷解决的过程。在这过程中，调解员的身份并不是裁判者，他更多的是一个中立观察者、一个矛盾化解者、一个将事态发展朝有利方向的推动者和纠纷解决方案的助产士。

调解员是纠纷解决的召集人和进度驾驭者，同时也是调解过程中规则的制定者和维护者。调解员还是纠纷各方间的沟通者，对纠纷各方起到了桥梁功能。所谓调解，就是在争端中寻找并促成能为当事人各方所接受的解决方案，此点决定了沟通在调解中的重要性（包括私密性会谈和公共会议）。可以说，当事人决定由第三方介入纠纷解决（包括斡旋、调解、仲裁和诉讼）时，证明纠纷各方在前期沟通中，已经基本耗尽彼此的信任与宽容（这是纠纷自行和解所可能进行的基础），此情景下，调解员沟通的角色功能相当重要，这种沟通包括发现被隐瞒的事实、消除当事人的愤怒与对抗情绪、弥合分歧、打消不现实的预期、拉近谈判底线的距离，等。

调解员还可能、可以是当事人的参谋者，基于对调解员的信任，许多当事人在犹豫不决的痛苦决断时，往往会征求调解员的意见。在这个时候，调解员的建议对于纠纷的解决往往能起到“一锤定音”的关键作用。但是，调解员的回答必须慎重、客观、留有余地，切忌为了促使调解而说出武断或绝对的话语，越过中立的线同时也逾了职业伦理。

调解员在必要时还应当担当起“避雷针”或“破冰者”的功能。缓解双方的对抗情绪。

（二）厦门医调模式的团队分工

在厦门医调委的“团队调解”模式中，调解员诸多功能被“法学专家”和“医学专家”分解，这并不是职能上的重叠和人力浪费，而是一种合理的分工。

案例：患者白某，因患直肠癌住院手术，手术后左右引流管出现浑浊，在之后十多天中

---

[1] 在患者看来，医院关于损害结果发生的释明，多是推诿塞责的托词；于医院，患者家属情绪激烈、认知偏执、行为暴烈，缺乏沟通余地；于医护人员，待遇差，风险大，责任大，且很难被患者及家属谅解。

[2] 在厦门医患纠纷调解平台建立前，厦门市政府大门口，隔三差五有患者打横幅声讨医院，就法律而言，医患纠纷，于市政府何干？患者家属亦明此理，只是中国访民“信访不信法”，市政府碍于门面，一个电话给医院的压力远大于患者的医院闹事，恶性循环导致法理不张，医调委平台建立加市政府放言敢再围市政府的依法严办，市政府门口医闹现象渐消。

一直处于腹腔冲洗状态，半个月后，患者在大便时拉出一条肠状不明异物。由于担心患者腹腔感染，主治医师在征得患者家属同意后，为患者做了造瘘手术。

这是一起我以人民监督员职位参与调解全过程的案例。该纠纷在申请调解前，未申请医疗事故责任鉴定或司法鉴定。

调解的开始部分是对纠纷基本事实的查明。这一阶段是非常必要的，调解并不是简单的"和稀泥"，而需在查明事实、分清是非的基础上寻求纠纷解决的共识。在诉求部分，患者提出包括医疗费、护理费、交通费、住宿费多项费用在内共计人民币 77 125 元的赔偿请求，另要求 3 万元的精神损害抚慰赔偿金。调解过程中，主治医生尤某出席了调解会。在调解过程中，尤医生坚称自己在治疗过程中没有任何疏失或过错。病人已经 70 多岁高龄，有糖尿病史，手术后出现并发症，是大概率事件，病人术后出现腹腔感染，造瘘手术是唯一选项。患者家属所质疑病人拉出的肠状异物为何物，主治医生无法解释，同时辩称，整段坏死肠子通过肛门拉出，是不符合医学常识的。

调解中，经医患双方同意，决定启封患者病历资料[1]，了解治疗的过程。

在厦门医调委的多元调解模式中，调解员负责调解程序的进行；医学专家负责纠纷所涉及医学专业知识的中立第三方评估，回答纠纷各方（实践中主要是患方）提问；法学专家负责纠纷所涉及法律问题的第三方中立评估，回答纠纷各方（实践中主要是患方）提问；人民监督员形式中立监督程序的合法性。当然，在调解过程中，医学专家、法学专家、人民监督员也可以错位上前，助力调解员调解，底线是不影响角色的中立地位，不损害当事人合法权益，不损害当事人对调解团队的信任度为价值研断。

（三）中立第三方评估：专家意见的催化加速功能

医患纠纷被称为纠纷解决中的第一难，难点在医患双方的对立情绪激烈，患方对医院缺乏基本信任，纠纷发生后，医院、医生对于损害结果的发生，其解释往往无法得到患者家属的接受，负责纠纷处置的医疗机构行政人员（一般是医政科），相较缺乏对病人说明治疗结果发生的专业知识，亦无最终决策权[2]，无法在纠纷发生的早期阶段，采取主动措施。

在厦门医调委的多元调解模式中，医学专家和法学专家的第三方中立评估意见，往往起到"定海神针"的作用。

---

〔1〕 厦门地区医院的习惯作法是，医患纠纷发生时，只要患者家属要求，医院管理人员会当着患者家属的面核对治疗记录，复印一份交患者家属，原件当着患者家属的面装入信封封存，患方在封条上签字，封存文件由院方保管。之后每次启封必须当双方之面进行，检视后再次封存，该做法渐成行业规范。及时封存病历资料的做法一是有利于建立双方公平解决纠纷的信任基础，二是减少人民法院受理诉前证据保全的工作量。

〔2〕 代表医院方负责纠纷处置的医政科人员，更多负责的是谈判的参与，最终决策权掌握在医院领导手中，所以在笔者参与的医患纠纷调解案件中，医院方谈判人员经常性要外出电话请示领导或要求将调解方案带回具体请示，另外，在厦门医院的管理体制中，医患纠纷调解的赔偿款项，在医疗机构执业责任保险制度全覆盖之前，大部分医院的内部管理体制中，赔偿项的负担，是由相关科室或医疗小组从绩效奖金中扣除的，所以是否接受调解方案，赔偿人在内部评估与讨论中，也有话语权。

仍以上面那起纠纷的调解过程为例。在这起纠纷中，医学专家[1]李某是厦门三甲医院主任医生。公共会谈后，调解员让患方及家属先行离席，与医院方进行了单独会谈。

“患者高龄且有糖尿病史，主治医生在治疗后的用药是否充分考虑到这点并采取了积极的预防措施?”同行前辈提的问题让在公共会谈中信心满满多次表示不害怕诉讼的尤医生额头生津。医学专家阐述专家意见：从专业人员的角度，我不认为在该医疗服务中医院存在重大疏失，但涉诉医院作为三甲医院，对医疗水平的要求应当包括对特殊情况的处理能力及更高的谨慎注意义务，哪怕这种义务并不在一般的诊疗指导规范举例中。医生应当考虑到病人个体的差异，预先制定更完备的治疗方案，考虑多种不良因素发生的可能性。就手术后部分肠组织坏死这一客观事实，手术并不成功。综之，我建议医院方接受调解，给患者适当经济补偿，不纠结于行为是否存错。

专家毕竟是专家，掂花点穴，几句在外行人听来如同云山雾水的话，却攻心入脑。主治医生低头与院方谈判代表谈了几句，谈判代表脸色凝重点头。院方谈判代表随即表示，医院同意接受调解，最多可以补偿[2]患方人民币五万元，希望调解员在此额度内尽力促成调解。

随后进行的是与患方进行的单独会谈，医院方回避。

说服患者家属，起决定性关键作用的是法律专家。此次被选中的法律专家是一名律师，执业多年且代理过多起医患纠纷诉讼。法律专家以情景模拟的方式[3]向患者家属介绍该起纠纷进入诉讼后可能遭遇的风险，建议患方接受调解。

一是诉讼结果难以预测。如果鉴定结论是医院方不存在过失，那么，法院会判决驳回原告诉讼请求；如果鉴定结论表明医院方确实存在过错或疏失，且这种疏失与损害结果间存在因果关系。那么，法院会判令医院承担侵权损害赔偿责任，赔偿范围被限定在诸如医疗费、护理费、交通费等项目上，法院会考虑医院过错对损害结果的参与度。这些赔偿项目都是明确的，可以计算出来。

二是耗时。一般而言，一审普通程序平均审理周期超过三个月，委托司法鉴定至少需要另增三个月；无论判决结果如何，医院方上诉率极高，因为医院是公营机构，一审判决后不上诉的可能意味着承认错误，所以，无论上诉结果如何，提起上诉是一种姿态，就管理者而言，

---

〔1〕 厦门医调委是一个不收费的公益性纠纷解决平台。其日常办公经费，由厦门市法律援助中心年度财政预算列支，每个纠纷解决依政府采购补贴，补贴标准为调解成功 1600 元/例，不成功为 800 元/例，也就是说，调解员、医学专家、法学专家、人民监督员成功调解一起纠纷可得 400 元补贴，公务员列入名册的，不得补贴。在厦门医调委的名册中，无论是调解员、医学专家、法学专家，在业界都有相当的知名度和影响力，报酬不低，而以平均计，一起顺利的调解案件费时至少 4 小时，也就是说，调解团队同意入册并积极履职，无关报酬，而在乎医调委对于社会的公益。当然，其中的许多医学专家、法学专家也和我一样，将参与纠纷解决作为自己观察社会现象的一个很好的平台。

〔2〕 医院使用“补偿”而不是“赔偿”的概念，也有其计算，赔偿在法律上意味着“过错”的存在和“侵权责任”的成立，而补偿则可以理解为“人道主义关怀”“对不幸结果的安慰”等，大部分的患方关注的是赔偿的数额，而不计较使用何种词语。

〔3〕 法律专家的开场白是：根据我多年办理人身损害赔偿案件的心得与经验，我提出若干意见，供你们作决定时参考。

反正诉讼支出将列入医院营运成本。二审审理周期以三个月计算，整个诉讼时间超过一年，事实上，考虑到目前厦门法院“案多法官少”的现实，大部分的医患纠纷案件能在两年内走完二审程序，已属快捷。

三是烧钱。如果鉴定结论是医院在医疗服务过程中不存在过错，那么，法院将判决驳回原告诉讼请求，由你们负担案件受理费、鉴定费，另外是律师费。如果诉求只得到法院判决的部分支持，那么，诉讼请求未获支持部分的受理费将由原告负担，再加上律师费[1]，刚性开支使赔偿所得缩水。

因此，如果医院提出的调解赔偿数额与评估中通过判决可能得到的支持数额距离不大的话，建议患方家属接受调解。

最后，调解成功，双方当场在调解协议上签字，握手言和。

三、为什么选择调解

（一）瘦调解优于胖判决

医患纠纷被称为“天下第一难”，不仅中国如此，其他国家和地区亦然。医患纠纷之难，于患者，在于维权之难。日本曾经有一部电视连续剧，反映的就是患者家属与试图隐瞒事故责任的医院方的博弈、历尽曲折；于医疗机构，难在于医疗本身就是与死神争夺病患的斗争，人类对自身肉体治疗的过程，伴随人类文明史始终，医学也在不断的试错发展过程。换言之，有效治疗手段的发现，就是在无数无效、错判的病例中被发现的，简言之，医疗并不如机器的修复，主要找到原因，机器就可以修复运行；人作为生物活体，系统病变的发生，情况千变万化，医学诊疗手段的介入干预，结果很难预判。如果过于苛责医生，则职业风险过大，难以吸引优秀人才从业，或从业人员“自主避险”，在革新技术的采用上，趋于保守心态，最终受影响的，仍是患者权益及学科发展。

医学诊疗的结果，取决非于病情、病人体质、现代医学在该领域的发展、合适治疗方案的选择、医生经验等，同样病情，有病人间体质差异，或有不可知论的运气成分。损害结果的发生，是可见的；肇因之溯源，却难以探究；医患各有立场，各有认知，若不能换位思考，包容宽恕，冲突之激化，在所难免，分歧日大，掺杂情绪，混和利益，各自表述，难以调和。

因此，医患纠纷解决，不在于查明事实，分清责任。或者，事实已成罗生门，无法通过证据展示法庭调查拼图还原事实，医患各有立场，要求责任之彻查，则容易将医院逼上“将诉讼进行到底”作为唯一选项的路途。

---

〔1〕 在厦门医患纠纷调解委员会的平台中，患者家属委托律师的比例不大，这从患者家属请求调解的申请书文书写作的格式规范及法律水平，可以判断，但医调委对于文书的要求并不如法院严苛，原因是调解是双方协商，只要最后的调解协议符合法院司法确认要求，调解过程中的文书规范程度要求无需太高，也就是说，患者家属可以自行参与纠纷解决，不需要委托律师，再加上调解不收费，法院司法确认程序亦不收费，当事人近乎“零成本”解决纠纷；诉讼则不然，法院对起诉状等法律文书有基本的格式要求，举证、庭审调查、法庭辩论等，缺乏律师的参与，一般当事人无法自行完成。

通过调解，解决纠纷。于患者，有个说法，多少得到经济补偿，息诉息访；于医院，矛盾化解，医生免除心理负担，也是社会负能量的减除法。至于医院是否从纠纷中发现自身管理中存在的问题[1]，自省提升，是医院管理层面的问题。

（二）不对称博弈：现实之困

在任厦门医调委人民监督员期间，中立观察，深觉“于医患纠纷，调解是最好的纠纷解决方式”这一判断。医患纠纷若经诉讼，费时耗力不说，法官裁判的基础，是司法鉴定所得结论，鉴定结论，不仅于责任承担，详至责任大小，亦有结论，法官的自由裁量权，严重受制。引发的两个问题是：一是当事人对不利于己方的鉴定结论，想方设法申请重新鉴定，以图翻盘，双方在司法鉴定流程上僵持反复；二是“有需求就有收买”，引发了司法鉴定的公正性、中立性、廉洁度的次生灾害。

患方与医院的博弈，明显不对称。患者在承受病痛折磨的同时，与医院的冲突，纠纷迟迟不能解决，身陷纠纷的身心之苦，也是二次伤害。在诉讼资源上，医患双方是不均衡的，在我观察对象中，大部分纠纷患方属底层民众，所能调度、统筹的社会资源有限，而医院方是一个集合体，纠纷解决的成本可以纳入医院营运成本，耗得起持久战，或者说，在许多医患纠纷谈判博弈中，医院最大的优势就是耗得起、拖得起，谈判“以拖逼调”的策略，相当有效。

在合规的游戏中，患方家属在博弈中的综合战力明显劣于医方，只能以非合规甚至违法的超限战，寻找突破，常规的如信访、医闹等，更狠的招数如化公为私[2]、转增压力[3]、精准打击[4]等。

（三）社会关系的修复与愈疗

厦门医学会组合调解模式的建议程序之一，是在听取医患双方对纠纷事实的基本陈述

---

〔1〕 在若干起医患纠纷的调解中，调解团队虽然积极促成调解，但在调解过程中发现医院在管理中明显存在纰漏，调解团队在私下会谈中也向医院方郑重建议其反省改进，医方调解代表诺诺称是，但是否有行动，堪忧。因为你可能在下一起纠纷的调解中，发现医院方更低级的错误。在英国的行业调解中，调解协会可以发表年度社会报告书，公布纠纷量较大的企业或部门，并提出批评意见。由于这种报告有极大的社会影响力，且数据翔实，被批评企业面对公众，唯一的公关手段只有低头认错，及时发表整改措施，或在董事会建议下，高管辞职以示负责。

〔2〕 化公为私战法的要义在于破解医院集体负责但等于集体不负责的强势，也就是让患者家属“如同天狗咬月亮无从下口”，化解对策是将攻击目标由医院转为医院治理体系中关键决策人，采取尾随、跟踪到家、谩骂、人身攻击等方式，逼使决策人不堪其扰或家人抱怨，同时深感公家事务人个负痛，为图脱身而作出妥协让步决定。

〔3〕 转增压力战法的要义在于通过信访、自媒体时代的舆情炒作等方式，通过外部施压增加医院管理层的心理压力。

〔4〕 在一起医患纠纷的处置中，一进城务工人员孩子发烧到医院打针后死亡，死因不明。患者家属闹事，医院紧急请求辖区人民法庭的法官介入调解，经十几个小时的调解后，纠纷解决。患者家属在调解协议上签名后出门打多个电话，法官才知道，患者虽然是云南偏远地区民工，但为纠纷解决，已聚数十名同乡，前进埋伏到厦门三座进出岛大桥的桥头，准备调解不能成功，即以示威抗议的方式堵塞交通，电话系通知撤伏兵。时值交通高峰期，若堵桥事件突发未能及时处置，厦门出入岛交通必然瘫痪，或酿成公共事件。法官闻言，倒吸凉气，适当批评其不能违法的同时，心中直呼侥幸。

后，调解组团会召开讨论会，议定下一步调解的方向及突破点。

上引案例中，在讨论时，医学专家一句不经意的话引起我的注意。他说：事实上，目前患者是否能获得赔偿或赔偿数额多少，不是重点。重点在于，患者在取得赔偿后，在厦门地区，将无医院及医生愿意为其提供后续治疗。

我追问缘由？医学专家答：这是一次失败的手术，且患者和医生间发生了纠纷，“同行礼让、兔死狐悲”和“烫手山芋、患者家属难缠、风险大”等心态，导致其他医生不愿接手后续治疗，于患者最有利的方案最好是由尤医生继续完成后续手术。尤医生对患者的情况熟悉，再加上曾经的失败，会更加审慎并制定周全的康复方案，但纠纷发展到争讼，医生心中有阴影，恐难接受。

心中一动，我决定稍微越过监督员消极无为的边界，追求除赔偿外纠纷实质问题的解决。

在第二次公共会谈中，我告诉患者家属，我相信你们起诉医院，绝对不是为了金钱赔偿，后续治疗也很重要。[1] 你们考虑过这个问题没有？患者家属脸上浮出一丝忧思，说是找过几家医院，但医生看完资料之后都婉言推辞了。

我把医学专家关于“解铃还需系铃人”的观点转告之，并建议妥善解决纠纷，将调解协议与后期治疗联系起来。患者家属把脸朝向尤医生，说：我们一直很相信尤医生的医德和医术，出现这样的情况大家都不希望看到。我先生说了，他不能肚子边上揣一个粪包这样死去，希望尤医生能继续主刀后续治疗。

屋里的人都看着尤医生。眼神中，期待、鼓励、祈求，传递的都是善良的正能量。尤医生也感觉到了这种信任的分量，缓缓却坚定地点了点头。

或许是受到这种情绪的感染，医院谈判代表表示，为了表示诚意，医院在白某的后继治疗中可以提供“绿色通道”[2]，这一诚意也转化成调解协议的条款表述。

结语：妥协是谈判的艺术也是善良的宽容

在这世界，事物的复杂性在于链条中包含、交错着链条，因果中还有其他牵连、关联关系，大部分的医患纠纷，不能以“是非”“黑白”“对错”作出简单判断，而有着更复杂的利益、情感、宽恕、自省等元素，所以，正如秋菊打官司，本着“俺就想讨个说法”朴素正义观而执拗启动各种诉讼程序的村妇秋菊，将诉讼进行到底的结果发现“村长被公安局抓走”的法律结果却不是她想要的正义一样。

[1] 根据我的观察，医患纠纷中，若患者还活着且仍需后续治疗，其诉求的重心在于讨个说法、获得赔偿和后续治疗，所以在换位思考中以患者利益出发设计赔偿或补偿方案，成功概率大；若患者已经死亡，索赔者是家属，诉求关注点在于赔偿的数额，说服的重点可以放在实现利益的快捷，法律明确规定可获支持的请求项目，本地区法院裁判中的生效判例、一般裁判规则等。

[2] 绿色通道是医院的一种特殊关照，即为某种重症病人、需关注病人提供的在挂号、取药等方面优先服务的措施。

诉讼如以利刃断绳结，结解，绳亦断；调解如以手解结，结解，绳仍可用。笔者观察十数起医患纠纷之妥善调处，深感互谅互让、虽不致双赢，但“两害相权取其轻”，医疗损害，无论不可抗力还是过错，都是我们这个不完美的世界无法割离的一部分，理性止损、不纠缠过往，宽容是愈疗之道，于医者，法律是最低要求，不妨以希波克拉底誓言医学院现代版作为本文结尾。

今我进入医业，立誓献身人道服务；我感激尊敬恩师，如同对待父母；并本着良心与尊严行医；病患的健康生命是我的首要顾念；我必严守病患寄托予我的秘密；我必尽力维护医界名誉及高尚传统；我以同事为兄弟；我对病患负责，不因任何宗教、国籍、种族、政治或地位不同而有所差别；生命从受胎起，即为至高无止之尊严；即使面临威胁，我的医学知识也不与人道相违。

我，兹郑重地、自主地以我的人格宣誓以上的誓言。

域外道歉制度对我国医疗纠纷解决的启示及立法构建

晏　英*

摘　要：近年来，域外道歉法的制定方兴未艾。在美国，35个州和哥伦比亚特区通过了各自的道歉法，澳大利亚的全部6个州和2个领地也均已制定了道歉法。文章首先将概述域外道歉法的制度起源和发展现状，着重关注其在医疗纠纷解决领域中的快速发展。其次，分析道歉法在医疗纠纷解决领域中快速发展的契合条件，即所突显的四大特有功能。第三，评析我国民事领域中的强制赔礼道歉制度与域外道歉法的异同，澄清道歉法在我国医疗纠纷解决中的认识误区，并结合强制赔礼道歉作为我国民法中的特有现象这一立法传统，提出其在基本医疗卫生法上的立法构想。

关键词：道歉法　医疗纠纷　良心自由　安全港　完全道歉　部分道歉

20世纪又被称为"道歉之世纪"。一些国家的政府、社会团体或公共组织对于自己过往历史中的错误，纷纷以"公共道歉"方式表达其经过"拨乱反正"后重新认定的是非观或价值观。战后德国对犹太人的道歉自不必说。英国伊丽莎白女王在1993年曾对新西兰毛利人作出正式道歉。新西兰政府在1996年对当地的土著居民也作出了"公共道歉"。美国克林顿政府对当年美国政府在1883年推翻夏威夷王国的行动也发布官方道歉，并郑重记载在美国国会文件中。加拿大政府以及总理对历史上各届、各级政府针对华人的歧视性法律和政策表示了深深歉意，以求得受害者子孙后代的谅解。

在这一政治风潮之下，长期以来，被认为法律不宜介入的领域——人的内心世界，在普通法国家的法域里发现了道歉法的身影。普通法国家道歉法诞生至今不过三十年，尽管余留的一系列课题还有待研究，但是，切断赔礼道歉与自认行为在诉讼活动中的关联，通过减少赔礼道歉可能导致的不良后果来激励当事者主动道歉，所发挥的纠纷解决功效已为世人所公认。

一、域外道歉法的制度起源及发展现状

作为第一个设立道歉法的州，马塞诸塞州在1986年12月通过了在民事诉讼中禁止将道歉的言行表示作为证据用于证明责任的法案，被誉为为赔礼道歉开辟了一个"安全港

*　晏英：山西大学政治与公共管理学院讲师，兼任山西省医疗纠纷人民调解委员会副主任。研究方向：医疗纠纷调解。

(Safe-Harbor)”。[1] 这个安全港的诞生源于一起令人心酸的交通事故。该州一名参议员的女儿在骑自行车时不幸死于车祸，诉讼进行了十多年，死者家属也赢得了诉讼，并得到了赔偿，可是一直没有等到肇事司机的哪怕是一句赔礼道歉，因此始终耿耿于怀。当通过熟人得知对方不予道歉的理由竟然是担心道歉可能会因为联邦证据规则而被作为证据证明其罪责时，作为父亲的这位议员便决定有必要为道歉开辟一个“安全的港湾”。该法案规定“被告为事故造成的身体伤亡和精神损害而向受害者及其家属所作出的表达歉意和同情的言论、书面陈述以及肢体动作等表达，都不得作为法庭确认被告承担赔偿责任的证据”。[2]

随后，得克萨斯州在1999年通过了该州的道歉法，与前者不同的是，得克萨斯州并没有对赔礼道歉进行完整豁免，而是否定了对于过错承认的保护。德州民事救济程序法规定：包括即兴陈述在内的言论表达，内容如果涉及过错或者与事故相关的不当行为，不在豁免范围之内，法庭可以将其作为用于确认发表言论者责任的证据而采纳。[3] 这一区分随即被加利福尼亚州和佛罗里达州所采纳，并为美国其他州所效仿。采取类似做法的还有特拉华、夏威夷、华盛顿、新罕布什尔、密西西比、印第安纳、路易斯安娜、马里兰、密苏里、内布拉斯加、田纳西、弗吉尼亚、爱达荷等16个州。而哥伦比亚特区、伊利诺斯、爱荷华、蒙大拿、北卡罗来纳、北达克他、俄亥俄、俄克拉何马、俄勒冈、南达克地、尤他、佛蒙特、西弗吉尼亚、怀俄明等14个州，还如马塞诸塞州一样，对赔礼道歉的内容未予以明确界定。到目前为止，在美国，35个州和哥伦比亚特区陆续出台了赔礼道歉证据豁免法案或者通过判例法的形式确立了对赔礼道歉的保护。[4]

加拿大作为一个素以崇尚和平而著名的国家，在道歉的政治风潮的影响下，致力于为道歉的效力立法，鼓励政府、官员、公众大行道歉之风。作为联邦制国家，加拿大最早一部省级《道歉法》是2006年通过的不列颠哥伦比亚省道歉法案，规定道歉言辞不作为证据呈上法庭。继之，2007年萨斯喀温省在其《证据法案》中就道歉的效力增设了专门条款。此后各省、地区相继通过类似法案，截至2013年4月，全国10个省、3个地区中已有8个省、1个地区相继通过了“道歉法”，这8个省分别为不列颠哥伦比亚省、阿尔伯特省、萨斯喀温省、马尼托巴省、安大略省、新斯科舍省、爱德华王子岛省、纽芬兰省，1个地区为努纳武特地区，尚未通过“道歉法”的省是唯一法语省份——魁北克省和东部小省新不伦瑞克省，尚未通过“道歉法”的地区为育空地区和西北地区。[5] 不唯如此，立法者们还酝酿在联邦层面通过全国统一的《联邦道歉法》，以期适用全加的民事法领域，但迄今尚未成为现实。

在澳大利亚，道歉法的倡议源自1980年代末期。当遇到医疗不良事件时，患者早年通

---

〔1〕 Lee Taft, When More than Sorry Matters. Pepperdine Dispute Resolution L. J., Vol. 13, Iss. 1, 181-204(2013).

〔2〕 Lee Taft, Apology Subverted: The Commodification of Apology. 109 Yale L. J., 1151(2000).

〔3〕 Lee Taft, When More than Sorry Matters. Pepperdine Dispute Resolution L. J., Vol. 13, Iss. 1, 181-204(2013).

〔4〕 黄钰瑛:《美国道歉制度沿革及启示——告别对立走向对话》,元照出版社,2014年,第38卷。

〔5〕 陶短房:《加拿大的道歉法》,2014年04月10日,凤凰资讯,http://news.ifeng.com/gundong/detail_2014_04/10/35651234_0.shtml,访问日期2016/03/05。

常会提出诉讼，索要巨额保险费，导致这些费用有增无减。当地政府多次试图改革诉讼法案仍未见改善。2002年澳大利亚最大医疗保险商 United Medical Protection 宣布清盘，更进一步让当地医生无法支付高昂的医疗保险费。澳大利亚卫生部长咨询委员会(Australian Health Ministers' Advisory Council)认为要减少保险费和赔偿，可由降低诉讼机会入手，道歉正是其中一种可行方式。[1] 澳大利亚新南威尔士州于2002年通过的《民事责任法》(Civil Liability Act)，则列明道歉不等于承认错误，不能视作判断是否犯错的因素，也不能被视为呈堂证供。现在，澳大利亚的全部6个州和2个领地均已制定了道歉法。[2]

2006年，英国的英格兰和威尔士颁布《赔偿法案》(UK Compensation Act 2006)，稍有不同的是法案并没有对"道歉"作出定义，第2条明确规定："赔礼道歉、提供治疗或为其他补救措施本身不能视作是对过失或者违反法定义务的承认"。[3] 英国医疗卫生服务(NHS)诉讼委员会为"鼓励"国民保健机构向患者做出解释和道歉，还专门授权卫生国务秘书设立一个必需的程序，除了提供优惠的补偿外，还包括给出必要的解释、道歉和关于已采取行动、或者将采取行动以防止出现类似情况的报告。[4] 除此之外，香港特区和台湾地区亦有意制定相关规定。[5]

实行普通法并引入道歉法的地域

国家/地区	道歉法的保护范围
美国	《道歉法》 • 部分道歉法(partial apology)包括遗憾、同情或者慰问 • 完全道歉法(full apology)在部分道歉法的基础上，将承认过失和责任也纳入保护范围
加拿大(不列颠哥伦比亚省)	《道歉法》：道歉言辞事后不会被呈上法庭
澳大利亚(新南威尔士州)	《民事责任法》(Civil Liability Act) 道歉不等于承认错误，不能视作判断是否犯错的因素，也不能被视为呈堂证供
英国(英格兰和威尔士)	《赔偿法案》(UK Compensation Act 2006) 法案没有对"道歉"作出定义，列明不应将道歉视作承认过失或违反法定责任

出自：《道歉不是 sorry law》，智经研究中心
http://www.bauhinia.org/analyses_content.php?id=93

---

〔1〕 Prue Vines, Apologies and Civil Liability in the UK: a view from Elsewhere, Edinburgh L. Rev., Vol. 12, Iss. 2, 200-230(2008).

〔2〕 林暖暖：《普通法国家道歉法及其在医疗纠纷解决机制中的作用》，(2015/12/07)。北大法律信息网 http://article.chinalawinfo.com/ArticleFullText.aspx?ArticleId=93970，访问日期2016/02/23。

〔3〕 Compensation Act 2006
http://www.legislation.gov.uk/ukpga/2006/29/section/2/enacted，访问日期2016/04/01。

〔4〕 http://www.emondharnden.com/publications/feb10/Future_of_the_Legislative_Regulation_of_Industrial_Relations_February_4__2010.pdf，访问日期2016/04/08。

〔5〕 林郑月娥指明年初会就道歉法再展开咨询[EB/OL].(2015/12/16).
http://www.weibo.com/p/1001603920688128893558?from=page_100206_profile&wvr=6&mod=wenzhangmod. 以及《道歉有"法"、有错爽快认》，《香港经济日报》2013年09月18日。

出于对过分保护赔礼道歉可能产生欺诈性道歉等问题的担忧，对于完全赔礼道歉的立法保护还有一条漫长的道路要走。幸而，现在已经发现了清除路障的突破口，那就是医疗纠纷的解决。现任美国总统奥巴马和国务卿希拉里都曾倡导在医疗事故损害中充分发挥赔礼道歉的作用。实际上，美国确实也开始了对医师道歉制度联邦层面的改革。2005 年，时任参议员的奥巴马和希拉里·克林顿提出的《国家医疗错误披露和补偿法案》，要求建立一个全国性的数据库，强制披露信息，保护医师道歉不被用作医疗过失诉讼中的证据。[1]

美国道歉法由于是各州分别制定的，在内容和效力上存在着差别。在制定道歉法的全部州中，仅加利福尼亚州、佛罗里达州、马塞诸塞州、田纳西州、得克萨斯州和哥伦比亚特区的法律适用于一切意外事件中的加害人道歉，而选择了在医疗纠纷解决领域对赔礼道歉进行有限的豁免的州多达 30 个。在医疗纠纷解决领域对赔礼道歉进行了比较全面的豁免保护的有亚里桑那、科罗拉多、佐治亚、南卡罗来纳 4 个州。[2]

以科罗拉多州在 2003 年确定的道歉保护法案为例，“在所有医疗意外事故的受害者提起的诉讼和仲裁案件中，医疗机构及其雇员向受害者及其家属、代理人，以及其他因此事件受到伤害、遭受不便的主体所为的所有涉及赔礼道歉、过错承认、同情表达等内容的言论、声明、行为和肢体语言都不得作为被告自认责任或者任何不利于己方的承认的证据”。[3] 2005 年亚里桑那州在列举的赔礼道歉言论内容中明确将“责任归咎、责任承担”与“赔礼道歉、表达同情”相并列，明确了对赔礼道歉中承认过错和责任的豁免。此外，还比较全面地列举了关于表达歉意的各种表述，这样立法给予赔礼道歉者较为充分的表达道歉的自主空间，免除了道歉方的后顾之忧。[4]

佐治亚和南卡罗来纳州的规定同科罗拉多州相似，都明确提出了对“过错承认”的豁免保护。佛蒙特州只保护事故发生后 30 天内的道歉，而伊利诺斯州只保护 72 小时内作出道歉[5]，超出时限不再受到法律的保护。虽然该规定是为了激励医疗机构及其医务人员早些道歉，但是，有些道歉其实晚些时候会更为合适。道歉法适用的程序，亚利桑那州、科罗拉多州、康涅狄格州、爱德荷州和蒙大拿州除了诉讼外还包括仲裁、调解等程序，路易斯安那州、弗吉尼亚州、北达科他州和佛蒙特州更扩及行政程序，包含医师惩戒程序等。[6]

加拿大司法专家同样认为，“道歉法”在解决医患纠纷和交通事故纠纷等方面起到很大的作用，医护人员和交通事故当事方在发生纠纷时可以坦然道歉以缓和矛盾，缓解对方对立

---

〔1〕 Hillary Rodham Clinton & Barack Obama, Making patient safety the centerpiece of medical liability reform, 354 New Eng. J. Med., 2205(2006).

〔2〕 王丽莎：《美国医师道歉制度及其对证据法的影响》，《证据科学》，2014 年，第 750 - 759 页。

〔3〕 Colo. Rev. Stat. s13 - 25 - 135(2003).

http://www.lexisnexis.com/hottopics/colorado/，访问日期 2016/04/05。

〔4〕 Ariz. Rev. Stat. s12 - 2605(2005).

http://www.azleg.state.az.us/ars/12/02605.htm，访问日期 2016/04/08。

〔5〕 王丽莎：《美国医师道歉制度及其对证据法的影响》，《证据科学》，2014 年，第 750 - 759 页。

〔6〕 黄钰瑛，杨秀仪：《诉讼外医疗纠纷处理机制——认错、道歉有用吗?》，美国道歉法制度沿革及启示，《月旦法学》，2014 年，第 140 - 172 页。

情绪，便利纠纷解决，而不必担心出于好意的道歉和安慰，日后成为对方追究事实上并不存在责任的"铁证"[1]。不列颠哥伦比亚省的《道歉法》(Apology Act)只有短短三个条目：1. 定义；2. 道歉对责任承担的影响；3. 生效时间：2006年。根据其第二条"道歉对责任承担的影响"：任何情况下的道歉都不构成明示或暗示对道歉方在相关案件中之过错或责任的承认；不构成对有关案件的因果确认；在合同或保险条款中即使有相反的约定，道歉也不构成可获得保险赔付的无效或失效条件；道歉也不作为道歉方负有过错或责任的考虑因素。[2]

为了扫除在医疗卫生界开展公开揭露运动的疑虑和障碍，澳大利亚卫生部长咨询委员会在旗下成立了 Legal Process Reform Group，该组织提出了相关政策和立法的配套措施，包括：保障公开揭露过程中所做的道歉，不能被视作承担医疗过错的行为。目前，全澳均对部分道歉提供了保护，新南威尔士州、首都领地和昆士兰州则针对完全道歉提供了保护，避免道歉成为承担责任的证据。[3] 按照新不伦瑞克大学法律系专家、新不伦瑞克省能源和公用事业局法律顾问埃伦·德斯蒙德的解读，在北美、拉美约20个国家和澳大利亚，"道歉法案"以某种形式已经存在了一段时间。[4]

实证数据表明，普通法国家实施道歉法减少了医疗纠纷的发生。约翰斯·霍普金斯儿童中心的律师估计，从2001年制定了鼓励医生披露错误并道歉的正式政策起，诉讼的赔偿数额已经下降了30%，因为受害者和家人"欣赏(该机构的)坦率和豪爽"[5]。肯塔基州列克星敦的退伍军人事务医学中心建立的道歉和披露制度。在1987年实施该制度后，医院报告和其他同类医院相比该院支付医疗损害赔偿数额达到最低四分位数，每项诉讼的责任到1996年也降到倒数第六位。[6]

美国密执安大学医学中心(University of Michigan Health System)多年前鼓励犯错医生道歉，结果发现相关诉讼或准备提起诉讼的案件由2001年的260多件减至2013年的100件，相关司法成本自1997年以来也降低一半以上。该中心比较了2001年至2002年七宗医疗不良事件的不同处理方式，发现如果全部案件提起诉讼并被判有罪的话，相关成本高达

---

〔1〕 陶短房：《加拿大的道歉法》，2014年04月10日，凤凰资讯，http://news.ifeng.com/gundong/detail_2014_04/10/35651234_0.shtml，访问日期2016/03/05。

〔2〕 郝维华：《加拿大——中国道歉法的比较分析》，《比较法研究》，2011年，第65-74页。

〔3〕 林暖暖：《普通法国家道歉法及其在医疗纠纷解决机制中的作用》，2015年，北大法律信息网 http://article.chinalawinfo.com/ArticleFullText.aspx? ArticleId=93970，访问日期2016/02/23。

〔4〕 陶短房：《加拿大的道歉法》，2014年04月10日，凤凰资讯。

http://news.ifeng.com/gundong/detail_2014_04/10/35651234_0.shtml，访问日期2016/03/05。

〔5〕 Rachel Zimmerman, Doctors' New Tool to Fight Lawsuits: Saying "I'm Sorry", Wall St. J., May 18, 2004, at A1.

〔6〕 Rebecca Rubel-Seider, Comment, full disclosure: an alternative to litigation, 48 Santa Clara L. Rev., 473, 487-489 (2008).

800万美元，和解则只需250万美元。[1]

从整体来看，实施医师道歉制度的州，不论是部分道歉还是完全道歉，相比没有实施该制度的州，其医疗纠纷案件的和解效率都有提高，对重大的医疗伤害案件（死亡或四肢瘫痪的），和解金额平均下降14%—17%。[2]

二、道歉法在医疗纠纷解决领域中所突显的四大特有功能

普通法国家道歉法的主要内容其实很明确，就是排除了道歉与相关不当事实之间的责任联系。学者们纷纷注意到赔礼道歉对于当事人自行解决医疗纠纷的积极效果，尤其在不断兴旺的非诉讼纠纷解决机制下，法律对赔礼道歉的鼓励不但有利于减少医疗纠纷，对良好医患关系亦有显著的促进作用。有鉴于此，中国社区医师杂志社特别就“道歉能否有助于医疗纠纷的解决”邀请医生做了一次讨论[3]，呈现如下几种否定意见：“道歉运动对于美国来说，可能有用。但对于中国而言，道歉可能会使医疗纠纷的处理更糟糕”“现阶段，结合我国国情，我认为，如果在医疗行业开展道歉运动，只会加剧医患之间的矛盾和纠纷”“医方表达歉意一定要选对时机，谨慎而行。如果双方选择走法律途径解决纠纷，那么就一定要选择在鉴定结果和责任明确后道歉。如果采取协商解决纠纷，医方可在协商之前，诚挚诚恳向患者道歉，这样才能缓和矛盾”。看得出来，我国民众对道歉在医疗纠纷解决中的作用怀有很深的忧虑。

可是，普通法国家的这些道歉法实践足以表明其在医疗纠纷解决中有着强大生命力，这是为什么呢？这是因为道歉法契合了医疗纠纷解决的四个独特条件。这四个条件也正好反应了当下我国医疗纠纷解决中的不足。

第一，满足了医疗纠纷解决中感情慰藉的需要。

在世界范围内，金钱赔偿一直是民事法律责任最主要的承担方式。但是，金钱赔偿不是万能的，在市场经济中虽然不可或缺，却远不是唯一的救济手段。在民事侵权行为中，受到损害的并不只是经济利益，受害人的精神健康同样受到了伤害，而要求通过非经济手段对于精神损害进行抚慰也日益为受害人所重视。在现实生活中，很多原告的诉讼请求中包含了要求被告进行赔礼道歉的要求，还有许多的原告在得到被告的赔礼道歉之后谅解了对方、主动撤诉。

对于医疗纠纷，法律上的所谓责任都只限于经济赔偿。但是，作为医疗事故的被害者及

---

〔1〕 The Michigan Model: Medical Malpractice and Patient Safety at UMHS, University of Michigan Health System, retrieved 19 December 2013.

http://www.uofmhealth.org/michigan-model-medical-malpractice-and-patient-safety-umhs # summary，访问日期2016/02/25。

〔2〕 Benjamin Ho & Elaine Liu, Does sorry work ? the impact of apology law on medical malpractice, 43 J. Risk Uncertain, 141 - 167 (2011).

〔3〕 王夏玲：《“道歉”是否有助于处理医疗纠纷》，《中国社区医师》，2012年，第24页。

其家属，与其他事故的被害者及其家属一样，大多数的主张都不是为了钱，因为金钱换不回健康或者亲人。患者或家属提起医疗诉讼不外乎“查明真相”“希望能得到医方的诚恳对待”“防止医疗事故的再次发生”“金钱赔偿”四种。在台湾的研究，从患者以及家属的访谈中也发现“要求认错”是患方解决医疗纠纷的核心内容。〔1〕

很多受害者都强调“这不只是金钱的问题”。这句话说明生命和健康是金钱换不来的，吐露了患方对亲人失去生命或健康的无比痛楚，也是对外界所认为的“人死了赔钱就是了”态度的一种坚决否定。我国现阶段医疗纠纷的解决，不管是医疗诉讼还是调解，都重在强调法律责任。而所谓的法律责任往往仅限于金钱的赔偿。现实中，不主张金钱赔偿就不受理的法律制度设计，还有在医疗纠纷调解中，为了安抚患者，即使医方不存在过失，仍然被强加给部分过错责任，因为无过错就不予赔偿，不赔偿就无法安抚，使得使用金钱成了唯一的安抚手段。这一做法严重扭曲了被害方并非要求金钱赔偿的原意，加剧了医患双方的矛盾和对立。

在日本，打工回家路上的佐佐木正人不小心撞上了违规停放的大卡车，住院后感染MRSA(耐甲氧西林金黄色葡萄球菌)，形成败血症导致休克，在医院不到两天就离开了人世。佐佐木太太只是希望知道儿子最后的时刻到底发生了什么，最后很痛苦吗？这是人之常情。可是，医院完全置之不理，一点都没有抱歉之意。医院只想赔钱，早点结束纠纷。律师也告诉她：不要再提这些问题，那些不是法官想要听的，法官也不会处理这些问题。伤心欲绝的佐佐木太太不得不提起医疗诉讼，佐佐木家家境富裕，提起诉讼并不是为了金钱。〔2〕诉讼需要法言法语，也难以满足当事者情感慰藉的需要，后来这件事成为了日本医疗纠纷调解员制度的缘起。

赔礼道歉作为法律责任，满足了侵权之债对于非经济责任的需求。侵权之债，并不局限于损害赔偿之债，而应当根据侵权的具体情况来判定是否适用非经济责任形式。庞德说法律是人们情感需要的现实转化，而人的复杂的情感损伤，是单纯的金钱赔偿难以修复的。这就意味着，以赔礼道歉为代表的、具有直接情感抚慰功能的非经济补救方式，具有强大的社会需求，而赔礼道歉就是最常适用的非经济补救手段。

第二，满足了医疗纠纷解决中修复良好社会关系的需要。

社会行为规范无论是道德的、还是法律的，都需要每个有社会行为能力的人来共同认可与信守。而这种规范一旦遭到破坏就应予以有效修复，否则，就会动摇人们共同拥有的价值理念及行为规范，甚至扰乱正常的社会生活秩序。

长期以来，我国在法律制定上强调使用经济手段进行规范和奖惩的功能，在一定程度上忽视法律的伦理功能和社会关系修复功能。关于医疗纠纷的解决，国民也只是单纯地理解为只要能达到息诉罢访的效果就可以了。其实，关键不在于问题的解决，而在于在因事件而

〔1〕 李诗应，陈永绮：《当医疗遇上冲突纠纷，诉讼是最好的解决方法?》，《原水文化》，2013 年，第 121 页。

〔2〕 [日]和田仁孝，前田正一，陈虹桦译：《医疗纠纷处理与实例解说》，合记图书出版社，2003 年，第 8-16 页。

受到伤害的医患双方之间的关系的修复与重新构筑。医疗事故发生后，作为医疗事故的当事者，患方与医方都会受到伤害。即使在问题解决之后，双方也很难从痛苦和悲伤中解脱出来，他们会在心中反复品味这个"未完的对话"。但对患方来说，不得不在痛苦和愤怒中反复回忆事故的经过。这和在忍受痛楚的同时去体谅医方的处境是截然不同的两种状态。这些，在很大程度上决定着患方能否接受悲伤的事实，并且努力克服困境。同样地，不管自己有无医疗过错，由于事故而带来的痛苦深深地刺痛了医方的心，在医生以后的职业生涯中，这次的事故经历也会使医生深深陷入那"未完的对话"中。即使纠纷已经解决，一想起患方的愤怒医生便会苦恼不堪。如果把这次事故作为努力改善恶化的医患关系、决心重新振作起来做一名更优秀的医生，那是完全不同的两种状态。〔1〕

赔礼道歉的道德来源在于人的内疚感，或者说负罪感。"当我们没有做道德原则要求做的事或者做了道德原则不容许做的事时，我们通常便会对此感到有负罪感"。〔2〕负罪感会由于意识到过去行为不当而产生羞愧，对其不当行为的后果而产生痛苦，形成对行为人内心的巨大折磨，即"心罚"。就像成语"刮肠洗胃"所描述的那样，"心罚"给人带来的折磨有时远比刑罚可怕。

赔礼道歉能够排遣加害人的负罪感。这是因为，一方面，没有一个医护人员希望医疗事故发生，赔礼道歉可以促使加害人思想的觉醒，良知的回归，并为这种负罪感提供释放的平台。另一方面，对加害人的真诚悔过大多受害人都能给予不同程度的宽恕和理解，而受害人的宽容和理解，对侵害人负罪感的解除能起到更为积极的作用，会让侵害人进一步获得内心平静。

同时，加害者的社会形象和别人对他的道德认同会因为侵害行为的发生而降低。作为社会一员，加害人自然会希望采取补救措施去恢复。赔礼道歉能够帮助加害者在最大程度上修复因侵权行为而受损的社会道德评价，重树社会形象，再获得社会的认可与接受。

对于受害人来说，受害人希望申述合法权益受到了非法侵扰的事实，希望自己的损害被人认同。赔礼道歉会由于对被害事实的被认同而给受害人带来最大限度的情感慰藉，有利于疏解其因伤害所引发的愤恨，平复其心中的创伤。

对于社会大众来说，赔礼道歉从心理层面出发，再次否定侵权行为，促进了法律的权威的重新树立，有助于伸张正义、化解义愤，让人们去崇尚与效仿祛除矛盾、与人为善、和睦相待的健康向上的社会人际关系。所以，赔礼道歉对社会规范的修复和维护作用是显而易见的。

第三，满足了医疗纠纷解决中把医疗过错看作是系统性问题的需要。

在经由法律手段来解决医疗纠纷的构造中，通常将医疗事故发生的原因归责于作为加害人的医护人员个人身上。但是，事实上，大多数医疗过错以及医疗事故都发生在组织化运作的医院中。现代的医疗行为并不是每位医护人员与患者说好就能发生的，大多需要有医

---

〔1〕［日］和田仁孝，中西淑美，晏英译：《医疗纠纷调解——纠纷管理的理论与技能》，暨南大学出版社，2013 年，第 9 页。

〔2〕 E. J. Bond，Ethics and Human Well-being，Blackwell Publishers，1996：185.

生、护士、药剂师等的从旁协助。好比打点滴这样单纯的医疗行为，有时候也需要数名医护人员来参与执行。这种扩散型的医疗行为提供构造，从统分是否适当、风险管理是否健全，到信息传递是否到位，到处都可能引发医疗纠纷或者医疗事故。可是，在这种环境下，即使发生了医疗事故，法律也只会将其原因归责于医护人员的个人身上。作为诉讼当事者的患者，即使有"希望类似事故不要再次发生""希望医院拿出改善对策"以及"想与医护人员面对面谈一谈"这些要求，在诉讼现场也得不到回应。而且为了缩小问题，最终都以医护人员的个人过错而处理掉了，根本看不到对医疗系统的改善策略。

过去 15 年来，愈来愈多的研究表明，尽管归责文化日趋严厉，但仍有 3%—16%医疗不良事件发生，而且在这些不良事件中高达半数都是由可以避免的医疗过错而产生的〔1〕。因此，一种崭新的医疗安全文化开始形成，重点不再是强调提升个人的注意义务，而着眼于从错误发生的根本原因中分析并找出系统性的"预防"或"拦截"医疗过错的措施。

一般文献都将医疗安全文化的起源归功于 1999 年美国国家科学院医学研究所推出的报告《人非圣贤，孰能无过——建设更加安全的卫生系统》，它第一次揭开了医疗界背后不能说的秘密。报告指出超过半数以上的医疗不良事件是源自于可避免的医疗过错，每年 9.8 万国民死于医疗事故，占死因的第八位，几乎是乳腺癌、艾滋病和交通事故死亡人数的总和；受伤或致残者数以万计，治疗费用达 290 亿美元。〔2〕也就是说，一个患者来到医院，遭遇到不安全事件导致死亡或者受伤害的几率要远远高于在飞机上发生空难，高于在街上被车撞了的几率。和坠机事故不同，医疗事故悄然发生，一次只针对一个人，故难以引人注意。这一报告发表后，带动了美国以及其他先进国家对医疗不良事件的跟进研究，并借鉴航空业的发展经验开始建设全新的"医疗安全文化"。

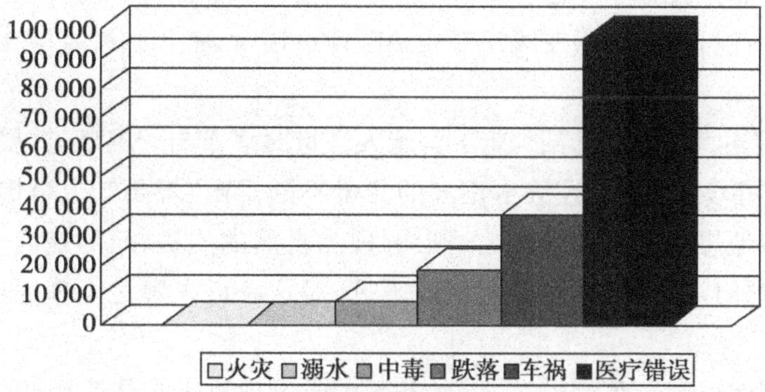

图 3　医疗错误造成的死亡

曾经，航空业也是这样。在 19 世纪早期的时候，坐飞机旅行也是一件不安全的事情。

---

〔1〕 杨秀仪，黄钰瑛：《当法律遇见医疗：医疗纠纷立法论上的两个主张》，《司法新声》，2015 年，第 7 - 31页。

〔2〕 俞飞：《30 年 3 次危机，美国如何应对医患纠纷潮？》，2014 年 4 月 10 日，新浪财经。http://finance.sina.com.cn/roll/20140823/013220097043.shtml，访问日期 2016/04/01。

飞机掉下来的时候，人们往往谴责的是飞行员，认为是飞行员操作失误导致的飞机失事，但是于事无补。航空业后来认识到了这个问题，大家认为谴责飞行员的失职是无益于解决问题的，所以停止对飞行员的谴责，转而关注系统的安全。从那之后，航空行业的安全性得到了很大的提升，坐飞机旅行也逐渐变得安全起来。在航空业，有一个著名的海恩法则。海恩法则提醒我们，每一个事故的背后有 29 个隐患，每一个隐患的背后则有 300 个征兆。

医疗安全文化带来了一个全新的视野，不再拘泥于谁对谁错，而是聚焦于医疗过错何以会发生，以及如何避免类似事件的再次发生。也就是说，法律的归责文化处理的是下游的问题：当医疗不良事件发生后，谁该为这个事件负责；但医疗安全文化处理的是上游的问题：从源头去铲除可能导致医疗不良事件的系统性因素，以期使得整个医疗体系更安全。

在医疗安全文化中，错误公开及坦诚面对，被认为是预防医疗过错的关键。其背后的理念是，通常愿意面对错误的人，同时也代表有改进错误的意愿。因此，在诸多预防医疗不良事件及促进医疗安全的策略中，鼓励医院和医护人员公开、诚实地面对医疗过程中产生的错误，被视为发现及预防医疗过错的重要基础。在医疗过错揭露机制中，伴随着道歉的过错揭露是其中最重要的一环。道歉法的立法也因为回应这一波以医疗过错公开揭露为主要内容的医疗安全文化运动的需要而被广泛倡导。是故，相较于一般的人身伤害，在医疗纠纷的解决中，提倡道歉，除为缓和医疗不良事件发生后剑拔弩张的医患关系外，更含有减少医疗过错、提升医疗安全的重大政策意义。

第四，满足了医疗纠纷解决中达成和解的需要。

医疗行为常常在密室中进行，无第三者见证，外人很难判断行为的好坏。再加上，人们面对亲人或者身边的人去世时，即使是自然死亡，也会想知道他是怎样断气的、痛不痛苦等等，很想了解“死亡时的情景”。还有，为何会死、直接的死因是什么等等这些“死亡原因”，那都是人之常情。所以，当怀疑存在医疗事故和医疗过错时，希望知晓密室中发生的事情真相是无可厚非的。

想知道亲人去世时的客观情形，想了解亲人去世时痛苦与否的状态，受害方所追求的正是这种意思下的“事实真相”。佐佐木正人的父母不断重申“想要知道事情的真相”，正是作为人之父母，真诚地想去了解孩子死亡情形的极为自然的想法，而不是为了获得赔款，更不是“无理取闹”。这时，如果医方对患者避而不见，对这一诉求置之不理的话，只会加深患方的疑虑与愤怒。

另一方面，即使不存在医疗过失，当患者死亡或出现重大身体障碍时，患方很难一下子接受这一突如其来的严酷现实，患方来找医方沟通的过程其本身就是让患方接受这一事实的心理调适过程。患方在与医方沟通的过程中，在不断评估医方的真诚的程度和应对机制。当患方得不到真诚的回应时，患方就很“气”，就要“讨说法”。而赔礼道歉恰好为受害方发泄怨“气”提供了一条便捷途径。根据台湾学者黄钰瑛、杨秀仪对台湾有着实际医疗纠纷经验的医疗机构所作的实证调查发现，若医师诚实认错，有一半的受访者同意“就不会起诉医师”(88 人，50.5%)，远高于不同意的 31 人(17.8%)。如果再进一步分析医师认错、道歉对患者采取不同行动策略之影响，可以发现提起刑事诉讼者，其主要理由是：“会起诉医师是因为医师态度不好”，并且认同“医师只要诚实认错，就不会起诉医师”“医师道歉，就不会告医师”，足见患者采取刑事诉讼的原因相较于民事诉讼，带有对于医师较高的惩罚和谴责性情感。[1] 因此，道歉、认错扮演了缓解患者愤怒情绪的重要功能。

而双方如果能够表达歉意，以道歉求和解，对立的僵局就会被打破。当患方认为医方有诚意且患者身体伤害不大时，患方也愿意与医方和解。双方通过赔礼道歉达成了情感上的沟通与共鸣，自然容易协商解决问题，阻止了纠纷的进一步恶化，起到了避免进入司法程序的作用。相反，如果缺失了赔礼道歉，可能会引发不必要的诉讼争端。

美国的一位原告告诉律师，如果被告的道歉来得早一些，她根本就不会提起诉讼，赢得损害赔偿金并不是她真正期望的。[2] 赔礼道歉是最终达成和解协议的关键因素。正如一位调解员所观察到的那样：道歉在调解过程中可能只是片刻的事，但往往就是这一声道歉，却能让争议各方达成和解。假如态度真诚并能把握时机，道歉的确会在调解过程中起到关键作用。[3] 因为，道歉能够改变争议各方之间的互动情况，进而促使当事人达成和解，从而避免诉讼。美国的一项研究甚至显示：在未有道歉时，会有43%的受害人选择诉讼，而当侵权人主动道歉后，则就只有13%—14%的受害人才会考虑提起诉讼。[4]

三、我国民事中的赔礼道歉制度与域外道歉法的异同——以强制与自愿为中心

在当下中国的法律语境中，赔礼道歉主要表现在民事诉讼方面，即根据《民法通则》的规定，法院通过判决强制被告人赔礼道歉，所以也被称为“强制赔礼道歉”。强制赔礼道歉在中国入法，作为法律责任承担方式，有着深厚的文化历史渊源和丰富的近现代司法实践经验基础。自古中国人就崇尚赔礼道歉、息事宁人。在现代中国法中，也一直都有赔礼道歉的地位。《民法通则》总结革命老区的经验将赔礼道歉这样一种具有道德性的责任承担方式纳入到了法律范畴，而大多数国家并未把赔礼道歉规定为民事责任承担方式。这是我国的一大创举，自此赔礼道歉具有了道德与法律双重属性，成为一种可由国家强制力保证实施的民事责任承担方式。

《民法通则》第134条明确规定“赔礼道歉”作为10种“承担民事责任的方式”之一而予以立法，并在第120条特别强调，在公民的姓名权、肖像权、名誉权、荣誉权或者法人的名称

---

〔1〕 黄钰媖，杨秀仪：《病人为何要告医师？以纠纷发动者为中心之法实证研究》，《台大法学论丛》，2015年，第1845-1885页。

〔2〕 俞飞：《30年3次危机，美国如何应对医患纠纷潮?》，2014年4月10日，新浪财经。

http://finance.sina.com.cn/roll/20140823/013220097043.shtml，访问日期2016/04/01。

〔3〕 Carl D. Schneider, What It Means To Be Sorry: The Power Of Apology In Mediation, Mediation Quarterly, Vol. 17, No. 3, Spring 2000: 265-280.

〔4〕 Robbennolt, Jennifer K, Apologies and Legal Settlement: an empirical examination, Michigan L. Rev., Vol, 102, 2003: 460.

权、名誉权、荣誉权受到侵害时，有权要求停止侵害，恢复名誉，消除影响，赔礼道歉。我国之所以将赔礼道歉规定为民事责任承担的一种方式，主要是总结了革命老区的经验，认为“民事纠纷有些就是一口气，赔礼道歉也就解决了，作为民事责任提高到法律高度，有利于解决实际中存在的这种问题”〔1〕。

2009 年颁行的《侵权责任法》沿袭了《民法通则》的规定，再次将赔礼道歉作为侵权责任承担方式予以确认，这意味着在今后的很长一段时间，赔礼道歉作为民事责任承担方式之一种在民事责任体系中的地位不容撼动。以往处理医疗损害侵权纠纷的审判实践中，适用的法律、法规主要是《民法通则》和《最高人民法院关于审理人身损害赔偿案件适用若干问题的解释》以及国务院颁布的《医疗事故处理条例》，《侵权责任法》颁布实施成为了处理医疗纠纷的主要法律。

纵观西方，古罗马的法律中没有关于赔礼道歉的相关条款。但是，到了中世纪之后，很多欧洲大陆国家的法学界纷纷产生了赔礼道歉的制度。可是好景不长，到了 19 世纪在各个国家司法改革的过程中逐步被弃置。其中最有力的原因当属，认为赔礼道歉的制度和宪法中的言论自由原则相违背，有违宪的嫌疑，因此一直没有规定相关的制度。相比较而言，东方世界中的国家比较倾向于认可这个赔礼道歉的制度，比如我国的公法、私法，日本、韩国等国家都在法律中认可了赔礼道歉制度。

近年来，西方世界开始珍视东方文化中的和谐美好的一面，将道歉这一良心领域的要素在立法中加以规制，目的不在于为道歉而道歉，而是祛除良心实现的外部牵制，切断道德成为责任证据的关联，从而使道德更强大，使法律更和谐。普通法国家希望通过鼓励赔礼道歉来定纷止诉，并以此来化解侵权法的危机。1986 年，美国马塞诸塞州颁布了世界上第一个道歉法，防止当事人把表达歉意的语句呈堂，免除因道歉而承担侵权责任。此后，很多普通法国家和地区都借鉴了这一做法。

就常识而言，道歉多是因行为人的过错而引发的，所以道歉本应构成道歉方的自认。换言之，道歉方原本应被推定为有过错和有责任。但由于道歉对于矛盾的化解和社会秩序的维护具有重要的意义，因此法律为鼓励人们主动道歉，就有必要明确规定诉讼外的道歉并不构成自认，否则就会引发寒蝉效应，让人们不敢主动道歉。这正是近年来普通法国家道歉法广为倡导的立法思路。而因为“服礼”之制在我国历史悠久，人文脉络深远，于是在构建我国的法律责任体系时，立法者念兹在兹地发扬了这一传统。而对“所有法律责任的强制执行都会侵犯人的自由，以有违行为人的自由为标准来否定赔礼道歉责任的正当性是不妥当的”等类似理论加以了正当化。

所以，我国的道歉制度与普通法国家的道歉法的区别在于：前者是强制，而后者是主动，由此引出的立法困境也各不相同，前者是道德困境和执行困境，而后者则是保护范围大小的困境。

我国道歉制度的道德困境在于：法律与道德都属于行为规范范畴，虽然某些道德规范

〔1〕 顾昂然，王家福，江平：《中华人民共和国民法通则讲座》，中国法制出版社，2000 年，第 245 页。

也会随着时代的需要被法律化，但两者各有其特定的作用领域、机制及实现方式等，并非所有的道德规范都能上升为法律规范。包含赔礼道歉在内的各种道德向善只能是出于内心的自由选择，而不能由法律来强制。我国道歉制度的另一个困境是执行困境。它指的是，很多案件的当事人，他们对于是非争端的态度是："赔钱可以，绝不道歉！"在这一种情况下，当事人拒绝执行强制赔礼道歉这一判决。法院只能登报公布判决书，登报广告的费用由侵害人承担。〔1〕针对赔礼道歉的强制执行采取登报公布判决书是判决书的第二次公布，既然已经公布，这第二次公布又如何能起到赔礼道歉的效果呢？只不过是多出了一份登报费，道歉的实质无从实现。而且，公布判决书只能起到澄清事实的作用，与道歉风马牛不相及。

而普通法国家保护范围大小的争论体现在：如果道歉法所保护的仅是"部分道歉（Partial Apology）"，即仅包含同情与善意之表达而不包含任何有关过错和责任的表示，那么严格来说并不符合道歉的定义，因为心理学家或伦理学家认为，一个真正的道歉，是道歉者必须没有任何借口地承认其行为违反了规范并表示愧疚，所以没有必要立法进行部分保护。〔2〕针对完全道歉，有学者认为由于不再承担固有的法律风险，那么道歉在道德层次上的意义将被法律架空，道歉法将使道歉成为和解的策略性工具。〔3〕

关于我国强制赔礼道歉制度，学界很少注意的一点是：良心自由具有绝对保护属性，因而强制赔礼道歉违反了良心自由。学者对良心自由涵义的界定，可谓见仁见智。一般认为，良心自由是"公民在道德、伦理方面的思想活动自由"。〔4〕亦有论者指出，"良心自由是个人形成自己特有的良心判断，并根据良心判断行事的自由"。〔5〕良心自由是当今世界各国所保护的公民的基本权利，经过国际性人权公约的规定，已经成为普世性的人权。《公民权利和政治权利国际公约》第十八条第一款规定："人人有思想、良心和宗教自由。此项权利包括维持或改变他的宗教或信仰的自由，以及单独或集体、公开或秘密地以礼拜、戒律、实践和教义来表示他的宗教或信仰的自由"。"如果说财产权构成了个人和国家之间的有形的边界的话，那么，思想和良心自由则构成了个人和国家之间无形的边界。无论如何，国家权力不能触及'属灵'的世界。"〔6〕这里需要注意的是"无论如何"这几个字，即绝对禁止的意思。

---

〔1〕例如，《最高人民法院关于贯彻执行〈中华人民共和国民法通则〉若干问题的意见》第162条："当事人在诉讼中用赔礼道歉方式承担了民事责任的，应当在判决主文中叙明。对拒不赔礼道歉的当事人，可以适用训诫，并将处理结果以登报等形式公布，费用由承担民事责任的人负担"。另见，《最高人民法院关于确定民事侵权精神损害赔偿责任若干问题的解释》第8条。

〔2〕Carl D. Schneider, What It Means To Be Sorry: The Power Of Apology In Mediation, Mediation Quarterly, Vol. 17, No. 3, Spring 2000:265 - 280.

〔3〕Erin Ann O'Hara. Apology and thick trust: what spouse abusers and negligent doctors might have in common, 79 Chicago-Kent L. Rev. 2004: 1055 - 1089.

〔4〕许崇德主编：《中华法学大辞典（宪法学卷）》，中国检察出版社，1995年，第339页。

〔5〕陈斯彬：《论宪法上的良心和宗教自由》，《青岛农业大学学报（社会科学版）》2007年第19卷第2期，第57页。

〔6〕刘连泰：《国际人权宪章与我国宪法的比较研究——以文本为中心》，法律出版社，2006年，第144页。

《日本国宪法》第19条规定："思想及意志的自由，不受侵犯。"日本宪法学者解释道，"绝对保障，不管任何理由，一切限制都不允许的自由"，接着指出其包括禁止国家权力的思想钳制、禁止因为思想而加诸的各种不利对待、沉默的自由等。[1] 有中国学者认为，"我国宪法并未对良心自由作出明文规定，较为接近的言论自由作为一种表达的自由也无法涵盖这一内容"，所以，强制赔礼道歉并不违宪。[2]

关于强制赔礼道歉的违宪性，首先，我国已经加入了《世界人权宣言》和《公民权利和政治权利国际公约》，理当受其约束。《世界人权宣言》同样确立了保护公民的良心自由。第一条规定："人人生而自由，在尊严和权利上一律平等。他们赋有理性和良心，并应以兄弟关系的精神相对待。"第二，2004年宪法修正案明确将"国家尊重和保障人权"写入宪法，而人权中最重要的莫过于良心自由。基本人权包括：自由权、参政权、社会权。精神活动自由分为内在的精神活动自由和外在的精神活动自由两个方面。内在的精神活动自由包括良心自由、信仰自由、学问自由，而外在的精神活动自由包括宗教行为自由、研究发表自由、表达自由。[3] "用判决的形式来判令有关事物的是非辨别对外表明，或者强制谢罪、道歉等伦理性意思对外公开，是侵犯了良心自由的违宪行为。这种反对意见也记录在判决书里。对此表示支持的学说也颇为有力。"[4]因此，赔礼道歉的道德心理基础是人的内在良心，强制执行则必然会违反在价值位阶上高于受害人诉讼目的且具有更根本利益的良心自由，从而丧失正当性。

"不承认人民享有良心自由，个人的主体性将成为国家祭坛上的牺牲品"。[5] 强制赔礼道歉不是对加害人人格的尊重，而是对其人格的否定。一个人格可以被公权力否定的社会，很难培养大多数国民具有独立心的道德，也就奢谈建设一个良好有序的公民社会。

四、对我国医疗卫生基本法中设立道歉制度的启示及立法构想

经过文章第二节的分析，启示我国道歉法在医疗卫生基本法中的引入将对我国医疗纠纷解决产生如下独特功能：

1. 可以满足慰藉患者感情的需要。在现在的医疗纠纷处理中，基本上都是通过法律来解决。即使是调解，也存在调解法制化倾向。这种模式非黑即白，只顾分清是非曲直，而不顾当事人的意志、情感、偏好等。道歉在一定程度上可以弥补这一缺陷。

2. 医疗纠纷的解决，不只是息诉罢访，而重在修复良好医疗关系。道歉可以平复当事

---

〔1〕［日］浦部法穗：《全订宪法学教室》，日本评论社，2001年，第123－130页。

〔2〕王竹：《赔礼道歉民事责任方式的源流、承担与执行研究》，《侵权法学》。

http://cc.scu.edu.cn/G2S/Template/View.aspx?courseId=1919&topMenuId=161646&action=view&type=&name=&menuType=1&curfolid=215034，访问日期2016/02/01。

〔3〕［日］芦部信喜：《宪法新版》，岩波书店，1998年，第81页。

〔4〕［日］芦部信喜：《宪法新版》，岩波书店，1998年，第140－141页。

〔5〕大法官会议解释第656号李震山大法官协同意见书注释八。

者心中的创伤，重塑其道德形象，达到与社会和解、重返社会的目的。

3. 现代医院的医疗行为都是组织化了的医疗行为，即使产生了医疗过错，也多为系统性问题。可是，目前我国的医疗纠纷处理基本上都是归责于个人。研究表明，这种归责文化即使再苛严也难以避免医疗纠纷的大量产生。道歉可以开启全新医疗安全文化的建立。

4. 由于医疗行为常常在密室中进行，患者家属无法见证患者的最后时刻，所以想知道亲人去世时的客观情形，想了解亲人去世时痛苦与否的状态。大多数情况下，患方所追求的正是这种意思下的"事实真相"，而不是为了获得赔款，更不是所谓的"刁民"。经由道歉可以打破对立的僵局，在双方互动的基础上，有望最终达成和解。

爱好和平，平息纠纷是全世界共同的追求和希望。近年来，将道歉引入立法中成为了普通法各国所大力倡导的纠纷解决方式，尤其在医疗纠纷解决领域取得了不菲的业绩。我国有着将赔礼道歉入法的传统，但也面临着文章第三节分析的一系列问题。在我国正在抓紧制定医疗卫生基本法的当下，如何将域外的道歉法与我国的赔礼道歉制度有机结合起来，取长补短，植入我国未来的医疗卫生基本法中，这是一个绝好的机会。

在前文分析的基础上，结合我国多年的赔礼道歉立法经验，就医疗卫生基本法中的植入兹提出以下立法构想：

1. 设立"道歉制度"专条。

2. 取消强制赔礼道歉。

3. 设立完全道歉机制。

4. 侵权人作出赔礼道歉后，侵权人不得因为道歉行为减轻责任，也不得增加。

5. 明确道歉免责原则不适用于刑事或重大恶性刑事案件。

主要理由如下：

1. 秉持我国司法实践中赔礼道歉的立法传统，尤其是医疗纠纷调解制度中的综合运用，重新放置道歉法在医疗纠纷解决中的地位，使得这一悠久传统的道德仪式能够逐步在司法体系中和谐发展。放弃严苛的归责文化并不意味着要正当化过错，而是希望通过"真诚"而非一律谴责，让非故意或重大过失引发的医疗事故的受害者和引发事故的医护人员可以从中得到援助。

2. "有人就提倡了良心自由观念，以为信仰是自愿的，而非可以强制的事，良心自由当超越于对国家的一切义务之上。"[1]强制赔礼道歉在我国的司法实践中已经走入死胡同，传统社会中的"服礼"在当代并非没有价值，但是以司法力量来强制实施道歉，超出了司法的界限，是对人格的侮辱和对表达自由的抑制，严重地违反了良心自由原则，也败坏了道德的自主性和自觉性。取消强制赔礼道歉可以解除道歉机制在我国现行立法上的法理学冲突。

另外，普通法国家道歉法中的道歉往往指向诉讼前或者判决前的道歉表示，这样的道歉成为纠纷解决的润滑剂；而中国司法中的道歉的不堪面目显露于判决后，判决前和诉讼进行了的道歉反而不被彰显。我国道歉立法应逐步收缩，从无所不能的"责任承担形式"退回到

〔1〕［英］J. B. 伯里：《思想自由史》，吉林人民出版社，2003 年，第 20 页。

诉前或诉中道歉方自觉自愿的反省与忏悔，使司法的归司法，道德的归道德。

3. 在法律中设定此项规定，打破侵权人道歉和其构成法律上的自认的必然因果联系，解除侵权人道歉的后顾之忧，可为加害人真心悔过提供道德上的压力、正当性及正式表达的机会。健康的守法心态，其实质内容主要是对法律遵守的义务感和对违反法律的羞耻心。[1] 不与责任成立相关联的道歉将不忌讳承认错误，是自愿的、真诚的和彻底的道歉和悔罪，能够起到化解纠纷、弥合人与人之间的裂痕的作用。

人非圣贤，孰能无过。医学中的错误可能并将继续出现。构建不良事件和人因错误影响最小的医疗系统和环境是基本的，也是可达的。当不良事件的报告文化从责罚转变为理解错误并从中学习时，患者安全的改善工作才可能得以开展。

4. 为了激励侵权人主动道歉，通过赔礼道歉来减轻责任，这在英美法中有例可循。英国 1843 年制定的《诽谤法》就已经对赔礼道歉可以作为减轻赔偿责任的依据做出了明确的规定。在我国不宜采用。此项规定衡平了第三条的规定。

5. 不要将道歉这一体现道德的行为扭曲成一种非道德的功利行为。功利的赔礼道歉完全道歉机制一般不能适用于情节恶劣、后果严重的严重刑事案件，更不能适用于情节十分恶劣、后果十分严重、民愤极大的重大刑事案件。这一点主要是从目前我国的司法现状出发，以削减反对者的疑虑，减少立法障碍。

人人都有可能犯错，并不是所有的过错都需要指责。面对医疗不良事件，受害者和过错方都必须学会原谅犯错行为，这样才能让错误成为改进的起点。由于医师在医疗上的有限性，唯有医护人员放下防御心理，坦诚揭露过错，才能发现事故真相，并借由过错的公开，让医护人员相互学习才能避免类似事故的再次发生，最终患者才能获得安全安心的医疗服务。将完全道歉机制入法，重现道歉这一道社会文化现象的光芒，或将有助于我国走出医疗纠纷危机。

---

〔1〕 吴汉东：《法律的道德化与道德的法律化——关于法制建设和道德建设协调发展的哲学思考》，《法商研究》，1998 年，第 3 - 8 页。